シリーズ・中世関東武士の研究

第二六巻

今川氏親

黒田基樹 編著

戎光祥出版

序にかえて

今川氏親は、東海地域の戦国大名として知られる今川家の初代にあたる。戦国大名今川家のなかでは、今川義元が最も著名であろうが、氏親はその父にあたる。また、氏親には母・北川殿の弟、すなわち叔父に伊勢宗瑞（いわゆる北条早雲）があり、今川家当主につくところから、かなり後まで、その補佐をうけるという関係にあった。

氏親は、駿河国守護にして、応仁・文明の乱を契機に駿河のうち山東・山西地域を領国化した、今川義忠の嫡子であったが、父の戦死時、わずか四歳にすぎなかったため、家督は義忠の従弟・今川小鹿範満に奪われるかたちになったところ、十五歳の時に、叔父・宗瑞の補佐をうけて、範満を打倒して、すなわちクーデターによって実力で家督を継いだ存在となる。そして、その後は駿河の領国化を遂げ、さらに甲斐・伊豆・遠江・三河への侵攻を展開し、伊豆を叔父宗瑞の領国としたほかは、遠江一国・三河半国を領国とし、甲斐河内領の国衆・武田穴山家を従属下に置くという、広大な勢力を構築した。駿河・遠江二ヶ国・三河半国にわたる領国は、当時の戦国大名としては最大規模に属すものとなる。

また、氏親は母が室町幕府政所頭人を務める伊勢氏一族の出身であり、姉が京都の公家・正親町三条家に嫁ぎ、自らも公家・中御門宣胤の娘（寿桂尼）を妻に迎えたことから、京都の公家社会との結び付きが強く、そのためその本拠の駿府には、現職の公家が相次いで下向してくるとともに、それら公家を通じて京都文化の造詣を深めていくことになった。そうしてその子義元の時代には、駿府は一大文化の中心地として確立をみるものとなるが、氏親の時代は、まさにその形成期にあたるものとなっている。さらに氏親は、晩年に、法典としての戦国大名分国法としては最初の事例となる、「今川仮名目録」を制定しており、その内容は、戦国大名の領国支配としても極めて最先端のものと認識できるものとなっている。

このように、氏親は初期の戦国大名として広域な領国を形成しただけでなく、政治・文化の両面においても最先端に位置したように、まさに時代を代表する戦国大名といってよい存在であった。本書は、そのような氏親を対象にした論考のうち、単著未収録のものを中心に、一二本を集成し、それらを第1部「今川氏親の生涯」、第2部「今川氏親の領国支配」、第3部「今川氏親の一族と家臣」の三部に編成した。また、巻頭にはこれまでの研究成果を踏まえつつ、これまで十分に解明されていなかった諸問題について整理し、場合によっては私見を提示した「総論　今川氏親の新研究」を配して、氏親に関する研究状況の整理と把握に努めた。

本書の刊行によって、氏親に関する主要な論考について、容易に把握できることになるとともに、今後の研究進展のための新たな出発点を築くことができるものとなろう。今後におけるさらなる研究の進展に期待したい。なお末筆ながら、論考の再録について快く御承諾いただいた執筆者各位に、深く感謝します。

二〇一九年二月

黒田基樹

目次

序にかえて　黒田基樹　1
総論　今川氏親の新研究　黒田基樹　8
第1部　今川氏親の生涯
Ⅰ　今川氏親と寿桂尼　足立鍬太郎　54
Ⅱ　塩貝坂合戦の背景　家永遵嗣　75
Ⅲ　今川氏親の名乗りと足利政知　家永遵嗣　79
Ⅳ　今川氏の甲斐侵攻　見崎闃雄　94
Ⅴ　駿甲関係にみる時衆と福島氏　吉田政博　105
Ⅵ　今川氏親と文亀・永正の争乱　森田香司　109
Ⅶ　戦国大名今川氏の三河侵攻　久保田昌希　137
Ⅷ　三河舟方山合戦の時期について　糟谷幸裕　154
Ⅸ　今川氏親年譜史料　大塚　勲　158

第2部　今川氏親の領国支配

Ⅰ　戦国大名今川氏の発給文書の研究
——氏親・寿桂尼・氏輝を中心に　大石泰史　192

Ⅱ　戦国大名今川氏の西遠江進攻と直轄領支配
——大福寺文書を素材として　長塚　孝　215

Ⅲ　今川氏親と曹洞禅——石雲院崇芝性岱と五派を中心として　黒澤　脩　229

Ⅳ　今川家執権雪斉長老と寿桂尼　黒澤　脩　245

Ⅴ　戦国大名今川氏と禅宗諸派　今枝愛眞　261

Ⅵ　今川仮名目録　松平乗道　280

Ⅶ　駿河における柴屋軒宗長——「宇津山記」を中心として　鶴崎裕雄　292

Ⅷ　連歌師宗長の晩年　鶴崎裕雄　312

第3部　今川氏親の一族と家臣

Ⅰ　今川氏親家督相続前後の小鹿氏　遠藤英弥　338

Ⅱ　龍津寺殿仁齢栄保大姉について　宮本　勉　342
Ⅲ　今川氏親後室寿桂尼発給の文書について　久保田昌希　346
Ⅳ　今川彦五郎を追って――今川彦四郎を正す　関口宏行　361
Ⅴ　戦国時代の小川と長谷川氏　前田利久　387

初出一覧／執筆者一覧

今川氏親関係系図（作成：黒田基樹）

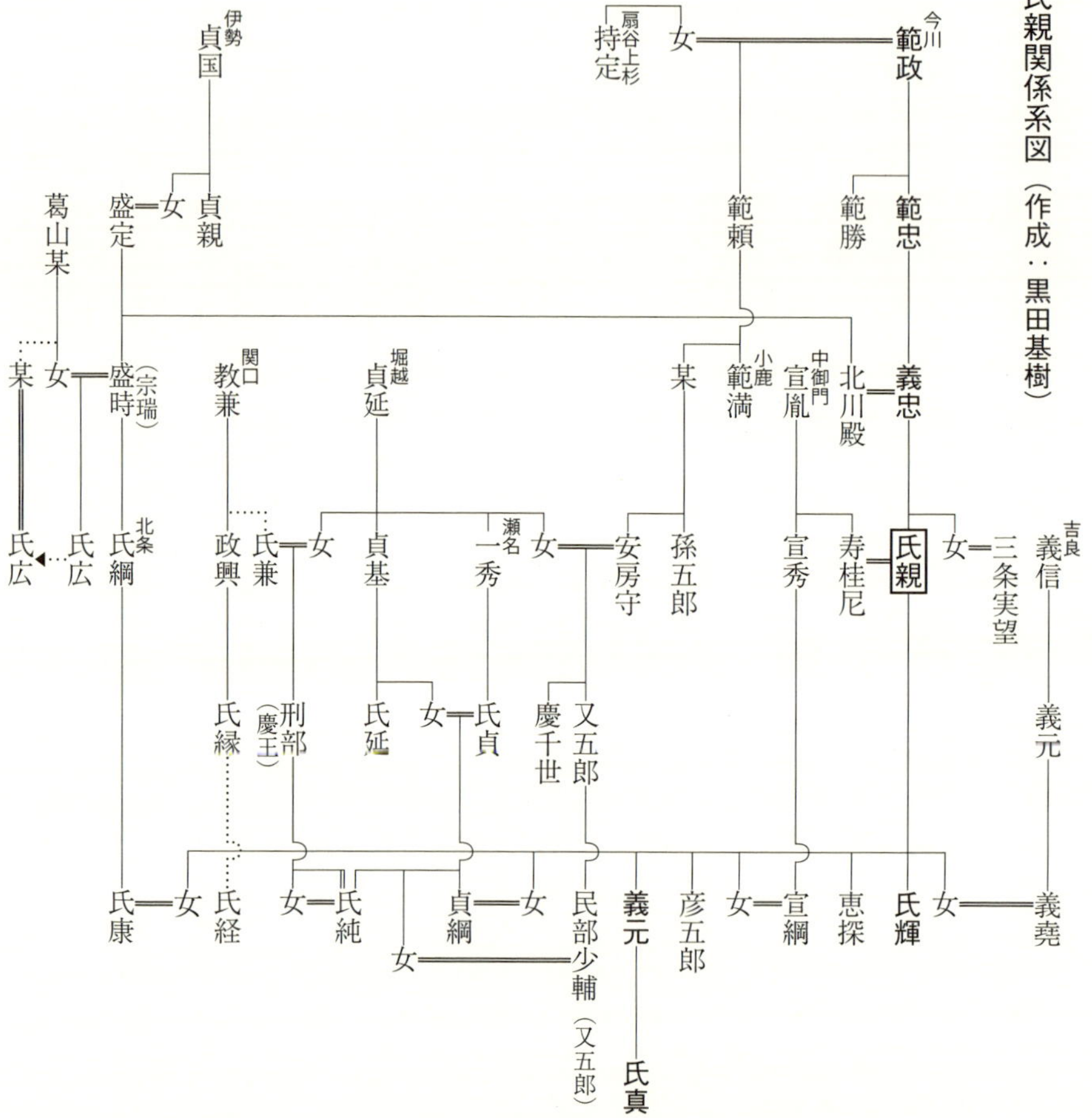

※今川氏歴代当主はゴシックとし、二重線は婚姻・養子関係、点線は推定を示す。

今川氏親

総論　今川氏親の新研究

黒田基樹

はじめに

今川氏親は、戦国大名今川家としては初代にあたり、長享元年（一四八七）に今川家当主になってから、大永六年（一五二六）に死去するまで、その治世は足かけ四〇年におよんでいる。領国は、本国駿河に加え、遠江一国・三河半国におよび、戦国初期という時代にしては、極めて大規模な領国を形成している。

また、領国統治においても、最晩年に「今川仮名目録」という分国法を制定している。これは編纂された分国法として典型的なものであり、朝倉孝景条々・大友義長条々に次いでのものであるとともに、東国戦国大名では嚆矢にあたるものとなっている。氏親の領国統治がすでに極めて整備されたものであったことが示されている。さらに本拠である駿府には、多くの公家・文化人が来訪し、その状況は「今川文化」と把握されるとともに、周防大内家の山口、越前朝倉家の一乗谷とならんで「戦国三大小京都」と把握されるほど、当時における文化的中心地をなしていた。とりわけ東国においては、その文化的影響を、隣国の甲斐武田家や相模北条家におよぼしているように、東国における一大中心地となっていた。

このようなことから、氏親に関する研究は、遠江・三河への領国拡大の動向、「今川仮名目録」を中心にした領国統治の在り方や領国支配の内容、そして駿府における公家・文化人の動向を中心にした文化的様相、などの問題が中心的に追究される状態にある。

しかしながら、政治動向を除くと、多くは後代の義元期・氏真期とあわせて検討されている状況が顕著であり、そのため領国支配研究においては、氏親期はそれらの前史的な扱いにとどめられている状況も看取される。もっとも、検討に際して中心的史料となる発給文書数は、氏親は一〇〇点未満にとどまり、そこから導き出される問題はそれほど豊富にはなりえないことは当然といえる。ただし氏親が、初期の戦国大名としては卓越的な存在であったことを鑑みれば、今後においては氏親期に焦点をあてた研究をさらに充実させていくことが必要であろう。

氏親の生涯についてまとめたものとしては、早くは足立鍬太郎氏の著作があるものの(1)、その後の研究成果をもとに詳細に論じた著作はまだ出されていない。そうしたなかでは、大塚勲氏によって、史料に基づいてまとめられているものが、現在の到達点を示すものとなっている(2)。また大塚氏は、それらの基礎をなしたというべき、氏親に関する史料をあげながらその生涯を通観したものもまとめており(3)、これによって氏親の事蹟に関わる史料を基本的に把握できるものとなっている。さらに氏親に関する文書・記録史料は、『戦国遺文　今川氏編』『静岡県史　資料編7』においてほとんどが収録されており、すでに研究のための条件は整備されているといってよい。その意味では、今後における氏親に関する研究は、個々の史料解釈や歴史事実に関する解釈をめぐる問題、氏親を取り巻く広域的な政治情勢を見据えて、それらの歴史事実を位置付ける作業といった、より高次な領域に達する段階にいたっているものととらえられる。

　そこで本論では、主として、氏親の生涯をとらえるうえで基本的な事柄でありながらも、なおいまだ理解が統一されていないような問題いくつかをとりあげ、その内容を確認するとともに、場合によってはそれに対する私見を提示し解決をこころみたい。これらによって今後における研究進展のための基礎を構築するものとしたい。

一、氏親の家督相続をめぐる問題

　氏親は、文明五年（一四七三）に、駿河守護今川義忠の嫡子として生まれた。生年については、かつては文明三年説が通説であったが、大塚氏によって文明五年であることが明らかになっている。母は、室町幕府奉公衆伊勢盛定の娘（北川殿）であり、その弟が伊勢盛時（法名宗瑞）となる。誕生地は明確ではないが、当時、義忠は駿河に在国を続けていたことからすると、本拠の駿府館とみてよいと考えられる。

　四歳の時となる文明八年に、父義忠が遠江塩貝坂で戦死するが、その年次については近年、大塚氏によって前年の文明七年説が提示されている。もっとも、義忠の没年について、江戸時代には文明十一年とする説も強く、そもそも明確ではなかったといえる。ただし、文明十一年とするのは、同年に氏親（当時は竜王丸）が室町殿足利義政から義忠遺跡を安堵されているので（「今川家古文書写」戦今五五）[4]、それに引きずられたものとみなされるかもしれない。

　通説となっている文明八年説は、「勝山記」（『山梨県史資料編6上』所収）・「和漢合符」（『静岡県史資料編6』二六二八号）

に義忠死去を同年ないし同年二月のこととしてあげられていること、また「太田道灌状」（同前二六三三号）や、それをもとにした軍記物「鎌倉大草紙」（同前二六三四号）の記載に基づいたものである。義忠死去後、今川家では後継をめぐって内乱が生じ、それに伊豆の堀越公方足利家と相模の扇谷上杉家が介入、扇谷上杉家の大将として同家家宰太田道灌が駿河に進軍してくるが、その時期を「翌年三月」と記していて、そこでの「翌年」が前後関係から文明八年に比定されていることによっている。記載ではその翌年に長尾景春の乱の勃発があり、それは文明九年のことであることは明確なので、その前年にあたる太田道灌の駿河進軍は、文明八年のことになる。

これに対して大塚氏は、「宗長日記」（岩波文庫本刊本）の記事をもとに文明七年説を提起しているかたちになっている。(5)「宗長日記」の該当部分には、①義忠が遠江河匂庄・懸川庄（代官職）を、室町殿から与えられたが、（遠江守護斯波家被官）狩野宮内少輔が入部を妨害した、②義忠は、八月から十一月にかけて遠江に侵攻、狩野宮内少輔を生害させ、十二月に帰国した、③翌年、遠江で斯波方の牢人が蜂起、遠江今川（堀越）陸奥守（貞延）が戦死、義忠が進軍した、④三年の間に、（義忠被官）矢部左衛門尉・（朝比奈）肥後守泰盛・岡部左衛門尉が病死、⑤義忠帰国の途中で凶事（塩貝坂での戦死）、という経緯が記されている。

義忠が室町殿足利義政から懸川（懸革）庄代官職を与えられたことについては、その御教書が残されており、文明五年十一月二十四日付である（「今川家古文書写」戦今四〇）。大塚氏はこのことから、義忠の遠江侵攻を翌文明六年のことととらえており、妥当である。義忠の遠江侵攻は、文明六年八月から十一月にかけて行われ、十二月に帰国したとみなされる。そしてその翌年、斯波方の蜂起があり、再び義忠が進軍したが、これも大塚氏がとらえるように、文明七年のこととみなされる。

問題はその後の経緯である。大塚氏は、その後に義忠が帰国した時期を、そのまま文明七年のことと解釈している。しかしその間に、三年の間に義忠家臣の矢部らが病死したことが記されている。ここでの「三ヶ年」とは、遠江侵攻が開始された文明六年から数えるのが妥当であり、そうなれば三年目は、文明八年を指すことになる。矢部らの病死の後に、義忠は帰国し、その途中の塩貝坂で戦死したのであるから、義忠の戦死は、通説通りに文明八年であったとみなされる。したがって義忠は、文明七年から同八年にかけて遠江に在陣したととらえられる。なおこうした理解については、すでに家永遵嗣氏が示しているものとなる(6)。

また、義忠の忌日についても、残された史料において一定しておらず、「今川家譜」（前掲静岡県史二六三二号）が二月十九日、「和漢合符」が二月、「今川記（富麓記）」（同前二六三一号）が春、「今川家略記」（同前二六三〇号）が四月三日、という具合である。ただし「太田道灌状」には、太田道灌が、義忠死去にともなう内乱の展開をうけて、小鹿今川範満支援のために駿河に向けて進軍したのを「三月」としているので、それ以前のこととみなされる。したがって義忠の忌日は、二月十九日というのが、もっとも適当とみなされるであろう。

義忠が死去した時、氏親はわずかに四歳であった。そのため家中は、後継をめぐって氏親を推す派と、義忠従兄弟の小鹿今川範満を推す派とに分裂し、内乱が展開されることになる。ただしその状況は軍記物によるにすぎない。「今川家譜」では、範満は武勇に優れ、関東扇谷上杉家の縁者でもあり、氏親では幼稚すぎて「乱国時分家督も危うし」とのことで、範満を「名代」に立てることを、「一門の面々・譜代の家臣」の多くが要望したとある。「今川記」にはこれに加えて、「今川一門瀬名・関口・新野・入野・なこや」と「老臣三浦・両朝比奈・庵原・由比の人々」が二分して合戦となったと記している。また「異本小田原記」（国史叢書本刊本）にも記事があり、そこでは「老臣三浦二郎左衛門・朝比奈又太郎・九島上総守・同土佐守等」が乱を起こしたとする。そうして扇谷上杉家の家宰太田道灌と、堀越公方足利家の執事上杉政憲がそれぞれ軍勢を率いて駿河に進軍してくることになる。

太田道灌は、六月に足柄峠を越えて駿河に入り、九月末には帰陣して堀越公足利家の本拠北条屋形に参向しているので（「太田道灌状」）、太田道灌らによる進軍は、六月から九月にかけてのことであったとみなされる。そしてこの軍事行動によって、範満が今川家当主となり、内乱は鎮圧されることとなった。なお範満の母について、一部の著作などに、堀越公方足利家執事の上杉政憲の娘とする説が示されることがあるが、(7)そのことを示す史料は存在していない。どうしてそのような誤解が生じたのかはわからないが、上杉政憲の官途名は「治部少輔」であったことに関わっているかもしれない。すなわち範満が扇谷上杉家の「縁者」というのは、範満の父範頼（千代秋丸・与五郎）の母が、扇谷上杉氏定の娘であることを指しているが、それは当時、「関東上杉治部少輔（持定、氏定の子）姉妹」と記されていた。官途名「治部少輔」が共通しているので、それによる誤解ではないかと思われる。

堀越公方足利家・扇谷上杉家の支援により、今川家の家督が小鹿今川範満に継がれると、「今川家譜」「今川記」はともに、氏親とその母北川殿は、駿府館から落ちて、駿河山西に逃れ、同所の有徳人の「小川の」法永に匿われたとする。ちなみに「異本小田原記」では、「御姉婿の三条殿（正親町三条実望）」が「其の頃駿河」に下向していたため、その「同道」によって、山西に逃れたとしている。ただし氏親の姉婿となる三条実望が駿河に下向するのは、後の明応九年（一五〇〇）のことであるから、(8)事実ではない。ただしそのような記載があることからすると、何らかの根拠はあった可能性はあり、注目される内容ではある。それはともかくとして、その後の経緯については、「今川家譜」「今川記」が記す内容は少し異なるものとなっている。

「今川家譜」では、北川殿の弟「伊勢新九郎入道早雲」（盛時、のち法名宗瑞）が「伊勢」から下向してきて、太田道灌と和談をすすめ、範満を隠居させて氏親を当主にするという取り決めをし、これをうけて氏親は山西から丸子に移って新館を建て、元服して、伊勢盛時が今川家の譜代家臣を率いて範満を攻撃し、範満とその甥の「小鹿孫五郎」を討ち取って、氏親は駿府館に移る、と記している。一方「今川記」では、「伊勢新九郎長氏」が「備中」「京都」を経て「伊勢」から下向してきて、上杉政憲・太田道灌と和談して、氏親を当主とすることを取り決め、氏親を駿府館に迎え入れて、氏親は元服した、と記している。

両史料ともに、範満による家督相続から、氏親の駿府館への復帰までを、一連の事態のように記すものとなっている。しかし、すでに知られているように、範満の死去と氏親の家督継承は長享元年（一四八七）のことであり、その間に十二年の年月が経過しているものとなる。したがって両史料の内容は、その十二年のことを連続的に記載しているといえる。さらに「今川記」では、範満の戦死のことについては触れておらず、盛時による和談によって氏親の家督継承がなされたような記載になっている。実際にはその間の十一年間、範満が今川家当主として存在していたのであり、氏親の家督継承は、盛時らが範満を討滅したことによって遂げられたクーデターであったととらえられる。したがって事態の経緯としては、年月の表現が不十分とはいえ、盛時らによる範満の討滅に関しては、「今川家譜」の記載のほうが事実に立脚しているとみなされる。

ただし、文明八年の内乱において、伊勢盛時が活躍したのかは確証は得られない。盛時のこの前後における動向は、元服直後とみなされる文明三年に、所領の備中荏原郷法泉寺に禁制を出していることと、同十五年から室町幕府申次衆を務めていることとなる。その間の動向は、当時の史料では確認できていない。そのため同内乱での活躍を全くなかったと言い切ることもできない。しかしながら同内乱を伝える、「太田道灌状」「鎌倉大草紙」に全く記載がないことからすると、この時における盛時の駿河への下向はなかったとみるのが妥当と考えられる。なお先に触れたが、「異本小田原記」では、氏親の山西への退去を「三条殿」の尽力によったと記していることからすると、そうした仲裁者が存在した可能性はあるとも考えられる。

氏親・北川殿は、文明八年の内乱では、敗北したととらえられるものとなる。その結果として、駿河山西に退去し、「小川の」法永を頼ったといい、さらには丸子館に移ったという。なお「小川の」法永については、小川の有力者で今川家臣であった長谷川法栄とみなされている。これについては前田利久氏の検討があり(9)、現時点では法永が長谷川氏であったかの確証は得られないようであるが、長谷川氏と何らかの関係があったことは間違いないようでもある。また現時点では、氏親が、小川、次いで丸子に在所したということそのものについても、他の史料によって検証することはできていない。ただ両史料が、全くの創作をしたとも思えないので、一定の事実はあったとみてよいと思われる。その場合、それらのことが持つ意味を考える必要がある。

まず小川については、山西のうちに位置することからみると、駿府から一定の距離をとっているものととらえられる。範満が家督の時期の駿河国内の状況が全く不明のため、明確なことはわからないが、深刻な戦争状態にあった様子はうかがわれないので、範満との間で明確な敵対関係にはなかったものとみられる。氏親がまだ元服前の少年にすぎなかったことからすれば、まさに閑居という性格にあったのではないかと思われる。

もっとも、その間の文明十一年十二月二十一日付で、氏親は室町殿足利義政から、父義忠の「遺跡・所領等」の継承を「譲状」の通りに認められている（「今川家古文書写」戦今五五）。問題となるのは、その発給事情であるが、明確になっていない。それについての発言も、わずかに小和田哲男氏が、盛時の尽力によると推測しているにとどまっている。[10] またその発給が、なぜ内乱時ではなく、それから三年も経ってのことであったのかについても、問題として残される。

ちなみに同文書に関しては、文言をみると、率直にいって「譲状」とあるのが気に懸かる。義忠が戦死する時点で、わずか四歳の氏親に宛てた譲状が存在していたとは想定し難い。とはいえ、御教書が出されたこと自体までを疑う必要はないと考えられるので、氏親を擁立する勢力が、幕府にはたらきかけて同文書の発給をもたらしたことは十分に想定できる。その主体として、もっとも可能性が高いのは、母北川殿であり、その実家である伊勢氏一族であろう。弟盛時とするよりかは、北川殿の意をうけた、実父伊勢盛定（ただし当時生存かは確認されない）や、宗家の伊勢貞宗（盛定義兄貞親の子）の尽力によるものとみたほうが妥当と考えられる。

少なくともこの御教書の存在から、室町幕府では、今川家当主として、範満を容認せず、前代義忠の嫡子氏親を正統としていたことは確実ととらえられる。その際に問題となるのは、範満擁立を果たした堀越公方足利政知の立場となろう。室町幕府方の鎌倉公方である足利政知が、それまでは範満支援の立場にあったことを踏まえると、ここで幕府が氏親を今川家当主と認めることは、それとは相反する事態とみなされる。

そこで注目されるのは、この時期、足利政知と連携関係にあった関東の山内・扇谷両上杉家が、政知と対抗関係にあった古河公方足利成氏と和睦を成立させていたこと（和睦成立は前年のこと）、またこの文明十一年までに、政知と幕府管領家の細川政元との連携が成立していた、とみなされていることである。[11] 足利政知は、こうした動向のなかで、扇谷上杉家との繋がりのある範満への支持を打ち切り、氏親擁立派に加担することになった可能性も想定される。御教書が氏親の山西隠遁から三年も後の文明十一年に出されているのは、そのような足利政知の立場の変化によるとすると理解できるように思われる。

その後において、氏親に関わる動向として知られているのは、文明十九年（長享元年）正月五日に、氏親の姉が正親町三条実望（寛正四年〈一四六三〉生まれ、二十五歳）と婚姻していることである。[12]これに関しては家永氏により、それ以前の時期に、実望の父三条公治が将軍足利義尚の側近として位置していたこと、公治の弟公綱の娘が、もと将軍足利義尚の妾であったとともに、伊勢氏本宗家の伊勢貞宗の嫡子貞陸の妻となっていたことが注目されている。このことを踏まえてこの氏親姉の婚姻は、氏親と足利義尚および伊勢氏本宗家との密接な結びつきの成立、ととらえられている。[13]そしていうまでもなく、北川殿の弟伊勢盛時は、すでに足利義尚の申次衆となっていた。これらのことからすると、この婚姻が、北川殿の実家の伊勢氏一族と足利義尚との関係をもとに成立したことは確実といえるだろう。

そして、この年の十月、氏親は範満打倒のため蜂起するのである。すなわち、十月二十日付で山西の東光寺に宛てて、「今度御宿願」のため諸公事の免除を認める黒印状を発給している（「東光寺文書」戦今六五）。これが氏親の初見の発給文書であり、寺院に公事免除していることから、領主としての存立を示すものとなっている。

なお、本文書の書止文言が「仍執達如件」とあることから、これを奉書文言ととって、誰か上意者の意向をうけた体裁にあると理解されることが多いが、同文言はあくまでも直状文言であるから、そのような推測は不要である。同文言は、「仍如件」よりは厚礼、「恐々謹言」よりは薄礼にあたるもので、ここで氏親が同文言を使用しているのは、相手方との関係性によるにすぎない。翌年以降の発給文書の書止文言は、単に「仍如件」となっていることをみると、ここでより丁寧な文言が使用されているのは、いまだ戦国大名として確立していない状態にあったことによると推測される。そのためここでの「御宿願」も、範満を討滅して今川家当主として確立することにあたるととらえられる。

氏親と範満の抗争の具体的状況は明確ではなく、わずかに「今川家譜」が、伊勢盛時が今川家臣を率いて、駿府館を攻撃し、範満とその甥小鹿孫五郎を討ち取ったことが記されているにすぎないといえる。範満の忌日は、足立氏が引用する「得願寺過去帳」によって十一月九日のことというから、氏親による範満討滅は、一ヶ月もかからずに遂げられたことがうかがわれる。ちなみに、盛時の駿河下向は、まさにこの時のことであったとみなされる。盛時はこの年の四月まで、京都にあったことが確認されている。その間の九月十二日に、将軍足利義尚は近江守護六角高頼討伐のため近江に出陣するが、家永氏は、盛時の下向は義尚から承認を得て、これにともなうものとみている。氏親の蜂起がその翌月のことであるから、時間経過としては整合しよう。

盛時が駿河に下向した後、どのように範満反対派を糾合したのかは不明であるが、範満が家督を継ぐことができたのは、堀越公方足利家と扇谷上杉家の家宰太田道灌の支援によるものであった。しかし、堀越公方足利家は、先述したように、すでに範満支持から転じていたとみられる。太田道灌は前年七月に主人扇谷上杉定正から誅殺されており、その後は扇谷上杉家内部で抗争が展開、さらにはこの年から、山内上杉家と扇谷上杉家との抗争（長享の乱）が展開されるのであり、十二月には明確に抗争の展開が確認されている。したがって、この時期はちょうど範満を支持する勢力が不在となっていた時期であるとともに、関東の政治勢力の介入もみられないことが予測された時期でもあったとみなされる。盛時の駿河下向、氏親の蜂起はそうした情勢のもとで行われたとみなされる。

氏親は、範満討滅を果たすと、通説的には駿府館に入ったとみなされている。ただし、そのことを明示する史料は存在していない。そこで注目されるのが「宇津山記」の記載である（『静岡県史資料編7』三五三号）。永正元年（一五〇四）

の記載のなかに、「十とせのさき十とせあまり、太守〔氏親〕〈于時修理大夫〉此山〔宇津山〕うちにをくらせたまひ、国の人あつまりきゐて、所せかりして、家五六十間とそ見えし、むかしの国府をあらため、かへり給のち」という記述がある。これまではこれを、宇津山は丸子にあたるから、閑居期における丸子在所を示すものとみなされている。しかし、永正元年から十年前というのは明応四年（一四九五）にあたり、その十年前は文明十八年にあたるから、ただちにこれを閑居期のこととみることはできない。しかも内容は、丸子館にあって、人が集まり、家が五、六十軒も建って賑わっていたことを示すものとなっているから、およそ閑居期の状況とは考えられない。

氏親が丸子館にあったこと、そこから駿府館に移ったことを伝えるのは「今川家譜」であるが、この「宇津山記」の記載をそのままに受けとめるならば、氏親の丸子館在所は、範満討滅後から、明応四年頃までのこととみるのが妥当といえるであろう。そして「むかしの国府」すなわち駿府に移った、という経緯が想定できるものとなろう。

ここで注目されるのが、氏親の元服が、明応三年から同四年にかけてのこととみなされることであろう。氏親は、延徳三年（一四九一）五月まで幼名竜王丸でみえていて（「北野社家日記」戦今七七）、明応三年九月まで元服前から使用していた黒印状を出していることから（「杉山文書」戦今八九）、この時まで元服前であったと推定され（元服後は朱印状を発給）、明応四年九月に、実名氏親が確認されるものとなっている（「安西寺文書」戦今九五）。すなわち氏親の元服は、明応三年九月から翌同四年九月の間とみなされるのである。

しかしながら、この時の氏親の年齢は、二十二、三歳ということになり、一般的な慣習からみるとかなり時期が遅いものとなる。このことについては多くの研究者も疑問に思うことでもあった。これに関して家永氏は、「今川記」に、堀越公方足利政知が「氏満」に改名し、氏親はその偏諱をうけたとする記載があることに注目し、氏親の実質的な元服を、政知が死去する延徳三年以前とみる推測を示している。[14] しかし、政知が「氏満」と改名した事実は当時の史料で確認できず、明応三年まで元服前とみなされることへの説明としては十分なものとはならない。やはりそれはあくまでも伝承ととらえるべきと考えられる。また大塚氏は、二十歳となった明応元年頃という推測を示しているが、これも根拠が存在しているものではない。

二十二、三歳での元服というのは違和感はあるものの、現状では、その事実を受けとめるしかないといわざるをえない。しかしその時期が、ちょうど丸子館から駿府館に移住する時期にあたっていたとすれば、一定の理解も可能になると思われる。元服して、名実ともに今川家当主となるにあたって、駿府館に入部したという経緯が想定できることになろう。そうすると次に、なぜ氏親は十年近くの間、駿府館に入らず、丸子に館を構築したのか、ということが問題となろう。これについては現在のところ、充分な成案を得られないが、丸子と駿府はそれほどの距離があるわけではないことからみれば、氏親は自立後、あえて駿府ではなく、丸子を本拠として構えた、ということになる。それが情勢の変化によるのか、旧来の国府であった駿府に移った、という経緯が、さしあたっては想定できる。

その間における政治的出来事として想起されるのは、明応元年からの甲斐侵攻、[15] 同二年からの伊勢宗瑞による伊豆侵攻、[16] 同三年からの遠江侵攻[17]であろう。このうち伊豆については、宗瑞は同四年には、堀越公方足利茶々丸を北条館から伊豆大島、次いで武蔵に退去させるにいたっている。甲斐・伊豆への侵攻と連動して、駿河河東地域の制圧も遂げられたことが推測される。範満期、さらにそれまでの時期、河東地域の状況は明確ではないが、大森家・葛山家などの堀越公方家勢力や扇谷上杉家勢力が展開していたことが想定されるので、今川家の勢力が同地域におよぶのは、まさに甲斐・伊豆侵攻にともなうものであった可能性がある。「今川家譜」などによれば、宗瑞は、範満討滅の功績によって、河東富士郡下方地域に所領を与えられたことがみえているが、これについても、同地域はいまだ今川家の領国に編成されておらず、その征服を示すものであったという想定も可能になる。

そうであれば、甲斐侵攻や宗瑞の伊豆侵攻を通じて、河東地域の制圧も遂げられて、氏親はほぼ駿河一国を領国化することが遂げられたため、旧来の国府であった駿府に本拠を移すことになった、と想定することも可能のように思われる。いずれにしろ、この問題については、今後において追究を重ねていくべきものであろう。その際には、河東地域の領国化、および甲斐・伊豆侵攻という周辺地域との政治関係の展開が焦点となることは確実のように思われる。

二、氏親期の御一家

氏親には姉（正親町三条実望妻）があったものの、男兄弟は存在していなかった。そのため、氏親を支える存在、あるいは領国支配において氏親の代行を務めることができるものとして、「御一家」が形成されてくることとなる。具体的には、永正十年（一五一三）の時点で、公家冷泉為広の「駿州下向日記」（『為広下向記〈冷泉家時雨亭叢書62〉』所収）に、「今川一家」として、「今川民部少輔・瀬名源五郎・葛山八郎・関口刑部少輔・新野」があげられていて、右の序列にあったことが記されており、これらが駿府在住の御一家として存在していたことがわかる。

これらの記載に注目したものに、大塚氏の研究があり(18)、私も北条氏関係の著作において幾度となく引用してきているが、系譜関係や実名比定などが必ずしも明確になっていないところがあるため、ここであらためてそれら御一家について整理することにしたい。さらに、序列を付していないものの、その直前に記載されているものとして、「極木宗五郎・関口彦三郎・道家中務丞・那古屋新五郎・同親下野入道」の記載もある。これらについても可能な範囲で触れることにしたい。

1. 小鹿今川民部少輔（安房守）

筆頭の今川民部少輔は、史料では単に官途名しか記されていないことから、今川名字であったことがわかる。すでに大塚氏が指摘しているように、小鹿家にあたる。史料には、「子に又五郎、又五郎弟に慶千世」とあるので、この時点で又五郎・慶千世の二子があったこと、次男慶千世は元服前の存在であるから、長男又五郎は元服直後くらいの存在であったとみられる。小鹿家はいうまでもなく、氏親の前代範満の家系にあたる。範満の父範頼は、その父範政の末子で、永享四年（一四三二）の時点で「七、八歳」というから、応永三十二年（一四二五）か同三十三年の生まれである。そうすると範満は、宝徳二年（一四五〇）頃の生まれとみなされる。範満は文正元年（一四六六）に初見されるので、ちょうど元服直後のことであったとみなされる（「御内書案」戦今二五）。そして、従兄義忠が戦死した文明八年（一四七六）には二十七歳くらい、死去した長享元年（一四八七）には三十八歳くらいであったと推測される。

範満が死去した時、「今川家譜」によれば同時に甥の「小鹿孫五郎」も戦死したことがみえている。この記載の仕方からみると、範満には子がなく、そのため甥の孫五郎を嫡子にしていたように思われる。とすれば範満には、兄弟があったことになる。兄と弟どちらにあたるのかは不明だが、範満が家督を継いでいるので、範満を兄とみておくのが妥当であろうか。仮名孫五郎を称しているのですでに元服後であることは確実であり、文明五年（一四七三）以前の生まれであったとみなされる。したがって氏親よりは若干の年長にあたったとみられる。

では、氏親に仕えた民部少輔の系譜的な位置はどこに推定されるであろうか。嫡子の仮名が「又五郎」であることからすれば、孫五郎に対して庶子であった可能性が高いとみられ、その場合には孫五郎の弟に比定するのが、もっとも適切と考えられる。ここでは民部少輔は、範満の弟某の次男で、孫五郎の弟、と推定しておくことにしたい。注目されるのは、今川名字を称していたことと、(19)官途名が、小鹿家の祖範頼の父範政と、その嫡子で範頼の兄の範忠が歴称した「民部大輔」に因むものであること、(20)である。小鹿家の範満が当主であったことが踏まえられて、この家系は極めて高い家格を認められたことがうかがわれる。あるいは、孫五郎の弟又五郎（民部少輔）を取り立てることによって、範満討滅後に、範満派を取り込む方策であったのかもしれない。

そしてこの民部少輔の父にあたる存在として、「土佐国蠹簡集残編」所収今川系図をもとに、大塚氏によって、受領名「安房守」を称した人物が指摘されている。その妻は、瀬名一秀・堀越貞基（貞延の子）の姉妹であった。大塚氏はそれを、範満の子の世代とみている。しかし範満の子の世代がすなわち、孫五郎・民部少輔にあたるのであるから、それらの父となる安房守は、範満の弟にあたる人物にあたることになる。ただしその妻が瀬名一秀・堀越貞基の姉妹であるとすると、少し検討が必要になる。瀬名一秀・堀越貞基の生没年は不明だが、瀬名一秀の子氏貞は、明応六年（一四九七）生まれで、その妻は堀越貞基の娘、その嫡子貞綱は永正十七年（一五二〇）生まれであることがわかっている。これらによれば、氏貞は氏親よりかなりの年少である一方、貞綱は氏親の子とほぼ同世代にあたっていたことになる。

そうするとむしろ、氏貞の父の世代が、氏親とほぼ同世代にあたっていたとみなされる。これは氏親そのものが、子が生まれるのが四十歳代のことであったから、ほとんど一世代を挟んでいるような状況にあることによる。そうとすれば瀬名一秀らの兄弟は、氏親よりも少し年長であったくらいにみることができることになる。それらの父堀越貞延は文明七年に戦死しているから、彼らはその直前頃の生まれとみることも可能であろう。そうであれば、夫の安房守を、氏親とほとんど同世代の人物とみることも可能になる。いずれが妥当であるのかは、それらの生没年が判明しない限り解決されるものではない。ただし安房守を氏親よりも上の世代、すなわち父義忠の世代とみた場合、その婚姻は義忠生前のこととなるが、当時の史料にその存在が全く所見されないことは気に懸かる。

この安房守に関する所見とみられるものとして、大永六年（一五二六）成立の「今川仮名目録」（戦今三九七）一九条に、大永五年のこととしてみえている「房州」、同六年十一月晦日にみえる「房州」（「宗長日記」前掲静岡県史九五〇号）があげられる。これらの「房州」についてこれまでの研究では明確な比定はなされていないとみられるが、名字が省略されていることから、今川名字の人物であるとみて間違いなく、すなわち「今川安房守」にあたるとみなされる。この場合、永正十年所見の民部少輔との関係について、その親であるのか、後身にあたるのかということが問題となる。しかし親とみると八十歳近くになるので、それは想定し難く、民部少輔の後身とみるほうが妥当と思われる。安房守の所見は、氏親の家督継承以前にはみられないことを重視して、ここでは氏親と同世代の人物、すなわち民部少輔の後身とみなしておきたい[21]。

以上の検討をもとにすると、範満の弟の子に、孫五郎・民部少輔があり、民部少輔は後に安房守を称し、また堀越貞延の娘を妻とし、又五郎・慶千世の二子があった。氏親よりも少し年長にあたったとみなされる。嫡子又五郎は永正十年には元服しているので、遅くても明応八年（一四九九）以前には生まれていたとみなされる。安房守はおよそ二十歳代後半とみなされるので、年齢的には整合しよう。その場合、安房守の婚姻は氏親の時期のことになり、氏親の周旋によるものである可能性が想定されよう。そして永正十年には民部少輔を称し、大永五年には安房守を称したとみなされる。ちなみにその孫は、父と同じく「又五郎」といい、瀬名氏貞の娘を妻にしている。世代的には、氏親の子と同世代となる。

なお、氏親の孫の氏真の代に、「小鹿民部少輔」がみられているが（「可睡斎所蔵僧録司文書」戦今二七九三）、その時に官途名を称していることからみて、それはその又五郎の後身の可能性が高いとみなされる。したがって安房守の子又五郎についての所見は、永正十年における所見しか確認されない、ということになろう。また、そこで注目されるのは、この氏真の段階では、今川名字ではなく小鹿名字で称されていることである。小鹿家は氏親の段階では、同じ今川名字を認められていたが、その孫の世代になると、在名の小鹿を名字とされたことがうかがわれる。これはいうまでもなく、今川名字を、戦国大名当主家のみに限定する動向を示すものとみなされる。

2．瀬名氏貞

第二位の「瀬名源五郎」は、瀬名一秀の嫡子氏貞のことである。「今川家譜」では、天文七年（一五三八）三月十六日に四十二歳で死去したとあり、これによれば明応六年（一四九七）生まれである。永正七年（一五一〇）が父一秀の生存終見であるので（「小笠原文書」戦今一七三）、その後に家督を継いだとみられる。同十年には十七歳となる。妻は叔父堀越貞基の娘で（「土佐国蠹簡集残編」所収今川系図）、同十七年に嫡子貞綱（虎王丸）が誕生している（「竜泉院文書」戦今四五五。大永八年〈一五二八〉に虎王丸は九歳とある）。

瀬名家は、「今川家譜」によれば、堀越貞延の子で僧侶であった義秀が、遠江見付海蔵寺の僧侶であったところ、氏親の配慮で還俗し、堀越家の旧領の瀬名郷を所領として与えられて、これを家号にしたことに始まるとされている。ただし、法名は「一秀」でみえ、「睡足軒」を号しているから（「小笠原文書」戦今一七三）、還俗はしていないようにみられる。一秀の没年については文亀三年（一五〇三）、享年は七十一歳とする所伝があるようであるが[22]、それだと生年は永享四年（一四三二）となり、これは父貞延の世代にあたることになるので信用できない。一秀と貞基兄弟の孫が、永正十七年に生まれていることから類推しても、文明年間の生まれ、すなわち父貞延戦死よりも少し前の時期頃の生まれと推測するのが妥当であろう。その場合は、氏親とはほぼ同世代とみなされるものとなる。

なお、一秀と堀越氏の家督を継いだ貞基との長幼関係については、明証は得られないようである。「土佐国蠹簡集残編」所収今川系図は、一秀を兄としているが、「今川家譜」は貞基を兄とし、異なっている。ここではより史料的価値が高いとみなされる前者に依拠して、一秀を兄、貞基を弟ととらえておきたい。また両者ともに氏親とそれほど変わらない年齢であったとすれば、その存立は、氏親の時代になってからのことであった可能性が高い。そのなかで一秀は、氏親に取り立てられ、駿府に在所して、御一家として存在するようになったものとみなされる。そして遠江今川氏の嫡流（堀越氏）に連なる系統であったため、小鹿家に次ぐ家格に位置付けられたものと思われる。

ちなみに、氏貞の嫡子貞綱は、その後に、氏親の末娘を妻に迎えることになる。御一家のなかで、当主家の娘が嫁しているのはこの貞綱だけであるから、御一家のなかで瀬名家が高く位置付けられていたことがわかる。

3．葛山氏広

第三位の「葛山八郎」は、「早雲子也」という注記があることから、伊勢宗瑞の子で、駿河葛山家を養子継承した氏広のことである。生年は不明だが、兄氏綱が長享元年（一四八七）生まれであるから、それよりも数歳下とみなされる。葛山氏は、駿東郡南部に所領を有した室町幕府奉公衆で、明応五年（一四九六）まで、奉公衆として存在していたことが確認できる（「室町家御内書案」戦今一〇三）。その一方、明応二年からの伊勢宗瑞の伊豆侵攻においては、氏親の命をうけてともに侵攻したと伝えられ（「今川記」）、「異本小田原記」はその名を「葛山備中守」と記している。また、娘は宗瑞の妻の一人となったことが伝えられている（「豆相記」『新編埼玉県史資料編8』所収）。仮に、この婚姻が明応二年以降のことであれば、氏広はそれ以降の誕生となり、永正十年（一五一三）には二十歳弱くらいであったとみられる。すでに母方実家を養子継承していたことがわかる。

ここで氏広が今川家御一家に列せられているのは、宗瑞の子であるからとみなされる。同時に養家の葛山家は、氏親に従属する国衆として存在していたとみなされる。葛山家が氏親に従属した時期は不明であるが、宗瑞の伊豆侵攻時にはそのような関係が成立していたとみなされよう。明応五年に所見される人物が、宗瑞の岳父ないし義兄弟にあたるとすれば、その後に氏広の養子継承が行われたとみられる。そして氏広は、葛山家当主であるとともに、今川家御一家として、駿府に居住したものと思われる。

4．関口氏兼

第四位の「関口刑部少輔」は、すでに大塚氏が比定しているように、氏兼にあたるとみなされる。氏兼はその翌年の永正十一年（一五一四）に所見があるので（「真珠院文書」戦今二七一）、そのようにとらえて間違いないとみなされる。またここでの注記に「子に慶王」とあるので、元服前の嫡子が存在したことがわかる。およそ明応八年（一四九九）以降の生まれとみなされるから、その父である氏兼はその時に二十五歳とみると、氏親とはほぼ同世代にあたった存在と推測される。氏兼については、大永五年（一五二五）九月までの所見が確認されている（「宗長手記」『静岡県史資料編7』八八三号）。「土佐国蠹簡集残編」所収今川系図によれば、その妻は瀬名一秀・堀越貞基・今川安房守妻の姉妹であることから、氏兼は、それらとも同世代に位置したものとなり、史料の所見状況からみても整合しようが、それらのなかでは一番年少の存在であったように思われる。

関口氏は、遠江今川氏庶流にあたり、惣領家としては、室町幕府奉公衆となって、源三郎・刑部大輔を歴称した系統があった。同家については下村信博氏の検討があり、長享期から明応期の当主は、源三郎政興とみられている[23]。これはちょうど氏親と同世代にあたるとみられるであろう。氏兼が称した官途名「刑部少輔」は、惣領家の「刑部大輔」と比べると、その庶家にあたるものとみなされるといえよう。政興と氏兼との関係は明確にはならないが、氏兼が、あえて惣領家の官途名に類似するものを称していることをみると、その弟にあたるような関係にあったのではなかろうか。その場合、兄政興は従来通り幕府に仕えていたが、弟氏兼は駿河に下向して、氏親に仕えてその御一家に列せられるものとなったのではないかと推測される。そうであればおそらく、瀬名一秀ら姉妹との婚姻も、氏親の周旋によるものであったとみなされる。

氏兼の後継者とみられるのは、その子の慶王である。数年後には元服したと推測される。その後の天文五年（一五三六）から氏純が所見され、弘治二年（一五五六）からは官途名「刑部少輔」でみえている（「言継卿記」『静岡県史資料編7』二四二五号）。氏純は、確実なところでは永禄三年（一五六〇）三月までの所見が確認されている（「古文書集」

戦今一五〇四）。問題はこの氏純が、慶王と同一人物かどうかということになるが、明応期の誕生とみて、同一人物とすると、終見では六十歳すぎとなり、ありえないことではないといえる。その場合、初見の天文五年時は四十歳弱とみられるので、すでに官途名を称していたとみなされるであろう。ただし問題となるのは、四十歳をすぎても官途名のままで、受領名を称していないこととといえる。

また、「土佐国蠧簡集残編」所収今川系図によれば、瀬名氏貞の次男で貞綱の弟にあたる「助五郎」が、関口刑部少輔家を継承したことがみえている。兄貞綱は永正十七年（一五二〇）生まれであったから、弟「助五郎」はそれより数歳年少とみると、氏純の初見となる天文五年は、ちょうど元服直後くらいにあたるものとみなされ、世代的には氏純にあたるとみることは可能である。慶王と「助五郎」の生年は二十歳ほど離れているとみられるから、慶王が成人の後に早世し、「助五郎」が養子に入ったとみて、それが氏純にあたるとみることは可能である。なおそれによって、この刑部少輔家の仮名が助五郎であったことがわかるが、これは惣領家の源三郎とは異なって、駿河今川氏の仮名五郎に因むものととらえられる。したがってこの刑部少輔家は、仮名の面からも、氏親のもとで興された一族であることをうかがうことができる。

慶王の後身が氏純なのか、慶王の養子が氏純であったのかは、ただちには解決できない。しかし前者の場合、同家に養子に入った「助五郎」がその後において全く所見されないということになり、不自然に思われる。むしろ「助五郎」は氏純にあたり、慶王の早世によって、養子継承したとみたほうが妥当と思われる。その際に注目できるのが、天文十一年に「関口刑部」がみえているとともに、そこでの行為の主体としては「刑部之息女」と出てきていることである（「静岡浅間神社文書」戦今六八六）。ここでの「関口刑部」は、氏兼かその子慶王のいずれかにあたるとみられるが、年代的には元服した慶王にあたる可能性が高いとみなされる。それとともに文面からすると、その「刑部」はこの時点では死去していたことがうかがわれる。その場合、「刑部」(慶王)に娘があったなか、氏純が養子に入って家督を継承したことになり、氏純はその婿養子として家督を継承したことが想定される。おそらく「刑部」(慶王)は天文五年以前に死去し、実子の男子がなかったため、婿養子をとり、氏純の元服をうけて家督が継承されたものと推測できるであろう。(24)

以上の検討から、関口刑部少輔家の系譜関係については、惣領家政興の弟とみられる氏兼にはじまり、妻は堀越貞延の娘であった。大永五年以降に死去して、その子「刑部」(慶王)が家督を継いだが、天文五年までに死去し、男子がなかったため、瀬名氏貞の次男助五郎氏純が婿養子となって継承され、弘治二年からは歴代官途の刑部少輔を称し、永禄三年まで所見がある、とまとめられる。

なお、序列は付されていないものとして「関口彦三郎」があげられている。仮名からみると惣領家の庶子であったように思われる。当時の当主は、源三郎・刑部大輔政興とみられるとともに、政興の世代はこの時点では官途名を称するようになっていたとみなされることからすると、この彦三郎は政興の子にあたる可能性が想定される。源三郎を称していないので、庶子の可能性が高いであろう。すでに元服していることから、遅くても明応期前半には誕生していたと推測される。

その後に政興の後継者として、刑部大輔を称しているのが氏縁であり、享禄四年(一五三一)から、氏親に仕えるものとして所見されるようになっている(「為和集」『静岡県史資料編7』一一三三号)。年代的には、彦三郎はこの氏縁の前身にあたるとみることは可能であろう。ちなみに『蒲原町史』が諸種の系図史料を集成したものによると(同書一四一頁)、氏縁の父政興の妻を「義忠女、氏親ノ姉ナリ」とし、氏縁を永禄三年(一五六〇)「五十六才」の死去としている。逆算による生年は永正二年となり、その場合には、彦三郎とは別人となる。ただし母を氏親姉とする所伝は他にはみられず、そのため氏親に正親町三条実望妻以外が存在したとは想定できないので、誤伝とみなされる。あるいは氏親の一族の女性が嫁したことがそのように所伝されたのかもしれない。さらには関口氏兼との混同も想定される。

残されている史料から推測すると、政興の嫡子は没落などし、庶子の彦三郎が、叔父氏兼を通じて氏親を頼るようになったものかもしれない。そして後に刑部大輔を称して、同家の惣領として存在するようになった可能性が想定される。その後は弘治三年(一五五七)に刑部大輔の所見がある(「言継卿記」同前二四七九号)。氏縁のこととすれば、七十歳近くになり、にもかかわらず官途名のままというのは不自然なので、この刑部大輔はその子の可能性が高いとみられる。刑部大輔家の歴代の通称に越後守があるが、その後の永禄六年(一五六三)から越後守氏経が所見される(「田島文書」戦今一八九七)。この状況からみて、氏縁の子で弘治期の刑部大輔は、この氏経にあたるとみられ、永禄期に越後守を称したとみることができるであろう[25]。

5. 新野

第五位の「新野」は、具体的な人名は不明である。新野氏も遠江今川氏の庶流にあたる。御一家となった経緯は不明であるが、これまでの瀬名家・関口刑部少輔家などと同じように、氏親の段階でそれに従うようになったことによると思われる。本領は遠江国の所在したとみられることからすると、積極的に氏親を頼ったというよりは、氏親の遠江侵攻にともなうものであったとも考えられる。

6. 那古屋新五郎

ここでの最後に、「那古屋新五郎」について取り上げることにする。序列は付されてはいないものの、ここに記されているということから、この時点では駿府にあったとみられる。そして、その前行に「親ハ入道也」という記載があり、その注記として「下野也」とある。記載の仕方は前後と比べると異様なものであり、また墨線で「那古屋新五郎」と一括りにするかたちになっている。今川氏において下野守は、今川那古屋氏の歴代官途であったから、これは新五郎の父を指す注記とみることができると思われる。駿府に滞在していた新五郎の父は、下野入道であったことを示しているものと思われる。

今川那古屋氏については、下村信博氏によって、長享期から明応期にかけての当主として国氏(兵部大輔・大夫判官)があり、明応九年(一五〇〇)頃に没落したことが指摘されている。[26] 年代的に考えると、下野入道は国氏の後身とみられ、新五郎はその嫡子にあたると推測される。そしてこの永正十年(一五一三)の時点では、新五郎は氏親を頼って駿府に滞在していたとみなされるであろう。そうであれば国氏は、没落の後は、氏親を頼って駿府に下向し、そのまま死去して、同年までに新五郎に代替わりしていたとみられる。

大永二年(一五二二)に嫡子竹王丸が生まれていて、天文二年(一五三三)の時点では、新五郎は死去していたらしく、十二歳であった竹王丸が当主となっていること、那古屋城に帰還を果たしていたことが確認されている。そして同七年に、尾張織田信秀に那古屋城を奪取されて、今川那古屋氏は没落することになる。竹王丸については、「名古屋合戦記」などの近世成立の軍記物に、氏親の末子で「左馬助氏豊」と称したことが記されており、これまでの研究でも基本的には承け継がれている[27]。しかし「土佐国蠹簡集残編」所収今川系図をはじめ、良質な今川家関係の系図・軍記物に、その旨の記載は全くみられないので、信用することはできず、単なる伝承とみなすべきであろう。また「氏豊」の名も当時の史料では確認されていないので、それが事実かどうかは不明とするしかない。

ただし新五郎が、大永二年に嫡子竹王丸をもうけていること、その時の年齢を二十五歳と仮定すると、新五郎は明応七年（一四九八）以降頃の生まれと想定され、ちょうど父国氏が没落して駿府に下向する直前にあたるものとなる。したがってその元服は、氏親のもとで行われた可能性が想定されるものとなる。そうであったとすれば、新五郎は元服にあたって氏親から偏諱を与えられた可能性があり、それが「氏豊」であったかもしれない。またそうではないにしても、新五郎が氏親から、駿河今川家の通字とされた「氏」字を与えられていて、その子竹王丸も元服後にそれを踏襲して名乗ったのが、「氏豊」であったかもしれない。いずれにしても「氏豊」の実名は、新五郎もしくは竹王丸いずれかのものであったことはありうるとはいえる。

なおその後、弘治三年（一五五七）に、「今川那古屋殿」が、やはり今川家を頼っていて駿府に滞在していたことが確認されている。これが竹王丸のことであれば三十六歳となるから、充分にその可能性はあろう。織田信秀によって没落させられた後に、再び今川家を頼ったことが想定できるであろう。

三、氏親の領国形成

氏親は長享元年（一四八七）十一月九日に、今川家当主であった今川小鹿範満を打倒して、自ら今川家当主となり、駿府を占領したとみなされる。そして、先述したように、それまで閑居していた小川を出て、駿府とは安倍川対岸に位置する丸子に入部し、新たな館を構築したとみられる。もっとも、範満の討滅によって、ただちに駿河一国の領国化が遂げられたわけではなかったらしい。翌同二年正月十四日に、山東入江庄高橋辻で合戦があり、家臣由比光規の戦功を賞している（「御感状之写并書簡」戦今六六）。続いて同年七月には氏親は興津彦九郎に本領を安堵し（「諸家文書纂」戦今六七）、同年九月には伊勢盛時（宗瑞）が熊野那智山社に同社領長田庄内を安堵する打渡状を出している（「熊野夫須美神社文書」戦今六八）。

なお、打渡状は守護による所務遵行をうけてのものであることから、氏親の代官としてのものととらえられ、そのため盛時は氏親のもとで「守護代」の地位にあったとみられている。(28)実際に同職にあったかは確認されないが、その職務を果たす存在であったことは間違いなく、他の大名家の事例を踏まえれば、「家宰」の地位にあったとみることはできる。もっとも、盛時は氏親の家臣ではなく、御一家であったとみられるので、ここでは「後見役」と位置付けておくことにする。

そして、同三年（延徳元年）正月、氏親は建穂寺に藁科郷・服織庄今宮浅間社領などを安堵している（「見性寺所蔵建穂寺文書」戦今七二）。これらの動向は、範満討滅後も山東をめぐって抗争が展開されていたこと、由比氏・興津氏といった同地域の有力領主の家臣化をこの時に果たしたこと、それによって山東を支配下においたことを示しているとみられる。由比氏・興津氏は、室町期は国人であったが、父義忠の時期には家臣化していた存在とみなされ、範満の代にはそれに従っていたとみられる。ここで氏親が興津氏に対して本領を安堵していることは、この時に興津氏の家臣化を遂げたことをうかがわせる。またその直後に、丸子を含む長田庄内の地を紀伊熊野那智社に安堵しているが、これについては定泉坊が「不慮動」で知行していたものを城泉坊に「返進」したものとある。定泉坊による知行とはおそらく、範満方にあったことによるとみられ、その討滅により、城泉坊に返付したものとみなされる。さらに同三年正月には、丸子の北方に位置する藁科郷などの今宮浅間社領などを建穂寺に安堵している。

これらのことはいずれも、範満を討滅し、丸子・駿府を中心にした山東一帯の領国化を果たしたことにともなう、新たな知行関係の構築を示すものととらえられる。氏親は、丸子館においてそれらの経略とその後の支配展開をすすめたとみなすことができる。こうしてみると氏親による山東領国化は、長享二年までかかっていて、同年後半に支配確立を遂げたものとみなされる。また盛時は、範満討滅の功績によって、河東下方地域で三〇〇貫文の所領を与えられたとされている[29]。ここから氏親は、少なくとも下方地域までの領国化を果たしたことがうかがわれる。

おそらくこれにともなって、伊勢盛時は帰京したと推測され、延徳三年（一四九一）五月七日には、将軍足利義材（のち義稙）の申次衆として存在していたこと、それから八月十日までに再び駿河に下向したことが確認されている。家永氏はそれについて、同年四月三日の堀越公方足利政知が死去し、同年七月一日に政知長男茶々丸が継母円満院・弟潤童子を殺害して実力で家督を継承する、堀越公方足利家の内乱の展開をうけてのことと推測している[30]。なお、盛時の駿河での動向が確認されなくなっていた延徳元年三月に、足利政知の次男清晃が将軍家後嗣となる動きがみられるようになっているから、盛時の帰京はこの動きにともなうものであったかもしれない。

堀越公方足利家の内乱は、周囲の政治勢力にも影響を与え、家永氏は、茶々丸の行動を容認する山内上杉顕定・甲斐武田家当主の武田信縄と、それに反発する信縄の父で隠居の武田信昌（信縄父）・信恵父子、甲斐河内領の国衆となっていた穴山武田信懸（信昌妻の兄弟）との対立を生み、これが明応元年（一四九二）六月十一日から始まる「甲州乱国」をもたらしたと見通している[31]。これに氏親が介入することになり、九月九日に穴山武田家支援のために、軍勢を進軍させている。これによって穴山武田家は、武田信縄との抗争にあたり、氏親に従ったことがうかがわれる。後には氏親に人質を出しているので、それは従属とみなされる。氏親はこの「甲州乱国」に、武田信昌・信恵父子、穴山武田信懸を支援したのであり、そこでの出兵が国外への最初の軍事行動であった。

また、ここで甲斐に侵攻しているから、その経路にあたった河東のうち富士郡北部も、すでに領国化していたとみなされ、それは同地域の国衆富士家を服属したものととらえられる。富士家も、もとは国人であったが、義忠の時には家臣化していた存在であり、範満討滅後に、従属を遂げたものとみなされる。ちなみに富士家については、明応五年に富士中務大輔が、葛山氏とともに、幕府奉公衆として存在していたことが確認されるが（「室町家御内書案」戦今一〇三）、その一方で氏親に従属していたとみられるであろう。そしてこれが奉公衆としての終見になっている。以後において、武田家との抗争は、氏親の生涯を通して継続されるものとなる。そこでは穴山武田家を従属させ、甲斐郡内の国衆であった小山田家を、永正五年（一五〇八）には伊勢宗瑞が従属させ、甲斐西郡の国衆となっていた武田大井家を、同十二年には従属させている。瀬名氏貞の妹が武田大井信業（「甲州大井次郎」）の妻となっているのは（「土佐国蠹簡集残編」所収今川系図）、それをうけてのこととみなされる。しかし、小山田家は同七年に、武田大井家は同十七年に、穴山武田家は大永元年（一五二一）に離叛して、武田家当主信虎（信縄の子）に従属、これによって武田信虎の甲斐統一が遂げられている。ただし同七年まで武田家とは抗争関係にあったことが確認されている。(32)「甲州乱国」に介入した翌年の明応二年から、伊勢宗瑞による伊豆侵攻が展開され、これには氏親の命で葛山家も加わっていたから、広義では氏親の動向とみなすことができる。これについては家永氏によって、同年四月における細川政元による清晃（足利義澄）将軍擁立のクーデターをうけてのことととらえられている。(33)またここから、氏親はこの時までに河東駿東郡南部の領国化を遂げていたことがうかがわれる。駿東郡南東部には、延徳二年の時点でなお幕府奉行人布施氏の所領が存在していたが（「伺事記録」『静岡県史資料編7』一五〇号）、こうしたことは堀越公方足利家との協調関係によって維持されていたものとみられる。同家の内乱によってそれらの知行関係が崩壊したことが推測される。

さらには、伊勢宗瑞自体、堀越公方足利政知にも奉公衆として仕え、伊豆国内で所領を与えられていたことが伝えられている。(34)おそらく宗瑞は、堀越公方足利家の内乱によりそれらの所領を喪失、その回復のために、伊豆に侵攻したと考えられる。これに加わった葛山家も、駿東郡南部に所領を有していたから、同様の立場にあったとも推測される。また宗瑞は、侵攻にあたって、足利茶々丸を支持していたとみられる山内上杉顕定と対抗関係にあった扇谷上杉定正と連携している。これにより宗瑞の伊豆侵攻は、関東の長享の乱（両上杉家の抗争）・甲斐武田家の内乱とも連動して展開されるものとなる。そして同四年には足利茶々丸を伊豆から退去させ、同七年に自害させて伊豆一国の経略を遂げることになる。

また、その過程の同四年八月、宗瑞は駿東郡北部の御厨を経由して甲斐郡内に侵攻しているが、このことからこの時までに、同地域も氏親の領国に編成されたものとみなされる。ただし、同地域については、翌同五年七月頃に、武蔵から甲斐を経て足利茶々丸が進出してきていて、同地域を経略した可能性が想定される。そして同家の奉公衆垪和家が支配を担い、国衆化したとみられる。そして同七年に足利茶々丸が滅亡した頃に、氏親に従い、その国衆として存在するようになったのではないか、と考えられる。(35) これによって御厨地域も、氏親の領国に編成されたとみられるであろう。

宗瑞が伊豆経略を果たすと、同国は宗瑞の領国として存在するようになる。宗瑞はそれまで、氏親の叔父として、その後見役としてあったが、その一方で、足利茶々丸を伊豆から没落させると伊豆韮山城を本拠とし、さらに伊豆領国化によって、伊豆を領国とする戦国大名としても存在するようになったとみなされる。そしてその後、明応九年(一五〇〇)頃に相模西郡を領国化し、永正六年(一五〇九)からそれ以東の領国化をすすめ、同十三年に相模一国の領国化を遂げて、伊豆・相模二ヶ国の戦国大名となる。さらには武蔵南部や上総への侵攻も展開していき、それら関東における領国は、すべて宗瑞独自の領国として存在することになった。

これに対して、駿河における所領についてはどのように位置したと考えられるであろうか。宗瑞は、駿河においては山西の石脇城を本拠としていたことが確認されている(「鈴木文書」『戦国遺文後北条氏編』四一四五号)。そして伊豆進攻後は、「韮山殿」「豆州」などと称されているから、韮山城を本拠としたとみてよいであろう。宗瑞は、石脇城のほか、河東富士下方地域に、依田郷・せこ・比奈(加越能文庫本「今川記」)、あるいは依田郷・原・柏原・吉原郷などを所領としていたと伝えられる(「異本小田原記」)。しかし伊豆進攻後において、それらの領有を示す史料はみられていない。可能性としては、伊豆侵攻にともなって氏親に返上されたか、宗瑞の死去まで所領として存続したか、いずれも考えられる。今川家における宗瑞の立場を規定するうえで重要な問題といえるが、現段階では検証することができない。

なお、以前に触れたように、駿東郡南部には、姉北川殿の所領として沢田郷・沼津郷・大平郷、姻戚の葛山家の所領として大岡庄が存在しており、これら沢田郷以東の地域は、宗瑞の伊豆侵攻にともなって領国化された可能性が想定される。[36]また、そこでは伊豆に接する佐野郷・得倉郷を宗瑞の所領とみていたが、それは誤りであった。宗瑞所領の佐野郷・得倉郷はともに伊豆におけるものであり、駿東郡における両者とは別物であった。したがって駿河には、宗瑞の所領は存在しなくなっていたととらえられる。なお葛山家は、宗瑞の子氏広が当主であったが、氏親の御一家として、氏親に従う存在であり、そのため所領も氏親の支配下に置かれていた。注目されるのは、宗瑞の姉で氏親の母である北川殿の所領が集中してみられること、その支配は宗瑞が代行して行っていたことである。それらの領国化が宗瑞の動向にともなうものとすれば、実質的には宗瑞による所領化ではあったが、駿河所在のために、姉北川殿の所領としたのかもしれない。[37]

明応元年からの甲斐侵攻、同二年からの伊豆侵攻に続き、同三年からは遠江への侵攻が展開される。同年八月に、宗瑞が大将になって、遠江「三郡」に侵攻している。これは原田庄の領主原氏を攻撃したものとみられていて、[38]その経緯として、遠江守護斯波義寛が足利茶々丸と連携していて、茶々丸支援を牽制するためとみる見解が出されている。同五年七月から九月にかけては、氏親自らが大将として佐野郡に侵攻したことがうかがわれる（「長松寺文書」戦今一〇〇・一〇二）。これについて「宗長日記」では、義忠戦死から「廿余年にや氏親入国」とある。なお大塚氏はこれを明応六年にあたるとみているが、義忠戦死の二十年後は明応五年にあたり、数えで二十一年にあたることから、この時の侵攻を指すとみるのが妥当とみなされる。

また、同六年には山名郡（「水月明鑑」戦今一一〇）、同七年には榛原郡（「諸事控覚帳」戦今一一五）までを領国化していたことがうかがわれる。そうすると三年前における宗瑞の「三郡」への侵攻というのは、榛原郡・佐野郡・山名郡（もしくは城東郡）にあたったのかもしれない。さらに、同八年には国府近辺（「秋鹿文書」戦今一一九）、城東郡（「中山文書」戦今一二六）をも領国化していたことが確認され、すでに天竜川におよぶ半国の領国化を遂げたとみられる。ただし、森田香司氏は、この時点では斯波家の勢力下にあった国府である見付そのものにはまだ勢力が及んでいないとみている。[39] そのうえで、同九年五月には、「遠州一途」と、明確に遠江領国化の意志が示されている（「御感状之写并書簡」戦今一二八）。なお、十一月十四日に「一宮口」合戦での戦功を賞した感状があり（「小川文書」戦今四一二）、明応期までのものとみられているので、「一宮口」が遠江におけるものとすれば、この時期のものとなるかもしれない。

そうした状況をうけて、翌文亀元年（一五〇一）春、斯波義寛は家臣狩野寛親を山内上杉顕定のもとに派遣して、[40] 今川家挟撃の連携をはたらきかけ、三月には斯波義雄・同寛元を遠江に派遣し、信濃府中小笠原長朝・松尾小笠原定基との連携を成立させ、六月に上杉顕定から了承を得ている（「古文書纂」戦今一三六）。さらにこれら斯波家の動向に対しては、細川政元の支援があったことが指摘されている。[41] こうして氏親と斯波家との抗争は、関東・信濃の勢力、さらには中央情勢と関連するものとなっている。

これへの対抗として閏六月、伊勢宗瑞が信濃諏訪家と連携し、甲斐侵攻を働きかけている。そして七月から氏親・宗瑞は遠江に侵攻し、豊田郡社山城、周智郡天方城などを攻略、周智郡蔵王城・山名郡馬伏塚城を防衛、信濃・三河境まで勢力下におさめている。ちなみにその後さらに、十一月には宗瑞が三河まで進軍していることを示す史料があるものの（「宗源院由緒書抄」戦今一四五）、この時点で敷智郡黒山城主堀江氏を服属させていた確証はないことから、その扱いには慎重とならざるをえない。堀江氏に関しては、同年十二月に、堀江三郎左衛門尉為清の存在が確認されている（「大福寺古案写」戦今一四九）。

なお、その後に黒山城を攻略したことが確認されているものの、その攻略年次については明確ではない。これまではそれらの動向と一連のものとみて、文亀元年とされることが多いが、大塚氏は翌同二年とする見解を示している。月日の関係からみると、文亀元年ではありえないことは確実であり、同二年以降のことであることは間違いない。ただしこれを伝える「宗長日記」には、堀江氏の名を「堀江下野守」とし、またその黒山城在城について、文亀元年から「数年の館」と記していて、一、二年の間隔とはうけとめられない書き方をしている。これについては後述するように永正元年（一五〇四）の可能性が高い。

この文亀元年における侵攻によって、氏親は二俣城などが所在する遠江北部を除き、基本的に領国化に成功した。翌同二年九月には、伊勢宗瑞が甲斐郡内に侵攻している。続いて永正元年（一五〇四）正月から三月にかけて、山内上杉家領国の武蔵西部に侵攻している。これらは斯波家と結んだ山内上杉家、それと連携する甲斐武田家との抗争とみられる。その一方、四月まで、山内上杉家の軍勢が駿河御厨に侵攻してきている。これは斯波家との連携の際、駿河への侵攻があげられていて、それを実現したものであったとみられる。

同年六月十一日に、氏親は遠江浜名郡村櫛庄の大沢氏から従属を申し出られ、同庄領家方と雄奈郷を安堵し、その執行を宗瑞に命じている（「大沢文書」戦今四〇八）。これをうけて宗瑞は、八月一日に雄奈郷に対し年貢等の「領家殿」（大沢家）への納入を命じている（「大沢文書」戦今一五三）。大沢氏従属にともない宗瑞による同地域への侵攻があったと推測され、それによってみられたのが堀江氏本拠の黒山城攻略ととらえられる。同城攻略は七月末のことであるから(「御感状之写并書翰」戦今一四〇)、時間経過としても整合する。同城攻略の年次はこれまで明確でなかったが、この永正元年とみなされる。

その直後の八月二十一日、山内上杉顕定が扇谷上杉朝良への攻撃を開始、上杉朝良は氏親・宗瑞に援軍を依頼した。扇谷上杉家と宗瑞とは、宗瑞の伊豆侵攻以来連携関係にあったが、ここで氏親に援軍が要請されているのは、氏親と山内上杉家とが抗争関係にあったことに基づくものであろう。あるいは山内上杉家が斯波家と同盟関係を結んだ際に、氏親と扇谷上杉家も同盟関係を結んでいたのかもしれない。氏親は九月十一日に駿府を出陣して武蔵に進軍し、扇谷上杉家と宗瑞と合流し、同月二十七日に立河原合戦を戦うことになる。ここでの扇谷上杉家への援軍の主体は、明らかに氏親となっている。これは同年四月に、山内上杉家から御厨に侵攻をうけていたことを踏まえれば、それへの報復とみなすことができる。

翌同二年二月、氏親は三河国衆の奥平定昌に遠江河西で所領充行を行っている(「松平奥平家古文書写」戦今一六〇)。これによりこの時には、奥平家が氏親に従属していたことがわかり、氏親の勢力はすでに明確に三河に及んでいたものとなる。同三年八月十六日、三河田原戸田憲光から支援要請をうけたことに応えて、伊勢宗瑞らを率いて三河にむけて進軍した。二十五日には西遠江に進軍している(「本興寺文書」戦今一七九)。そして九月十九日に、戸田家と抗争関係にあった牧野家の本拠今橋城の端城を攻略した。これが氏親による本格的な三河侵攻の開始となる。[42]またこの時、宗瑞は信濃松尾小笠原家に連携を要請している。小笠原家は十月十八日には援軍を派遣してきている(「小笠原文書」戦今一八四)。[43]そうして十一月三日に今橋城を攻略、牧野古白を討滅している。

氏親の攻撃は牧野家に対してだけでなく、岩津松平家にも向けられていて、すでに八月の時点で奥平定昌に細川の城取り立て、上野への通路確保を命令していた。今橋城攻略直後の同月十五日には、西三河矢作川西岸の明眼寺に禁制を出している（「妙源寺文書」戦今一八六）。そして閏十一月七日に、伊勢宗瑞は吉良家臣の巨海越中守を通じて、その主人（吉良義信）に対して、「氏親御本意」を伝えるとともに、「御書」を与えられたことについて謝している（「徳川黎明会所蔵文書」戦今一八七）。なお八月九日に山中大滝合戦があり、遠江国衆天野氏が戦功をあげているが、大塚氏はこれを同年のものとみている。これも松平家との抗争に関わるものとなる。

そして、家永氏によって、この永正三年十一月から同五年四月の間に出されたと推定される足利義澄書状により（「伊予古文」戦今二一六）、この時期の氏親・宗瑞の中央政界との関係の変化が指摘されている。すなわち義澄は、「今河五郎・伊勢新九郎入道」に書状を出したが、伊勢宗瑞からは「いずれ御礼をする」との返事がきたものの、氏親からは返事もないといい、それに続けて、氏親は足利政知・足利義政と連携していて、近年まで義澄とは関係は良かったのに、今では「西国辺（大内氏を頼っていた足利義尹）」と連携している、と述べている。これによって氏親・宗瑞は、かつて将軍擁立に協力した義澄との関係を絶って、対抗する義尹（もと義材）と連携するようになっていたことがわかる。これは文亀期以降の斯波家との抗争にあたって、足利義澄・細川政元が斯波家を支援することが背景にあったとみなされている。そして永正五年六月、足利義尹は義澄を京都から追って、再び将軍に就任する。

これをうけて、その直後の七月、氏親は足利義尹から遠江国守護職に補任され、義尹から遠江の領国化を承認されている（「大館記」戦今二一四〜五）。この氏親の同職補任については、ながく同年とするのが通説となっていた。それに対して大塚氏はかつて、宛名には同七年から同八年に任官した「修理大夫」で記されているため、それは同七年から同八年のこととする見解を示していた。しかし近年では、別の写本である「御内書案」所収のものでは、「永正五」の年紀が記され、宛名も「今川何々」とあるのみであることから、その年紀について尊重する態度をとるようになっている。年紀と官途名が合致しないことについては、なお検討の余地を残すとはいえ、宛名が後代のものに書き換えられて保存されたとみるほかはないであろう。

ちなみに氏親は、同六年十一月まで仮名五郎でみえ、同八年四月から修理大夫でみえていることから、従五位下・修理大夫への叙任はその間のこととみなされている。また直接には検証されないが、その後の状況を踏まえると、この後において氏親は、従四位下に昇って幕府相伴衆の家格を与えられた可能性が高いと推測される。

同五年十月には、再び三河に侵攻している（「実隆公記」『静岡県史資料編7』四六七号）。「駿河・伊豆衆」とあるが、氏親は出陣せず、大将は宗瑞であったとみられている。十月十九日の合戦には、今川家譜代家臣の伊達忠宗と西三河吉良庄の吉良家から家臣巨海越中守が援軍として派遣されている（「駿河伊達文書」「古案」戦今二一九～二二〇）。京都では「敗軍」と風聞されているが、岩津城を攻略し、岩津松平家を壊滅させた成果があげられたとみなされている。ちなみにこれにより西三河では、岩津松平家に代わって安祥松平家が台頭してくるものとなる。宗瑞は短期間で帰還したらしいが、理由は不明である。あるいは甲斐で内乱がみられ、敗北した郡内小山田家が十二月に宗瑞の韮山城に出仕してきているので（「勝山記」）、甲斐の内乱への対応のためであったかもしれない。

ところが、同七年三月、田原戸田憲光兄弟が「敵」（斯波家とみられている）に味方して離叛した。これに関わって、三月に氏親・宗瑞・瀬名一秀が松尾小笠原定基に宛てた書状がある（「小笠原文書」戦今一七〇～一七三）[44]。これらの書状の年次については、これまでにも永正三年・同六年・同七年説があり、いまだ明確には確定されていない。ただしこのうち同三年説は、同年九月の書状で「雖未申入」とあるので、それらはそれ以降のものとなるから該当しない。問題は同六年か同七年かということになる。そこで注目されるのが、三月二十六日付の宗瑞書状となる。そこでは、今月始めまでは関東に在陣していて、三河の件について駿府に行って、一、二日前に伊豆（「当国」）に帰還した、と記されている。宗瑞は、同六年八月から関東の内乱に介入していた。このことと照らし合わせると、同六年三月までの関東在陣は想定できないことから、それらの書状の年次は、同七年とするのが妥当といえる。

そのうえで注目されるのが、三月二十三日付の瀬名一秀書状で、そこには二俣城取り立てのことがみえている。同城は同三年まで斯波家の拠点であったものだが、それまでに攻略していたこと、この時に今川家の拠点として構築されたことがわかる。その後は西遠江を舞台に、斯波家・井伊家・大河内貞綱らとの抗争が展開される。氏親は十月には出陣し、十一月には遠江に進軍している。これについては同十年に引間城の攻略を遂げて一応の平定を果たした。しかし、同十二年に甲斐武田信直（のち信虎）と大井信達の抗争が展開、大井信達は氏親に従属してきたため、同十三年に大井家支援を展開、同十四年三月に後退するまで続いた。その間に斯波家・大河内貞綱が再び蜂起、氏親は武田信直と和睦して、六月に遠江に進軍、八月十九日に再び引間城を攻略する。これによって、遠江の領国化が完成をみるのである。

その後、同十五年正月、遠江懸川城主朝比奈泰能の後見泰以が、三河に進軍して舟方山城奪還という動きがある。これは戸田憲光が信濃諏訪信濃守と連携して、今川方の舟方山城を攻略したため、朝比奈泰以はそれを奪還するだけでなく、戸田家領国の渥美郡まで侵攻したというものである。これを舟方山合戦と称していて、従来は明応・文亀期[45]と永正期と時期が明確に確定されていなかったが、この同十四年末から同十五年正月にかけてのことと確定している。

これにより氏親は、三河についてはほぼ東三河の領国化を確保することになったといえる。そしてこの後、氏親が三河に進軍することはみられなくなっている。

なお、この間の永正七年三月に、伊勢宗瑞は駿府に赴いていて、三河侵攻について氏親と相談していた。しかし、宗瑞は関東で両上杉家と抗争中のため、この時の三河侵攻に加わることはなかった。その一方で、同八年十一月には駿府での滞在が確認されている（「飯尾文書」戦今二四三）。この時、宗瑞は扇谷上杉家と和睦を成立させていて、そのことが「一方隙明」と評されているので、今川家首脳部では、宗瑞の行動も今川家の行動の一環とみなしていたことがうかがわれる。翌同九年正月には、宗瑞と連携したものの没落していた長尾伊玄（景春）が駿府に頼ってきている（「上杉文書」『静岡県史資料編7』五五七号）。これは宗瑞の斡旋によるとみなされるので、あるいは宗瑞はこの時まで駿府に滞在していた可能性もあろう。

しかし、その後について、宗瑞の駿府滞在を示す明確な史料はみられなくなっている。永正九年六月以降は両上杉家との抗争が間断なく展開されているため、駿府に赴く余裕がなかったとも考えられる。ただ例えば、年未詳のためいつのものか特定されないが、正月二十四日付で今川家臣の松井宗能宛書状には、「不図罷越候、小用之儀共相届、近日可罷帰候、非出陣等候」と述べているように（「土佐国蠧簡集残編」戦今三一四）、簡単な用事で駿府を訪れることがあったことがうかがわれるので、宗瑞は韮山城を本拠としてからも、しばしば駿府を訪れて、氏親と相談などしていたことがうかがわれる。しかし結果として、永正五年を最後にして、以後の今川家の軍事行動には参加することはなくなっており、同七年以降の今川家の軍事行動は、すべて氏親が主導するものとなっている。

永正十五年正月の三河での軍事行動の後、今川家の軍事行動が確認されるのは、大永元年（一五二一）九月から同二年正月における甲斐侵攻とその敗北にすぎない[46]。これは穴山武田家が武田信虎に離叛したことを契機としたものとみなされる。しかし同四年十月頃、武田信虎は関東での抗争に関して北条氏綱（伊勢宗瑞の子）と和睦するが、氏親との和睦は成らなかったというから、依然として抗争関係にあったことが知られる。そして氏親が死去した翌年の大永七年、武田家と今川家の和睦が成立して、信虎はこのことを国中に触れ回ったというから、氏親と信虎の抗争はその時まで継続していたとみなされる。この大永期における武田家との抗争については、具体的なことはほとんど知られないが、氏親の晩年を通じて展開されたものであったことがうかがわれる。

おわりに

本論では、氏親の生涯を見通すうえで基本的事柄とみなされる問題のいくつかについて、これまでの研究内容の整理と、若干の私見を展開してきた。氏親を理解するためには、「今川仮名目録」を代表とする領国支配の問題、家臣団構成の問題、「今川文化」と称される公家・文化人との交流の問題など、他にも主要な問題は多く残されている。

本論では紙数の都合、およびこれまでの研究状況の都合により、上記のように限定された問題を取り上げるにとどまるものとなっている。そのため本書においては、関係論文の収録をもってそれらの研究状況把握のための便宜とし、私自身によるそれらの問題についての検討は、別の機会に対応することにしたい。

註

（1）足立鍬太郎『今川氏親と寿桂尼』（谷島屋書店、一九三一年、本書収録）。

（2）大塚勲「初代　修理大夫氏親」（同著『戦国大名今川氏四代』羽衣出版、二〇一〇年）・「修理大夫氏親」（同著『今川一族の家系』羽衣出版、二〇一七年）。

（3）大塚勲「今川氏親年譜史料」（同著『今川氏研究余録』私家版、二〇〇八年、本書収録）。なお、同稿は「年譜史料今川氏親」（同著『今川氏親・義元と家臣団』私家版、二〇〇三年）の改訂版にあたるとみなされる。

（4）戦今～は、『戦国遺文　今川氏編』所収史料番号を示す。以下、同じ。

（5）大塚勲「今川義忠の討死と竜王丸の自立」（同著『今川氏と駿河・遠江の中世〈岩田選書・地域の中世5〉』岩田書院、二〇〇八年）。

（6）家永遵嗣「塩貝坂合戦の背景」（『戦国史研究』三五号、一九九八年、本書収録）・同「北条早雲研究の最前線」（北条早雲史跡活用研究会編『奔る雲のごとく―今よみがえる北条早雲―』北条早雲フォーラム実行委員会、二〇〇〇年）など。

（7）例えば、小和田哲男『駿河今川氏十代〈中世武士選書25〉』（戎光祥出版、二〇一五年）一五一頁など。

（8）家永遵嗣「明応二年の政変と伊勢宗瑞（北条早雲）の人脈」（『成城大学短期大学部紀要』二七号、一九九六年）。

（9）前田利久「戦国時代の小川と長谷川氏」（焼津市南部地区民俗誌『ヤシャンボー』一九九三年、本書収録）。なお、その後に長谷川氏について検討しているものに、小和田哲男「今川氏重臣長谷川氏の系譜的考察」（同著『今川氏家臣団の研究〈小和田哲男著作集第二巻〉』清文堂出版、二〇〇一年）がある。

（10）小和田哲男「駿河時代の北条早雲」（同著『後北条氏研究』吉川弘文館、一九八三年）。

（11）註（8）家永論文・家永遵嗣「伊勢宗瑞登場の前提」（同著『室町幕府将軍権力の研究〈東京大学日本史学研究叢書1〉』第二部第二章第一節、東京大学日本史学研究室、一九九五年）。

（12）三条実望と今川氏親の関係を追究したものに、長倉智恵雄「駿河における正親町三条実望について」（同著『戦国大名駿河今川氏の研究』東京堂出版、一九九五年）がある。また、氏親姉について注目したものとして、宮本勉「龍津寺殿仁齢栄保大姉について」（『戦国史研究』三五号、一九九八年、本書収録）がある。

(13) 註(11)家永論文。
(14) 家永遵嗣「今川氏親の名乗りと足利政知」(『戦国史研究』五九号、二〇一〇年、本書収録)。
(15) 氏親の甲斐侵攻については、見崎闋雄「今川氏の甲斐侵攻」(『駿河の今川氏』第七集、一九八三年、本書収録)・小和田哲男「今川・武田両氏間の同盟と非同盟」(同著『今川氏の研究〈小和田哲男著作集第一巻〉』清文堂出版、二〇〇〇年、初出一九八九年)・吉田政博「駿甲関係にみる時衆と福島氏」(『戦国史研究』三五号、一九九八年、本書収録)・平野明夫「武田信虎と今川氏」(柴辻俊六編『武田信虎のすべて』新人物往来社、二〇〇七年)などを参照。また、拙稿「武田信虎と北条氏」(前掲『武田信虎のすべて』所収)・「甲斐の統一」(『山梨県史通史編2』第七章第一節、山梨県、二〇〇七年)も参照。
(16) 伊勢宗瑞の伊豆侵攻については、註(6)家永「北条早雲研究の最前線」・同「北条早雲の伊豆征服」(拙編『伊勢宗瑞〈シリーズ・中世関東武士の研究10〉』戎光祥出版、二〇一三年)・拙稿「伊勢宗瑞論」(前掲『伊勢宗瑞』所収)などを参照。
(17) 氏親の遠江侵攻については、秋本太二「今川氏親の遠江侵攻」(有光友學編『今川氏の研究〈戦国大名論集11〉』吉川弘文館、一九八四年)・森田香司「今川氏親と文亀・永正の争乱」(静岡県地域史研究会『戦国期静岡の研究』清文堂出版、二〇〇一年、本書収録)・大塚勲「今川氏親の遠江・三河進出」(註〈5〉同著所収)などを参照。
(18) 註(5)大塚論文。
(19) この点については、遠藤英弥「今川氏親家督相続前後の小鹿氏」(『戦国遺文今川氏編』月報5、二〇一五年、本書収録)にも注目がある。
(20) この点は、大石泰史『今川氏滅亡〈角川選書604〉』(KADOKAWA、二〇一八年)に注目がある。
(21) なお、拙著『北条氏康の妻　瑞渓院〈中世から近世へ〉』(平凡社、二〇一七年)では、安房守を範満の弟に推定しているが、本文のように改めることにする。
(22) 瀬名家の動向については、さしあたり長谷川清一「瀬名氏三代の考察」(小和田哲男編『今川氏とその時代』清文堂出版、二〇〇九年)を参照。
(23) 下村信博「中世今川那古屋氏再考」(『名古屋市立博物館研究紀要』一九巻、一九九六年)。

（24）なお、註（21）拙著では「助五郎」と氏純を別人とみて、氏兼の子を氏純、その養子を「助五郎」と想定していたが、本文のように改めることにする。
（25）なお、この関口氏経の子が井伊直虎である。拙著『井伊直虎の真実〈角川選書586〉』（KADOKAWA、二〇一七年）では、氏経の系譜的位置を不明としていたが、このようにとらえられるものとなる。
（26）註（23）下村論文。
（27）一九七〇年代までは、氏親三男彦五郎に関しては、仮名すら「彦四郎」の誤伝があるなど不確定な状態にあった。また、「氏豊」と同一人物ともみられることがあった。関口宏行「今川彦五郎を追って――今川彦四郎を正す」（『駿河の今川氏』第二集、一九七七年、本書収録）は、まずは仮名は彦五郎が正しいことを検証したものである。「氏豊」との関係については、別人の懸念も抱きながら、通説に従うものとなっている。その後、小和田哲男「花蔵の乱の再検討」（註〈15〉同著所収、初出一九八二年）において、彦五郎と「氏豊」は別人とする見解が示されたが、「氏豊」を氏親の子とする説は踏襲されていた。また、これに触れたものとして他に、同「今川一門名児耶氏の研究」（註〈9〉同著所収）がある。
（28）註（10）小和田論文。
（29）拙稿「伊勢盛時と足利政知」（『戦国史研究』七一号、二〇一六年）参照。
（30）註（14）家永論文。
（31）家永遵嗣「甲斐・信濃における「戦国」状況の起点」（『武田氏研究』四八号、二〇一三年）。
（32）これらの詳細については、註（15）各論考を参照。
（33）註（6）家永「北条早雲研究の最前線」・註（11）家永著書参照。
（34）註（29）拙稿参照。
（35）拙稿「小田原北条家の相模経略」（関幸彦編『相模武士団』吉川弘文館、二〇一七年）。
（36）註（16）拙稿。
（37）なお、北川殿について追究したものに長倉智恵雄「今川義忠夫人北川殿について」（註〈12〉同著所収）があり、所領についても検出されている。
(38) 註(17)大塚論文。
(39) 註(17)森田論文。
(40) 名字について、註(16)拙稿などでは「持野」と表記していたが、註(20)大石著書により、正しくは「狩野」であることが指摘された。
(41) 註(31)家永論文。
(42) 氏親の三河侵攻については、註(17)各論考のほか、久保田昌希「戦国大名今川氏の三河侵攻」(『駿河の今川氏』第三集、一九七八年、本書収録)・山田邦明『戦国時代の東三河　牧野氏と戸田氏〈愛知大学綜合郷土研究所ブックレット23〉』(あるむ、二〇一四年)などを参照。
(43) なお、年次について、これまで「永正五年」に比定されることが多いが、森田氏・大塚氏の見解の通り、同三年に比定するのが妥当である。
(44) なお、三月九日付の伊勢宗瑞書状・伊奈盛泰副状(「小笠原文書」戦今一六九・参考一〇)があり、これまではそれらと同時のものとみられていた。しかし、内容は整合せず、別年のものである。両文書の年次は特定できないが、永正四年から同六年、同八年のいずれかにあたる。
(45) 糟谷幸裕「三河舟方山合戦の時期について」(『戦国史研究』三七号、一九九九年、本書収録)。
(46) 以下の動向については、註(15)各論考を参照。

第1部

今川氏親の生涯

Ｉ

今川氏親と寿桂尼

足立鍬太郎

一

文明八年（一四七六）二月下旬の或朝、駿府の西口から忙《あわただ》しく一騎の急使が駈けつけ、間も無く二騎三騎と続くと、館城の上下は煮えかへる様な騒ぎとなり、やがてそれが府中全体に波及して人心恟々となったが、事の仔細は全くこうである。

館城の主今川治部大輔義忠（駿河守護）は日頃遠州平定の為に出陣中であったが、首尾克く敵なる横地勝間田を見附城に攻殺して凱旋の途、相良路の塩買坂へさしかゝったのは夜に入ってからであった。此処は横地の本貫と極めて近い処故多少警戒はして居たけれども、案内知った敵の残徒は坂の絶処に待受けて襲撃したから、スハと陣を立て直して、義忠自から矢面に立ち、切って廻ってヤッと敵を追ひ払った瞬間に、流矢一筋飛んで来て其の脇腹をグザと射たので、流石豪気の大将もどうとばかりに落馬したのを、一先そこの町屋(1)にかつぎ入れ、種々と手当は加へたけれども、遂に絶命したといふ、悲惨極まる報知が来たのであった。

併し流石海道に名を得た今川家である。一旦混雑はしたけれども、忽ち秩序を回復してそれ〲の処置を執り、先義忠の遺体を迎へて厚く之を葬り、長保寺殿桂山昌公大禅定門と謚したが、さて継嗣としては北川殿の腹に今年六歳の龍王丸があるけれども、此母君は去ぬる応仁二年（一四六八）義忠が将軍足利義政を守護せん為に上京した時、伊勢氏から得た側室であるので、果々しき後援もなし、又龍王丸はまだ幼少ゆゑ、今附近に強敵を有する当家の主として、之を立てるは策の得たものではあるまいと考へる族もあった。折節嘗つて義忠の父範忠が、時の将軍足利義教の保護を受け、種々の紛擾を排し、且つ多少の無理をしてまで家督を相続した余欿が、恰も再燃の機を得て、当年範忠の対手であって、其父範政が継嗣に選定した老後の愛子千代松丸、即ち小鹿範頼(2)は既に世を去ったけれども、其子新五郎範満が今や恰も龍王丸の競争者となって居る。話は少し後へ戻るが、範政の長子範忠の母は扇谷上杉氏定の女で、範頼の母は上杉政憲の女であった。そうして今政憲は既に老年なれども、尚治部少輔と称して名義だけの関東公方即ち堀越御所の足利政知に仕へて居る。此の関係からして、自然範満に心を寄せる一族家臣もあって、今や今川家は双方に分れて暗闘を続ける状態となった。

北川殿の兄伊勢新九郎長氏、こはいふまでもない後の北条早雲庵宗瑞である。折しも妹の所縁によって駿河に下り、客分として石脇砦(3)（今志太郡東益津村）を預って居たが、此の形勢を看て、一夜北川殿と龍王丸とを拉し去って、極秘密裡に山西小川(4)（今志太郡小川村）の法栄長者長谷川次郎左衛門正宣に託した。此の異変は駿府の上下に甚大なる衝動を与へて、真に今川家を思ふ人々は、範満及び之に一味する者を非難し、市民も亦此方に荷担する風が見えたので、流石の小鹿方も露骨の手段を取ることが出来ないから、依然双方暗黙の間に鎬を削って居た。

此事堀越御所に聞えると、年来交誼ある今川家の内乱打捨ておくべきにあらずとして、扇谷の上杉修理大夫顕房と謀じ合せ、治部少輔政憲を派遣した。扇谷でも旧縁浅からぬ今川の為は勿論、堀越御所の行動も監視を要するものありとして、長臣太田左衛門大夫資長(5)即ち道灌が手勢を具して足柄山を越え、雨将相会して疾風迅雷的に先づ府東の要害狐ケ崎と八幡山を占領し、そうして今川家の一門重臣へ談判に及んだ。其の趣旨は、桂山卒去後既に三ヶ月を経過するに、今以て継嗣の事も決定せず、家中党を樹てゝ争闘を事とする。尚ほ伝聞する所に拠れば、近者龍王殿御行方知れざるよし、旧縁浅からぬ両家かた〲以て坐視するに忍びずして、我等両人を派遣されたる以上は、何れにせよ今川家へ不為を存せられる方々に一矢進らせようと存する、但速かに龍王殿を迎へて物情を鎮静さるべきか如何にと、威赫的の干渉を試みた。是は駿府に取って晴天の霹靂であるから、今まで墻に鬩いだ人々も相一致して、先づ龍王丸を迎へて此の外侮を掃却せねばならぬと覚醒した。

　時こそ来つれと新九郎長氏は、石脇を立って八幡山に至り、道灌に対面を申入れた(6)。是は小鹿方に縁ある政憲老人よりも、扇谷の名臣太田に当って砕けた方が寧ろ有利と考へたからである。一方道灌が驚いたのは、今川の一門長臣多かるに、その徒輩は来ないで、未だ其名すら聞かぬ伊勢某が突然訪《おとず》れたことである。併し是には深き仔細があろう。先以て対面して之を試《ため》そうと、速かに新九郎を引見した。六月晴《みなづきばれ》の炎天下緑翠滴らんとする八幡山上に、幔幕うったる陣営の一構、そこで飽くまで松風を浴びつゝ、関左名代の英雄道灌と、上方新来の豪傑早雲との対談は、真に今から想像するだに興味の津々たるものがある。果して双方の一呼一吸調節を得て、互に其の心底を透察し合った結果、今川家保全の鍵は新九郎の手に握られた。正に是れ四百年前に於いて、後の西郷山岡の鷹接が既に一度こゝに試みられたのではあるまいか。即ち早雲は道灌が治部少輔政憲に対立して龍王に好意を有することを知った。道灌も亦早雲の偉器他日扇谷家の為に一働さすべき者と看て恩を売った。膽と膽との搗合こゝに宛たる勧進帳の一齣《くさり》がある。

新九郎は引返して今川館城に今日も空しく鳩首凝議して居る一門重臣の席へ参与し、先づ以て其の無策を嘲り、自分は龍王殿の行方を知り居れば、若し諸氏が之に別心なく、又善後の処置を我に一任するならば迎へ来んこと難きにあらず。然らずば龍王殿を奉じて関東方に投ぜんといった。之を聴いて、驚いた者・怒った者・呆《あき》れた者は勿論あったが、中には全く感服し切った者もあった。で彼等は新九郎に一歩否数十歩を譲って、一切を之に委任すべく余義なくされた。是に於て渠はもはや堪忍分級《かんにんぶんきゅう》の客分ではなくて、若き主人の後見として立派に光った人となった。渠は龍王丸を小川より迎へた。法栄長者は感喜して自分の兒輩《こども》を家臣に奉った。駿府の一家中は、先代範国が自己の国政の監視を請ひ奉った物社浅間新宮の祠前に集ひ、神酒を酌み箭を折って、龍王丸に忠義を尽すべきを盟って一段落とすると、両使は之に満足を表し、中にも好々爺の政憲は、其の曾孫が後見の名義を博したのを歓び、一足前に堀越に復命した。道灌は監視がてら二ヶ月余も滞在し、九月に至り一先伊豆へ引揚げたが、此間にも両雄が果して何事を謀ったろうか。

かくて一度駿府に帰った龍王は、病気保養を名とし、実は周囲の危険を避けて、丸子の新館に其処の城主福島家の保護を受け、新九郎は八幡山下に一小砦を構へて之に居り、西方の外藩掛川城は朝比奈泰熙に守らせ、以て駿府の動静を心閑かに窺って居た。か丶る計策のありとも知らず、龍王丸の在らざる上は、我こそ駿府の主なれと、傲然たる小鹿新五郎範満が栄花の夢は尚十二年続いたが、此間心中常に欝屈を忍んだ龍王丸は長享元年（一四八七）十七歳の十月二十日宿願の事ありとて、(7)霊験あらたかな志太郡東光寺の千手観音に寺領の保護を加へると、好機直に到来して、十一月九日(8)の夜、新九郎は府中の同志を語合ひ、駿府の館城を襲うて範満を掩殺し、龍王を迎へて今川七代の主とし、五郎氏親と名のらせ、国政は泰熙の弟泰以に一任し、自分は出で、東駿根古屋城主となり、名もめでたく興国寺城と改めて、富士下方郷の地を食み、遙かに掛川と対して駿府の東屏となったが、実は夙に窺ひ知った[9]伊豆の動静を確めて、いつか道灌が投げた謎を解くべく余念無かったのである。

二

是より先文明十八年（一四八六）七月、扇谷上杉定正（顕房の弟）は、山内上杉顕定が反間の計に乗せられて長臣太田道灌を殺した。是は扇谷家に取りて自から其の万里の長城を壊るものであるけれども、伊勢新九郎の為には一方に責任を軽くしたともいへる。彼の小鹿範満を攻殺した如きも、幾分か斯様なることが動機となったではあるまいか。とかくするうち延徳三年（一四九一）堀越御所に内乱が起って、とう〳〵与へられた謎を解くべき時が来た。渠は疾風迅雷的に不孝の賊子足利茶々丸を掩殺し、勢に乗じて南北両豆を席捲した上、居を韮山に定めて北条早雲庵宗瑞と号し、こゝに他日雄飛の基礎を築いた。渠が斯の成功には定正の援助があったといふ説がある。然るに明応三年（一四九四）渠は遊猟に託して扇谷方の咽喉たる小田原城を襲うて之をも略して了《しま》った。

一方今川氏親は祖父範忠義忠の武勇に、外舅《はゝかたのおじ》早雲庵の智略を兼ねて、天晴名将の器であったから、早雲も克く之を輔導し、永正元年（一五〇四）氏親三十四歳で修理大夫に任ぜられた時、奉じて関東に入り、定正の子朝良を援けて、山内顕定を武蔵野に破り、以て前々代以来の厚意に酬いた。同三年には氏親の命を奉じて三河に入り松平長親（徳川家康の高祖父）と戦ったが、惜しい哉勝利を得られなかったけれども、併し遠州全躰に新興今川家の勢力を示したのは此時からである。初め氏親の駿府に還るや、現当の勢力漸く東西に延びるに至っては、従来の駿府の規模が小さく、且つ地形も不完全であるから、予め朝比奈泰以に命じて其の改造を行はせたが、是に至って漸く其効を現すに至った。今日の大静岡の基礎は実に此時に築かれたのである。

遠き過去はさておき、近き北川殿や早雲庵によりて上方と結合された今川家は、氏親の姉が正親町三条公望に嫁したによって一層京都との親しみを加へ、永正五年（一五〇八）七月十三日、氏親は鳥目万疋を幕府に献じて遠州の守護職を兼ねんことを求めた。併し当時の形勢より、真に今川氏を中央の舞台に活躍せしめんには、もはや哺時下《ななつさがり》の室町将軍に依頼すべきでない。いかに式微を極めさせ給ふとも、必ずや我が国家の中心たる皇室を奉戴せしめねばならぬが、然る場合には、京都に於ける進退につきて聡明な後援者を求めねばならぬといふことを、早雲兄妹は夙に看破して居たから、氏親の配偶たる正室は未だ定めてなかったのである。然るに今や氏親は既に三十八歳に達したから、一日も速かに之を選定せねばならぬ必要に迫られて来た。あゝ此の微妙な使命を帯びた白羽の征矢は、果して誰人の上に立つであろう。

秋とは名のみ、都の盂蘭盆過はまだなか〳〵の残暑である。こゝは土御門西洞院[10]の或る公卿の邸宅。勿論一天万乗の君のおはす所すら、築地は頽れ宮殿は壊れ、申すも畏多き御有様なれば、いふまでもなく荒廃したれど、流石後見する有徳の国守などあるか、或は主の卿の身窘よくおはす為か、蚊蟈を纏うて人見る程のやつ〳〵しさはもとより、武家様の直垂《ひたたれ》も召さず。年の程は七十近くもや、褪せたれども二藍の直衣に、萎えたれども立烏帽子引入れて居られる。之に対ひたるは姫君であろう。二十歳ばかりの色白にて、髪のかゝりも美しきが、紅の袴に単衣を放り著にし、利かぬ気が眉宇に溢れて居る。父の卿の顔うちまもりて、

「ただ今退《まか》りし人は」

「あれこそ、名高い駿河の大守今川修理大夫氏親の家臣朝比奈左京亮泰以といふ者じゃ」

「して用事の仔細と申すは」

「氏親三十八歳に及べど、未だ定まる正室なければ、然るべき京家の姫を迎へたしとのこと。元来《もとより》今川は足利家の親しき一族にて、武家では屋形と呼ばれる名門、其上世々の大守風流の嗜も深く、既に氏親の曾相父範政は詠歌勅撰に入りしのみならず、万葉は仙覚律師の伝を受け、宣胤も弱冠にして其門に学んだ。しかありしよう代々浅からぬ志を運び(11)くれし為、当家も幸に今日あるを得て居る。氏親幼くして父を失ひつれども、賢母の鞠育と良臣の輔導とによって天晴なる名将となり、今や声威海道に振ひ、機を得ば旗を京都に進め、将軍を輔けて、畏《かしこ》多けれども皇室を泰山の安きに置き奉らん素志あると聞く。其方は宣胤が娘の中にて心利きたる上に、月花のあはれ糸竹の調は措きて、専ら律令格式の学に耽り有職故実の道に勤みぬ。若し東に下りて今川家の人とならば、啻に同家の幸のみならず、宣胤等が常に心を砕く皇威発揚の端、亦これによって発くことあらんか。よく〱心して考へみ給へ」

「今川家の事は予て承り侍りぬ。賢慮そこにおはせば姫はたゞ仰のまゝに」

「いしくも申された。さらば宣秀・宣増等とも談じて調《ととの》へ申そう」

恪勤と勤王とで名高い中御門権大納言宣胤の息女(12)は、かくて今川家に迎へられて駿府に下ることゝなった。別に臨んで宣胤は、

「下世話に、牝雞勧めて牡雞ときをつくると申すとか。よく修理大夫の内助となって其家を経営し給へ。又皇室の御現状は束《つか》の間も忘れで、一日も早く修理大夫を伴ひて帰洛すべき機をつくり給へ。不幸にして遅延することあら

ば、宣胤が血を分けし其方の子々孫々に必ず志を紹がしめ給へ。此の日頃かすめる眼おし拭ひて刻みつる銅印一顆。現し、文字はトツグと訓《よ》む歸の字。籠めし心を熟《よ》く見給へや。又常に使ひ人を鑑別《みわ》けて、役立つ者は門地に拘り給ふな。別きて神仏は崇敬し給へ」

など懇に其の愛女を誡められた。あはれかゝる熱烈な教訓を心に染めた洛陽の名花一株は、三国一の富士山陽に移し植えられ、今川家は又望の如く京都に熟練な指導者を得たのである。

永正八年（一五一一）十二月今川家の功臣掛川城主朝比奈備中守泰熙が死んだから、氏親は直に泰以を以て之に代へ、同九年より十四年までの間に北は甲斐と和し、西は吉良・斯波を背景とし動もすれば反乱を企つる信遠連合の浪人軍を討平して共の根拠を覆した。一方、北条早雲は永正十三年[13]、三浦氏を滅して相模の全土を手に入れたから、こゝに両家連合遠駿豆相四国一統の基礎が出来た。永正十五年[14]六月宣胤の孫女（宣秀の女）が十六歳にして、朝比奈泰熙の遺子泰能に嫁した。いふまでもなく同家の功労に対する氏親夫人の心遣である。こうして京都方面との呼応が十分に出来ると、惜しい哉、東方の藩屏たる早雲が寄る年波に争ひ兼ね、同年七月十五日八十八歳で韮山に逝いた。渠は真に氏親の為に尽した良き外舅であった。氏親は渠を韮山殿[15]と呼んで之を尊敬した。渠の存生中は両家全く一団となって東西に働いたが、今や渠の長逝は此の結合のパテを失はしめたので、是より今川家には絶えず東顧の憂が生じた。

是より先永正十年（一五一三）今川家では長子氏輝が生れ、同十四年（?）に彦五郎[16]、十六年に義元が生れた。皆中御門氏の腹である。加之他に四人の女子が同じ母から生れて居る。かく一女に沢山な孫を得た宣胤入道乗光は、大永四年（一五二四）八十三歳で薨じ、一方婿の氏親は中風の気味で政事を見ることが不可能となった。是に於て賢明なる内助の真の活動が開始され、朝比奈一族等が之を輔佐した。彼の連歌師宗長が其の形式的に偏するを指摘したのは此頃である。京都から下った清宮内卿法印の投薬で一度快くなった氏親も、久しからずして大漸となり、大永六年（一五二六）六月廿三日、遂に五十六歳を一期として今川氏の黄金時代に逝いた。遺骸は駿府の西北郊外慈悲尾に葬り、増善寺殿喬山紹僖（僖公）大禅定門と諡した。

其の盛大であった葬式は別に一巻の記録となって居る。夫人は恐らくはまだ四十未満であったろうが、惜しげもなく翠の黒髪を断り捨てて寿桂[17]と称し、長勝院[18]と号した。嗣子氏輝年僅かに十四。是より寿桂尼垂簾の政治となり、駿府に於ける尼御台が大方[19]と尊称されて、盛に携帯した歸字の朱印を振ふのである。

三

かく喬山は卒去十年前より中風の模様であったから、国政は側よりの調儀《たくみ》らしく考へられる[20]。随って其の死直後の政事についていては、雑言空言傍若無人の事ども耳に満つると宗長はいって居るけれども、反対側と認められる渠の意見を其侭に承引することは出来ぬが、少くとも、大永六年[21]（一五二六）の卒去に近い、そうして紹僖の名を以て出して居る文書には、其の自意でないものがあるであろう。併しそれの如何なる点に調儀の痕跡が見えるか、未だ私には指摘することを得ない。

加之同年四月十四日即ち死前約七十日に発布した仮名目録三十余条[22]は、実に今川家の貞永式目ともいふべきもので、後天文二十二年（一五五三）二月二十六日義元の追加した二十一条[23]と共に、武家の制度として実に燦然たる光輝を放って居る。其の内容[24]は恰も憲法と刑法民法を混合したようなもので、官吏の私擅を禁制し、農民の立場を保護し、又士民と他国との関係を規定し、当時の封建政治の状態を目前に見るが如くならしめ、又特に慣例の記録文を排して仮名交り文を採用し、以て誰人にも理解される様にした親切さは、後の歸字朱印文書と共に確かに卓越な見識を見せて居る。又条文中に駿遠両国の守護職たる自家を公方に擬し[25]、其の家臣知行を地頭所領といひ、村吏を名主、村田を名田と称するなど、こゝにも容易ならぬ抱負が見える。たゞし、かく国法を整理するについては、其の宿弊を破し新儀を立する点に、之を不便とする側から反対されるのは寧ろ当然であらねばならぬ。

勢此の如くなれば、喬山の死屍未だ冷かならざるに例の御家騒動が擡頭すべき筈であるのを、此時に於て微動だもさせなかった寿桂尼の腕は、実に凄い程卓絶したものである。渠は従来中陰の間に前主の伝記を当主が綴るべき例を改め、之を新進気鋭の傑僧雪斎崇孚に託した[26]。雪斎は庵原氏の子で善得寺琴渓門下の逸足、後京都に出で、建仁寺龍堂に学び、更に妙心寺大休に参禅したが、此時恰も三十一歳である。是れ次代に於ける今川家の大宰相・大軍師・大教主として活躍する英雄であって、之を抜擢した寿桂尼の烱眼は実に驚くべきものである。そして一方桂山以来特殊の待遇を受けて居た連歌師宗長が漸く疎外されたから、種々の不平を漏らすに至った所以もかゝる点からではあるまいか。

此の寿桂尼の発した文書の現に発見され居るものは十九通（内写四通）であって、喬山卒去の大永六年（一五二六）より永禄七年（一五六四）に及び、氏輝・義元・氏真三代約四十年に亘って居る。いづれも仮字交り文にして歸字印章を捺してあるが、其の用紙筆蹟墨色の優秀なることは驚くべきものがある。当初は単に氏輝の朱印と認められて居た歸字印が、今や然らざるを知ると共に、其の各通から言ふべからざる史的暗示を与へられるに至った。依って試に其の三四を説明しよう（我国の朱印で最古のものは永正九年〈一五一二〉三月廿四日今川氏親が沼津市西光寺に出したものである）。

小笠郡南山村高橋正林寺にあるものは、影写であるけれども確実なものであり、又喬山卒去後寿桂尼の政治的地位を証明するものである。正林寺は彼の義忠の戦死した塩買坂の附近で、当時は国源山昌桂寺と称し桂山の菩提所であった。其の文書は左の通である。

享保五年三月六日

如先判領掌申訖

（氏輝花押）

遠江国新野池成新田百町の事。

増善寺殿御遺言に任せ、先々踏渡

申すべし。但御館万事を御はから

ひの時は、其時のなりに従ふべき

者也。仍如レ件。

大永六年十二月廿六日　〇大永の上に帰字印がある

しやうけいへ

年次よりいふと寿桂（発見）文書の第二位にあるが、其の意趣は、新野の池成新田（池を干拓して造った新田の意。享禄五年〈天文元年〉氏輝の判物には新野池新田となつて居る）。百町を氏親の遺言に任せて先づ渡そう。併し氏輝親政の時に至らば、其時の形勢に従ふべしといふのである。それを享禄五年（一五三二）氏輝二十歳親政の時に至って領掌の添書をしたから此の寄附は確定したのだ（川成池成といふ語、徳川時代には洪水などの為に田地の川と変じ池と化したものをいふ)。

次は同年九月廿六日附(年次第二)大山寺理養坊へ出した、同寺の田地山林に対して国不入を領掌し、新祈願所として武運長久国家安穏の祈念等退転あるべからず。此旨増善寺殿(氏親)の御判に任せる由の継目状を挙げる。国不入とは国守から干渉せぬ意味で、こゝにては寺の自治に一任するのである。継目状とは先代免許の効力継続の証明書をいふ。大山寺は浜名郡和地村西大山にあった真言宗の寺で、今は廃頽して居る。次は同年十二月廿八日附(年次第三)遠州御薗之内万石の六郎左衛門屋敷を城砦に収用するに付、其間其の名田より出す年貢四貫四百文余を免除する証文である。文中に「そうち院殿に申ことわり」とあるは、氏親の弟惣持院心範で、名義上の後見人であったらしい。此人のこと増善寺文書にも見える。六郎左衛門は澤木氏、今浜松市田町の万松旅館が其家であるが、屋敷は浜名郡積志村万斛に現存して居る。此の二つは氏親時代に敵対した西遠の鎮壓で、中にも万斛の砦は一つの足溜としてあったから、常時猶撤去することが不可能であった。

是より実業否寧ろ軍事上の必要から享禄元年(一五二八)の駿府皮革業者に出した保護状があり、宗教方面には富士大石寺の継目状、沼津妙覚寺の棟別(戸別割)以下諸役免許状があり、次に同三年(一五三〇)三月十八日駿府新長谷寺屋敷の設定書がある。此の最後の文書には四至及び坪数の記入があって、それが旧駿河国府の位置や国分寺の所在を決定すべき資料となり、極めて大切な記録である。今静岡市清水寺に保管されて居る。

次に同四年(一五三一)閏五月一日華厳院に出した制札がある。同寺は今小笠郡土方村に属し、当年高天神城に接近して居たから、常時の城主福島氏に戒心を要する寿桂尼としては、蓋し已むを得ざる一の手段であったろう。此事につきては尚ほ後に述べる。

以上は氏輝後見時代に出したと見るべき寿桂尼文書であるが、享禄五年（一五三二）には氏輝既に丁年に達したるを以て、ここに歸字朱印は中止されることになった。蓋し当時はこれで廃止の予定であったろう。尚ほ此間に氏輝の判物（花押を署した文書）は出ておるけれども、未だ一通も朱印は発見されて居ないことを附記して置く。

是より先大永六年（一五二六）四月後柏原天皇崩じ後奈良天皇践祚し給うたけれども、皇室式微を極めさせ給ひて、久しく御即位の大典を挙げ給ふことが出来なかったのを、周防の大内氏先づ其資を献じ、今川氏輝も北条・武田・朝倉及び本願寺等と之を助け奉ったから、天文四年（一五三五）先づ宮殿の修築があり、五年二月廿六日、十一年目に紫宸殿に於て目出たく即位の大礼を行はせられた。然るに其の歓喜の声未だ已まざるに、寿桂の愛児彦五郎は三月十七日を以て逝いたから[27]、泣く泣く定源寺殿寂庵性阿と謚したが、其の哀愁の涙痕未だ乾かざる時五月十七日[28]当主氏輝も亦二十四歳を以て白玉楼中の人となった。嗚呼何といふ悲惨なことであろう。直に府北大岩山青葉深き処に、臨済寺殿月山玄公大禅定門として葬った。杜鵑幾声血に泣けども、顧みれば寿桂尼は泣くに泣かれぬ危機に遭遇して居る。知らず渠や如何にして此の局面を打開するであろう。

四

前年喬山卒去の際には、之が継嗣として氏輝が定まって居たが、氏輝は未だ正室も無かったから、勿論嗣子もあろう筈がない。故に其の逝去の際に、若し彦五郎が存命ならば、直に之を承けしめるに支障は無いのであるけれども、それが既に氏輝に先って逝ったのだから、今や寿桂尼が素志を達するには、今年十八歳で善得寺の徒弟になって居る承芳を還俗させて、之を今川九代の主とするより外に方法がない。然るに此の還俗に対しては、必ず大なる反抗に遭遇することが予期されて居る。所謂寿桂尼の立てる危機とは即ちそれである。

で其の事実といふのは、寿桂尼が未だ正室として来嫁せざる以前、氏親は福島家から側室を納れて居た[29]。元来同家は府中附近では丸子有東[30]・大屋[31]・江尻、山西では伊太辺[32]、遠州では高天神[33]・宇津山[34]（浜名湖西）両城等等に関係ある大豪族で、しかも前に述べた通り、氏親は幼時十余年、其の後援を受けて丸子に蟄伏した特殊の因縁があるから、此の側室は幾ど正室同様な待遇を受けて居たと見える。彼の宣胤卿記に上臈と書いてあるのが此人らしいが、其腹にも、承芳には兄であって夙に、花倉（志太郡葉梨村）遍照光院といふ律宗の院主たる良真（恵探）といふのがあるから、若しそれが、出家した者を還俗させて立てるならば己が兄だと出た時に、福島一家が団結して之を支持すべきは当然過ぎる程当然であるといふのである。然るを此際寿桂尼は昂然として承芳を還俗さすべきを宣言すると、良真は果して福島家を背景として、予期の如き口実をかざして起ったが、驚くべし寿桂尼の方では既に之に対する十二分の準備が出来て居たのである。

即ち今川一門の筆頭瀬名氏貞[35]は、其父一秀が氏親に頼って家を継いだ関係から、曾祖父範将死後、特別の保護を受け来った宗家の為に承芳を保護した。掛川の朝比奈氏が寿桂尼と最も厚い関係のあることは、既に前に述べたが、今や範国以来今川家の為に絶えず忠節を励んだ松井家も起った。府東の咽喉を扼して居る由比助四郎[36]も味方した。況んや傑僧雪斎が、法弟承芳の為に帷握に参ずるに於てをやである。こうして双方は交戦状態に入り、岡部左京進親綱[37]などは方上城（志太郡東益津村）葉梨城（同郡葉梨村）等で奮戦したから、六月十日承芳が浅間神社流鏑馬銭取立の証文を奉行村岡に交付し、[38]又遍照光院関係ある慶寿寺（志太郡大津村今川範氏墳寺）に禁制を出す[39]と、其日良真は戦敗れて瀬戸谷普門寺に脱し、其処で自殺した。是に於て承芳は還俗して義元と名のり今川家を相続したから、さしも一般から危《あやぶ》まれた寿桂尼の運命も、二十余日にして良好に一転した。此の戦勝奉賽の為めに社寺に有利な文書の出たものが、附近では瀬名氏貞の弟玄徳の住持せる小坂（安倍郡長田村）安養寺（初は葉梨村にあった。範将墳寺）は勿論、東では井出（駿東郡浮島村）の大泉寺岡宮（駿東郡金岡村）浅間神社、西では大山（浜名郡和地村）大山寺等に存する。又氏貞の長子貞綱（又氏俊）に、寿桂腹の四女が嫁すべく定められたの[40]も此の結果であろう。

かくて義元は家督を相続したが当分動揺は続いた。しかもそれが内憂外患相応ずる姿であったから先づ父祖以来切ても切れぬ肉縁ある北条家へ、寿桂腹の三女を嫁して氏康に妻はせ、以て其の旧誼を温め、次に天文六年（一五三七）には婚を甲斐の武田信虎に求め、其女即ち信玄の姉を娶って駿甲の和融を謀り、富士大宮辺の不平党に対しても其の手当をした。[41]併し此の駿甲の修好は北条氏の快しとせざる所で、それが遙かに三河方面と相応じて策動を試みる因となったようである。尚ほ同八年（一五三九）閏六月朔日、義元が自筆をもて松井兵庫助貞宗に与へた次の書を見ると、一層当時の事情を鮮かに窺はれる。

其地在陣晝夜辛労無二是非一候。時分柄雖下可レ為二迷惑一候上、当国安危此時候間、各被二相談一、一途遂二本意一候者快然候。猶々如二水魚一互談合肝要候。恐々謹言（臨済寺蔵）

何ぞ其言の悲痛なるやといひたい。啻に此書のみならず、北遠天野文書写及び駿河浅間文書写にもこれに類似したものが存する。併し著々其の障害を払ひゆく裏面の何処かに、彼の機敏にして遺算なき寿桂尼の手が動くように感ぜられるのはどうであろう。

同年義元は治部大輔に任ぜられ、十年（一五四一）に妻父武田信虎を駿府に退隠せしめ、信玄をして其後を承けさせた。甲駿の関係のかく親密になってゆくのは北条氏の益々喜ばぬ所であるが、併し差当り武総方面を閑却することが不可能であったので、十四年（一五四五）八月に至り、漸く機を得て氏康は東駿河の地を侵略した。此の時であろう寿桂尼が甚しく北条の亡情を憤った書面の断片が(42)遺って居るが、其文中に、「相模余りに余りに我侭のことを申し参らせ候て憎さのまゝ荒き申ごとにては候つれども同胞《おとどひ》娘つ（本ノママ）□ておき候はんことならず候」（○適宜漢字を充用した）とまで、一度は立腹したことが書いてある。同胞の娘とは吉良頼康（?）に嫁した長女と、氏康の妻となった三女とをいったので、当時頼康等は北条に倚って居たのである。そこで義元は援を信玄に請ひ、一方は古河公方足利晴氏や上杉憲政・上杉朝良等を起たせて河越城を攻撃させ、以て氏康を窮地に陥れたから、信玄は此機を逸せず間に立ちて両家の和議を斡旋し、氏康より侵地を還さしめて事落著した。当時信玄が今川家の松井山城守貞宗に送った、十一月九日附の書に、(43)「北条事御骨肉御間、殊駿府大方（○寿桂尼）思食も難計候条、一和に取成候」あるを見れば、今回の仲裁は自己の便宜に出たことも勿論であるが、亦寿桂尼の思はくをもかねて居る。此点から流石の機山も、かね〳〵尼に一目おいて居たと考へられまいか。又彼の氏康の四男氏規（助五郎）が幼にして寿桂尼に養はれることになったのも此時の経緯《いきさつ》からであろう。勿論一面人質の意味に於て。

爾来武田は信濃の経営に北条は関東の攻略に直面した為に、駿遠は小康を得、今川氏の勢力は隆々と興って来たから、是より弥々力を上国に伸ぶべき方針を立て、去ぬる天文十一年（一五四二）に一度手を焼いた徳川家後援を復活し、十七年、雪斎を大将として西三河を定め、進んで織田信秀の先鋒を小豆坂に破り、翌十八年、徳川広忠の逝くや、勅旨を奉じて(44)尾張と和し、後年の大英雄家康を質子として駿府に置いた。同廿三年二月義元三河に入りて吉良義安を虜にすると、北条氏康は吉良・織田等に応じて兵を駿河に出したから、義元はまた援を信玄に請うて之を拒ぎ、自分も急馳之に赴いたが、其の結果は三家輪婚を約して一段落となった。

一方、京都なる寿桂尼の実家中御門は勿論、四条・坊城・山科等の親族其他にも、縁故を求めて続々駿府に下った。寿桂尼腹の二女は夙に中御門宣綱（宣秀の子）の室となり、寿桂尼の兄宣増・姪隆慶は前後来って建穂寺院主となり、姉（尊卑分脈による）なる山科家後室（天文二十二年）も亦下った。是等の結果駿府の文化は進んだけれども、之に対する今川家の失費も容易でなかった。天文十八年（一五四九）十月寿桂尼は香田を、寂庵性阿（亡児彦五郎）の位牌所たる梅ケ谷（庵原郡高部村）真珠院に寄進した。此書は長勝院の署名帰字朱印及び義元の袖判がある。[45]

同年十一月には、氏親生母伊勢氏（北川殿）菩提所向敷地（安倍郡長田村）得願寺へも土地を寄せ、翌十九年十一月には定源院（寂庵性阿）茶湯料として築地下（志太郡高洲村）円良寺へも亦田三段を寄進し（寿桂尼及び彦五郎につきて円良寺の所伝は誤である）。又天文廿三年十一月高尾（榛原郡坂部村）石雲院寺領の為に口入したこともある。[46]此頃より義元の長子氏真も社寺に文書を出して居るが、是は政事見習といふ格であろう。要するにこゝ数年が今川氏勢力の絶頂であった。

五

然るに弘治元年（一五五五）今川家の柱石たる太原雪斎が寂した。一葉落ちて天下の秋を知るといひたい。同二・三年にはまだ寿桂尼が北条氏規を愛育したり、湯治仏参などして心閑かに暮して居た事が山科言継卿記に見えるけれども、幾くもなく東海の名家今川氏の為に最も悲むべき永禄三年（一五六〇）は来た。併しそは結果よりいったことで、当時の義元に取りて、上洛の企は亡父氏親以来数十年の懸案を解決すべく、又亡外祖宣胤の囑望に副ふべく、特に現存せる七十余歳の老母寿桂尼に無上の満足を与ふべき、いはゞ忠孝両全慶賀至極の首途である。されば渠は、其年駿府浅間神社第一の祭儀たる三月会に、菩薩舞の装束を新調して之を寄附し、(47)以て戦勝を祈って居る。惜しい哉武運拙く、五月十九日尾張田楽狭間に於て、首を新進の武将織田信長に授けて豎子の名を成さしめた。亡父の為に弔合戦も得せぬ氏真の不肖は、今更いふまでもないが。此の敗軍混雑の際にも、存亡を問はず、有功の将士に秩序整然たる論功行賞をやって居るには(48)驚かざるを得ない。彼の義元の首級を持ち還った岡部長教や、其子小次郎が新主君の偏諱を賜ったなどは其の一例である。恐らくは寿桂尼が最後の腕の冴を見せたであろう。

爾後の歸字朱符中、永禄七年（一五六四）十二月遠江城東郡笠原庄高松神領（〇小笠郡池新田村高松神社）祭田新寄進状の意趣に、「国家安全武運長久の為」と記してあるのは、一見常套の文句のようではあるが、此時此際渠が救ふべからざる今川家の末路に、尚ほ一縷の望をかけて神助を祈った哀情の発露と見ば、誰か同情一掬の涙なからんやである。

永禄十一年三月廿四日、往年洛陽の名花として岳南に移し植ゑられた寿桂尼は、今川家末四代六十年の盛衰をまのあたり見て駿府に逝いた。行年八十歳位と考へられる。遺命して駿府城の鬼門沓谷（安倍郡千代田村）龍雲寺に葬らしめた。是れ死しても駿府城を護ろうといふ念願からである。法名は龍雲寺殿峯林寿桂大禅定尼といふ。然るに同年十二月、今は誰憚るべき者と無しと考へたか、甲斐の信玄は大挙して来り侵し、兵を二分して一手は此の墓下を経て府城を攻撃し、遂に氏真を追ひ落した。何といふ皮肉であろう。然るに寿桂尼が五十年前巧に挿みおいた一釘の力は利いて、姪孫朝比奈泰朝の手に氏真も中御門一族も救はれたが、一方其の嘗て愛育した北条氏規（後美濃守）が東駿に活躍して今川家の為に謀ったことは、現存せる幾多の古文書で之を徴せられる。加之此の氏規が後年渺たる北豆韮山に拠って、城下に致した豊公の常勝軍を一歩だも東過させなかった、其膽其略是亦寿桂尼の血と力に因るを思へば、龍雲寺畔荒草離々たる墓間に、今尚ほ多大なる教を受くる心地する。世に往々雪斎寂して今川家の衰へたことを説く者はあれど、未だ寿桂逝きて其の滅亡したことを知る者が少い。故に今渠を其夫と併せ伝して、良妻賢母の力のいかに偉大なるかを発揚せんと企てたのである。

註

（1）塩買坂（小笠郡南山村）には、当時海産物（主として食塩）の小市場があり、其の所用の仮屋を町屋と呼んだであろう。
（2）小鹿の系図、富麓記でない方の今川記系図に拠った。
（3）石脇は志太郡益津村で、駿府から小川への咽喉に当たる。
（4）小川は志太郡焼津町の西で今も長者邸址がある。
（5）太田資長の名は大日本史料に拠った。
（6）道灌と早雲の談判は、大体富麓記の今川記に拠って筋を立てた。
（7）東光寺は志太郡六合村で、龍王丸の願書は今も存する。
（8）十一月九日は安倍郡長田村得願寺過去帳に「大慈院殿歓山喜公大禅定門霜月九日小鹿殿ノ事」とあるに拠った。
（9）早雲が石脇城に在った時から、伊豆の諸士に志を通じたことは新に発見した田方郡西浦村江梨鈴木文書に拠った。
（10）土御門西洞院（中昔京師地図）。

(11)　浅からぬ志を運ぶ（宣胤卿記に拠る）。
(12)　中御門氏（尊卑分脈には氏親の妾とす）。
(13)　永正十三年（三島大社文書に拠る）。
(14)　宣胤の孫女朝比奈家に嫁す（宣胤卿記）。
(15)　韮山殿（妙海寺文書）。
(16)　彦五郎（真珠院文書、円良寺文書及び朝比奈永太郎蔵系図）。
(17)　寿桂（得願寺文書）。
(18)　長勝院（真珠院文書）。
(19)　大方（山科言継卿記及び石雲院祖芳置文）○中御門氏が氏親に嫁する事実、恰も宣胤卿記缺本の部分に相当するを以て概して想像に拠って述ぶ。
(20)　喬山末期の政事（宗長手記）。
(21)　紹僖署名文書（写鉄舟寺蔵）。
(22)　仮名目録。
(23)　同追加（今川記（富麓記））。
(24)　内容（竹越氏日本経済史）。
(25)　駿遠両国の守護職を公方に擬す（横井氏地理的日本歴史）。
(26)　雪斎の抜擢（今川家譜）。
(27)　彦五郎の死（円良寺及び真珠院文書）。
(28)　氏輝卒去月日（寛政譜及び志田文書。但三月とし、四月とする説もある）。
(29)　側室福島氏：今川系図には福島安房守女とし富麓記でない方の今川記には福島左衛門の女とし寛政譜には単に福島氏の女とす。永正七年三月七日本間源次郎宗季目安状（記録御用所古文書抄）に福島左衛門尉助春とあるのが左衛門といふに時代は相当す。

(30) 丸子・有東（有度八幡宮永正十四年棟札）。
(31) 大屋（臨済寺蔵天文二十年義元文書）。
(32) 伊太辺（伊太静居寺文書）。
(33) 高天神（高松神社文書）。
(34) 宇津山（大福寺蔵菅沼古案）。
(35) 瀬名氏貞（富麓記でない今川記）。
(36) 由比助四郎（由比文書）。
(37) 岡部左京進（岡部鐵五郎氏文書）。
(38) 流鏑馬銭取立（村岡文書承芳点印）。
(39) 禁制（慶寿寺文書同上）。
(40) 氏親季女瀬名に嫁す（朝比奈系図）。
(41) 富士大宮辺（富士大宮司家文書）。
(42) 寿桂尼状残闕（朝比奈文書）。
(43) 信玄の文書（同上）。
(44) 勅旨を奉じて云々（臨済寺文書）。
(45) 寿桂尼兄姪の来駿（建穂寺編年）。
(46) 石雲院寺領口入（石雲院文書祖芳置文）。
(47) 菩薩舞装束寄附（静岡浅間神社文書）。
(48) 敗戦後の論功行賞（孕石朝比奈両家文書）。

【付記】 読誦の便宜を図るため、旧字体は常用漢字に直し、一部の旧仮名遣いも改めた（編集部）。

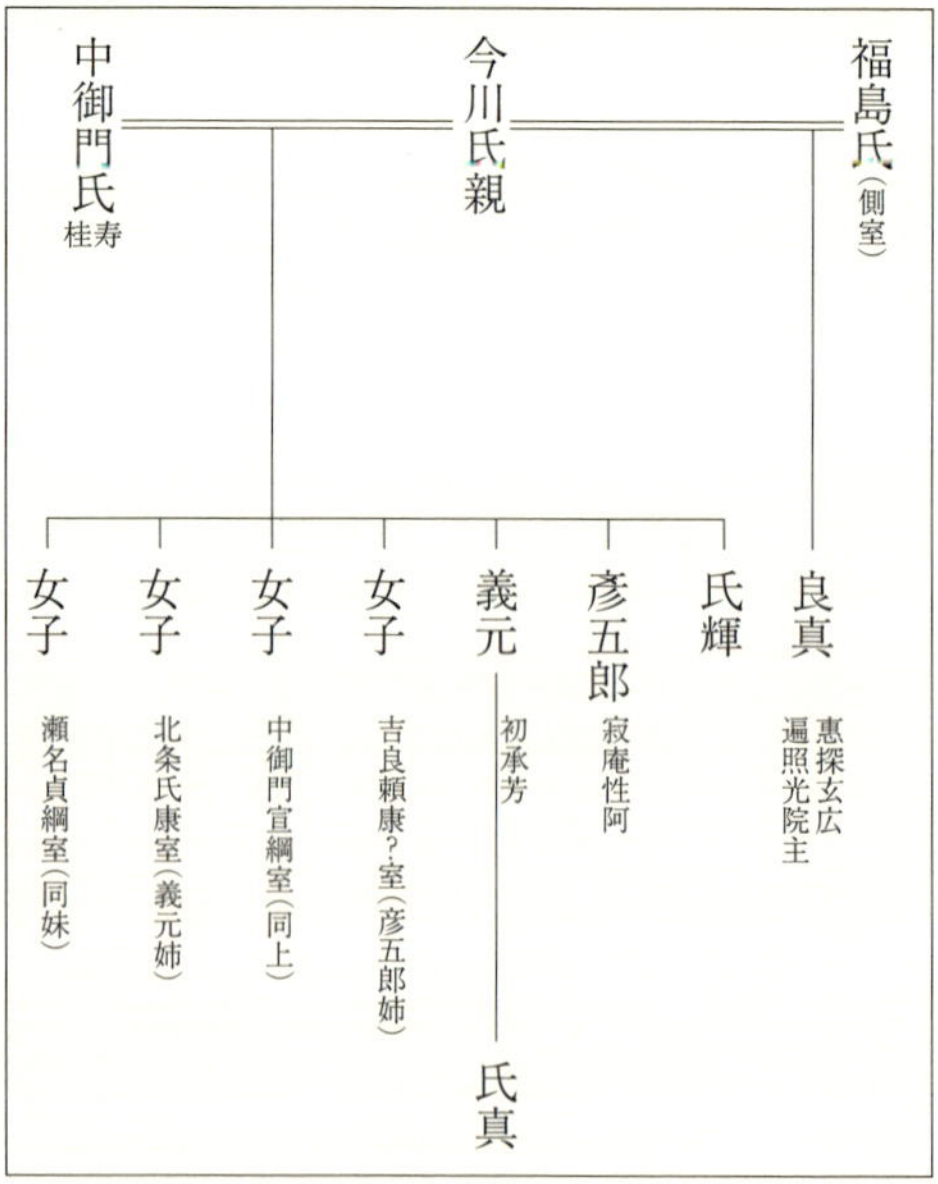

今川氏系図（朝比奈系図に拠る）

Ⅱ

塩貝坂合戦の背景

家永遵嗣

塩貝坂合戦とは、文明八年（一四七六）二月に今川義忠が遠江城飼郡の塩貝坂（塩買坂）で戦死した合戦で、幕府と今川氏との関係という観点からは未だ検討の余地を残している。

まず、義忠の遠江出兵の発端について、『宗長手記』（『群書類従』第十八輯、二六〇頁）は「細川讃州《細川成之》・参河国守護代東条近江守国氏等、鉾楯につきて合力の事、伊勢守《伊勢貞宗》して被仰下」ため三河に兵を出すことになり、中継基地として遠江懸川荘・河勾荘を与えられたと述べている。足利義政が義忠に懸川庄を預け置く御判御教書は『今川家古文章写』にあり文明五年（一四七三）十一月二十四日付である（『静岡県史資料編6』二六〇九号）。

東軍の三河守護細川成之が義忠に三河出兵を求めたのは西軍の美濃守護土岐成頼の守護代斎藤妙椿に圧迫されたからである。妙椿は文明四年頃から飛驒・近江・伊勢・三河に出兵して東軍勢力を脅かし、対する東軍も文明五年春から近江・伊勢・飛驒・信濃の兵を動員して美濃攻めを展開していた。

細川成之の領国三河は美濃と隣接し、特に強い圧迫を受けていた。三河はもともと一色義貫の領国で、大乱以前、義貫の子義直が渥美郡を保有し、一色持範（右馬頭）・幸範（七郎）父子が宝飯郡内に所領を有していた。妙椿の主人美濃守護土岐成頼は一色義直の弟義遠の実子で妙椿の兄利永によって土岐氏家督に迎えられた人物だった（『岐阜市史通史編原始・古代・中世』一九八〇年、六一九頁）から、妙椿は三河一色氏を支援した。文明五年十月頃、東軍の使節三十余名が三河国内で妙椿の兵に逮捕されており（『大乗院寺社雑事記』同年同月十一日条）、妙椿の兵が三河に入ったと知られる。成之の守護代東条国氏は劣勢で、文明九年（一四七七）九月頃、一色氏勢力に敗れて三河から逃れることになる（『大乗院寺社雑事記』同年同月二十四日条）。義忠は東幕府（東軍）の三河救援の要求に応えて遠江に入部したのである。

『宗長手記』によれば、今川義忠は遠江の「河匂庄」「懸川庄」を与えられた際に守護斯波義良の守護代狩野宮内少輔および前任の請負代官巨海新左衛門尉と衝突し、文明六年八月から十一月二十日にかけて狩野宮内少輔を見付府中に攻めて滅ぼしてしまった。義忠は幕府の意図とは違う方向に進むのである。

遠江は斯波領国のなかでは最も東軍方の強い国で、文明五年八月、東幕府の高官摂津之親が松月庵正広とともに遠江見付国府を平穏に通過して所領のあった駿河藤枝に下向している（「正広日記」『静岡県史資料編６』二六〇五号）から、東軍斯波義良（かつての松王丸）の守護支配が確立していたと知られる。今川義忠に滅ぼされる狩野宮内少輔は斯波義良の守護代で東軍方と判断される。東軍（東幕府）中枢から見ると義忠は東軍のなかで同士討ちを演じたことになる。

狩野宮内少輔が見付国府で滅亡してから三カ月後の文明七年二月、東幕府は西軍斯波義廉の越前・遠江守護代甲斐敏光を寝返らせ、東軍斯波義良の遠江守護代に任じ派遣した（『大乗院寺社雑事記』紙背文書他、『静岡県史資料編６』二六一八・二六一九号）。これは、幕府が義忠の遠江占拠を認めず、義良の遠江守護在職を支持したことを意味する。続いて横地氏・勝田氏など遠江の幕府奉公衆に義忠に対し抗戦するよう命令が下された。義忠は同年七月に勝田（勝間田）氏と戦い（『和漢合符』『静岡県史資料編６』二六二六号）、翌年二月に横地氏の金寿城（菊川町東横地）を攻撃して南下中、塩貝坂で戦死することになる（『和漢合符』他、『静岡県史資料編６』二六二八〜二六三二号）。

塩貝坂の南に今川庶流新野氏の城郭新野新城・同古城がある（『日本城郭大系９』一九七九年・静岡県教育委員会『静岡県の中世城館跡』一九八一年）。塩貝坂は金寿城から駿河への帰路と逆方向だから、義忠は新野城を拠点に活動していたのだろう。義忠は、幕府勢力とその後援を受けた斯波勢力と戦う形になった。その戦死は幕府に対する反抗の結果であったと言える。

このあと伊勢新九郎（宗瑞）が登場する。宗瑞は京都伊勢氏の一門、伊勢備前守盛定の子新九郎盛時である。駿河・遠江の諸氏との関係では父親盛定の代に重要な発展があった。

第一に、父盛定は寛正六年（一四六五）までに今川義忠と幕府政所執事伊勢貞親との取次役になっている（『蜷川親元日記』同年四月二十四日・七月一日条）。これは盛定の女・盛時の姉妹「北川殿」が義忠に嫁し文明三年に氏親を産む背景事情と認められる。第二に、寛正六年十月、盛定は遠江の豪族「勝田修理亮」・「横地鶴寿」と伊勢貞親との取次にあたっている（『蜷川親元日記』同月二十四日条）。盛定は塩貝坂合戦に関わる当事者双方と幕府との連絡を担当していたのだ。

今川義忠の岳父伊勢盛定は文明六年二月に在京して東軍に属している（『政所賦銘引付』）から、文明五年十一月に今川義忠が三河出兵を命じられたことと無関係と見る訳にはゆかない。義忠の戦死後に子の盛時が今川氏の内紛を収拾するため駿河に現われるのは、父の代理ないしは後継者としての立場だったと解される。

盛時は幕府の意向を受けて収拾にあたったと考えるのが自然である。『今川家譜』によれば、盛時の姉妹「北川殿」と甥の氏親は義忠が死亡してから間もなく駿府今川屋形を脱出して山西に逃避している（『静岡県史資料編６』二六三六号）。義忠の戦死は幕府に対する反逆の結果だったから、反逆者の家族である氏親母子の殺害さえ充分に想定される環境だった。義忠の戦死が幕府の意向によるものだった以上、氏親の地位を保障するには幕府の支持が必要だった。

氏親の対抗馬である小鹿範満を支援して駿府に乗り込む太田道灌は、堀越公方足利政知の了解を取り付けていたことが窺われる（「太田道灌状」『静岡県史資料編６』二六三三号）。伊勢盛時が交渉力を持ちえたのは、氏親の地位を保全しようとする幕府の意向を挺していたことによると思われる。

永享五年、氏親の祖父範忠と小鹿範満の父範頼（千代秋丸）の兄弟が父今川範政の跡目を巡って対立したとき、将軍足利義教が小鹿範頼（千代秋丸）の継嗣を認めなかった理由は、彼の母親が扇谷上杉氏の出身で関東の影響を強く受ける恐れが強かったからである。幕府はその後も堀越公方についてさえ、鎌倉に入って上杉氏と一体化することを認めないほど関東の勢力に対する警戒意識が強かった。幕府は駿河守護家を関東武士の影響から隔離して京都幕府の側に強くつなぎ止めておくことをメリットと感じており、そのために小鹿範満の守護職継承を認めなかったと考えられる。幕府は、義忠戦死後早い段階で氏親の地位を保障するという決定を行なっていたに違いない。

Ⅲ　今川氏親の名乗りと足利政知

家永遵嗣

今川氏と後北条氏の歴代には、「氏」字を名乗りに用いる者が多い。その最初が今川氏親である。堀越公方足利政知が「氏満」に改名して氏親に偏諱を授けたという伝承を検討してみたい。

一、今川氏親の元服時期

今川氏親の誕生には三説あり、文明元年（一四六九）[1]、文明三年[2]、文明五年[3]と伝えられている。国主となった長享元年（一四八七）には一五歳～一九歳になっていた。

「氏親」の元服を示す史料は、次に掲げる長享三年（延徳元・一四八九）正月吉日付建穂寺真光坊宛安堵状とされている。

【史料1】今川氏親判物写（建穂寺文書[4]）

駿河国藁科郷○上織服庄　今宮浅間・同神宮寺寺領共別当職之事等、建穂寺真光坊可為成敗之状如件、

長享三年〈己酉〉正月吉日

　　　　　　　　氏親（花押）

　真光坊

史料1は「氏親」名義文書の初見、かつ、元服を示す初見史料とされてきた。[5] たしかに、「龍王丸」を明記する発給文書は史料1の半年ほど前の、興津彦九郎宛長享二年七月二十八日印判状が最後である。[6] しかし、小和田哲男氏は史料1の信憑性が必ずしも確実ではないということを御指摘になっている。後世の写しで、文言におかしい点がある。「吉日」の日付にも不審がある。既に周知の次の史料をみると、長享年間のうちに元服していたと断定するのは難しくなるように思う。

【史料2】『北野社家日記』延徳三年八月十日条

一、北野宮寺領駿河国河原一色事、近年押領云々、因茲神事退転、太不可然、所詮不日沙汰付社家雑掌、可被全所務、更不可有難渋之由被仰出也、仍執達如件、

　延徳三

　　五月六日　　　長秀《（松田長秀）》判

　　　　　　　　　為規《（飯尾為規）》同

　　　今河龍王《（今川氏親）》殿

【史料3】今川氏親黒印状（杉山文書）[7]

此御下知者、伊勢新九郎《（伊勢盛時）》方へ同名右京亮《（伊勢貞遠）》以調法下之也、

□（印文未詳黒印）
安部山内俵嶺半分之事、今度山中より出忠節として所充行也、於此上尚々可抽忠功者也、仍如件
明応三
九月廿日
杉山太郎衛門殿

史料2には、延徳三年（一四九一）五月六日に発給された幕府奉行人奉書がある。足利政知が死亡した翌月に出されたものである。名宛人の今川氏親を幼名「龍王殿」で記している。

『北野社家日記』同年五月七日条に、記主松梅院禅予の使者が将軍足利義稙の御所で「御申次伊勢新九郎」に接遇されたという記事がある。この奉書の発給日の翌日、氏親の叔父（伯父）伊勢盛時が在京し幕府に出仕していたのである。四月三日に足利政知が没し(8)、七月一日に義澄の生母円満院殿と同母弟潤童子が殺されている(9)。盛時は政知死亡の善後策を講じるために上洛し、円満院殿らの殺害を知って帰国したのだと思われる。

伝達を仲介した盛時の一族「同名右京亮」伊勢貞遠は「龍王」名義を特に問題視していない。これは盛時が氏親の元服を吹聴しなかったことを示唆する。元服していないのか、あるいは盛時がその事実を隠したのか、いずれかということになるのではなかろうか。

史料3は、駿河国安部山(10)の武士杉山太郎衛門が帰参したことを賞して所領を安堵する黒印状である。この印判は「氏親」名が確実に出現した後でも、単独で朱印に用いられる(11)。「氏親」名の不存在を証明するわけではないが、氏親が元服以前でまだ花押をもっていなかったとみる余地もある。

小和田哲男氏の研究で[12]、氏親ははじめ「龍王丸」名義と印文不詳の黒印を使用し、ついで、「五郎」ないし「氏親」名義と花押を用い、永正十年前後から「氏親」「修理大夫」「紹僖」名義と花押・印判を混用したことが分かっている。問題は第一の時期から第二の時期への移行の画期にある。

史料1の次に「氏親」名義と花押を用いた文書は明応四年（一四九五）九月二十六日付安西寺住持職等安堵状である[13]。しかし、『静岡県史料』の編者[14]も小和田氏も、安堵の根拠に「義忠判形」を挙げる点を、氏親の父に対する呼称として疑問とされた。

右二点を否定すると、確実な初見は東流大夫宛明応四年十二月二十六日付「五郎」名義安堵判物[15]となる。小和田氏は初期の氏親判物は「五郎」名義を用いたとされる。

氏親は史料1で一七〜二一歳、明応四年には二二〜二六歳である。史料1を採る決め手は、氏親の年齢にある。しかし、史料2の信憑性が相対的に高いため無理が生じる。そうすると、氏親の元服時期は明応四年まで下がる。これは、氏親が二二〜二六歳まで元服しなかったという異常な状況を意味する。どうも、尋常なやり方が行われていないのではないかと思われる。史料1以前から印判状があり、効力は成人の判物と同じである。何らかの理由で元服を秘したと解しては如何であろうか。

駿河守護の泰範流今川氏は「範」字を通字として用いたが、氏親の父義忠は京都将軍の偏諱「義」字と父範忠の「忠」字を合成した名乗りを用いた。「氏親」の名乗りは義忠とも京都公方（義政・義尚）とも関係がない。他方で、「氏」字が氏輝・氏綱など次の世代に継承される特異性がある。このようにみると、「氏親」の「氏」字の由来が問題になるかと思われる。

二、今川氏親への偏諱授与者

京都将軍家には「氏」字を含む名乗りの者がいないから、通字「氏」字を用いる古河公方家との関係をみておきたい。史料1の長享三（延徳元）年頃はどうか。長享元年末から延徳二年末にかけて、古河公方足利成氏の子政氏は扇谷上杉定正と結んで関東管領山内上杉顕定と戦った。[16] 第一次長享の乱である。ここで、今川氏親を擁立したのは足利義尚の近臣伊勢盛時である。盛時の駿河下向は義尚の許可を得ていたと思しく、[17] 挙兵時期の氏親（龍王丸）黒印状[18]が義尚の意思を奉じていることと併せ、氏親擁立は義尚の許可によるものとみられている。[19] 氏親が政氏から偏諱を受ける関係があるのなら、これも義尚が承認した事象とみられ、幕府が政氏と結んで顕定に敵対したという理屈になる。しかし、これに照応する事象は確認できない。

「五郎」「氏親」名義の判物が恒常的に発給されるようになるのは史料3の翌年からである。史料3発給直後の同月二十八日、伊勢盛時は武蔵久目川（東村山市久米川）で扇谷上杉定正と合流し、山内上杉顕定の拠る武蔵鉢形城への攻撃に加わった。[20] 第二次長享の乱である。この頃から足利政氏は顕定に与する立場に変わった。『鎌倉大日記』明応三年条には、十月三日に定正が頓死したあと、「政氏・管領顕定」が扇谷上杉方を追尾して「高倉山」（入間市）に進出したとある。氏親の成人徴証は、古河公方と戦争状態になったあとで盛んに顕れる、と言えるのではなかろうか。「氏」字を古河公方の偏諱とみる余地は乏しい。

『今川記』の異本『富麗記』には堀越公方足利政知が氏親に偏諱を授けたという伝承がある。右の如く古河公方から偏諱を受けた可能性が乏しいので、無視できない伝承かと思われる。

【史料４】『今川記（富麗記）』第四[21]

頓て御元服あり、今川新五郎氏親と申奉る、其比豆州様御改名あり、初めは政智と申けるを、氏満と御改ありし、是は鎌倉殿御名乗也、御早世の御一門の御名乗を此方へとり申さるるは、かの幸を此方にて継給ふへき儀にて、かならす御名乗を取る事有、是によりて氏満と御改名ありしとかや、豆州様を御烏帽子親に頼ませ給ふ故に、氏満の氏と申字を付させ給ひて、氏親と名乗り給ふと聞こえし、

史料４は、領国掌握の直後に氏親が元服したと述べるくだりである。「今川新五郎氏親」の仮名は敵である今川小鹿範満の「新五郎」と混同しており「五郎」が正しい。足利政知が「氏満」に改名して偏諱を与え、「氏親」と名乗らせたとある。

史料４は政知が古河公方家の祖先にあたる鎌倉公方二代足利氏満の名を奪った理由を、「かの幸を此方にて継給ふへき儀にて」と記す。この頃、足利政知は「関東主君」から伊豆一国の支配者に転落していた。文明十四年（一四八二）末の「都鄙和睦[22]」によって、関東の支配権が古河公方の手に帰したからである。「かの幸を此方にて継」ぐとは、「都鄙和睦」を破棄して古河公方家を討滅し、関東の支配権を奪う意味かと考えられる。

「都鄙和睦」は両上杉氏が古河公方討滅を断念し、幕府がこれを追認したことによって実現した。ところが、長享・延徳年間、政知の子義澄が京都公方に擁立される可能性が生じた[23]。義澄が将軍になれば幕府は政知の意のままとなる。政知周辺に古河公方征討政策の再興を図る考え方が生じても不自然ではない。

「氏満」名が古河公方討滅の意思を標榜するものならば、「氏満」からの偏諱を得てつくられた「氏親」名も古河公方に対する攻撃意図を顕す名乗りだと言える。氏親の元服を秘し、「氏親」の名を秘す必要性があったのだとすれば、古河公方との関係が問題になるのではないか。古河公方との戦争が始まった後に氏親の成人徴証が数多く見いだせるようになる事実と照応するようだ。

三、堀越公方府の分裂

史料2より、氏親は政知の生前には「氏親」の名を、少なくとも、公には用いていないとみられる。『続群書類従』所収の「足利系図㉔」は「氏満」への改名を記すけれど、政知の「氏満」名も生前実際に使用された証拠がない。これらは『富麓記』の伝承が斥けられてきた理由である。とはいえ、氏親の成人徴証の出現状況には異常がある。氏親の年齢が非常に高くなってから、また、古河公方との戦争が始まったあとで、盛んに認められる。「氏親」の名に足利政知の古河公方に対する攻撃意思が籠められているという、『富麓記』の伝承が注意を惹く所以である。

仮に、「氏満」名・「氏親」名が古河公方討滅戦争の再開に絡んでいるのだとすれば、大前提となる足利義澄の将軍襲職が実現する以前には、その公表は憚られたはずだと思われる。政知の「氏満」名が使用された徴証が得られないのも、秘匿されていたのならば当然となる。盛時が元服や「氏親」名を吹聴しなかったことを示す史料2も、秘匿したと解すると説明できる。

周知のごとく、『富麓記』には堀越公方府の内紛について記述がある。[25] 政知と円満院殿が先妻腹の茶々丸を斥けて義澄の同母弟（潤童子）を継嗣に立てた。犬懸上杉教朝（政憲の誤り）が異を唱えたものの、容れられず自殺に追い込まれたという。『実隆公記』延徳三年五月二十八日条には、次に示すように政知死亡時点における堀越公方府の内情が記されている。

【史料５】『実隆公記』延徳三年五月二十八日条

冷泉前亜相入来、雑談次、鎌倉殿〈左兵衛督政知、慈照院殿同甲子御舎弟〉去四月三日薨給、自正月御不食云々、慥注進之由被相語、獲麟之時刻之儀、以外事共也、則土葬于寝殿西方庭云々、事之儀不能記矣、

『大乗院寺社雑事記』五月二十六日条に政知の死亡記事があるから、この頃、幕府に公式報告が届いたようだ。ただし、実隆が聞いた噂は非公式情報を含んでいると思しい。「獲麟之時刻之儀、以外事共也」「事之儀不能記矣」とある。政知の臨終に際して、筆録が憚られる何らかの不祥事があったという。情報を伝えた冷泉為富の子為広は三月から四月にかけて細川政元とともに越後に赴いていた。[26] 義澄擁立派に近い。五月七日に伊勢盛時が在京している。その周辺から聞いた可能性もある。

義澄の生母円満院殿と同母弟潤童子が「逢害」ったのはこの年七月一日である。政知死去に際する不祥事とは、この円満院殿・潤童子の殺害に繋がる何事かであろう。茶々丸の廃嫡・幽閉と犬懸上杉政憲の自殺という伝承との関連が疑われる。

足利政知の跡目の決定について、茶々丸を推す勢力と潤童子を推す勢力とがあり、政知臨終の際にとられた何らかの措置に対する反動で三ヶ月後に円満院殿・潤童子が殺害され、茶々丸が継嗣したと考えるのが穏当である。古河公

方征討計画があり、政知の継嗣決定が古河公方征討戦争を再興する計画の中心人物の決定を意味していたのだとすれば、足利義澄の同母弟潤童子が計画の要であったと推定される。茶々丸を継嗣から除く際に、それまで秘匿されていた政知の改名や氏親への偏諱授与など計画の進捗状況が露呈したと考えて良いのではないか。

明応二年に義澄が将軍になると、盛時は茶々丸を攻め、[27]伊豆守護を兼ねる顕定とも戦った。[28]潤童子の横死によって古河公方討滅という戦略目標自体は失われている。盛時の行動は古河公方の討滅を狙うものとは考えられない。しかしながら、明応三年に扇谷上杉定正が盛時と結んで第二次長享の乱を開始すると、古河公方が顕定に与してこの戦いに参戦するのである。

古河公方足利政氏は扇谷上杉定正と手を切り、足利茶々丸を擁する山内上杉顕定と提携した。このため、古河公方（足利政氏）と堀越公方（足利茶々丸）とが間接的に同盟するという、これまでにない珍しい現象が起きた。茶々丸は古河公方と協調的な堀越公方であるようだ。いっぽう、古河公方政氏が、かつて支援していた扇谷上杉定正と手を切った理由はよく分かってはいない。

定正の新しい動きは、氏親・盛時との提携である。いっぽう、足利茶々丸は、自分を廃嫡しようとした父政知に古河公方征討の再開という意図があったこと、政知と氏親・盛時らとに密約があったことを知っていた蓋然性がある。今や、その盛時が自分を滅ぼそうとして攻めかかってきており、それだけではなく、定正と提携して茶々丸を庇護する山内上杉顕定を滅ぼそうとしている。茶々丸が政知・氏親・盛時の密約を顕定に伝え、顕定が政氏に伝え、これを知った政氏が定正と手を切るということは、如何にもありそうなことだと言えるのではなかろうか。

「氏親」の名は、「氏」字の由来についての説明が必須となる名乗りである。もしもその由来が『富麓記』にあるようなものであったとすれば、古河公方を激しく刺激するはずの名乗りである。第二次長享の乱が始まるまで使用された徴証が見えない理由は、潤童子を失ったために古河公方征討を追求する可能性が失われ、むしろ古河公方を敵に回すことの危険性が意識され、秘匿が続けられたということなのではあるまいか。

四、堀越公方の存在理由

がんらい、足利政知の関東下向は、父の足利義教が永享の乱を遂行するにあたって、子息の一人を鎌倉に下向させる構想を立てていたことに淵源を有する。都鄙の公方として京都公方の子息兄弟を立てるということ、これは十五世紀中後期の将軍独裁権力を特徴づける列島統合戦略であったと考えられる。

義教は永享十一年（一四三九）二月十日に上杉憲実に命じて持氏を自殺させた。百瀬今朝雄氏は、『蔭涼軒日録』同年七月二日条に「若君可有御下向関東之賀礼有之」とあること、『東寺廿一口方評定引付』に「若君様鎌倉殿御成御礼」のため東寺奉行へ折紙を進めた旨の記述があることから、義教は自分の子のひとりを「鎌倉殿」として関東に置くことを決定した、と指摘された(29)。足利義教は、基氏流鎌倉公方家を討滅し、子息兄弟を都鄙の公方に据える形で鎌倉府を幕府に再統合しようとした。足利政知はこの足利義教の戦略の申し子なのである。

「都鄙和睦」で一敗地にまみれたあと、政知の子義澄が京都公方になる可能性が生じた。政知が父義教の戦略を踏襲したとすれば、京都公方になる義澄の兄弟を堀越公方とし、古河公方を討滅して関東の支配権を奪う構想を立てた蓋然性がある。

いっぽう、伊勢盛時が駿河に下向した長享元年、足利義澄擁立構想が京都政界に出現している。盛時は義澄擁立勢力として駿河に現れ、氏親を駿河国主に擁立し、政知を誘ったと考えられる。氏親と政知との結びつきも盛時の画策の結果であろう。

今川氏親が擁立されたのと同じ長享元年から延徳二年末にかけて、山内上杉顕定は扇谷上杉定正と結ぶ古河公方足利政氏と戦っていた。これは古河公方討滅戦争の再開という構想に都合の良い実情である。しかし、『鎌倉大日記』延徳二年条に「十二月両家和談、同月成氏（政氏カ）自武州忍城古河え御帰座」とある。延徳二年末に山内・扇谷両上杉氏が和睦し、古河公方と顕定との対立も終息した。明くる延徳三年正月に政知が病に倒れた当時、顕定が古河公方征討に積極的であったとは考えにくい。

いっぽう、京都の情勢は義澄擁立に絶好の様相になっていた。足利義稙を推挽する日野富子[30]が障害だったが、富子は延徳二年正月に義稙が家督を継ぐと方針を変え、義澄擁立に転じた[31]。延徳三年正月七日に義稙を後見する父義視が没した。二月十二日、細川政元は義澄の母方の従兄弟澄之（生母が円満院殿姉妹）を養嗣子として[32]、義澄に与する立場を固めた。

義澄擁立に絶好の情勢だったが、古河公方討滅戦争の再開には支持がなかった。これが堀越公方の内紛の背景であろう。古河公方討滅戦争の再開を恐れる勢力が茶々丸を支持し、潤童子の横死に至ると思しい。顕定は茶々丸を支持して盛時と戦う。

足利茶々丸が潤童子を殺害したために、都鄙に兄弟の公方を立てる構想は破産した。トレーガーとしての盛時の政治生命もいったん終わったと思しい。これが盛時が茶々丸を仇として激しく戦った主な理由かと思われる。茶々丸を討つため挙兵した名分は、将軍義澄の生母円満院殿の仇討ちであっただろう。

明応二年に伊豆に侵攻した伊勢盛時の軍勢には葛山氏ら駿河の国人、氏親の兵が参加していたと思われる。しかし、後北条氏被官のうち今川氏被官から転入したとみられる者は、大身の者にあっては希で、後北条家臣団を今川家臣団から分裂してできた細胞とは見なせない。盛時が備中国荏原荘に有していた領主的基盤はごく小さく、盛時の固有の被官は小規模とみられる。(33) 富永・遠山・松田など奉公衆由来の重臣が多い。

盛時が駿河に下った時期、長享元年九月に足利義尚が奉公衆を総動員して近江に出陣している。これ以後も、京都から多くの奉公衆を招きうる状況はない。後北条氏の重臣のうち、奉公衆に出自する者たちの由来は、他に供給源が見いだせないところから考えて、堀越公方の近臣だとみて良いのではないか。『後北条氏所領役帳』記載諸氏のうち、奉公衆由来とみられる「大草加賀守(34)」「蔭山刑部左衛門(35)」は韮山周辺との関係が強い。堀越公方奉公衆との関係が明瞭な実例とみられる。

堀越公方の奉公衆も足利義教に始まる列島統合戦略のトレーガーである。盛時を支えた勢力は、潤童子擁立勢力であろう。

「氏」字偏諱に対する執着は今川氏よりも後北条氏に強い。氏親が政知死後に「氏親」名を用いるのは、潤童子擁立派との提携戦略から要請されたことかと思われる。さすれば、堀越公方近臣由来の勢力を組み込んだ後北条権力において、「氏」字偏諱に対する執着が強いのも当然と言えるのではなかろうか。

おわりに

今川氏・後北条氏の名乗りの「氏」字に関する唯一の手がかりは、『富麓記』の伝承である。しかしながら、政知が「氏満」名を用いた明証はない。「氏親」名の確実な使用例は政知の没後に顕れる。一見すると、伝承とは相反するようにもみえる。

いっぽう、「氏親」の名は年齢が非常に高くなってから、古河公方との戦争が始まったあとで顕れ、異常が認められる。『富麗記』の伝承を、「氏満」名・「氏親」名が古河公方討滅計画の要素であったことを伝えるものと解釈し、名乗りの使用が政治情勢によって制約されたという観点から検討してみた。

政知の立場からみて古河公方討滅計画は実在したと思われ、政知没後の内紛の原因と考えられる。だが、この計画の前提となる義澄擁立計画の進展には曲折があり、政知の生前には公表段階に至らなかった。「氏満」名を検出できない理由と思われる。政知死亡直後に義澄の同母弟潤童子が殺害され、計画は破綻した。盛時らは足利茶々丸の討滅に転じたため、古河公方を刺激することを避け、「氏親」名の秘匿を続けた。古河公方と敵対関係になってから使用できるようになったと考えるわけである。

註

（1）『今川記』（『続群書類従』第二一輯下、二三六頁）・『今川家譜』（同前一五四頁）。文明八年（一四七六）義忠没後の内紛記事に「龍王殿とて八歳の若子」とある。

（2）『今川記』所収「今川系図」（同右二一九頁）に「大永六（一五二六年）六十三卒、年五十六」とある。
（3）『富麓記』所収「今川系図」（同右二一四頁）に「七才ニテ家督」とあり、義忠遺跡を安堵する「今川家古文章写」所収文明十一年十二月二十一日足利義政御判御教書（『静岡県史資料編7　中世三』一、以下『県史』と略称）と勘案して文明五年となる。
（4）『県史』二二八・『静岡県史料』（以下では『史料』と略称）第三輯、二一八頁、「見性寺文書」一。小和田哲男氏「今川氏親とその文書」『日本歴史』第三八五号、一九八〇年に掲載された今川氏親発給文書目録（以下「目録」と略称）4。
（5）小和田氏前註（4）論文（『小和田哲男著作集　第一巻』清文堂、二〇〇〇年に再録、以下、同氏所説の紹介は右論文による）、有光友學氏「戦国の幕開きと今川氏親」『静岡県史通史編2中世』六三九頁、一九九七年。
（6）「興津文書」『県史』一〇五（「目録」3）。
（7）『県史』一九八（「目録」5）。
（8）景徐周麟『翰林葫蘆集』「勝瞳院殿十三回忌拈香」（上村観光氏編『五山文学全集　第四巻』思文閣出版復刻、六四五頁、一九七三年）。
（9）横川景三『京華集』「円満院殿三周忌拈香」（玉村竹二氏編『五山文学新集　第一巻』東京大学出版会、九一一頁、一九六七年）。
（10）「俵嶺」は安部山狩野氏の「湯島城」比定地静岡市油島城山（『日本城郭大系9』一二一頁、一九七九年）に隣接。
（11）「目録」33～35・38・50。
（12）「目録」1～3および5が印判状、4・6の「氏親」名義印判状が何れも疑問を存する。7～11は「五郎」名義印判状で、「氏親」名義印判状は12以下となる。
（13）「安西寺文書」「目録」6。
（14）『史料』第三輯、五五〇頁「安西寺文書」二注記。
（15）「判物証文写」『県史』二二二（「目録」7）。
（16）黒田基樹氏「扇谷上杉氏と豊島郡」（『北区史通史編中世』第三章、一九九六年、同氏著『扇谷上杉氏と太田道灌』第二～四章、岩田書院、二〇〇四年）、佐脇栄智氏『後北条氏と領国経営』一一～二〇頁、吉川弘文館、一九九七年など。

(17)『北野社家日記』延徳三年五月七日条、「明応番帳」に「伊勢新九郎」名義でみえることと併せ、処罰を受けていないとみられることから、許可を得ての下向と判断される。
(18)前註（6）『県史』一〇五。
(19)前註（5）有光友學氏稿六三八～九頁。
(20)「石川忠総留書」（『小田原市史史料編原始古代中世Ⅰ』三〇一、以下『市史』、と略称）。
(21)『続群書類従』第二一輯下、二〇二頁。
(22)佐藤博信氏「古河公方足利成氏に関する一考察」『千葉史学』一〇号、一九八七年（「足利成氏とその時代」に改題して同氏著『古河公方足利氏の研究』校倉書房に再録、一九八九年）。
(23)拙稿「明応二年の政変と伊勢宗瑞（北条早雲）の人脈」『成城大学短期大学部紀要』第二七号、一九九六年。
(24)『続群書類従』第五輯上、三〇六頁。
(25)『続群書類従』第二一輯下、二〇二～三頁。
(26)『蔭涼軒日録』延徳三年三月三日条。
(27)『勝山記』『妙法寺記』明応二年条。
(28)『松陰私語』第五（『群馬県史資料編5　中世1』八四四頁）明応三年の記述に「豆州押妨之早雲入道」とある。
(29)同氏「主なき鎌倉府」『神奈川県史通史編中世』八五七～八六一頁、一九八一年。
(30)『大乗院寺社雑事記』長享三（延徳元）年三月晦日条・『後法興院政家記』延徳元年四月十九・二十・二十三日条。
(31)『後法興院政家記』延徳二年五月十八日条。
(32)『後法興院政家記』延徳三年二月十三日条。
(33)下山治久氏『北条早雲と家臣団』有隣新書、一九九九年、二一～二九頁は備中出身の家臣を抽出されている。
(34)『小田原衆所領役帳　戦国遺文後北条氏編　別巻』四頁に伊豆国田方郡南条郷を「早雲寺殿様御代」に既に知行していたとある。
(35)同右書四頁。伊豆国田方郡原木で百貫文のみ知行。

Ⅳ

今川氏の甲斐侵攻

見崎闃雄

はじめに

永禄十一年十二月六日、甲斐の武田晴信は軍勢を率いて古府をたち、富士川に添って河内筋を一路南下同月十二日、駿甲州境いの内房口を突破、怒濤の如く駿河へなだれ込み、これを阻止せんとする今川勢を次々と破り、翌十三日、今川氏歴代の根拠地、駿府へ乱入城下を焼土と化し、今川氏真は僅かな側近に守られて遠州掛川へ退去。この時、武田氏の駿河侵略は他に目的はあったであろうが、父信虎時代の報復とも言える。

戦国時代、今川氏親は甲斐の内乱に介入、甲斐へ侵攻、国中を脅かした上、武田氏の本拠地古府館近くまで肉迫する。永禄の末期、今川氏が武田氏に攻略されたことのみ記憶に残り、県内各地の関係のない所まで「武田氏の兵火により」と聞かれ、これは敗者への（天正十年武田氏滅亡）汚名か、この場合、多くの例は勝者より敗者となったものが逃げ場を失って社寺に楯篭り、一時的にせよ攻撃側を妨げる為に放火することがあると聞く、一方、永正年間の昔、今川氏も甲斐の国内各所に放火していることが『妙法寺記』等に見られる。これとても意味は同じであるが、山梨県側も一般的に同様の伝承を持っているはずであるが、あまり聞かれない。それは、直接今川氏が手を加えたのではないために、汚名は消されてしまったものだろうか。

今川氏甲斐侵攻に接して、実在名を明らかにしない一人の人物がある。その名は、福島《くしま》上総介正成また兵庫頭とも言う。良質の資料には全く、名を現わさず、この事件にたずさわったと思われる人物名は、福島左衛門尉が良質な資料上に記録されている。架空の福島上総介の名が実名を隠して存在することに疑問を抱き、去る、五十二年別稿に「福島上総介正成について」と題して考察を加えた次第であるが、昨年、問題の地、山梨県へ三回程、出向く機会を得たので、今川氏の甲斐出兵、原因並びに福島氏について再度検討を加える。

一

今川氏の甲斐出兵は、明応元年七月十三日・永正十二年より同十四年・大永元年の三回である。この三回は甲斐国内に巻き起こる内乱に今川氏が介入して進出、そして甲斐国における内乱とは武田氏一門の人々が争う武田家惣領継承をめぐっての乱である。

甲斐の国内は武田清光以来、多くの一族庶子を配出、それぞれ国内各所に分地、国人及び小土豪が連合して武士団を形成。その間、惣領武田家をめぐり一族の抗争がくり返されて来た。

とくに、康正元年（一四五五）、武田信守が没し、嫡子信昌が九歳で武田家を継承するが、甲斐国の実権は守護代であった跡部駿河守明海・上野介景家、父子が握り、守護職の武田家を、しのぐ程に勢力は強大化していた。長禄元年十二月廿八日、武田・跡部の両勢力が激突、翌二年正月八日の戦いでは一門の岩崎氏一族が全滅、寛正五年に入り跡部明海が没、翌六年、武田信昌は信濃の諏訪氏の援助に依って山梨郡上岩下の夕狩沢に跡部勢を敗り、七月二日、跡部氏の本拠地小田野城[1]を攻めて跡部景家を倒す。武田氏は守護権力を回復する。しかし、応仁元年前後より信州勢の南下によって国内に不穏な動きが見られ、各所に小勢力の反抗がくり返された。

延徳年間末、武田信昌は家督を信縄に譲り隠退する。同四年（明応元年）七月、市河で武田信縄と信恵（油川氏）の兄弟が争う。九月、駿河の今川勢が武田信恵に味方して甲州に入る。この武田信縄・信恵の争いの原因は信昌が家督を信恵に与えようとする為、嫡子信縄が反抗、急遽、信昌を万石の落合館に隠居させると言う。そして、この争いは信縄死去後の永正五年十月四日、武田信恵方が武田信直に敗れるまで続く。

永正五年十月四日の合戦には油川信恵をはじめとして、その子弥九郎・清九郎・珍宝丸・岩手縄美・栗原惣二郎・河村左衛門尉等、多くの討死、とくに信恵方の有力国人、郡内の小山田氏惣領が戦死、嫡子平三信有は永正七年春、信直方へ降服し、この乱に終止符を打つ。

永正十二年、西郡の有力国人、大井次郎信達[2]が武田信直に反抗して兵を揚げる。

「妙法寺記」　永正十二乙亥

此年当国大井殿屋形トノ合戦十月十七日申尅也。屋形方大勢ナリトイヘトモ彼城ノ廻リヲ不知間。皆深田ニ馬ヲ乗入テ無出打死畢ヌ。其人数小山田大和守右衛門助殿、尾曽殿、其外随分内々様二十騎計。是大将分方々也。其余ハ一二百人打死畢。其後駿河国ヨリ甲州ヘノ口々ヲ塞ルル也。

駿河の今川氏親は大井氏の要請に依って朝比奈・葛山・庵原・福島等二千余の兵を甲州に送り込み、曽根の勝山城③を占拠して駿河への通路を全て閉鎖する。十月十七日武田信直は軍兵を率いて大井信達の上野城④を攻撃して敗退、翌十三年、今川勢は勝山城を基地として国中地方各所を襲撃して武田勢に対抗する。一方、富士吉田城⑤に寄る北条勢を小山田氏が攻撃、同十四年正月二日、小山田勢の小林尾張入道が荒蔵に布陣、そして吉田城を総攻撃、十二日に至りて攻め落とす。また国中では今川氏に通じていた諸豪が離反、吉田城の北条勢後退により勝山城の今川勢は孤立、形勢の悪化を知った今川氏親は軍勢を引揚げるため、連歌師宗長を甲州に送り、五十余日にわたり両家和睦の斡旋に走り、三月二日和談成立、武田方の調法者は内野の渡辺式部丞、今川方は永池九郎左衛門被官、福嶋道宗入道、こののち大井氏は信直に降服する。

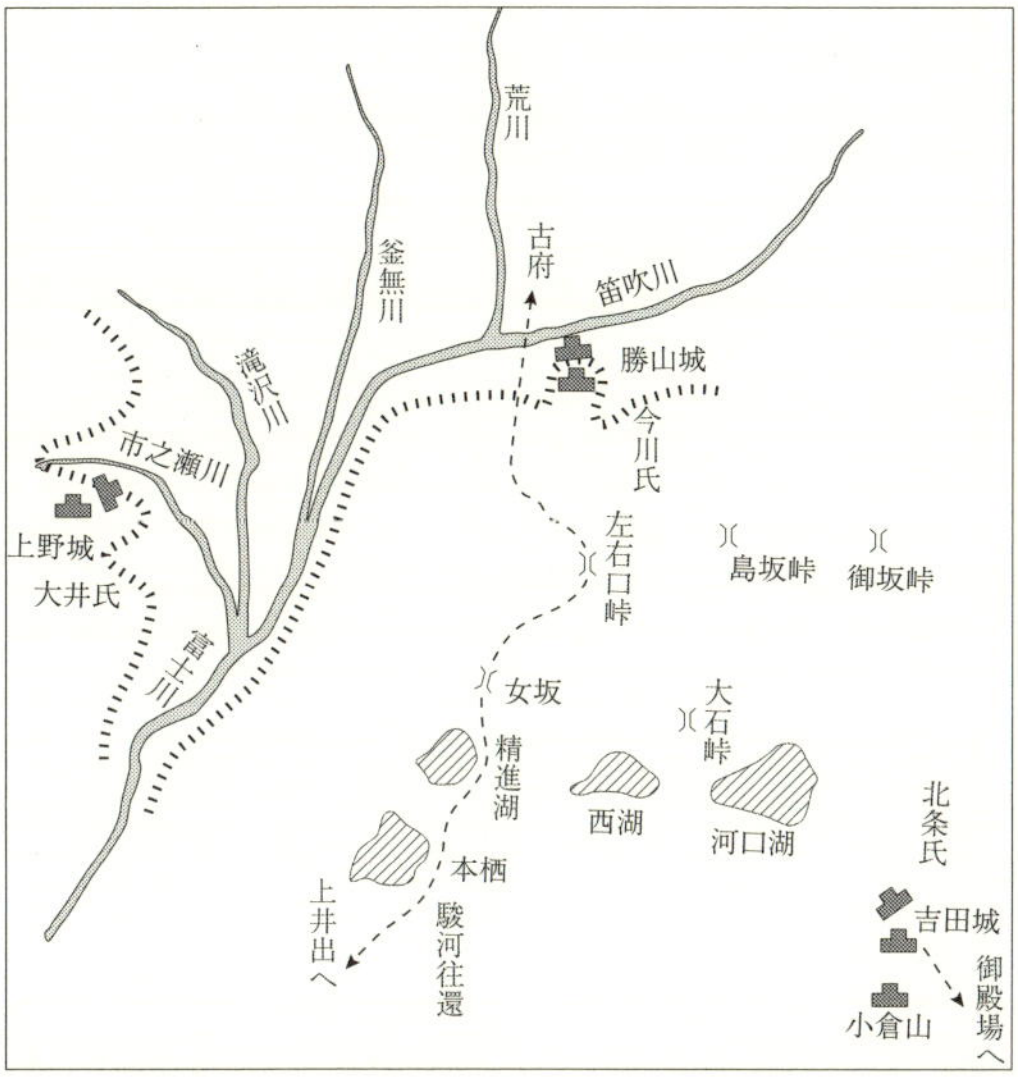

永正12年〜14年の事件

永正十八年二月廿八日、今川勢が河内筋⑥に出撃、同年八月改元され大永元年となる。四月十三日、武田信直は左京大夫に任じて信虎と改名する。

大永元年九月、今川勢が再び河内筋を北進、同月六日、大島⑦に於て武田勢と戦いこれを敗る。この時、河内筋の国人、波木井義実⑧が今川氏に通ず。十六日、大井氏の富田《とだ》城⑨を占拠、一部は曽根の勝山城に入る。そして、今川勢は釜無川に添って北上、武田氏の根拠地、武田館に最も近い所、登美の竜地台に布陣、十月十六日、古府中から西郡への出口、飯田口[11]に向かって出撃、荒川を挟んで激戦の末、今川勢は百余人の戦死者を出す。十一月二十二～三の両日、飯田河原の上流、上条河原[12]で再び武田勢と遭遇、この合戦で福島左衛門尉以下六百余戦死、今川勢は富田城へ敗走、翌二年甲州、一連寺の不外上人の斡旋によって今川勢は帰国する。

この戦いで武田側にも相当の戦死者がでたはずで、不外上人は両勢の戦死者の法要を行ったことが『御修行記』[13]に見える。以上が今川氏による甲州出兵の背景である。

二

明応元年の出兵は別として、大井氏が永正十二年のいつ反乱を起こしたのか。また今川氏の甲州侵入の時期。大井氏の反抗に対して今川氏が介入する根本的理由等々、今日明らかでは無い。

磯貝正義氏[14]によれば「大井氏は、かねて今川氏と好みを通じていたらしく、永正三年に氏親が北条早雲に命じ、三河の松平長親を岩津城に攻めた時、誘われてこの三河経略を助けたようである。」と言っているが、これだけの理由で氏親が甲州へ出兵するであろうか。永正五年、氏親は遠江守護職を任命され、遠江経略に乗り出す。同七年、旧遠江守護職の斯波氏が遠江国奪還の動きを見せ、西遠州一帯が不隠な空気に包まれ、三河吉良氏の代官、大河内備中守貞綱が斯波義達と組み、引馬城に占拠して周辺を侵犯。また西遠の有力国人、井伊氏の反抗等が永正十四年まで続く。

このような事情のもとで今川氏が簡単に他国へ兵を動かせる状態ではなかった。ただ永正十一、二年頃は一時、戦線が小康状態にあった。

今川氏の甲州出兵の理由について、とくに甲州側の資料『妙法寺記』を見ると、北条早雲が、おびただしく出兵していることが判る。永正十二年、及び大永六年の今川氏出兵は今川氏が直接、手を下したのではなく、北条氏とのからみに依って出兵していると言える。そのことは氏親の継承時に接して身命なげ打って奔走した早雲への恩、早雲関東征服に対して援助する氏親への義理、これは両氏が命つきるまで続いたことは周知のごとくである。その間、戦国の世であるから、各々に駈引きはあったであろうが、北条氏と甲斐国人との関連は相当早くからあったと思われ、永正三年八月の三州岩津攻めの主将は早雲で、この時、早雲の要望に依って大井氏参戦、従って永正十二年の大井氏の武田信直への反抗も、北条氏を通じて、氏親に援軍出兵の要請があったと以上の状況より推察する。

今川勢は富士郡上井出から左右口路⑮を得て曽根の勝山城を占拠、一方、北条氏は葛山氏と共に御殿場口から都留郡へ出て、吉田城を占拠する。次の大永元年の甲州出兵の原因も不明で、早雲は永正十六年八月十五日、韮山にて死去、その子氏綱の時代であるが氏親は健在であり、やはり北条氏に関係しての出兵か。

一方、甲斐の武田家は、日々戦国大名として権力を確実なものとしていった。だが、その反面、信虎の支配権力下に組み込まれて行く過程に於て国人層が信虎の強行政策に、しばし反抗し離反する者が続出、そんな透き間に入り込んだのが今川氏で大永元年九月、今川勢は河内筋を北上、古府の武田氏本拠地を狙う。

この大永元年の出兵を一様に福島正成が主将であったとか、また「今川を軽《かる》しめ甲州を取って己が国にせんとて」。また、ある系譜には「今川を蔑《さげす》んで駿達の兵一万五千余を率いて甲州に発向」と見える。

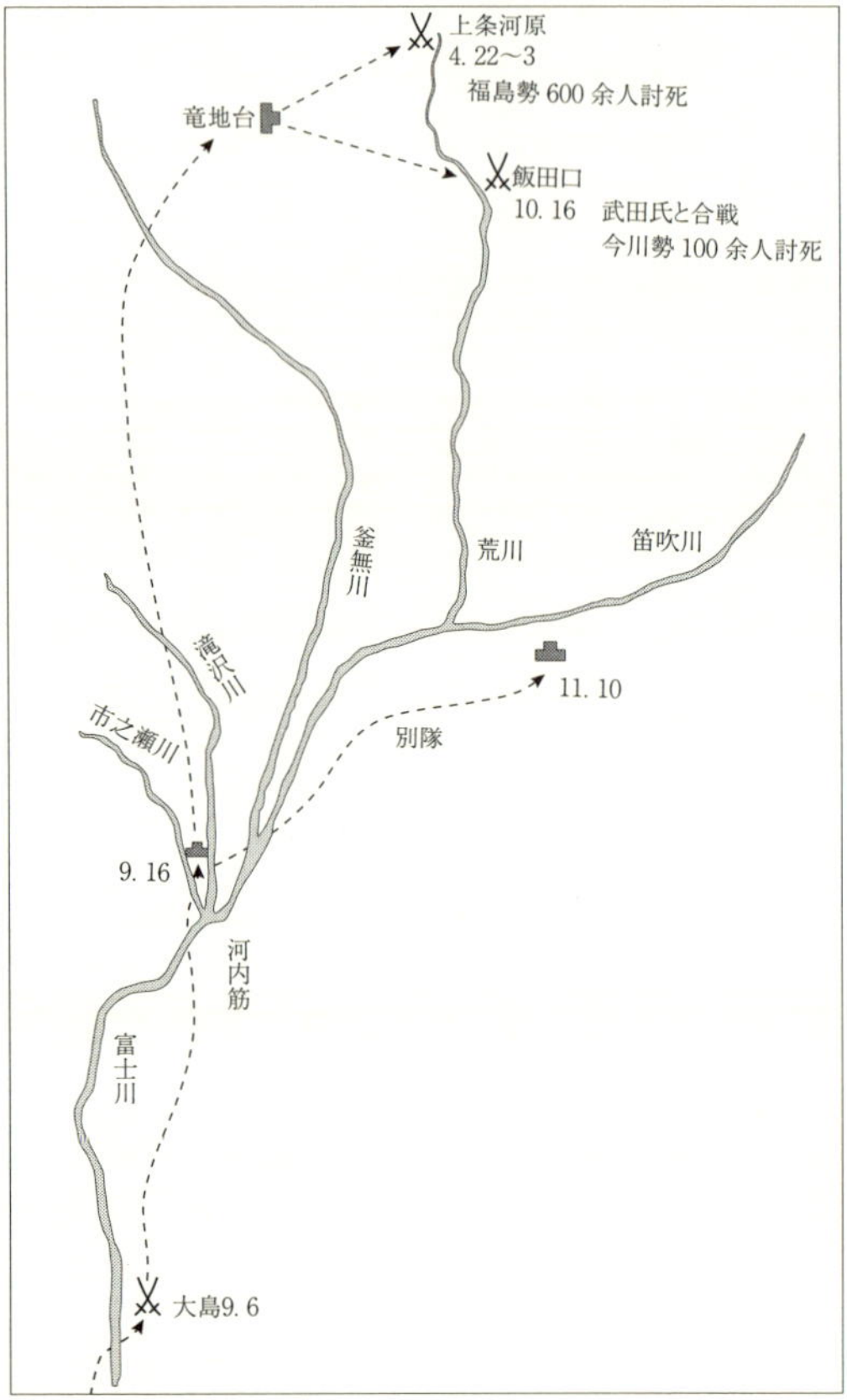

大永元年の事件

　氏親時代、福島氏は親任厚く今川家の要職の座にあったことは朝比奈氏と並んで多くの一族の名前が良質の資料上に見られる。

　福島図書助[16]・左衛門尉助春[17]・和泉守範為[18]・修理亮[19]・玄蕃亮範能[20]・三郎右衛門盛助[21]・豊後守春久[22]・越前守[23]等で、その女は氏親の側室に見え、これだけの権力を持つ福島氏が、わざわざ氏親と喧嘩してまで甲州へ出る必要もない。氏親と反目して出兵する理由もない。『塩山向岳禅庵小年代記[24]』に、大永元年十一月廿三日最後の上条河原での戦いで駿河衆が敗れ、その内、福島氏は主将以下、最も多くの戦死者を出し、ために後世まで、その事ばかり残り、大永元年の今川氏甲州出兵の意図が不詳であるから福島氏に罪をかぶせたとしか考えられない。

　この大永元年の出兵に関する適確な資料を得られない限り、今後なお検討する必要があると思う。以上の件について二、三の問題点を次に掲げる。

三

【問題一】　今川氏被官の中で、官途名に上総介を名乗っている人物はない。上総介の官途名は今川家歴代の世襲官途名である。福島氏一族で現在知る限りでは上総介・兵庫頭の官途名は見られない。通字は春・助・範である。

【問題二】　福島正成の名が現われて来るもう一つの事件は、天文五年の花倉の乱で、従って正成と言う人物の実在が不詳のためである。福島氏の子は花倉遍照光寺の玄広恵探で氏輝病死後、次代相続に共ない福島氏は玄広恵探を世継として台頭に立てるも、大方の意見は善得寺の承菊に決定し、福島氏は今川政権から大きく後退する。

最後に、これ等を整理して見ると、永正十二年・大永元年・天文五年にかかわりあいをもつと言うことは、福島氏が氏親・氏輝の二代にわたり今川家筆頭の寄親（奏者）の一人で最も権勢があった、天文五年の乱終結に依って座をしりぞく。永正十二年と大永元年に関わる甲州側の資料は先述の如く、駿河衆・駿河福島衆・福島一類としか言っておらず後世の編纂物二点にのみ正成の名が見られる。

『遊行二十四祖御修行記』(25)に左衛門尉と記され、当時、左衛門尉を名乗っているのは福島左衛門尉助春以外には無く、従って正成は助春の擬名である。そして、正成を遠州土方城主とすることは永正年間、今川氏が南遠州地方支配の為、築城する高天神城（東峯）の城代が助春であったことが永正十八年カ八月廿一日付（『大福寺文書』県史料五）に見えるが、今一つはっきりした文書が無い為、弱い面があるが、しかし永正七年三月廿日付本間宗季軍忠状に座王（久野）・天方・馬伏塚等の城で合戦があり、福島氏一族の名が見られ、その内、高天神城に最も近い処の馬伏塚城の戦いに左衛門佐助春の名があり、高天神城に在城の可能性も高い。

今一通、当時（永正末年頃）左衛門尉助春が湖北地方の支配を任命されていたらしく『大福寺文書』年次欠十一月廿八日付（大永元年カ）の文書中に「今度就討死」と見えることは大永元年十一月廿三日、甲州上条河原に於て戦死したためと解釈するが、いかがであろうか、もう一点は正成（助春）戦死後、その子が孤児となって北条氏綱に保護されたとする説も素直には受け取れない。それについての理由が無く、助春戦死に依って惣領家の交代はあったであろうが有力な人々がなお今川義元時代、被官の内に見えるところからこの説も偽作と考える。

おわりに

今川氏の甲斐出兵と福島正成と言う人物像にスポットを当てて考えてみたが、研究途中の出稿のため満足できる文面ではないことをおゆるしいただきたい。

大永元年、甲州出兵に福島氏に従軍していった福島氏菩提寺の住職で順石蔵主と言う禅宗の僧侶の往寺が不詳である。もし御存知の方がありましたらお教えいただければ幸いである。

註

（1）山梨県東山梨郡牧丘町西保。

(2) 武田信武の子信明より始まり南北朝の頃より西郡、即ち大井荘を支配する。
(3) 山梨県東八千代郡中道町上曽根。元、油川氏の居城。現在は果樹園となっている。
(4) 山梨県中巨摩郡櫛形町上野。遺構は消滅。
(5) 山梨県富士吉田市新屋・城山。調査図あり。
(6) 富士川流域。現在の甲州街道筋。
(7) 山梨県西八千郡大河内村大島。富士川右岸。
(8) 山梨県南巨摩郡身延町波木井。南部氏の一族で鎌倉時代より栄え、義実以後滅亡。
(9) 山梨県中巨摩郡甲西町戸田、釜無川と滝沢川合流附近。工場の建設ですでに消滅。縄張り図なし。
(10) 山梨県北巨摩郡双葉町竜地附近の丘陵上。
(11) 山梨県甲府市飯田町。荒川を渡る橋元に供養塔あり。
(12) 山梨県甲府市敷島町島上条。荒川左岸堤上に供養塔。
(13) 『定本時宗宗典』下、橘俊道氏著、一四八六頁。

　大永元辛巳九月下旬、甲斐国より亦復就大乱太守信虎後生一大事可奉願之由依墾望一条へ再住有抑国郡半過放火然、一蓮寺中寺外無相違扶持給て剰駿河敗軍以後死者をは導師をなし存者をは三千余人囚となりしを智略をめくらし給て、一人として無□《のこり》帰国なしき。

(14) 『定本武田信玄』新人物往来社。
(15) 山梨県西八代郡、上九一色村を通過する駿州往還道。
(16) 『八幡神社文書』県史料三。（助春同人物ヵ）。
(17) 『本間宗季軍忠状』『大福寺文書』県史料五『宗長手記』。
(18) 『飯尾家文書』。
(19) 『日海記』修理進ヵ。

(20)『本間宗季軍忠状』『大福寺文書』県史料五。

(21)『八幡神社文書』県史料三。

(22)同右・『中山文書』県史料四。

(23)『氏親葬儀記』『増善寺文書』県史料三。その他。

(24)大永元

二月廿八日駿州勢出張河内。九月初六日於大嶋一戦味方失利同十六日富田之城落居ス。飯田口一戦得勝利。同霜月十三日西刻於上条一戦駿河衆背軍福島一類打死其外四千余人打死、残衆篭富田而越年。

『高白斉記』

大永元辛巳年

廿三日辛未酉刻、上条河原於御合戦。駿河福島衆数多討捕被。

『王代記』

大永元　駿河勢二月廿七日ヨリ出張。十月府中飯田ニテ百余人討死。十一月廿三日申刻上条合戦。駿州衆大死シテ帰。六百人討死。

(25)『定本時宗宗典』下、一四八七頁。

一、爰駿州叟順石蔵主于時在被軍兵之中

野釈順石九頓首呈上

矧是福島氏者吾檀越也。

駿河衆と甲斐の一戦以後城へ落集る三千余人無事に帰国の調法をめくらす事なりし故一和の心をきねんなり。

【付記】「福島正成」は「山県系図」に見られる名前で実在の人物ではなく、福島左衛門尉助春が正しいと考えられる。

Ⅴ

駿甲関係にみる時衆と福島氏

吉田政博

戦場へと赴き参陣をする僧侶、「陣僧」の役割については、以前に戦国期を事例として考察したことがあった。そのなかで陣僧には①陣営間の使者、②文芸・芸能・技能をして武士に近侍する同朋衆的役割、③檀那に最後の十念を授けて、往生させる、という三つの役割があるとした。

このような僧侶の「陣僧」としての活動は、鎌倉末期以降では「軍勢に相伴う時衆」の活躍が『太平記』などの史料の中に散見されることから、当該期以降における時衆教団の宗教活動を特色付けるものとして一定の評価がなされている。

さて、戦国期における時衆の参陣活動が見られる史料として、水戸の彰考館に伝わる『遊行廿四祖御修行記』（以下『修行記』と略す）という史料が上げられる。原本は遊行二十四代不外の自筆であるが、現在する史料はそれを文政四年（一八二一）に智阿が筆写したもので、この写本が彰考館へと伝わったものである。

これを記した遊行二十四代の不外は、長禄四年（一四六〇）に武州で生まれたという。永正十五年（一五一八）に江州上坂の乗台寺において遊行を相続し、化益三年ののち、同十七年には遊行の法灯を信州海野常照寺で仏天へと譲っている。『修行記』は、この間三年に及ぶ不外の巡化の様子と、遊行を譲法した後の動向が示された貴重な史料であるといえる。とくに永正十七年九月以降は、不外が甲州へと勧化するなかで、当時の東国における政治状況などが史料中に確認されるとともに、時衆の活動や、陣僧の役割、檀那である武士との関わりなどをかいま見る事ができる。そこで小稿では『修行記』を一部抜粋し、これに検討を加えていきたいと思う。

爰駿州叟順石蔵主（于時在彼軍兵之中）、彼偈伝聞、翌年猛春和而以見寄一通云、甲之一蓮寺者弥陀之古精舎也、永正辛巳（十八年）秋以降、藤沢上人居住于此山、于時駿人争其封内、騒屑日尚矣、由是刺史左京亮（武田信虎）、幕下英雄、錬粛何韓信之兵術、包呂望孔明之智謀、或山而張軍、或野而堅塁、于茲前月廿三日、摧鋒刃於精舎之側竟、駿陽福島氏之一族重義軽命戦死、旴（吁カ）天乎命乎、上人嗟嘆之余不忍見之、命《玉フニ》大衆而葬人々之骸骨、念仏誦経、晨香夕火、加之彫刻高顕一基、制作弥陀一篇、

当記事は(1)、永正十八年（大水元年）十一月二十三日に甲斐国上条（敷島町）で駿河勢・甲斐勢の間で行われた上条合戦と、それにいたる状況が書き記されている。当時の駿河勢は同年二月以降に始まった甲斐国内への軍事侵攻のなか、十月の飯田原合戦（甲府市・甲斐市）において敗退した後、勝山城（甲府市）に一旦退き、ここで兵力を整え、再び上条での合戦にのぞんでいた。前記史料は駿河軍に参陣していた時衆叟順石蔵主が、翌年両国の和睦がなされた後に、偈文と一通の書状を不外に送り、それを不外が本文中に書き留めた箇所である。またここで注目すべき点は、駿州叟順石蔵主の下に割注で「于時在彼軍兵之中」とあることで、これは順石蔵主が一連の合戦に際し陣僧として駿河勢に参陣していたことを示したものといえよう。

なお、この上条合戦では『王代記』『塩山向岳禅庵小年代記』『高白斎記』『妙法寺記』などの各記録史料の記事(2)に

も示されているように、駿河の軍勢は大敗を喫し、その戦死者は数百人にも及んだという。なかでもとくに福島一族は「一類討死」「一門皆々打死」と表現されるほどの壊滅的な打撃をうけたことがそれらの記事からも窺い知ることができる。(3)

さて、前遊行不外(4)はこの年の九月になると武田信虎に請われ、信州諏訪から甲府一条小山の一蓮寺に入寺していた。当史料によれば、その時すでに甲斐国内は「抑国郡半過放火」という状況であったという。

そして十一月の上条合戦での駿河衆の敗退、なかでも福島氏一族討死に際しては、その惨状を悲嘆し、戦場へと赴き、配下の時衆に命じて一族の遺体を葬送し、墳墓を築かせている。また同時に導師をつとめ、十念を授けて、あわせて弥陀を刻んだ碑を作成させている。さらに不外の行動は続き、

駿河衆と甲斐の一戦以降、城へ落集る三千餘人無事に帰国の調法をめぐらす事なりし故、一和の心をきねんなり、(5)

として、甲斐・駿河両国の和睦と、なおも甲斐国内富田城に篭城する残存駿河衆の帰国実現に奔走していく。その後、翌二年正月十四日に両国の間で和睦が成立すると、最終的には「智略をめぐらし給て、一人として無恙帰国なしき」(6)という不外の願い通りに、篭城していた駿河衆三千人は帰国するに至った。

このように、実際に前遊行上人不外を中核とする時衆教団が、その教線や檀越関係などを通じて、合戦後の平和交渉役として活動し、戦後処理にあたっていたことが確認されるということは、今後、当該期における宗教者の立場やその役割を解明していく上で重要な手掛かりのひとつになるものであろう。

最後に時衆と福島氏との関わりをまとめよう。先の『修行記』には「剱是福島氏者吾檀越也、」という表現があり、このことから福島氏は時衆順石の檀那であったことがわかる。おそらく順石は福島氏の陣僧として参陣し、同氏の行

動を真直に見ることができる立場にいたものと推定される。そして陣僧順石は檀越福島氏が討死に至った経過を書簡・偈という形で不外へと伝えたのであった。またこの時甲府一蓮寺に入寺していた前遊行不外が見せた福島氏討死という報への落胆ぶりや、その後に手厚く福島氏一族を埋葬した状況からも、福島氏と時衆との間の強い繋がりを見ることができよう。

註

（1）『静岡県史』資料編7中世三、七八六号。
（2）『静岡県史』資料編7中世三、七八二〜七八五号。
（3）当該期の福島氏については、小和田哲男「今川氏重臣福島氏の研究―甲州飯田河原の戦いに関連させて―」（『武田氏研究』第一五号、一九九五年）の研究がある。
（4）不外上人の事績については、橘俊道氏の著書『藤嶺春秋抄』（一九七一年）がある。
（5）『静岡県史』資料編7中世三、七八八号。
（6）前掲註（1）。

Ⅵ

今川氏親と文亀・永正の争乱

森田香司

はじめに

本稿を執筆するに当たり、その目的をはっきりとさせておきたい。この時期を扱うということは、①室町期と戦国期の時代区分をどう考えるか、さらにそこから②戦国大名の歴史的性格をどう論じるかが与えられた課題と思われる。しかし、その課題に応えられるだけの力量に乏しいので、先人の問うた道から自分なりに疑問を抱いた点を解釈しながらまとめていきたい。

さて、この時期の遠江の状況について最初に触れたものには、『浜松市史一』の中世編[1]がある。ここは、奥野高広氏の執筆分担部分で、奥野氏は小笠原文書を使って、斯波氏・小笠原氏の連合軍と今川氏との戦いについて詳細に考察している。次に注目されるのは、秋本太二氏の論文[2]である。秋本氏は特に小笠原文書の考察から斯波氏と小笠原氏との合力関係について詳細に分析し、小笠原氏も一つではなく、鈴岡小笠原氏と深志小笠原氏とが対抗しつつも斯波氏に合力していることを述べた。秋本氏の功績は、連続する争乱を六期に分けてそれぞれの合戦の意味の違いについてまとめたことである。これ以後の研究は、ほとんどこの秋本論文に依拠してきた[3]。

秋本論文より二十年余り過ぎて、家永遵嗣氏より新たな視点が出された[4]。家永氏は将軍権力の守護大名への関与を分析する中で、有名な北条早雲の堀越公方討ち入りを単に早雲一人で行ったものでなく、背後に室町幕府の支持があったからこそ可能になったと結論づけたのである。これは室町幕府の存続をめぐる重要な視点であり、家永氏は文亀・永正の争乱にも幕府の関与を認めている。すなわち、三河国守護であった細川政元より要請があり、今川氏は遠江国に侵入したと解釈した。

これらの先行研究を総括すると、合戦の概要やその根拠史料については出し尽くされた感がある。しかし、なぜ今川氏は遠江国に侵入したのかを単なる名目だけでなく、はっきりとした動機を見つける必要がある。また、遠江国を征圧した後、または征圧中に三河国にも侵入しているが、三河侵入の意味についても触れていきたい。このように文亀・永正の争乱を巨視的に見て再評価をしてみようとするものである。

一、争乱前史

1. 時代区分

初めに、室町期と戦国期はどこで区分すべきなのかについて、検討してみたい。通史的には、今谷明氏の研究の蓄積[5]がありそれまでの応仁・文明の乱で室町幕府権力は崩壊したという考えから脱却し、細川京兆家専制支配の凋落まで延引されている。その最終段階は勝俣鎮夫氏によれば、足利義輝が殺害された永禄八年（一五六五）であるとする。[6]もちろん、中央と地方とでは、室町幕府権力の及ぶ広さも大きさも異なる。今谷氏が主張しているように、永正期以降は、室町幕府は畿内政権に凋落してしまったのである。それでは、東国、ここでは遠江を中心とする地域ではどの時点から戦国期とすればよいのだろうか。一つの画期は永正五年（一五〇八）である。

〔史料1〕足利義尹御内書写（永正御内書御案文、県史中世三―四七六）[7]

就遠江国守護職之儀、鳥目万疋到来候訖、目出候也、

（永正五年）七月十三日

今川修理大夫（氏親）とのへ

つまり、今川氏親は、これまで京都を追われていた十代将軍足利義稙《よしたね》（永正十年に義尹《よしただ》から改名、以下統一して義稙とする）に味方していたため、義稙が京都を回復した永正五年に、念願の遠江国守護職を得たのである。家永氏の論を借りれば、この時点までは室町幕府の権力との結び付きは強かったと考えられる。しかし、この後、室町幕府からの関与も今川氏からのアプローチも見られなくなるので、今川氏は独自の道を歩むことになる。したがって、この永正五年以降を戦国期と考えていいのではないかと思う。

２．遠江国侵攻の動機

次に、なぜ遠江国に侵攻したのかを見ておきたい。大きく分けて外的要因と内的要因に分かれると思う。

外的要因とは、政治的な要因が主で、家永氏の指摘のように幕府からの要請があったためと思われる。特に文亀・

永正期には、遠江国守護は斯波氏であった。斯波氏は三管領に数えられる足利の名家でありながら、応仁・文明の乱を引き起こすお家騒動を起こし、当主義敏《よしとし》は、しばしば幕府の命令に反抗し、越前国を失った。しかし、尾張国に逃れてから後も斯波氏は遠江国をも保持し、足利義稙と連携して、対抗する十一代将軍足利義澄と手を組んだ今川氏と対立した。これによって、明応年間に始まる遠江侵攻が行われていくのである。

ただ、ここで考えたいのは、今述べた外的要因だけではすべてが説明できないということである。したがって、次に内的要因について考えてみたい。遠江国は初代範国《のりくに》以来の今川氏に与えられた地であった。範国の遠江国への関与は南北朝期の建武元年（一三三四）にすでに表れる。(8) その後、遠江国は南朝の拠点の一つになったため、足利氏執事高《こう》氏が積極的に支配を進めたが、観応の擾乱を経て、今川氏が守護に補任され、範国は遠江国見付《みつけ》で没し、定光寺《じょうこうじ》に埋葬される。範国の後はその子貞世《さだよ》（法名了俊《りょうしゅん》）・仲秋《なかあき》に遠江国の守護職が譲られるが、了俊を支えていた幕府管領細川頼之《よりゆき》が管領を追われると、今川氏も将軍足利義満《よしみつ》によって抑圧されるようになる。初めは半国守護に任ぜられたが、後に遠江国守護は斯波氏に与えられてしまう。だが、それまで遠江国の各地で地頭であった今川氏被官は、抑圧されながらも遠江国の国人として残っていた。しかし、斯波氏の被官が徐々に支配を浸透させる中で、度々反乱を起こしていく。これが小木早苗氏のいう「中遠一揆」(9)である。しかし、その対戦で敗れた遠江今川氏（後に堀越氏と名字を改める）を中心とする旧今川氏被官は駿河に追いやられてしまうのである。(10)

その大きな反乱の事例を検討してみたい。一つは嘉吉元年に起きた反乱である。

〔史料2〕東寺執行日記（県史中世二―二〇一一）

嘉吉元年閏九月二十七日条

遠江国今川殿（貞秋）遠州押領之間、自京都甲斐・細田両人下向、

〔史料3〕斯波家譜（宮内庁書陵部所蔵）(11)

斯波持種条

一修理大夫持種ハ義敏の実の父にて候、

又、同（嘉吉元年）十月に駿河国乃守護今川左衛門佐（貞秋）謀計候て持氏（足利）の御子息を取立可申候由、鎌倉へ申合候、遠江国を打取て責上り候ハんとはかり候ノ間、持種馳向候也、

（以下略、波線著者註）

〔史料4〕常光寺年代記(12)

嘉吉元辛酉（中略）遠州今川一門打出為奪国、時守護代立籠遠府城遂不落、京勢下追散、今川勢今川金吾（貞秋カ）於駿州腹切一族多同前、残勢籠井城、京勢発向而首尾十六日而悉責落、

鎌倉公方《くぼう》足利持氏《もちうじ》の反乱に際し、駿河守護今川範忠《のりただ》が中心になって戦ったことは『今川記』によって知られていたが、幕府軍として最も重要な働きをしたのは、斯波持種《もちたね》であった。先の史料の嘉吉元年十月はすでに永享の乱で持氏は死んでおり、その遺児安王《やすおう》・春王《はるおう》は結城《ゆうき》合戦によって、同年四月に殺されている。しかし、同年六月赤松満祐《みつすけ》によって、将軍足利義教《よしのり》が殺されてしまうと、幕府に動揺が走る。この機に乗じて反乱を起こしたのが、遠江今川氏の重鎮今川貞秋《さだあき》であった。貞秋は、今川仲秋の子として名が見え、駿河今川氏の家督争いの時、幕府との間に入って奔走した人物である。史料2の『静岡県史』の要文では「今川範忠が遠江国を押領したため、」とあるが、今川貞秋の誤りであろう。

また、史料3の『斯波家譜』も「駿河国乃守護今川左衛門佐」とあるが、今川範忠の官途受領名は、「上総介、民部大輔、

治部大輔」であるので、今川貞秋の官途受領名は「右衛門佐」ではあるが、おそらく貞秋で間違いないであろう。

この『斯波家譜』によれば、永享の乱、結城合戦でも活躍した斯波持種によって、今川貞秋の反乱は鎮圧されたようである。家永氏が考察しているように(13)、遠江の軍勢は、鎌倉府の抑えとして、常に動員を要請されていた。さらに次の史料４「常光寺年代記」によって、貞秋一族は駿河で切腹させられたことが知られる。これは同族である駿河の今川氏にもその責任の一端があったからであろう。しかし、中心人物である今川貞秋の死後も反乱が続いたことが注目される。「井城」はおそらく井伊城であろう。井伊氏は、この後の長禄三年（一四五九）五月に都田御厨の地頭職を斯波氏の被官堀江氏に奪われているから、この時の反乱がその一因かもしれない(14)。

次の大きな反乱は、長禄三年（一四五九）から翌寛正元年にかけて起きている。

〔史料５〕室町幕府奉行人奉書（南禅寺文書、県史中世二―二三四四）

今河治部少輔幷井牢人已下事、近日令出張、可打入遠江国旨風聞云々、事実者、不日可合力守護代之趣、可被下知同国榛原・新所地下人等之由、被仰出候也、可執達如件、

長禄三

八月九日　　之種（飯尾）（花押）

之清（飯尾）（花押）

南禅寺雑掌

（波線筆者註）

〔史料６〕室町幕府奉行人連署奉書案（東大寺文書、県史中世二―二三五五七）

遠江国住人原遠江入道以下牢人等対治事、早合力守護代可被致忠節、若有難渋輩候者、随注進可有其沙汰之旨、可

被加下知蒲御厨之由、所被仰下也、仍執達如件、
長禄四年（寛正元年）四月二日　　散位在判
加賀守（飯尾之清）在判

○本文書は宛所を欠く。

ここで、問題となるのは、今川治部少輔とはいかなる人物かということである。『静岡県史』では今川範将《のりまさ》に比定している。前掲の小木早苗氏も『今川家譜』『今川記』から今川範将に比定している。[15] この範将とは、今川了俊系の人物であり、先に駿府で切腹した今川貞秋との違いを系図で示せば、系図1の通りとなる。

したがって、遠江今川氏の本流は、一時期仲秋系の今川氏に移ったが、貞秋が切腹の後は、貞世（了俊）系に戻った。しかし、その家督を握った範将を中心とした反乱は失敗に帰した。注目すべきは、範将にしたがった武士団は、原氏のように原田荘の地頭として地位を確立していたものばかりでなく、「井牢人」とか「牢人」のように、幕府から何の地位も与えられていなかったものが多く、それらの武士団の地位回復の反乱でもあったのである。しかし、これらの反乱が鎮圧されることによって、とうとう寛正六年（一四六五）には遠江今川氏の本拠地であった、遠江国河井《かわい》・堀越《ほりこし》・中村《なかむら》・湊《みなと》や駿河国世奈《せな》が幕府の御料所として没収され、その内、遠江国の分は伊勢氏が管理し、現地代官として斯波氏の被官（小守護代とも考えられる）狩野《かのう》氏が支配するところとなる。

範国┬範氏―泰範→以下駿河今川氏
　　├貞世―貞臣―貞相―範将
　　└仲秋―貞秋―持貞

系図1

そして、範将は、反乱を起こした際。攻められて殺され、父貞相《さだすけ》は、駿河国世奈に居住することになる。[16]

しかし、寛正六年（一四六五）八月二十四日、狩野七郎右衛門が幕府奉公

衆の横地《よこち》氏・勝田《かつまた》氏と斯波氏被官の狩野加賀守に攻め滅ぼされるという事件が起こる。(17) 名目上は幕府の命を受けての戦いであったが、実態は私闘であり、遠江国の守護斯波氏の家督争い及び守護代甲斐氏との対立の結果、遠江国はその被官たちの醜い勢力争いが起きたのであった。この狩野氏の出自については二説あり、一つは斯波氏の被官であり、越前国からやってきたという山家浩樹氏の説、もう一つは、伊豆国から来て、南北朝期には駿河国安倍城に立て籠もり、今川氏に対抗したという小和田哲男氏の説である。狩野氏の出自を示すと思われる『宗長手記』の表現が分かりにくいため決め手には欠ける。

〔史料7〕宗長手記（静嘉堂文庫所蔵、県史二―二四九四）

抑、当国・尾張半国、当方分国、中比上意いかん、しはらく武衛《（斯波氏）》御料国として、御あつかりの事にや、

〇（中略）

其時、狩野宮内少輔と云もの、遠州守護代職、吉良殿のうち巨海新左衛門尉、此庄を請所にして在庄、よき城をかまへ、狩野と申合、入部を違乱す、しかるに、義忠自身進発、八月より十一月まで狩野か城府中せめらる、同廿日、責おとされ、狩野生害す、此宮内少輔は、伊豆の狩野介一類、武衛の狩野加賀守当国之郡代、同名にして与力す、結句、加賀守息次郎生害させ、家督と成て、当国心のまゝに進退す、

有名な史料ではあるが、年代について校注した島津忠夫氏は寛正六年としているが、今川義忠《よしただ》が懸革荘《かけがわのしょう》の代官職に補任され、遠江国侵入の口実を得たのは文明五年であるので、(18) 文明六年に比定してよい。小和田氏・山家氏も同年代としている。問題は狩野氏の出自の説明で、右の史料によれば、狩野宮内少輔は伊豆狩野介の一類としているが、この時守護代であったとしている。狩野加賀守は「武衛の」とあるので、「斯波氏の被官」を意味している。そして「同

名であるがゆえに与力す」すなわち味方したというのである。一つの疑問は斯波氏の被官でなければ守護代にはなれないのではないかということで、斯波氏が遠江国守護となった応永年間以降、守護代は甲斐《かい》氏が越前国と兼任してきた。したがって在地に赴いたのは、さらにその被官ということになる。実際には大谷《おおたに》氏や甲斐氏が守護所にいたと思われる。斯波氏被官の狩野氏も応永二十年（一四一三）には名を見せている。[19] したがって、伊豆国の狩野氏との関わりも考えられるが、ここでは山家氏の説をとり、斯波氏被官の狩野氏の一族内の争いと考えたい。

このような状況を踏まえて、次に南北朝期に恩賞として遠江国を知行された今川氏の被官について考察してみよう。

①松井《まつい》氏　元は山城国人であったが範国の被官となり、最も今川氏から知行地をもらった一族である。鎌田御厨《かまだのみくりや》の地頭となるが、室町期は鎌田御厨は奪われたと思われる。そして、戦国期には遠江国の内、旧領の鎌田御厨や下平河郷・羽渕郷を取り戻し、二俣城主となった。

②三和《みわ》氏　南北朝期には、遠江国二宮荘於保《おほ》郷を与えられているが、戦国期には名が見えない。

③本間氏　南北朝期には、遠江国石野《いしの》郷小野田村や高部《たかべ》郷・岩井《いわい》郷を安堵されている。室町期には文書は発給されず、戦国期になって旧領の石野郷小野田村を安堵されている。

④天野氏　鎌倉以来の山香荘《やまかのしょう》を中心とした地頭として見え、鎌倉御家人であった。南北朝期には、山香荘に西手《にして》は室町幕府御料所に、東手《ひがして》は今御所の料所となるが、犬居三ヵ村は安堵されている。戦国期にも今川氏によって犬居三ヵ村を安堵されている。室町期の斯波氏の安堵は見られないが、おそらく認められたと思われる。

この中で、松井氏への知行が特別に多いが、本間氏・天野氏もただ旧領を安堵されたわけではなく、これから考察する文亀・永正の争乱で戦功を挙げたため、恩賞として与えられたことを忘れてはならない。

３．今川義忠遠江侵入の再評価

第１節で時代区分したように、応仁・文明の乱を契機として遠江国でも戦乱が始まるが、それは戦国期には含めないこととする。なぜなら、それはまだ室町幕府の意図が反映されているからである。ただ、文明六年から八年を画期とする今川義忠の遠江侵入については、評価が二つに分かれており、戦国大名に転化する今川氏を考察する上で重要であるので、ここで再評価してみたい。

今川義忠は、父範忠から寛正二年（一四六一）に家督を譲られたという[20]。そして、応仁元年（一四六七）に応仁・文明の乱が京都で勃発すると、兵を率いて上京する。その際、後の北条早雲の妹（後の北川殿）を妻としたことはよく知られている。その際、義忠は東軍に味方したらしい。この応仁・文明の乱は、将軍から始まり、管領家や守護大名を二分する大きな戦いであったので、一族でも東軍・西軍に分かれる場合が多かった。簡単に示すと、以下のようになる。

	《東軍》	《西軍》
〔将　軍〕	足利義政・義尚《よしひさ》	足利義視《よしみ》
〔斯波氏〕	斯波義敏	斯波義廉《よしかど》
〔畠山氏〕	畠山義就《よしなり》	畠山政長
〔主な守護大名〕	細川・今川・京極	山名・六角・一色
	赤松・武田・富樫	土岐・河野・大内

しかし、この大乱も初めの衝突だけで、後は膠着状態が続き、文明五年（一四七三）に東西両軍の中心人物であった、山名宗全《そうぜん》と細川勝元が病死すると、終息に向かう。したがって、今川義忠が東軍に加わったことと、遠江国への侵入とは結び付かないとの疑問を感じる。そこから評価が分かれるところとなり、一つは、今川義忠が遠江国が斯波氏の家督争いによって放任されていることに乗じて侵入したという、家永遵嗣氏による私闘説(21)と、もう一つは、三河国守護を兼任していた細川勝元が、隣接する遠江国の西軍戦力を減じようと、今川氏に協力を要請したという山家浩樹氏の説である(22)。

義忠は、文明六年遠江国に侵入し、まず見付の狩野氏を滅ぼし、次に狩野氏に味方していた巨海《こみ》氏のいる引間城を攻めた。この巨海氏は、吉良氏の被官であり、三河国の出自であるが、川匂荘《かわわのしょう》を任されている内に、狩野氏と誼《よし》みを通じたと思われる。

翌七年には、室町幕府の奉公衆であった横地・勝田氏が斯波義廉と通じて謀反を起こし、狩野氏の城に立て籠もったため、再び遠江国に侵入する。一年余りで落城させ、さらに、横地・勝田氏の本拠地を攻めている時、塩買坂《しおかいざか》で敵の残党の矢に当たって亡くなってしまう。七年には、小夜《さよ》の中山付近で斯波義廉軍と今川軍が戦い、今川方の堀越貞延《さだのぶ》が戦死しているから、この戦いは、決して今川軍が一方的に勝利したものではなかった。その後、今川氏は嫡男氏親が幼少だったため、家督争いが起こり、遠州征圧は一時中断することになる。

それでは、以上見たような義忠の遠江侵入をどのように評価すればいいのだろうか。大きな転機は、応仁・文明の乱が沈静化に向かっていくと、それまで西軍だった斯波義廉や守護代甲斐敏光・越前国守護代朝倉孝景が東軍に変わっていく。その中で、朝倉氏は実質的に越前国を征圧したため、東軍の斯波義敏は朝倉氏を攻めようと、尾張・遠江両国の軍勢を集めようとしたが、それは無謀であると西軍の大名からも留められる始末であった。[23] 一貫して西軍の管領となっていた斯波義廉は中央では大きな力を持っていたが、遠江国では斯波義敏が朝倉氏対策で手いっぱいで、とても領国支配どころではなかった。したがって、初めは東軍の要請を受けて遠江国へ侵入したものの、途中でその名目はなくなってしまったと考えるべきであろう。文明七年二月廿四日には甲斐八郎敏光《としみつ》が遠江国守護代として下向しているから、[24] 今川軍の動きを抑える目的があったのだろう。

二、文亀・永正の争乱の実態

1．明応の遠江侵入

それでは、今川氏が遠江国を征圧する中で戦国大名化していった過程を考察していこう。はじめに、第一章第１節で時代区分したように、永正五年までは、室町幕府の意図や支援があって今川軍の行動が見られたことに注意しながら見て行きたい。

前節で考察したように、今川義忠が文明八年に亡くなってからは、今川氏は遠江国侵略どころではなくなり、今川氏親と小鹿範満《のりみつ》との家督争いに終始することとなった。その家督争いが決着したのは、長享元年（一四八七）十一月であるという。その後氏親は、伯父に当たる北条早雲の助けを借りて、宿願であった遠江国侵略を始めることになる。しかし、ここでも幕府の意向が働いており、まずすべきことは、堀越《ほりごえ》公方《くぼう》となっていた足利茶々丸《ちゃちゃまる》の討滅であった。

なぜ今川氏にその要請があったかといえば、明応三年（一四九四）第十一代将軍となった足利義澄《よしずみ》（初めは義高《よしたか》と名乗る、以下義澄と統一する）は、堀越公方足利政知《まさとも》の実子であり、政知死後、本来堀越公方を継ぐべき足利潤童子《じゅんどうし》とその母親を攻め殺したのが足利茶々丸であった。そのため足利茶々丸は幕府にとって取り除かなければならない反抗勢力になっていたので、幕府が今川氏及び北条早雲に要請したのであろう。

家永氏によれば、北条早雲が堀越公方を攻めたのが明応二年であり、足利茶々丸が切腹したのが同七年とする。足利義澄が将軍就任以前に戦いが始まるのは奇異に感じるかもしれないが、実は義澄を将軍にするに当たり、明応二年四月に細川政元と伊勢貞宗《さだむね》等によって明応の政変というクーデターが起こり、それまで将軍であった足利義稙は追放され、先の足利義澄が迎えられるのである。したがって、細川政元が今川氏に要請したのは、その直後ということなのだろう。

北条早雲は、足利茶々丸に一撃を加えた後、素早く反転し同三年八月には遠江国に攻め込んでいる[25]。この動きも細川政元に敵対する斯波氏の動きを封じ込める意味があり、やはり政元に要請されたものであろう。家永氏は、斯波氏は追放された足利義稙と手を結ぼうとして、足利義高と細川政元と敵対する関係にあったという[26]。この明応年間の戦闘は、東遠江への侵入にとどまった。その原因は国人原氏の反抗にあったからである。この原氏は第一章で考察したように、寛正年間には斯波氏に逆らって「中遠一揆」を遠江今川氏と共に起こした一族であった。しかし、文明年間の今川義忠の侵入には反抗をしている。家永氏によれば、原氏は「藤氏金吾大夫」[27]を客人として迎え、反今川氏の中心となっていたようであり、この「藤氏金吾大夫」とは、遠江国守護代甲斐敏光であるという。

この原氏の事例が示すように、なぜ、室町期に斯波氏に反抗していたものが、今川氏が侵入してくると、逆に斯波氏と協力して反今川に回ったかが問題となるが、室町期を通じて遠江国は国人にとって、ゆるやかな支配であって、そのため原氏は、東寺領原田荘地頭を中心に一族による支配を広げることができた。したがってより強力な勢力が他から入ってくること自体が自らの勢力を減じることになったのである。これは先に義忠によって滅ぼされた横地・勝田両氏も同様で、幕府の奉公衆として独立した地位を保ちたかったのである。北条早雲は翌四年には東転して、甲斐武田氏と交戦している。

原氏征圧には時間がかかったらしく、明応七年（一四九八）には、原氏の一族である孕石氏に原要害での戦いに対する恩賞を今川氏親が宛行っている。[28]この史料によって、今川氏が原氏の分家である孕石氏を原氏から切り離し、原氏を攻めさせることによって、この明応七年を境として本家と分家の立場を逆転させてしまうことにも注目したい。孕石元章氏所蔵の孕石系図[29]は、天文十二年（一五四三）の孕石光尚《みつなお》作成の系図であるが、この系図からも戦国期の孕石氏の活躍がうかがわれ、逆に本家の原氏は同七年には長福寺に大日如来像を寄進し、完全に降伏したわけではなかったものの、翌年には今川氏親は府八幡宮、現在の磐田市中泉《なかいずみ》に達しているから、風前の灯火だったと思われる。この後原氏は今川氏に服属したものの、それまでの地位は得られなかった。

明応八年には氏親は府八幡宮に禁制を出している。[30]この史料を根拠として遠江国府、現在の見付を今川氏が征圧したと考えるのは早計である。地理的には府八幡宮は見付の南西に位置するが、中泉といって現在でも見付の町には含まれない位置にある。したがって、今川氏親は、斯波氏の勢力が立て籠もる見付に南側から対面して、すぐ近くまで迫ってきたことをアピールしたのではないかと思われる。

2．文亀の対戦

今川氏と斯波氏の本格的な戦いが始まるのは文亀元年（一五〇一）からである。斯波氏側もこの今川氏の示威行動に危機感を募り、すぐに信濃小笠原氏に援軍を求めている(31)。その詳細は『宗長手記』にくわしい。

〔史料8〕『宗長手記』（県史中世三―三〇三）

抑備中守泰熈（朝比奈）当国（遠江国）にをきて粉骨戦忠の次第、社山（豊田郡）に左衛門佐殿（斯波義雄）在城、配流をもって、二俣の城へ退け、則尾張国当国牢人等、あしを空にしてかくるゝ所なし、信濃・参河の国のさかひまて手裏にしたかひ、又河西《かさい》村櫛堀江下野守数年の館、浜名の海南北にめくり、本城・外城、黒山と云、早雲庵（伊勢長氏）・備中守相談せられ、当国諸軍勢うちよせ、両三日に落居す、浜松庄吉良殿御知行奉行大河内備中守、堀江下野守にくみしてうせぬ、其刻、飯尾《いのお》善四郎賢連、吉良より申下され、しはらく奉行とす、すへて此父善左衛門尉長連、義忠入部の時に、当庄の奉行として、度々の戦忠、異他なり、剰義忠帰国の途中にして凶事、名誉の防矢数射尽し、則討死、其息善左衛門賢連・其子善四郎乗連・伯父善六郎為清まて、其旧号をわすれたまはす、

年次比定はなかなかむずかしいが、おそらく文亀元年と推定される『宗長手記』の有名な部分である。これによれば、氏親率いる今川軍が、北条早雲と朝比奈泰熈に率いられていたこと。見付を攻略した今川軍が、次に攻めたのは社山城《やしろやまじょう》であったこと。そこも攻略すると、斯波義寛《よしひろ》の名代として斯波軍を率いていた斯波義雄《よしお》が二俣《ふたまた》城まで退却したことが知られる。『宗長手記』では、「配流をもって」と表現されているが、この段階では、合力していた小笠原軍が陣を構える二俣城へ退いたと考えるべきであろう。この年の六月には斯波義雄は西遠江の村櫛《むらくし》に入り(32)、小笠原貞朝《さだとも》は七月に信濃を出発し(33)、八月十二日には、二俣城に在陣している。

〔史料9〕斯波義雄書状（勝山小笠原文書、県史中世三―三〇一）

右馬助（小笠原貞朝）方在庄二俣誠以祝着候、仍此時別而可預合力事本望候、委曲野部入道可申候、恐々謹言、

八月十二日（文亀元年カ）　　義雄（斯波）（花押）

小笠原左衛門佐（定基）殿

進之候、

ここで、斯波氏を援軍した小笠原氏について触れると、当時の小笠原氏には、二系統あり、一つは府中《ふちゅう》小笠原氏、すなわち現在の長野県松本市を本拠とする小笠原氏であり、深志小笠原氏とも名乗っている。もう一つは、松尾《まつお》小笠原氏、これは現在の長野県飯田市を本拠とする小笠原氏である。小笠原貞朝は府中小笠原氏であり、小笠原定基《さだもと》は松尾小笠原氏である。両氏は緊密だったわけでなく、互いに抗争を繰り返していた。斯波氏と小笠原氏の系図は以下の系図2の通りである。（＝は養子関係を意味する）

したがって、斯波氏はそのことも承知していた上で援軍を要請したのであり、小笠原両氏から見れば、抗争における優位な立場を築こうとしたり、後に述べるように、室町幕府の勢力争いに巻き込まれていたために援軍したとも考えられる。

また、波線部の野部《のべ》入道は、在地の野部郷を中心とした在地領主であり、建治元年（一二七五）五月の「六条八幡宮造営注文」[34]に「野部介」が見え、中世を通じて支配していたことが分かるので、この時は斯波軍の傘下に入り、在地に詳しいので、小笠原軍の道案内も行ったのだろう。また、〔史料8〕に見える「社山城」は野部氏が築いた山城と推定される。

この後の今川軍の動きは素早く、西遠江の本拠地となっていた村櫛の堀江《ほりえ》城を攻略している。そのため、守っていた斯波氏被官の堀江氏や協力していた大河内氏は城から逃走して、今川氏は二俣城等の北遠を除いて征圧に成功するのである。

家永氏によれば、斯波氏は明応七年まで、幕府内部での足利義澄と足利義稙との抗争の間に入ってとても領国を顧みる余裕はなく、明応八年になって、それまで義稙派だった斯波氏が将軍足利義澄を自邸に匿う動きを見せ、義澄派に変わってやっと京都の安定を見たので、小笠原氏への要請を行うとともに、自ら今川氏への反撃行動を開始したとされる。

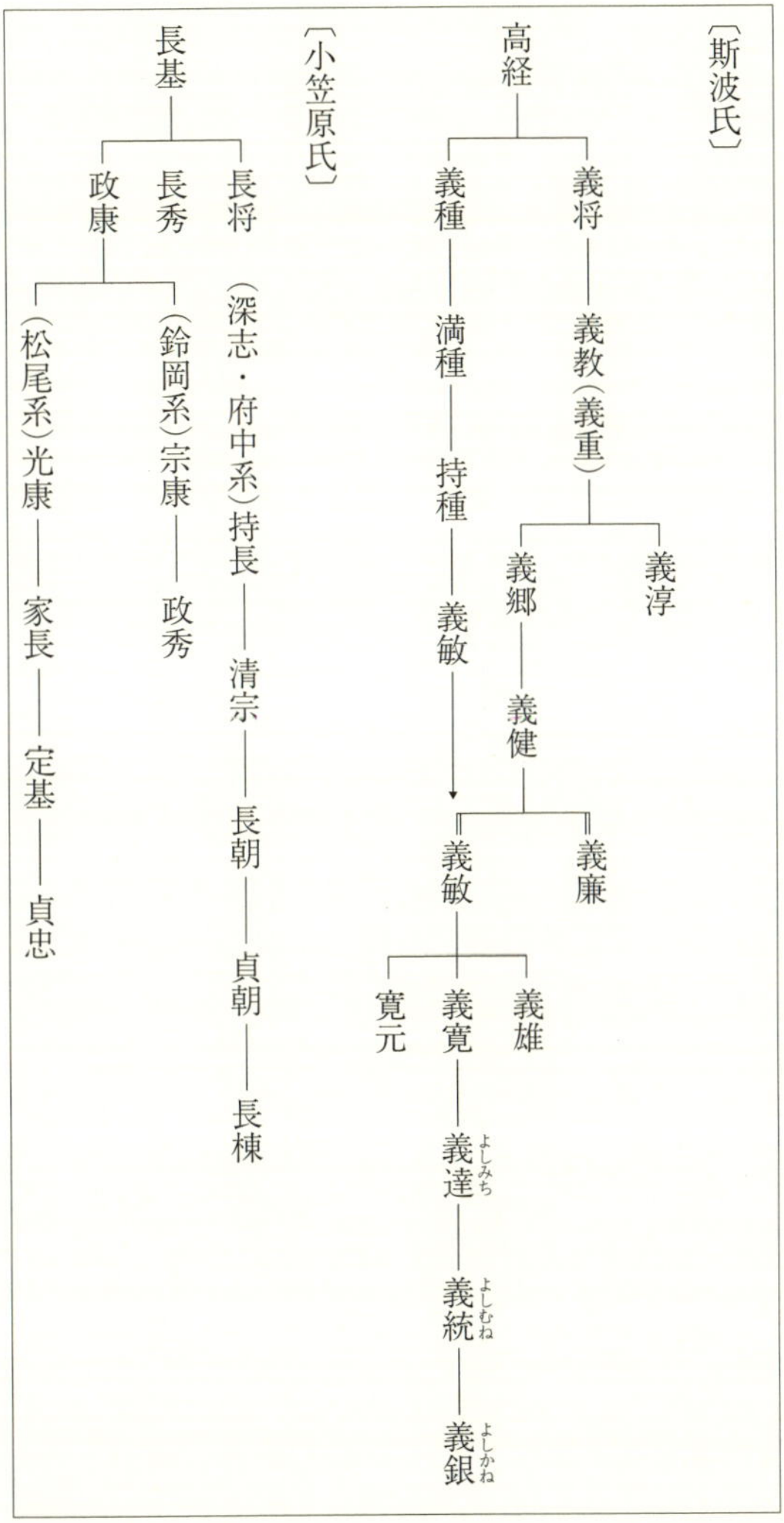

系図2

〔史料8〕の最後で注目されるのは、吉良《きら》氏の被官として飯尾氏が大《おお》河内《こうち》氏の代わりに浜松荘《はままつのしょう》の奉行になったことである。室町末期の吉良氏については、三河領国では東条《とうじょう》吉良氏と西条《さいじょう》吉良氏の対立があり、あまり強力な支配はなされていないが、京都では、南北朝以来の家格の高さを維持し、西条吉良氏の吉良義信《よしのぶ》は将軍を補佐する位置にあったと思われるが、北原正夫氏の研究[35]によれば、吉良義信は細川政元に冷遇されたため、足利義稙派となったという。飯尾氏は以前飯尾長連《ながつら》が今川義忠の軍に属し、文明八年に戦死しているので、吉良氏の被官といっても半ば独立していたのではないか。また、室町幕府の奉行人である飯尾氏の系譜を引くと考えられることも合わせると、吉良氏との主従関係はそれほど強いものではなかったかと思われる[36]。

この年の対戦はもう一度あった。それは二俣城の斯波・小笠原軍が反撃に出て、今川軍が守る蔵王《ざおう》城（別名座王城、久野《くの》城、現在の袋井市）を攻めた。本間《ほんま》文書[37]によれば、今川軍に属する本間氏は、蔵王城主であった久野氏を助けて敵を追い返している。

文亀元年には遠江まで援軍してきた小笠原氏であったが、遠江の情勢が不利であったことと、小笠原氏一族内での抗争が悪化してきた結果、斯波氏からなんとか年内は滞陣するようにとの再三の引き留めもむなしく、小笠原貞朝は信濃に帰国している。

〔史料10〕斯波義雄書状（勝山小笠原文書、県史中世三―二二二）

今度当国調儀已後、典厩（小笠原貞朝）可有帰国候由承候、長々在国之儀其国雑説旁以無余儀候、雖然此時節就御逗留者、味方中可得力候、殊計策之子細候之条、年内之事申留候、明春者可上申候、路次等之儀、諸篇二俣仁申付候之間、可御心安候、被成其御意得候者尤本望候、委曲善勝可申候、恐々謹言、

（文亀元年）十一月七日　（斯波）義雄（花押）

小笠原左衛門佐（貞朝）殿進之候、

ここまでが文亀元年の対戦の概要であるが、京都の情勢が微妙に変化しているので、まとめておきたい。つまり、明応三年当時には親今川派だった足利義澄及び細川政元は、斯波氏を支持するようになり、(38)そのため、今川氏は対抗する将軍足利義稙の支持を受け、小林輝久彦氏(39)によれば、西条吉良氏も親今川氏になったという。また、次節で述べるように、小笠原定基が今川氏に合力している事実から、実は小笠原氏も二手に分かれていた。この対抗・同盟関係を整理して図にすると、以下のようになる。

足利義澄派─細川政元─斯波義敏・義寛─小笠原貞朝
足利義稙派─吉良義信─今川氏親───小笠原定基

3．永正の対戦と細川政元の没落

このように、中央政権の影響を受けながら今川氏はさらに西へと侵略を進めて行く。永正二年（一五〇五）には、征圧した西遠江の内を奥平貞昌《おくだいらさだまさ》に与えている。(40)いよいよ同三年八月には三河国へ侵入している。(41)なぜ、これだけ間が空いてしまったかは詳述しないが、斯波氏が合力を要請していた関東の上杉顕定を攻めていたからである。顕定を破って斯波氏との連合を困難にした段階で、今度は三河国へ攻め入った。秋本氏は論文(42)の中で「この攻撃は極めて唐突であり不可解な要素が多い」とされているが、前節の終わりで触れたように、西条吉良氏と今川氏は同盟関係にあり、伊勢氏の被官であった松平氏、ここでは岩津《いわづ》松平氏と連携した牧野《まきの》氏が管領細川氏の後援を受けて吉良氏と対立していた結果起こった戦いであった。したがって、吉良氏は、今川氏の力を借りて牧野氏の居城である今橋《いまはし》城を攻め、岩津の松平親長《ちかなが》を滅ぼした(43)。新行紀一氏(44)によれば、この後松平氏を継ぐのは、徳川家康の祖となる安城《あんじょう》松平氏である。

この戦闘も前節で述べた対抗関係ゆえに起きたものであった。今橋城は百日余りで落城するが(45)、北条早雲は、信濃の小笠原定基に援軍を要請し、定基は十月十八日に三河の横林《よこばやし》（北設楽《しだら》郡《ぐん》富山《とみやま》村）まで出兵している(46)。

秋本氏が前掲の論文で疑問を呈しているように、永正二年までは今川氏に属していた牧野氏が急に反旗を翻したのは不思議ではあるが、逆に田原戸田氏が今川氏に合力したように、情勢の変化は目まぐるしかった。

そして、第一章の時代区分でも触れたように、室町幕府が最終的な解体を迎える重要な事件が起こる。すなわち管領細川政元の殺害である。孤立化した足利義澄と細川政元は、被官薬師寺長忠《やくしじながただ》らが細川澄之《すみゆき》を擁立して、政元―澄元《すみもと》父子に対抗した結果、政元は殺害され、澄元は澄之を討って細川家の家督を取り戻したものの、足利義稙が入京すると、細川高国《たかくに》に追放され、将軍義澄は近江で死去した(47)。

この結果、今川氏親は足利義稙から念願であった遠江国の守護職を拝領する(48)。そして、細川氏の後ろ盾をなくした斯波氏は、自らの力で今川氏に対抗せざるをえなくなった。今川氏は永正五年に安城松平氏の反撃に遭い、一時退却する(49)。

そして、永正七年末より、本格的な斯波氏との対戦が始まる。この対戦は主に『駿河伊達文書』(50)によって、詳細がうかがわれる。今川軍は、十一月には遠江国に入り、同月二十六日には引間城に入城した(51)。

戦闘は、斯波軍が立て籠もる「まきの寺」・「花平《はんだいら》陣所」で始まった。今川氏の攻勢で始まったが、翌八年になると斯波軍の反撃が始まり、今川軍が籠もる刑部《おさかべ》城（現細江町）・新津《しず》城（現浜松市）等が攻撃されている。この刑部城と新津城は離れているものの、浜名湖沿いに作られた水城《みずじろ》であって、西遠江の陸上・海上交通の要衝となっていた（図

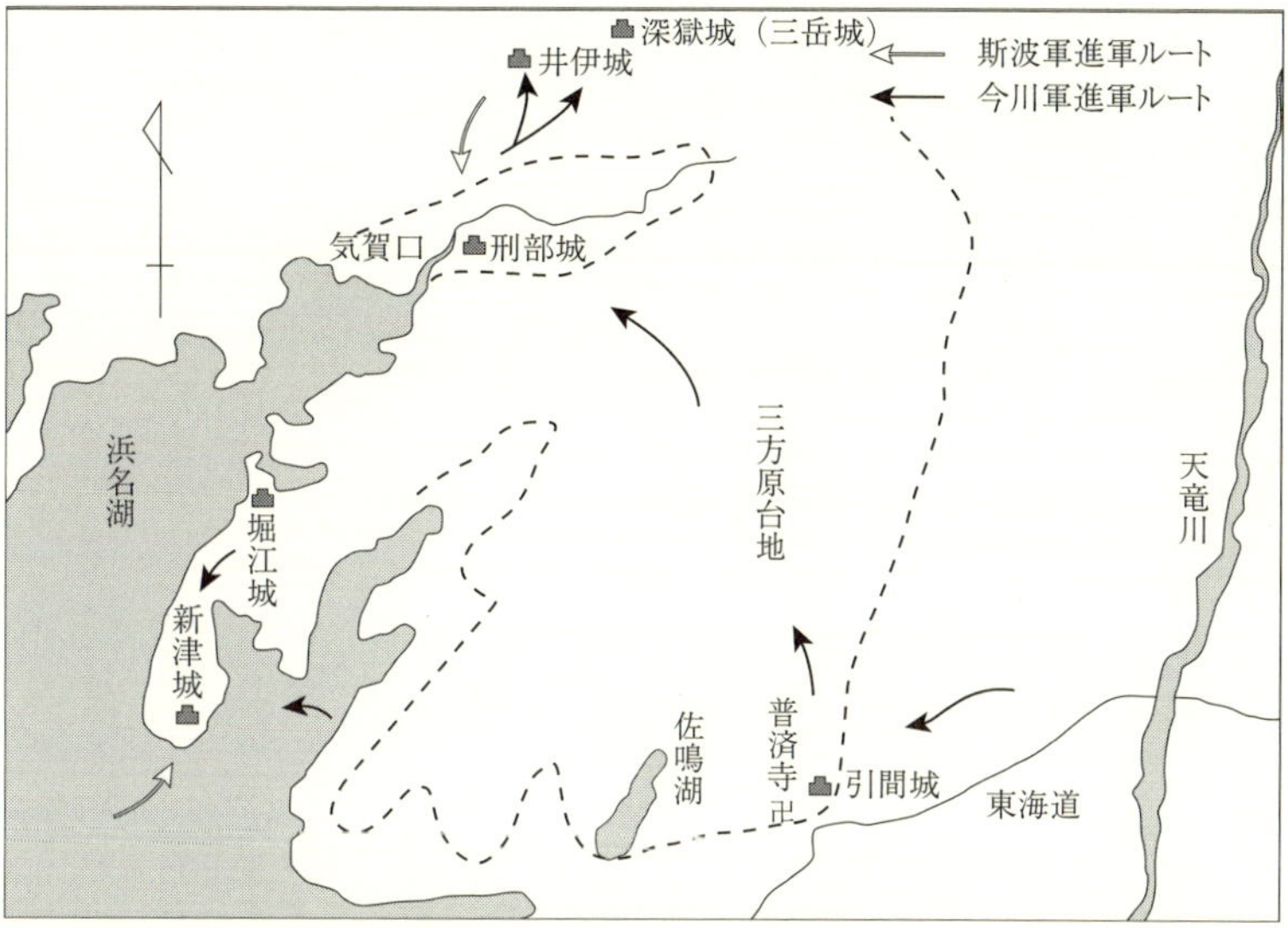

図1　斯波氏・今川氏対戦位置図

1参照）。翌九年には、斯波軍の攻勢に刑部城は持ちこたえたが、新津城の根小屋《ねこや》が焼き払われたので、刑部城より援軍を出し、斯波軍を退却させた。同閏四月三日には今川軍は、井伊谷《いいのや》へ朝攻めをして斯波軍を打ち破り、翌十年には、まだ深嶽《みたけ》城に立て籠もる斯波・井伊両軍を攻め、斯波氏は尾張国に逃れ、二年余りの戦いは今川軍の勝利に終わった[52]。

注目すべきは、斯波軍は、武衛衆・引間衆・井伊衆の混成部隊であったことが知られ、特に浜名湖北岸を中心として古代以来の系譜を持つ井伊氏が陣所を提供していた。井伊氏は原氏同様、室町期の「中遠一揆」で斯波氏に反旗を翻したが、より強力な今川氏の出現を目前にして、斯波氏に積極的に合力したと思われる。しかし、この対戦の後今川氏に降伏して主従関係を結ぶ。引間衆とは、先に今川氏によって引間城を奪われた大河内貞綱率いる軍と考えられる[53]。斯波氏も家督を継いだ斯波義達自身が遠江に在陣しており、斯波氏にとっても命運をかけた一戦であったことが知られる[54]。

そして、最後の対戦となる戦いが、永正十四年（一五一七）

三月に始まる。[55]今川氏が甲斐武田氏を攻めている隙を狙って大河内氏が反乱を起こし、斯波義達は尾張国内での反対を押し切って、[56]大河内氏が奪った引間城に入った。季節的に雨がやまず、戦いながら天竜川を船橋で渡るなど、引間城を取り囲むまでにも苦労した今川軍は、斯波・大河内両軍の引間城籠城戦に相対し、戦いは長期戦の様相を呈した。そのため、氏親は、有名になった「安倍山《あべやま》の金掘《かなほり》」[57]を動員して、城の井戸を掘り抜いて枯らせ、斯波義達を降伏させた。義達は引間城のすぐ西にある普済寺で出家し、尾張国へ送り返されたが、もう尾張国での実権も織田氏に奪われてしまった。この戦いによって、今川氏は遠江から対抗勢力を一掃することに成功したのである。

三、文亀・永正の争乱の再評価

1. 乱の連続性

それでは、今概観した文亀・永正の争乱を再評価してみよう。

まず、挙げられるのは、乱の連続性である。明応三年から永正十四年までの約二十四年間にわたって、斯波氏対今川氏の対決の構図は変わらなかった。互いに遠江国を中心とする勢力争いであり、結果的には勝利を収めた今川氏が戦国大名化していった。ただ、前節で述べたように永正五年を境として、斯波氏と今川氏の立場が逆転し、将軍足利義稙は今川氏を支援した。ただ、文亀から永正にかけての今川氏親の発給文書を見て行くと、明らかに氏親の判物及び印判状が遠江において絶対的な効力を持っていく。したがって、秋本氏が主張した、遠江国征圧後の戦国大名化ではなく、戦闘の過程で領国を固めていったと考えられる。実際、永正五年以降の将軍権力の関与はあまり見られなくなる。

言い換えれば、京都を奪還した将軍足利義稙であったが、実態は管領細川高国と管領代大内義興《よしおき》の傀儡政権であり、畿内及び西国を維持するのが精一杯で、畿内より東側の支配は放棄してしまった。このように室町幕府が縮小してしまった段階では独自に領国支配を進めるしか道はなかったのである。最後まで室町幕府での地位に固執した斯波氏や吉良氏は、没落するしかなかった。事実斯波氏は義銀《よしかね》が慶長五年まで家督を相続するが、全く形式的に存続していたに過ぎない（第二章節2節引用の系図参照）。また、吉良氏は高家《こうけ》として生き延びるのは周知の通りである。

2. 今川氏の意図

それでは、室町幕府の情勢が影響したものの、今川氏としてはどのような意図を持って遠江征圧に乗り出したかをもう一度振り返りたい。

特徴的なものは、遠江武士団の再編成である。今川氏が寄親寄子制を確立して家臣団編成をしたことはよく知られている。斯波氏側に付いて、今川氏と戦った国人領主と敗戦後積極的に主従関係を結んでいることが注目される。例を挙げると、中遠の原氏、北遠の井伊氏である。もちろん室町期の力よりも抑えられ、原氏は分家となる孕石氏よりも立場が弱くなり、井伊氏も同じ北遠の浜名氏や後藤氏が今川氏によって保護されることによって、その力を減じられている。そして、今川氏に最後まで抵抗して没落した横地・勝田・狩野・大河内・堀江等の代わりに、駿河の国人や元々遠江に旧領を持っていた国人を遠江征圧の恩賞として入れたのである。見付城には狩野氏の代わりに堀越氏を、引間城には大河内氏の代わりに飯尾氏を、堀江城には堀江氏の代わりに大沢氏を、北遠の拠点二俣城には松井氏をといった具合である。第一章でも述べたように、この恩賞を与える権力こそが、戦国大名を象徴する力であり、駿河から所領を拡大させたいという国人の内的欲求が遠江征圧に向かったともいえる。このように今川氏親及び北条早雲は、国人の欲求を巧みにコントロールすることによって、より強大な権力へと成長していった。花蔵の乱で勝利を収めた今川義元が、同様に国人からの内的欲求を受けて三河国征圧に向かっていくのも同じ図式で説明できる。

むすびに代えて

以上、最近の研究成果を踏まえつつ、自分なりに戦国初期の問題について考察を試みた。ただ、戦国大名権力を理論的に説明しようとしたものの、人物の力量に負うところが大きいことを感じた。例えば、秋本氏の主張するような斯波氏と小笠原氏との連携はあまり強くなかったことは説明できても、北条早雲没後になぜ三河進攻が止まってしまったかが説明できないことがある。近年の研究により、伊勢氏の没落過程が知られ、早雲の室町幕府での位置や早雲にかけられた期待の大きさから若干説明できるとしても、今川氏が早雲の動向に振り回され過ぎたきらいがある。早雲の功績は大きいとしても、これだけ個人の力量に負うとなると、戦国大名の権力とは何かをもう一度問い直さなければならないとも考えられる。

今回は今谷氏や家永氏・山家氏の研究成果に負うところが大きかった。本来なら、さらに鎌倉公方の動向を踏まえながら考察すべきところであったが、力の限界から不十分な考察となってしまった。
室町末期に内部矛盾を抱えながら、没落していくか、それとも戦国大名として生き残るかの選択を強いられた各々の武家が、いかに内部的欲求と外的圧力に耐えながら領国を維持しまた広げていったかを、斯波氏と今川氏の事例を通して理解していただければ幸いである。

註

(1) 一九六八年。
(2) 「今川氏親の遠江経略——特に信濃小笠原氏と関連して」(『信濃』第二六巻一号、一九七四年、後に『戦国大名論集』11「今川氏の研究」所収)。
(3) 『浜松の歴史』坪井俊三氏執筆担当部分(東洋書院)。
(4) 『室町幕府将軍権力の研究』(一九九五年、私家版)。
(5) 『室町幕府解体過程の研究』(一九八五年、岩波書店)。
(6) 『岩波講座日本通史』中世4(一九九四年、岩波書店)。
(7) 以下、史料のほとんどは、『静岡県史』中世資料編を引用している。したがって『静岡県史』を引用する場合は、「県史中世」と表記し、その後にその巻数と資料番号を示した。
(8) 今川範国奉免状(『秋鹿文書』県史中世二—六二号)。
(9) 「今川氏の遠江支配」(『駿河の今川氏』第四集、一九七九年)。
(10) 『東寺執行日記』嘉吉元年閏九月二十九日条、『斯波家譜』同年十月条、『常光寺年代記』同年条、愛知県渥美町常光寺旧蔵、本史料は、大倉精神文化研究所(神奈川県旭北区)所蔵の写本より翻刻した。『今川記』寛正六年条。
(11) 『磐田市史』史料編1—三四八号。

(12) 註(10)参照。
(13) 註(4)前掲書。
(14) 五月二十六日付、某大宮司書状(「宮司公文抄」、神宮文庫所蔵)、森田香司「守護被官の在地支配」(『地方史静岡』第一六号、一九八八年)。
(15) 註(9)前掲書。
(16) 「親元日記」寛正六年八月二日条(県史中世二―二四七〇)・「今川記」(県史中世二―二四七一号)。
(17) 「親元日記」寛正六年十月廿四日条(県史中世二―二四九三号)。
(18) 文明五年十一月廿四日、足利義政御判御教書写(「今川家古文章写」県史中世二―二六〇九号)。
(19) 応永二十年十月廿五日、甲斐祐徳書状「南禅寺文書」(県史中世二―一五〇九号)。
(20) 小和田哲男『駿河今川一族』(新人物往来社、一九八三年)。
(21) 註(4)前掲書参照。
(22) 『静岡県史』通史編中世二、第2編第2章参照。
(23) 「大乗院寺社雑事記」(県史中世二―二六一四号)。
(24) 松林院兼雅書状写「大乗院寺社雑事記文明七年六月末紙背文書」(県史中世二―二六一八号)。
(25) 「円通松堂禅師語録」(県史中世三―一九四号)。
(26) 註(4)前掲書。
(27) 「円通松堂禅師語録」(磐田市史史料編1―四一四号)。
(28) 明応七年十一月十三日、今川氏親判物(「孕石文書」、県史中世三―二五四号)。
(29) 『静岡県史』通史編中世二、第2編集4章参照。
(30) 明応八年正月十九日、今川氏親禁制(「秋鹿文書」県史中世二―二五八号)。
(31) 年欠(文亀元年ヵ)三月十日、斯波寛元書状(「勝山小笠原文書」、県史中世三―二八七号)。

(32) 年欠（文亀元年ヵ）閏六月二十一日、斯波寛元書状（「勝山小笠原文書」、県史中世三―二九七号）。
(33) 年欠（文亀元年ヵ）七月六日、斯波義雄書状（「勝山小笠原文書」、県史中世三―二九九号）。
(34) 田中穣氏旧蔵典籍古文書所収六条八幡宮文書（県史中世補遺―六六号）。
(35) 「室町期三河吉良氏の一研究」（『歴史研究』二七・二八合併号、一九八三年）。
(36) 今谷明『室町幕府解体過程の研究』第一部第四章参照、一九八五年、今谷氏の研究によれば、幕府奉行人の飯尾氏に貞連―元連―兼連―貞運と連なる一族が確かめられ、大和守を名乗っている。
(37) 二点あり、年欠（文亀元年ヵ）今川氏親判物、県史中世三―三一〇、永正七年三月廿日、本間宗季軍忠状写（県史中世三―五一〇）。
(38) 年欠（文亀元年ヵ）六月十九日、赤沢宗益書状（「勝山小笠原文書」、県史中世三―二九三号）、赤沢宗益は細川政元の被官であり、細川政元からも小笠原定基に合力の要請をしていることから、政元と斯波氏の同盟関係が明らかとなる。
(39) 小林氏は、静岡県地域史研究会研究報告、平成十二年六月例会で「永正期の吉良氏について」を報告し、その中で永正期に在京した吉良義信の立場について足利義稙寄りになっていく動向を考察した、会報第一一六号参照。
(40) 永正二年二月五日、今川氏親判物写（「松平奥平家古文書写」県史中世三―三八一号）。
(41) 年欠（永正三年ヵ）八月五日、今川氏親書状写（「松平奥平家古文書写」県史中世三―四〇六号）。
(42) 註（2）参照。
(43) 永正三年閏十一月七日、伊勢長氏書状（「徳川黎明会所蔵文書」県史中世三―四二三号）。
(44) 『岡崎市史』第2巻中世。
(45) 註（37）本間文書、永正七年三月五日。
(46) 年欠（永正三年ヵ）三月廿六日、伊勢長氏書状（「早雲寺文書」、県史中世三―四一二号）、年欠（永正三年ヵ）九月廿六日、大井宗菊書状（「勝山小笠原文書」、県史中世三―四一三号）、年欠（永正三年ヵ）十月十九日、伊勢長氏書状（「早雲寺文書」、県史中世三―四一四号）。

(47)『岩波講座日本通史』中世4「一五―一六世紀の日本」、註(6)参照。
(48) 史料1、永正五年七月十三日、足利義尹(義稙)御内書写(「永正御内書御案文」県史中世三―四七五号)。
(49)「実隆公記」永正五年十一月七日条、県史中世三―四八七号。
(50) 永正九年閏四月三日、伊達忠宗軍忠状(「駿河伊達文書」県史中世三―五六三号)。
(51) 年欠(永正七年ヵ)十一月一日、朝比奈泰熙書状(「大沢文書」県史中世三―五二八号)、年欠(永正七年ヵ)十一月二十三日、朝比奈泰熙書状(「大沢文書」県史中世三―五三〇号)。
(52)「宗長手記」(県史中世三―五八三号)。
(53)「宗長手記」(県史中世三―五三三号)。
(54) 年欠(永正八年)十一月八日、福島範為書状(「尊経閣古文書纂所収飯尾文書」県史中世三―五四六号)。
(55) 秋本氏は論文の中で、第三次斯波氏対戦を永正十三年三月からとしているが、今川氏は、翌十四年正月まで武田氏と戦って甲斐国に在陣しているため、斯波氏との対戦の始まりをここでは十四年三月とした。
(56)「名古屋合戦記」(県史中世三―六五七号)。
(57)「宗長手記」(県史中世三―六五五号)。

Ⅶ 戦国大名今川氏の三河侵攻

久保田昌希

はじめに

三河国は中世末期以来、一豪族―国人領主―戦国大名―将軍権力という発展段階を経過した松平＝徳川氏が興起したところだが、この松平氏の発展と相俟って一時期、同国は戦国大名今川氏の領国として編成されていたことがあった。

一、毎月評定六ヶ日。二日、六日、十一日者、駿・遠両国之公事を沙汰すべし。十六日、廿六日は三州之公事を沙汰すべし。但、半年は三州在国すべきの間、彼国にをひて諸公事裁断すべし。（以下略）

以上は、天文二二年二月二六日今川義元によって制定されたいわゆる「仮名目録追加」と前後して制定されたと考えられている「定」一三ヶ条のうちの第一条である。[1] いうまでもなく公事評定日に関する条目であり、毎月の評定日六日のうち、二日・六日・一一日は駿河・遠江の公事を一六日・二一日・二六日は三河の公事を裁決日とすることを定めている。ここで明確に今川氏は本来の領国である駿河・遠江に加えて、三河を領国として公言したのである。

ところで、この条目にあきらかなように本来の領国である駿河・遠江を「駿・遠」として一括し、三河を「三州」

としてわけていることや、公事裁決日が駿・遠の場合は二ヶ国で三日に対し、三河の場合は一ヶ国で三日という点に注目すれば、この時点（天文二二年前後）で今川領国としての三河が、他の領国（駿・遠）と比較して特別な政治的、または支配状況にあったのではないかということが考えられ、これこそが三河を征服地として支配する今川氏の基本的な政策としてとらえることができよう。

さて、今川氏がほぼ三河一国を領国化していたのは一応、天文一八年の松平広忠が暗殺されたときから、永禄三年に桶狭間の戦で今川義元が戦死するまでの約一〇年間である。その後、西三河は桶狭間の戦後、岡崎帰城を実現した松平元康（家康）により奪回されるが、吉田（現在の豊橋）を政治的中心とする東三河は永禄七年もしくは八年まで依然として今川領国としての性格をもっていた。同時期、今川氏によって発給された文書がみられたのはこのことを裏づける。このように今川氏にとって三河は重要な領国であり、その構造を明らかにすることは、今後の今川氏研究における不可欠のテーマであることはいうまでもない。

さて、今川氏の三河支配に関説された研究は戦前ではとくに、『岡崎市史』や、大口喜六氏による『国史上より見たる豊橋地方』があり、これらは現在においてもなお有意義なものである。戦後では最近の、秋本太二氏「今川氏親の遠江経略――とくに信濃小笠原氏と関連して」（『信濃』二六―一・昭和四九年一月）や、新行紀一氏「今川領国三河の支配構造」（『一向一揆の基礎構造』第四章、昭和五〇年二月）があげられる。前者は今川氏親の遠江経略に関するものであるが、その過程で初期の三河侵攻についても述べられ、さらにそれを一五世紀後半より一六世紀初頭における今川氏の全体的な政治動向の中に位置づけられている。後者は、松平＝徳川氏の発展過程と、永禄六年西三河において勃発した一向一揆との関連および、その前提史として今川氏による三河支配の基礎構造をはじめて明らかにされたものであり、今後の研究の基礎となるものである。

さらに近年、豊橋・豊川・豊田・蒲郡・西尾等の各市で編纂・刊行されている『市史』および『市史史料集』には、それらの各地域に現存している今川氏発給文書をもとに、今川氏による支配の歴史的経過や、発給文書が収録されている。なかでも東三河地方における今川氏発給文書を多数収録した『豊橋市史』第五巻刊行の意義は大きいといわねばならない。しかしながら以上述べた今川氏の三河支配に関説した諸研究が、勿論すべてではないが、駿・遠を含む今川領国体制の全体的な見通しのなかで、かならずしも述べられているとは言い難い。新行氏は今川領国体制下における三河の研究が活発化されない理由を今川氏研究自体の遅れと、従来の三河あるいは松平＝徳川氏研究が、近世以来の松平中心史観の延長線上に進められてきているからであろうと指摘する。筆者も同感である。

したがって、これからは戦国大名今川氏の展開過程のなかに三河支配を位置づけ、換言すれば今川氏側からの見地で、今川氏の三河領国論を今後考えていく必要があると思っている。勿論前述した諸研究は今川氏の三河支配を明らかにすることだけが主目的ではないから、今川氏研究を志向する者が今後、明らかにしていけばよいのである。本稿はその第一歩として、今川氏の三河への侵攻、領国形成、そして崩壊にいたる政治的過程を考えてみようとするものである。

一

今川氏は室町将軍家足利氏の一族であり、その発祥は足利義兼の孫である吉良長氏の二男国氏が三河国幡豆郡今川庄に居住し、今川姓を称したことによる。今川氏と三河との関連はここにみられるわけである。国氏の子基氏は三河に居住し、その子範国が南北朝期、駿河・遠江の守護職を与えられて以来、今川氏は両国を基盤として発展をとげていく。その後、範氏・泰範・範政・範忠とつづくがその過程での三河との関連は明らかではない。次の義忠の時代、東三河において寛正六年に牢人一揆がおこる。この事件は『今川記』『親元日記』の伝えるところであるが、ここでは『今川記』より抜粋してみよう。

其比吉良屋形左兵衛佐義真八多年御在京なり、東条義藤御在国なりしかとも、東条・西条つねに御中よからす。御家風の面々つねに合戦しける間、よの国侍とも二方に成て、吉良殿御下知を背きけり。其中にも丸山中務入道父子・大場二郎左衛門・簗田左京亮なといふもの、額田郡井の口と云所に楯籠り、京都の御下知をも不用、又駿河国へも音信もなし。尾張衆とも不通にて諸牢人を集め、鎌倉殿の御下知のよし申偽りて、京都へ運送の官物ともきらはす、狼藉志きりなりける。

これによれば寛正六年の牢人一揆とは、吉良氏の臣であった丸山中務入道父子・大場二郎左衛門・簗田左京亮等を中心とした牢人勢力が三河国額田郡井の口に立籠り京都へ運送される官物等を奪取するというものであったことがわかる。文中「京都の御下知をも不用」とあるところから室町幕府へ対するものであったことはあきらかである。さらに注目すべきは「又駿河国へも音信もなし」という点である。これを一揆を契機として、丸山中務以下の武士達と駿河国（今川氏）との間に政治的断絶が生じたものとして読みとるとするならば、吉良の臣である丸山中務達は本来今川氏と連関していたのではないかということが想定される。

これだけでは不充分であり推測の域をでないが、今川氏は同族である三河国守護代吉良氏が分裂抗争を展開し、弱体化していくその三河支配に何らかの政治的な権限をもっていたと考えることは可能であろう。今川氏がのちに三河を領国としていく方向性はこの点にも存在するのではないか。

この牢人一揆を平定したのは、西三河の松平信光、東三河の戸田宗光である。この時に義忠は三河から敗走し、駿河国丸子観勝院へ立籠った蘆谷助三郎・大場長満寺以下三〇人程の一揆の残党を平定している。一揆の残党が遠江をこえて、今川氏の本拠である駿河国府中の近辺まで敗走してきたことと、さきの筆者の推定とは決して無関係ではあるまい。

その後、応仁・文明の乱に際し、文明八年二月義忠は反足利義政派の斯波義廉が守護となっていた遠江国を征服しようとして、同国府中見付城に横地四郎兵衛と勝間田修理亮を攻め滅ぼすが、その帰途塩買坂で横地・勝間田の残党一揆に襲撃され戦死する。この時点での今川氏は隣国遠江の征服も容易でなかったのである。義忠の死によって駿河国は内乱状態に入る。そして義忠の子竜王丸（氏親）が伯父北条早雲の助力を得て一族の新五郎範満を倒し、初見文書である竜王丸の印判状を駿河国志太郡東光寺へ発給するのは長享元年であり、義忠の死後一一年目のことである。ここから戦国大名今川氏の途が開始される。

一方、三河では先に寛正六年の牢人一揆を平定した松平信光が、長享二年没する。家督はすでに四代目の親忠（西忠ともいう）が継承しており、以後明応二年一〇月、伊保の三宅加賀、寺部の鈴木日向、挙母の中条出羽等の三河国衆と井田野において戦い、これを撃破する。

義忠没後、不安定さを免れえなかった今川氏も氏親元服後、勢力回復を図り、明応三年秋、遠江への侵攻を開始する。

明応甲寅（三年）秋中之頃、平氏早雲者引二率軍兵数千一乱二入当州（遠江）三郡一、推二‐落高城殺‐戮官軍狼烟互

夫、焼㆓卻民家㆒不㆑知㆓其幾千万㆒、

当時の禅僧であった円通松堂の語録（『円通松堂禅師語録』）は北条早雲の率いる今川勢のすさまじさを伝える。翌明応四年早雲は相模国小田原城を攻略、大森氏を滅ぼしてこれを奪取する。さらに明応五年九月、氏親は遠江国原野谷の川井、原氏を討って東遠江をほぼ平定する。氏親の発給文書がこの時期より同地域に見られるのはこうした政治状勢を示している。三河ではさきの松平親忠に代って松平五代長親がこの頃家督を継承する。以上が今川氏の三河侵攻を開始する以前の政治状勢である。

さて、今川氏が三河侵攻の兆候をみせはじめたのは明応八年から九年頃、三遠の国境である船形山に砦を築いたことによる(2)。氏親はこの段階で東遠地方をほぼ平定していたが、北遠地方は未だであり、浜名湖周辺をふくめた北遠地方を包囲する意味をもった築砦であろうと考える。こうした今川氏の三遠国境築砦に対して、三河国渥美郡田原を拠点とし、二連木に進出していた戸田宗光は、遠江の諏訪信濃守と結び船形山を攻撃、一時占領する。しかし今川氏の有力部将であった懸川城代朝比奈泰以がこれを救援、奪回する。ここまでを今川氏による三河侵攻の第一段階として一応考えておきたいと思う。

二

このような三遠国境における東三河国人と今川氏の抗争期、西三河においては松平親忠が文亀元年八月一〇日に没する。そして初七日にあたる同一六日に松平族党を含む三河国人衆は連判をもって松平氏の菩提寺である岡崎の大樹寺に禁制をかかげた。(3)

於大樹寺定条□（々カ）事

禁制

一　於当寺中狼籍之事

一　竹木伐取之事

一　対僧衆致非儀之事

右於背此旨輩者堅可処罪科候、当寺之事西忠為位牌所上者、自然国如何様之儀出来候共、為彼人数可致警固者也、

仍而如件、

文亀元年辛酉八月十六日

次第不同

丸根美作守　家勝（花押）

田原孫次郎　家光（花押）

上平左衛門大夫　親堅（花押）

岩津源五　光則（花押）

岩津大膳入道　常蓮（花押）

（以下一一名略）

同連判状は、この時点における松平権力の性格を示すものとして重要なものであり、同連判状の理解をめぐっては、所理喜夫氏の国一揆が形成されたとする説[4]、新行紀一氏の一族一揆が形成されたとする説[5]という二つの異なった見解が提示されている。いまはそれについて検討する余裕はないが、同連判状の「自然国如何様之儀出来候共、為彼人数可致警固者也」という文言にここでは注目しておきたい。新行氏は同文言に注目されつつも結論として同文言にあるような政治状勢（ここでは今川氏の侵攻による三河の危機）を一応除外され、結論を親忠の子長親＝安城松平家（親忠・長親はそれまでの松平族党の惣領家であった岩津松平家ではない）が松平一族の惣領家たることを確認するためのものであるとされている。同連判状を国一揆の形成とみるか一族一揆の形成とみるかは別にして新行氏の指摘される通り、安城松平家当主の長親が連判に加わっていないところから、他の連判者と区別される立場に置かれたことは事実であろう。

しかしながら新行氏が前述のように「自然国如何様之儀出来候共、為彼人数可致警固者也」という政治状勢を除外された点に関しては疑問とするところである。つまり、当時の三河は今川氏による侵攻の危機が決してなかった訳ではなく、さきの明応八年から九年の政治状況と文亀元年の早雲による三河侵攻、そして何よりも五年後の永正三年から五年へとつづく今川氏親・北条早雲による西三河侵攻が開始されることを考えあわせれば、さきの文言は除外することはできないであろう。その点新行氏は一族一揆の形成を強調されるあまり除外されたと考えられる。

すなわち、同連判状は内部には親忠の死後における一揆内部の動揺防止と安城松平家の他よりの優位性の確認、外部には今川権力への対応＝戦闘体制の形成という当時の三河における二つの緊迫した政治状勢への対応をみごとに具備したものとしてとらえることができよう。

三

さて、前述したように船形山奪回に成功した今川氏は、豊橋地方をその勢力範囲としていた牧野古白成時に命じて永正二年に今橋（吉田＝豊橋）城を築城させる。今橋築城後、永正三年から五年にかけて今川氏親・北条早雲は西三河を侵攻する。前後するが永正元年九月、氏親は武蔵国益（桝）形山へ着陣、[6]早雲の軍勢とともに扇谷上杉朝良を救援し、同国立川原において山内上杉顕定・顕房および足利政氏の連合軍と戦っている。このように明応三年の早雲による遠江侵攻以降、氏親と早雲の軍事的一体化が完成する。この点はすでに秋本太二氏、[7]小和田哲男氏[8]が指摘されている。

すなわち前述したことであるが早雲は明応三年の遠江国侵攻の翌明応四年相模国小田原城を奪取する。そして文亀元年の三河侵攻後、永正元年における武蔵国立川原の戦い、そして永正三年から五年にわたる西三河侵攻といったように早雲の関東侵攻の前後にはかならず三河への侵攻がみられるという事実である。この体制は早雲の死とともに一応くずれていくとされているが、これを単に氏親と早雲の個人的な関係によって維持されていたということで考えてしまうべきではない。

すなわち後北条氏は早雲の死の前年である永正一五年一〇月、伊豆国木負にはじめて「祿寿応穏」の印文で有名ないわゆる虎印判状を発給している。[9]いうまでもなく虎印判状は後北条領国における公権力の発動形態であり、領国内においては最高の権力を発揮する訳であるが、この虎印判状の出現、使用を後北条領国体制の整備という視点でとらえるとともに、後北条氏が後年関東公方を関東における政治的権威として利用していくこととあわせて考えるならば、後北条氏がそれ以前に今川権力を必要としたのは、単なる氏親の軍事的援助ということだけではなく、当時敵対していた関東公方に対し、同じ足利一門である今川氏の政治的権威であったのではないだろうか。だからこそ永正一五年、虎印判状の発給により領国の公権力を創出した以後の後北条氏にとって今川氏の政治的権威はその意味で必要ではなくなっていたのではないだろうか。あまりにも乱暴な推測であるが政治状勢を整理していく過程で一つ指摘しておきたい。

さて、永正三年から五年にかけて氏親・早雲勢は西三河へ侵攻を開始する。永正三年一一月氏親は西三河桑子明眼寺に対して禁制を掲げた。また『三河物語』[10]にはこの時期に（年号が記されていないために不明である）今川方に従軍した東三河の国人は、牛久保の牧野、二連木の戸田、西郡の鵜殿、作手の奥平、段嶺・野田の菅沼、設楽・嵩瀬の西郷、伊奈の本多等であったと記されている。この期の今川勢力の侵入により、さきに禁制がかかげられた大樹寺も大破する。また新行氏は、同期の今川氏と松平氏の争乱の全貌が、松平氏関係記録から知りえないのは、松平氏の敗色が著しいものであったため近世においては記録にとどめることが憚られたのではないかと指摘されている。[11]あらためて「自然国如何様之儀出来候共、為彼人数可致警固者也」という文言の重要性が指摘されなければならないであろう。

これ以後今川氏は、浜名湖周辺、甲斐国勝山の各地域を転戦する。後になるが永正一四年には長期にわたって抵抗を続けた引間（浜松）の大河内貞綱を討って遠江一国を完全に平定することに成功する。したがって、ここでは永正二年から永正五年までの西三河侵攻の開始を第二段階としておくことにする。

四

その後、大永年間においては今川氏の具体的な三河侵攻はみられない。その間をぬって松平六代信忠の隠退後、若くして家督を継承した清康が大永四年額田郡山中城の攻略から、天文四年一二月四日織田信秀との戦闘のため尾張国守山へ出陣し、家臣の阿部彌七郎に刺殺されるまで三河各地を転戦し、失地回復につとめる。

さて、今川氏親は大永六年四月一四日「仮名目録」を制定し、七〇日後の六月二三日五六歳で駿府において没する。家督を継承したのは一四歳の氏輝である。かつて筆者は、氏親の室寿桂尼および氏輝の発給文書の年月日を検討し、氏親の没後実質的な権力を継承したのは寿桂尼であり、氏輝の実質的な継承は大永八年以降であり、以後においても寿桂尼と氏輝の発給文書の年月日がほとんど重ならない点に注目し、氏輝が執務のなしえない場合（病等）には寿桂尼が代行するという氏輝・寿桂尼連合政権ということを考えたことがあった[12]。

氏輝の時代は武力による三河侵攻の兆候は確認できない。『史料総覧』享禄三年七月一一日の条によれば「駿河守護今川氏輝、三河山中八幡宮ヲシテ、社領ヲ安堵セシム（山中八幡由緒略記）」とあり、氏輝によって額田郡山中八幡宮への社領安堵が行なわれたようであるが、筆者は確認していないため提示するにとどめる。しかしながら天文四年九月日付で今川家臣である野々山光家が小松原東観音寺に対し、末寺である細谷郷幸福寺へ不入寄進の判物を与えているところから[13]、この時点においても氏親以来の軍事力を背景とする支配が一部で行なわれていたと推測される。

しかしながら、ふたたび今川氏の侵攻が活発になるのは天文五年氏輝の没後、花倉の乱をへて義元が家督を継承した以後のことである。すなわち天文九年六月、尾張の織田信秀の西三河侵攻によって松平氏の支城安祥城が陥落し、以後松平一族および家臣団が西方の織田、東方の今川勢力の介入によって政治的分裂を開始するあたりからである。今川氏は松平宗家を援護するかたちで三河侵攻を継続する。天文一一年八月、第一次小豆坂合戦がおこなわれ、以後西三河は織田・今川勢力の戦場となる。

天文一五年義元は戸田氏の拠っていた東三河の吉田（豊橋）城を奪取、翌一六年太原崇孚雪斉が城代として入城し、ここに今川氏の東三河における最大の軍事拠点が完成する。このことは今川氏が西三河における織田氏との戦闘に対する拠点の確保を目指したものととらえることができる。さらに同年義元は松平広忠に嫡子竹千代を人質として差し出すことを命じる。そして天文一七年三月の第二次小豆坂合戦をへて、天文一八年三月六日松平広忠が暗殺されると義元は太原雪斉・朝比奈泰能を派遣し、松平氏の拠点岡崎城を占領する。

その後、今川勢による数度の攻撃により、西三河における織田氏の拠点であった安祥城が陥落し、今川勢の捕虜となった城将織田信広と、天文一六年より織田氏のもとにいた松平竹千代との人質交換がおこなわれる。今川氏にとって松平竹千代の確保は三河を領国化するための必要条件であったことがいえる。そして安祥城には部将、天野安芸守・井伊直盛を置く。これによって織田勢力は西三河からの撤退を余儀なくさせられる。明応末年より天文末年までの約五〇年の侵攻過程をへて三河は今川氏の領国として一応組み込まれたことになる。したがってここまでを第三段階としておきたい。

五

天文一八年から三河は今川氏の領国体制に組み込まれた。同年以降領国支配の根幹ともいうべき検地が施行される。この領国支配については本稿の目的ではないので、ここではふれない。前述した新行氏の研究を参照されたい。また筆者もとくに検地について考えたので⒁合わせて参照願いたいと思う。

このころより今川氏の三河における発給文書、または関係文書が増加していく事実はこのことを明確にあらわしているといえよう（表参照、発給数は現時点での確認数であり、不充分性は免れない）。

さて、永禄三年五月八日義元は三河守に、氏真は治部大輔に任ぜられた。ここに義元は三河における最高の政治的地位を獲得したことになる。

五月一九日桶狭間において急死する一一日前のことである。

今川氏三河関係文書発給数ならびに発給年次表

当主	年代	数
氏親	永正　2－3	5
氏輝	享禄3－天文4	2
義元	天文　12	1
	15	2
	16	11
	17	7
	18	13
	19	11
	20	4
	21	7
	22	4
	23	6
	弘治　元	5
	2	19
	3	9
	永禄　元	10
	2	2
	永禄　3	2
氏真	永禄　3	14
	4	17
	5	18
	6	11
	7	2
	8	2
	10	1
	年未詳	10
計		195

ところで、この桶狭間の戦の原因に関説した研究の多くは義元の上洛をあげているが、⒂はたして義元が尾張国へ侵入したのは上洛が目的であったのだろう

か。『信長公記』や『三河物語』などにも原因はまったく記入されておらず、義元の上洛の意志を示す同時代の史料は管見のかぎり見あたらない。それでは上洛説は何を根拠にしているのかといえば、第一点は桶狭間の戦の前年に義元は七ケ条におよぶ軍令書（今川家戦場定書）を領国内に広く発給していることが推定されること。[16]第二点は『今川記』にあるような「御所（足利氏＝筆者注）絶ハ吉良継、吉良絶ハ今川継」といった足利一門としての貴種意識が衰退していく幕府の再興を目指すための上洛につながっていくという、おそらくこの二点に集約できる。

しかし、第一点にあるような軍令書が発給されたからといって、かならずしも直接上洛に結びつくということはない。また第二点の足利一門につらなる貴種意識であるが、これは当時の今川氏と室町幕府との関係を考える必要がある。たとえば今川氏は氏親の時代に室町幕府との関係を絶ち切り、独自の戦国大名領国制を展開したとされている。とすれば今川氏に足利一門であるという貴種意識が内包されていたとしてもそのことが直接に幕府再興＝上洛に結びつかないのではないだろうか。したがっていずれも上洛説は説得力をもたなくなる。

それでは、義元の尾張侵入の原因は何であったのだろうか。そこで考えられることは、今川氏の三河における文書発給の対象地域についてである。前述の表には示さなかったが、発給地域の特徴はほぼ三河一国に及んでいるとはいえ、東三河にくらべると西三河については圧倒的に少ない。この点は見逃すべきではない。

つまり、今川氏による三河一国の領国化とはいえ、完全な支配権を掌握していたのはおそらく東三河だけであり、西三河については未だであったのではないかという推測が文書発給地域の検討からなりたつ。このことは桶狭間の戦後、西三河が急速に松平領国となっていったのに対し、東三河は依然として今川領国としての性格を有していたことにつながってくる。おそらく今川氏が西三河を支配するにあたっては、やはり松平氏を媒介とすることによってしか行ないえなかったのではないだろうか。今川氏が松平竹千代（家康）を人質とすることに執着したのも、また竹千代が殺されるどころか保護されたことも、さらに竹千代が義元から元服の際に偏諱をうけたのも、すべて西三河支配と関連する。このような状態でおそらく上洛は不可能である。

さて、前述のように永禄三年五月八日義元は三河守に任官した。三河における最高の支配者となったわけであり、ここに三河一国を完全に掌握しようとする名目的契機がおとずれたのである。したがって義元の目指したものは上洛ではなく、むしろ三尾国境付近におよぶ大規模な示威的軍事行動ではなかったろうか。なお、三河守任官から出陣までが数日間であり疑問が生じるが、任官が予期されていて、あらかじめ出陣体制をとっていたと考えれば、この点についても何ら矛盾しない。以上、いままでとは異なった桶狭間の戦についての位置付けをおこなった。ここまでを第四段階、今川氏の領国完成期としてとらえておきたい。

さて、義元の死後、松平元康は本拠岡崎へ入城し、西三河は再び松平氏の支配するところとなる。そして松平氏は長期にわたって結んでいた今川氏との関係を断交し、永禄五年には織田信長との間に三尾同盟を締結する。ここから松平氏は東進政策を開始する。すなわち、永禄六年三月には小坂井に砦を築き、今川勢力の牛久保・吉田城に対峙し、さらに同年秋より翌七年二月にかけて、西三河一帯で勃発した一向一揆を平定し、その直後から各地で今川勢力との戦闘にはいる。そして東三河における今川方の最大の軍事拠点吉田城が松平氏によって包囲され、永禄八年六月二〇日に開城する。これにより、今川勢力は完全に三河からの撤退を余儀なくされ、ここに今川氏は領国三河を失なうことになる。ここまでを第五段階、領国崩壊期とする。

むすびにかえて

今川氏の三河侵攻についての政治過程について考えてみた。あらためて記せば次のようになる。

【第一段階（始期）】
明応八・九年　船形山築城

【第二段階（侵攻開始期）】
永正二—永正五・六年　吉田築城から氏親・早雲の西三河侵攻まで

【第三段階（領国建設期）】
天文九—天文一八年　織田信秀の西三河侵攻と松平氏の分裂に対する今川氏の積極的武力介入まで

【第四段階（領国完成期）】
天文一八—永禄三年　最初の三河検地施行から、桶狭間の戦まで

【第五段階（領国崩壊期）】
永禄三—永禄八年　氏真の家督継承から、吉田開城および全面撤退まで

以上、こうしたわけかたによっても、今川氏の三河侵攻が一応読みとることができると思う。また、その他いくつかの問題点を自分なりに設定し考えてみた。多くの方々の御教示をお願いする次第である。

註

（1）『中世政治社会思想』上、二〇六頁。
（2）大口喜六氏『国史上より見たる豊橋地方』一八九―一九〇頁。
（3）「大樹寺文書」。
（4）「幕藩権力の生成と農民闘争」『史潮』第一〇四号。
（5）『一向一揆の基礎構造』。
（6）『宗長日記』（岩波文庫）九頁。
（7）「今川氏親の遠江経略」『信濃』二六巻―一号。
（8）「今川氏親と北条早雲」第八四回後北条氏研究会報告。
（9）「大川文書」『豆州内浦漁民史料』。
（10）『日本思想史大系』第二六巻、二四頁。
（11）前掲書。
（12）拙稿「今川氏親後室寿桂尼発給の文書について」『駒沢史学』第二四号、拙稿「今川氏輝とその文書」『史学論集』（駒沢大学大学院）第八号。
（13）「東観音寺文書」『豊橋市史』第五巻、二九三―二九四頁。
（14）「今川領国体制下の三河検地」杉山博先生還暦記念論集『戦国の兵士と農民』。
（15）戦前は、徳富猪一郎氏『近世日本国民史織田氏時代前編』一八三頁。戦後は、小島広次『今川義元』二一五―二六四頁、勝俣鎮夫氏「今川義元」『人物・日本の歴史』第六巻九一―一〇九頁、新行紀一氏『一向一揆の基礎構造』一七六―二一〇頁。
（16）「青木文書」『静岡県史料』第三輯、三六六頁。「松林寺文書」『同』第五輯、二四七頁。

Ⅷ　三河舟方山合戦の時期について

糟谷幸裕

今川氏の三河侵攻の過程については、関連地域の自治体史編纂を中心に、すでに多くの研究がなされている。しかし、これらの研究において、未だその時期について意見の一致をみない事件の一つに、三河国舟方山（豊橋市雲谷）における今川氏対戸田氏の戦闘がある。

『宗長手記』[1]や『今川家譜』[2]に記される事件の概要は以下の通りである。三遠国境近くに位置する舟方山に築かれた今川方の城が、戸田某（『宗長手記』では「田原弾正忠」、『今川家譜』では「戸田弾正」）・諏訪信濃守により占拠された。今川氏の武将で遠江国掛川城にあった朝比奈泰以は、直ちに軍勢を率いて城を奪還。余勢を駆った泰以は、戸田氏の本拠渥美郡まで侵入したという[3]。

両史料の記述はともに年次を欠くため、この事件の時期を巡っては大きく二説に分かれている。明応八・九年頃とする説（以下、明応説と呼ぶ[4]）、及び、永正十五年頃とする説である（以下、永正説[5]）。筆者は後者の見解に従うものであるが、まずは両説の根拠をみていくことにしたい。

明応説の最大の根拠は、その時期に戸田弾正宗光が没していることである。それが『今川家譜』の「大将両人（戸田弾正・諏訪信濃守）討取」という記述に対応すると考えられた。

一方、永正説は、今川軍の将が朝比奈泰以であることに注目し（後述）、また、永正十五年正月晦日付長興寺宛戸田政光判物[6]に、「今度駿河衆郡内に乱入仕候節」とあることによる。

この二説は、互いに他説の是非に言及することがなく、完全に並行している。なぜ、こうした状況が生じたか。それはそれぞれの説が、主要な根拠とする史料を異にしていたためと思われる。さきに基本史料として『宗長手記』・『今川家譜』を挙げたが、両者の記述は、事件の時期について相違がある。従来の研究では、この点が見過ごされていたために混乱が生じたのではないか。以下、両史料を個別に検討し、筆者の見解を述べてみたい。

『今川家譜』では、この事件を今川氏親の家督相続（長享元年）に「其時分」と継いで記している。十年以上の懸隔があるものの、戸田弾正戦死の記述も含めれば、明応説に比較的近い記述といえる。

『宗長手記』ではどうか。今川軍の将が朝比奈泰以であったことに注目すると、次の記述が目を引く。「如此十カ年、泰以補佐して泰能にわたし、いとま申し、駿河に下り、府中のかたはらに閑居」。この記述は舟方山合戦の直後に位置しているが、泰以に関しては、次のような記述もある。「泰凞其冬不慮に病死、力およばず泰能幼少にして、伯父（ママ）泰以しばらく補佐」。朝比奈泰凞の死は、永正八年正月二十一日にその三七日忌が宗長によって営まれているから[7]、同年正月一日のことである。「其冬」という記述とは若干の齟齬があるが、以上を整理すると、舟方山合戦は、永正八年の泰凞の死後、幼少の後継泰能を泰凞の弟泰以が補佐した十年間の出来事とみることができる。

加えて重要なことは、明応説の最大の根拠である戸田・諏訪の戦死は、『宗長手記』には記されていない。朝比奈氏の功績を顕彰する一連の記述からすれば、首魁を討取るという殊勲を書きもらすことは考えにくい。永正説を採れば、「田原弾正忠」とは、宗光の子で政光の父、弾正忠憲光にあたる。憲光は永正十三年から十五年の間に、尾張国知多郡河和城に居所を移したとされるが、(8)あるいはこの事件に関連してのことであろうか。

もっとも、『宗長手記』にも明応説の根拠とされる記述がある。「義忠帰国、途中の凶事廿余年にや、氏親入国、静謐とはいへども、隣国の凶徒等たゆることなし」とあるのがそれで、以下、舟方山合戦の記述に続く。「途中の凶事」とは今川義忠の戦死（文明八年）をさし、明応八・九年はその二十三・四年後にあたるという主張である。

しかし、この「廿余年にや」とは、「氏親入国、静謐とはいへども」にかかる文言ではないだろうか。今川氏にとっての因縁は、あくまで義忠がその途上に斃れた遠江征服にあり、「隣国（三河）の凶徒等」にあるのではない。この場合、「氏親入国、静謐」とは文亀年間における斯波氏との対戦と勝利をさし、「隣国の凶徒等」の蜂起とは時間差があると考えられる。

以上、それぞれの説は、その根拠とする史料を異にしていたことが判明した。従来の研究においては、その点がはっきり意識されていなかったため、二説が並列するという結果になったと思われる。

それでは、舟方山の戦闘は二度行われたかというと、両史料の記述の類似性からみて、その可能性は低い。ならば、記述がより具体的であり、今川氏親に側近として仕え、朝比奈一族とも交流のあった宗長の手による『宗長手記』の方が、史料的価値は高いと考えられるから、それに基づいた永正説を採るのが妥当ではないか。

註

（1）島津忠夫校注『宗長日記』、岩波書店、一九七五年。

（2）『続群書類従』第二十一輯上、続群書類従完成会、一九二三年。
（3）渥美郡侵入の記述は『宗長手記』のみにある。
（4）大口喜六『国史上より観たる豊橋地方』、豊橋史談刊行会、一九三七年。
（5）秋本太二「今川氏親の遠江経略―とくに信濃小笠原氏と関連して―」、『信濃』二六―一、一九七四年。
（6）「田原近郷聞書」、『静岡県史』資料編7中世三（『静』と略す）六七四号。
（7）「述懐百韻」、『静』五三二号。
（8）『田原町史』上巻、一九七一年。

【付記】本稿では、『宗長手記』の「田原弾正忠諏訪信濃守已下牢人衆催」の解釈として、弾正忠と信濃守とを並列させているが、現在では、「田原弾正忠」が「諏訪信濃守已下牢人衆」を「催」した、と読むべきと考えている。『宗長手記』と『今川家譜』の記述を峻別すべき、という本稿の結論は、これによりいっそう明瞭となろう。けだし、従来の解釈は、『今川家譜』の「大将両人」に引きずられたものであろうか。

なお、村石正行「室町幕府奉行人諏訪氏の基礎的考察」（『長野県立歴史館研究紀要』一一、二〇〇五年）によれば、信濃守は京都諏訪一族本宗の名乗りであったが、永正五年の幕府政変を境に嫡流の交替がみられるという。あるいは、本稿の「牢人」諏訪信濃守は、このとき失脚した貞房ないしその後裔にあたろうか。

Ⅸ　今川氏親年譜史料

大塚　勲

文明五年（一四七三：一歳）生まれる。父は今川義忠。母は伊勢盛定の女。幼名竜王丸《りゅうおうまる》。

〔浅間千句〕静嘉堂文庫所蔵

永正十一年五月十三日

浅間千句

第一
何木

したふとや咲かへる花の遅桜　氏親

夏をかけたる松の藤波　宗長

（中略）

第十
何舟

君を人祈る千年の御祓哉

（中略）

氏親于時修理大夫、ことし四十二とせの祈のために当社新宮にして、五月十三日より十九日にいたりて一七日参籠の内、千句の連歌始の発句・中の第三・はての脇を申くハへて独吟し侍り、毎句おろかなることにて、神慮はかりかたき物なるべし、おそろし丶丶丶丶

〔今川家譜〕続群書類従合戦部

義忠ノ御前ハ京都ノ侍所伊勢守殿姪ニテ、伊勢カ（ママ）備中守盛時ノ息女也。後に北川殿トハ是也。彼御腹ニ竜王殿トテ八歳ノ若子アリ。

〔寛永諸家系図伝〕

義忠　五郎　治部太輔　上総介　長保寺と号す
　　文明八年　横地　勝間田党一揆をおこすにより遠州塩買坂にてうち死す

―氏親　五郎　修理大夫　上総介　増善寺と号す
　　母ハ伊勢新九郎長氏が姉

――氏輝　五郎　臨剤寺と号す
　　実子なきにより　家督を義元にゆづる

――花倉主　氏輝死後　家督を義元にゆづることをうらみて合戦におよぶといへども　つゐに敗北して
　　駿州花倉において生害

――義元　治部太輔
　　永禄三年五月十九日　尾州におゐて討死　天沢寺と号す　時に四十二歳
　　……

――女子二人　其ヒトリハ中御門大納言の室　そのひとりハ北条氏康が妻

※ここに掲げた「浅間千句」に見るように、氏親の四十二歳の厄年は永正十一年（一五一四）である。したがって逆算すると氏親の生年は文明五年となる。『今川家譜』は母親を伊勢盛時の息女としているが盛時（後の早雲庵宗瑞）は誤りで、正しくは盛時の親盛定である。母親伊勢氏は後に北川殿とよばれ享禄二年（一五二九）五月二十六日没

した。諡名は得願寺殿慈霊妙愛大姉。

文明七年（一四七五：三歳）春、父義忠が遠江出陣の帰途不慮の死を遂げたことにより、跡目をめぐって家中が紛糾したため、母に伴われ山西小川の法永長者の許に身を寄せた難を避けたが、母方の叔父伊勢新九郎盛時らの調停により和議がなり家中の混乱は治まり、龍王丸成人まで、父義忠の従兄弟の子範満が家督を代行することになった。

〔今川記〕続群書類従合戦部

一文明七年の春（中略）御年廿八にて御逝去あり。……爰に今川一門瀬名・関口・新野・入野・なこや、かの家の老臣三浦・両朝比奈・庵原・由比の人々二つに分て、不快に成て已に合戦に及ふ。是主人御幼少の間、私の威を高して争ひける故也。然間御家督竜王殿、御母北川殿は御近習のともから引具し奉り、忍ひて山西と云う所へかくし置申ける。

〔妙法寺記〕戦国史料叢書武田史料集

文明八丙申、駿河ノ守護殿、遠州ニテ打死、同共イヤヘ・アサイナ打死、

〔太田道灌状〕松平文庫本

（前を欠く）雖大串ノ弥七郎出仕ノ事連々申来候、（中略）難被準自余候、（以下六条を略す）

一翌年三月、道灌者向駿州、今河新五郎殿為合力、相州へ罷立、六月足柄ニ越、九月末為如本意豆州北条江致参上、十月令帰宅、其儘不及出頭意趣者、既及十ケ月難儀取合候処、忠景一度不預音信候（中略）御無為利根河ヲ御越、河内へ御移候、（以下二十九条を略す）

一一両月御近辺致祗候候、（中略）此等趣可令得御意給、恐々謹言

十一月廿八日　　　　　　　　道灌状

謹上　高瀬民部少輔殿

〔鎌倉大草紙〕群書類従合戦部

其年駿河国に騒乱あり。今川殿は扇が谷の縁者也。其上伊豆の御所より御催し有て、暖のために左衛門大夫、同年六月足柄山を越駿河へ発向して、同十月帰宅す。

〔今川記〕

一去程に駿河国義忠打死被成、其跡大に乱れ、合戦数度におよひし事、関東に聞ければ、伊豆の御所より上杉治部少輔政憲を大将として、三百余騎にて馳向ふ。上杉扇谷修理大夫殿より代官として太田左衛門大夫、三百余騎にて馳登り、両陣狐か崎・八幡山に陣とりて、駿河衆の両陣へ使を以申送けるに、抑今度豆州様・扇谷殿より我々罷向ひし意趣は、今川殿御打死之跡、御息幼少にて上をかろんし、各々私の動闘何事そや、何方にても候へ、今川殿へ逆心あらん方々に向ひ、一矢仕り候へとの上命をふくみ罷り向ひ候。定て一方は御敵なるへし、御返答次第に一合戦可仕と、委細申送りけれは、両陣なから陣答にをよはす、しらけて陣を引たりけり。然とも猶和談なかりしかは、太田、上杉御館へ参り評定し、和談のはかりことめくらす処に竜王殿御母（中略）其弟伊勢新九郎長氏と申人（中略）あね君をたつねて、駿河国へ下向ありしか、折節此乱に参り逢ひ、関東より加勢の両大将に相談ありけるは、かやうに家来人々二つに分て合戦の事、今川家滅亡の基にて候、（中略）各々の御あつかひを不用、和融の儀なくは、京都の御下知を承り、豆州様へ申合、一方を退治可仕、若又御あつかひを承り、尤と一同し和

談の事定り候はは、竜王殿の御在所知て候間、御迎に参り御館へ返し奉るへしと、評定ありけれは、関東の両将も尤と一同し、此条々を駿河衆の両陣へ申送らるる。駿河衆もよしなき私の戦を起し主の御行衛さへしらすして、めいわくの砌にかやうにあつかひ有りしかは、大によろこひ早々両陣を引て則ち御館へより合て、惣社浅間の神前にて神水を呑、両方和談相調ひけれは、竜王殿は山西の有徳人と聞えし小川法栄かもとに御座しける。（中略）和談相調、伊勢新九郎御迎にまいりしかは、（中略）法栄父子も御供申、駿府の御館へ入奉る。

〔今川家譜〕続群書類従合戦部

文明十一年二月十九日義忠不慮ニ討死。（中略）竜王殿トテ八歳ノ若子アリ。然ニ義忠ノ伯父範頼ノ子息範満ト申人、其身仁体ニテ武勇又勝レタリ。殊ニ関東上杉扇谷殿ノ縁者ニテ、内々取持被申ケル間、義忠ノ御子幼稚ニテ乱国時分家督モ危シ、御名代ニ範満ヲ立可被申候由、一門面々譜代ノ家臣共数多望事有之。則、今川新五郎範満屋形ニ移ラルヽ、竜王丸殿御母諸共ニ忍ヒテ何国トモナク落玉フカ、駿州山西ノ小川ノ法永ト云長者カ家ニ隠玉フ。是ニヨリ竜王方ノ侍一味同心シテ、新五郎殿ノ御屋形へ押寄攻戦フ、駿州ノ在々寄々ニテモ合戦止事ナシ。

此時北川殿弟伊勢新九郎入道早雲、伊勢ヨリ弓箭修業ニ関東へ下ケル折節、駿河ノ乱中ニ参会、急キ姉君ノ隠レテ有シ山西ニ来ル。又関東より上杉加勢トシテ太田左衛門太夫大勢ニテ駿府ニ来ル。早雲大ニ悦ヒ、太田ニ参会シテ此逆乱ヲ扱、色々心ヲ尽、諸軍ヲ宥メ、竜王殿ヲ山西ヨリ出シ申、後ニハ新五郎殿隠居有テ、竜王殿へ御家督ヲ御渡シ可被成ト相究リ、諸勢一同ニ和談シテ、竜王殿御母諸共ニ山西ヲ出テ、丸子ニ新ニ館ヲ建テ爰居住シ、今川新五郎氏親ト号ス。

※今川義忠討死の年については文明七年、同八年、同十一年の三説があり、七年とするのは『今川記』と『今川家

略記』。八年は『妙法寺記』ほか『和漢合符』『寛永諸家系図伝』『寛政重修諸家譜』。十一年は『今川家譜』である（七年の誤写カ）。が、現在は『妙法寺記』が史料的価値が高いということで八年説が行なわれている。しかし『宗長日記』の義忠遠江出陣討死の記事では明記されている訳ではないが、七年のこととしているようである。

なお「太田道灌状」や『鎌倉大草紙』に見る道灌の駿河出陣の記事も、その年が明確でなく、一般に文明八年とされているが、同年六月には長尾景春の武蔵五十子（いかつこ）の上杉陣襲撃があり、八月には、招かれて江戸城に下向していた建仁寺の正宗竜統が「寄題江戸城静勝軒詩序」を作り道灌に進上していることなどから、駿河出陣は八年ではなく前年七年の事と思われる（『鎌倉九代後記』には「同年〈文明八〉四月十三日、定正家老太田道灌、武州戸島ト相戦ヒ、己(之)ヲヤフル」とある）。なお、太田道灌状は仮託され後世作成されたものではなかろうか。

さて義忠討死後、家中が紛糾し各地で戦いが繰り広げられたことは、文明十七年九月二十五日清見寺を訪れた万里集九の紀行（梅花無尽蔵）に「自山原至蒲原、纔四里、其間或山或浜、有清見関之清見寺、（中略）寺厄兵火、唯有残礎、小板屋安開山像、敗塔安祖(檀)度尊氏像、伝聞乱前有山門、掲潮音額」とあり確かであると思われるが、先に見たように『今川記』には新五郎範満は登場せず、その調停の始末も『今川家譜』とでは大きく違い実状はよくわからない。

ただ和談成立後、山西小川の法永長者の許を出た竜王丸が駿府の屋形に入らず、丸子に新館を建てて住んだとする『今川家譜』の記事は、永正十四年（一五一七）に書かれた宗長の『宇津山記』に「十とせさき十とせあまり、大守此の山のうちにをくらせ給ひ」とあるのに符合する。とすると『今川家譜』の云うことは史実であろうか。

文明十一年（一四七九：七歳）十二月二十一日、室町殿足利義政より家督相続を承認される。

〔足利義政御判御教書写〕今川家書文章写

慈照院殿御判

亡父上総介義忠遺跡所領等事、任譲状之旨、今川竜王丸相続領掌不可相違之状、如件

文明十一年十二月廿一日

※この御教書を受給できたのは伊勢盛時らの尽力によるものだろうか。『長禄二年以来申次記』に「伊勢新九郎盛時（文明十五年十月十一日 被召加之、備前守貞定息也）」とある。

長享元年（一四八八：十五歳）正月、姉、正親町三条実望に嫁ぐ。

〔実隆公記〕文明十九年正月

五日丙午晴、（中略）羽林今日被下向坂本、今夜婚礼云々、珍重々々、三栖庄神供到来、

※ここに羽林（近衛府）とあるのは正親町三条実望のことである。彼は当時右近衛少将であり、前年四月屋敷が焼討に遭ったため父公躬（公治）と共に近江国坂本に居住していた。また、彼は足利将軍家の家司で父も将軍義尚の側近であった（家永遵嗣『室町幕府将軍権力の研究』三四五～三四六頁）。

実望の妻となった姉は「北向」と呼ばれている（『宣胤卿記』『実隆公記』）。『駿河志料』安部郡羽鳥村万年山竜津寺の項に「当寺は、正親町三条内大臣正二位実望公北の方菩提所にて、竜津寺殿は今川修理大夫氏親朝臣の姉、治部大輔義忠朝臣の長女なり」とある。北向の法名は竜津寺殿仁齢栄保大姉。卒年不詳。

同年、今川範満を討ち駿府館に復帰したという。

〔今川家譜〕続群書類従合戦部

諸勢一同和談シテ、竜王殿御母諸共ニ山西ヲ出テ、丸子ニ新ニ館ヲ建テ爰居住シ、今川五郎氏親ト号ス。後ニハ修理太夫ト申ケル。歌道ハ代々好ミ玉ヘトモ取分此道ニ達シ、兵法馬乗水練モ勝レタリ、譜代面々深ク此人ニ傾キケレハ、伊勢新九郎入道大ニ悦ヒ窃ニ今川譜代ノ族ヲ催シ御館ヘ攻入ケル間、新五郎殿并小鹿孫五郎ト共ニ防戦、終ニ不叶シテ二人共ニ生害有シカハ、氏親ハ丸子ヨリ御館ニ移玉フ。

〔日海記〕清水市海長寺所蔵

長京（長享）年中、日正之代時、当国一乱之刻、矢部一類成敵屋形滅亡畢、爰元之郡内悉成黒と、

〔今川氏親黒印状〕東光寺文書

就今度御宿願、東光寺給主諸公事等、悉任先々之旨被差置候、同山屋敷境迄、諸給主可為其分、若於此上有違乱族者、大衆速急度注進可被申候、堅可有御成敗者也、仍執達如件

長享元年丁未
十月廿日　　竜王丸

東光寺

※氏親が名実ともに自立した時期を長享元年とするのは、ここに示した黒印状が氏親発給の初見文書であることによる。『今川家譜』は、先の和談で後に（おそらく竜王丸が成長した時）竜王丸に家督を譲るとした約束を果さない範満を、伊勢新九郎が今川譜代の家臣とともに討ち、竜王丸を今川館に入れたとするが、この経過は他の記録類には

見えない。

明応元年（一四九二：二十歳）この頃、元服し五郎氏親と名乗る。

〔今川氏親判物写〕判物証文写今川三

駿河国大屋郷内東流大夫方事、并公役相副鹿島米可知行者、守先規、神役等無怠転可勤者也、仍而如件

明応四乙卯年十二月廿五日　　五郎（花押）

東流大夫殿

※氏親の元服の日は明確でないが、元服後初めて出した文書の確実なものがこれである。これ以前の延徳三年（一四九一）五月六日の幕府奉行人連署奉書写（『北野社家日記』同年八月十日条所収）では「今河竜王殿」となっている。この間の明応三年九月二十日、安倍奥の地侍杉山太郎衛門に出したものには署名はなく黒印（印文未詳）が捺されている。

明応三年（一四九四：二十二歳）八月、伊勢宗瑞、遠江に乱入する。

〔円通松堂禅師語録〕曹洞宗全書〈巻第三偈頌之類三〉

謝増楽主見訪旅宿

（中略）

茲明応甲寅秋中之頃、平氏早雲者引率軍兵数千、乱入当州三郡、推落高城、殺戮官軍、狼烟瓦天、焼却民家、不

知其幾千万、小人道長時節於今者乎、臏毒焔及於山林、不残一宇為廃燼畢矣、

※この早雲庵宗瑞の遠江乱入は、これまで今川氏親による遠江侵攻の始まりとされている。しかし『円通松堂禅師語録』に拠る限り、今川と連合してというより宗瑞独自の動きのような印象をうける。宗瑞は前年伊豆に討入り堀越公方足利茶々丸を襲ったが取り逃がしてしまった。以前遠江の軍勢は、堀越公方の軍事力の一翼を担い何度か関東へ出兵している（家永遵嗣『室町幕府将軍権力の研究』第二部）ことから、この遠江乱入は遠江の国人が茶々丸の要請で蜂起するのを牽制するためではなかろうか。

しかし何はともあれ、この宗瑞の遠江乱入は今川氏にとっても効果的軍事行動であった。これ以後遠江東部がほぼ今川の支配下になったからである（明応五年七月十八日の佐野郡長松院宛て「今川氏親禁制」長松院文書・同年九月二十六日長松院に寺領を寄進した「今川氏親判物」・同六年七月十八日の城東郡華厳院宛て「今川氏親判物」華厳院文書）。

明応六年（一四九七：二十五歳）この年、遠江へ進攻する。

〔今川氏親判物〕孕石文書

遠江国山名郡内貫名郷国衙引田之事

右、去年丁巳於原要害依抽忠節、為其賞宛行之了、弥可嗜忠節之状、如件

明応七年戊午十一月十三日　　氏親（花押）

孕石殿

〔宗長日記〕岩波文庫

義忠帰国途中の凶事。廿余年にや、氏親入国……

※今川氏親判物の「原要害に於ける忠節」は、これまで今川氏の原氏攻めの戦功と見做されてきたが、この年原氏が今川氏に攻められたというようなことは『円通松堂語録』には見えず、原氏はその後今川家臣として存続していることから、これは今川氏の遠江進攻を阻もうと「原要害」に立籠った原氏を、同族孕石（系図では民部丞行重）氏が説得して今川方とした「忠節」ではなかろうか。

この年は義忠討死の文明七年（一四七五）から数えると、二十一年目にあたり『宗長日記』の「廿余年にや」に符合する。

文亀元年（一五〇一：二十九歳）辰応性寅を増善寺開山に迎える。

〔浄牧院記〕続曹洞宗全書

于時明応九庚申年秋社念六日、駿河之府主従今川殿、以使札曰、吾儕結小刹、而為先祖欲訪菩提、伏望請尊師令為開山、願参府矣、辰応和尚依為公命、而不得拒辞、於翌年到彼、如右約諾而住持者也、徒衆常満一百余衆、今増善寺是也、

※増善寺（静岡市慈悲尾）の開山は崇芝性岱（遠江石雲院開山）となっているが、ここに見るように氏親が武蔵多摩郡の浄牧院（東京都東久留米市）に住職していた崇芝の法嗣辰応性寅を請じて開いた寺であり、崇芝は勧請開山である。

同年五月、有渡郡別府郷村松の海長寺に逗留して三保を見物する。

〔日海記〕

一、文亀元年五月四日、屋形氏親為三保見物入御、当坊三日之逗留、同胎方并三条殿御公達両人自是始而一年二度三度宛来儀、御出之時ハ御樽賜、又御樽進上、又御引出物必有之云々、

文亀二年（一五〇二：三十歳）秋、遠江において斯波氏と戦いこれを退ける。

〔今川氏親判物写〕御感状之写并書翰

黒山被乗取之由候間、本城も定可落居候、然者落人之事一人ニても助間敷候、可被存其旨候、就其一書を世名迄遣置候キ、可被申届候、猶以於無沙汰者、一段可為曲事候、急度本城落居注進待入候、恐々謹言

七月卅日　　氏親（花押）

由比助四郎殿

〔今川氏親感状〕朝比奈文書

今度於堀江要害城戸際、抽其動候、尤忠節無紛候也

八月廿八日　　氏親（花押）

朝比奈助次郎殿

〔宗長日記〕

抑、備中守泰熙、当国にをきて粉骨戦忠の次第。社山に左衛門佐殿在城。配流をもつて、二俣の城へ退け、則、尾張国当国牢人等、あしを空にしてかくる、所なし。信濃・参河の国のさかひまで手裏にしたがひ、又、河西村櫛堀江下野守数年の館、浜名の海南北にめぐり、本城、外城黒山と云。早雲庵・備中守相談せられ、当国諸軍勢うちよせ、両三日に落居す。浜松庄吉良殿御知行奉行大河内備中守、堀江下野守にくみしてうせぬ。

※文亀元年（一五〇一）と推定される八月十二日の信濃国伊奈郡松尾郷（飯田市松尾城）小笠原氏（定基・貞忠父子、松尾小笠原氏という）宛て斯波義雄書状（勝山小笠原文書）によれば、斯波氏の要請により同国筑摩郡深志郷（松本市深志）の小笠原右馬助貞朝（深志小笠原氏という）が来援して二俣城に入っている（秋本太二「今川氏親の遠江経略」『今川氏の研究』）。

斯波義雄は遠江守護斯波義寛の弟で、この頃遠江に入り豊田郡社山（豊岡村社山）に陣を敷いていた。『宗長日記』の左衛門佐殿は義雄のことである。

なおこの頃、遠江中部の天方城（森町大鳥居）や蔵王城（袋井市鷲巣の久能城）それに馬伏塚城（浅羽町岡山）でも戦いがあった（永正七年三月二十日「本間宗季軍忠状写」木間文書）。

永正元年（一五〇四：三十二歳）九月、伊勢宗瑞と共に関東に出陣し扇谷上杉朝良を援ける。

〔上杉顕定書状写〕宝持院文書

先刻如啓候、治部少輔并今川五郎・伊勢新九郎令対陣、於軍者可御心安候、既公方様御発向之上者、不移時日自身出陣候様、武田五郎方へ被届可然間、遅々不可有曲候、巨細長尾右衛門尉殿可申述候、恐々謹言

九月廿五日　　　　顕定（花押）

大森式部太輔殿

〔宗長日記〕

永正元年九月初に、鎌倉山内・扇谷号両上杉山内管領職牟楯、扇谷は早雲一味、河越・江戸、山内は上戸・鉢形、いつれも合戦すべきになりて、むさし野にもあまる計成へし、坂東路三里ばかり、敵退におよばす、味方すすむにあらず。十余日相支て注進あり、氏親、九月十一日俄進発。十三日備中守・福島左衛門尉、駿遠両国軍勢遂日出陣す。同廿日、廿一・二日、早雲の陣益形着陣。敵退やと見えき、をひすがひ一夜野陣、明る辰刻ばかりの朝霧のうち、むさし野も深山のやうに敵味方の軍兵みえけるとなり、凡、雷電のごとし。午剋計、馬を入あひ、数刻の合戦、敵討負て本陣立川に退。其夜、行かたしらず二千余、討死・討捨・生捕・馬・物の具充満。一日一夜有て、大将修理大夫氏親、同十月四鎌倉まで帰陣。一両日逗留。豆州熱海湯治一七日。韮山に二三日。陣労休られ帰国ありしなり。其時、三島明神に立願申侍し。

同年十月二十五日、関東における戦勝の報賽千句連歌を宗長が伊豆三島社に奉納するにつき第一の発句を詠む。

〔宗長日記〕

其時三島明神に立願申侍し。則神前にして、同十日より三日に千句独吟。発句題四季、第一、

たなひくや千里もこゝの春かすみ　　氏親

青柳やかけそう三島木綿かづら　　宗長

※『宗長日記』は「同十日より三日」とするが、静嘉堂文庫所蔵「新三島千句」に「永正元年十月廿五日於豆州三島社頭」「第一の発句を氏親に申、第二の三島ゆふより鶴か岡の松の霜まで、発句の内に四季をこめて、同じ冬神無月廿五日・廿七日に至りて、誠にぬさも筆も取あへすしるしつけ侍るものならし」とあるのが正しい。

永正二年（一五〇五：三十三歳）**この年、中御門宣胤の女**（後の寿桂尼）**を娶る。**

米原正義氏の「駿河今川氏の文芸」（『戦国武士と文芸の研究』桜楓社、昭和五一）に次のようにある。

寿桂が氏親の室となったいきさつについては確証をえない。その年次は永正五年と云われるがそれは想像であって（足立鍬太郎「今川氏親と寿桂尼」）、恐らく永正二年であろうかと思う。「宣胤卿記」永正元年六月十九日条に「自駿河使上」とあり、七月廿日条に「自駿河使瓫祝言五百疋上之」と見え、氏親と宣胤との交流が推される。ついで三十日条に「自駿河使為一宇之助成金、十両一枚上之」とあり、八月廿日条には使僧の下国につき、氏親の母に杉原廿帖・帯十筋・上﨟方に帯五筋、使僧に百疋遣わしたとある。八月二十八日宣胤は実望、その女房衆、冷泉為和その他多くの人々とともに智福院において酒肴を儲け、この席で始めて北向に対面している。この酒宴は今川・中御門両家の顔見せの宴と受取られる。さらに「宣胤卿記」を見ると、十月十四日条には「駿河聖下」とあり、永正元年秋以降両家の交流が急激に親密度を加えている。永正二年は欠本である。三年になると、八月十九日、十一月九日、十二月二十五日、四年には七月十二日、十六日の各条に交流が見られる。かれこれ綜合すると、寿桂が氏親に嫁いだのは、欠本に当たる永正二年ではあるまいか。

永正三年（一五〇六：三十四歳）秋、三河に進攻し、十一月三日に今橋城を攻略する。

〔今川氏親書状写〕東大総合図書館所蔵松平奥平家古文書写

先度以状申述候、為其国合力、来十六日諸勢可差越候、田原申合、抽而其動肝要候、例式於無沙汰者、不可然候、此方勢衆逗留之内ニ細川ニ一城取立、上野通路無相違候様に調談専一候、此儀就庶幾者、各以近番、加西衆可□相踏候、巨細諸勢相立候時、可申越候、為心得先兼日申述候、恐々謹言

八月五日　　氏親判

奥平八郎左衛門入道殿

〔天野文書〕東大史料編纂所所蔵

去八月九日於山中大滝合戦、息男与四郎・弟小四郎竭粉骨云々、殊至鹿鼻于今在陣神妙感悦候、其山中百姓等弥励忠節、馳走専要候、猶長池九郎左衛門尉可申届候、恐々謹言

九月三日　　氏親（花押）

天野宮内右衛門尉殿

〔伊勢盛時書状〕早雲寺文書

雖未申入候、以次令啓候、（中略）次当国田原弾正為合力、氏親被罷立候、拙者罷立候、御近国事候間、違儀候はゝ可憑存候、然而今橋要害悉引破、本城至堀崖陣取候、去十九卯刻ニ城端押入乗取候、爰元急度落居候者、重而可申展候、（中略）恐々謹言

九月廿一日　　宗瑞（花押）

謹上　小笠原左衛門佐殿御宿所

〔朝野旧聞裒藁「三州本間氏覚書」〕

永正三年信忠公御代、今川氏親三州に働キ、東三河今橋に取懸合戦、城主牧野古白討死、今橋ハ後に吉田と云、氏親御手に属す。直ニ西三河、山中・明大寺山・矢作方にて合戦、此時桑子明源寺扱ひ和談に成、松平御家今川之旗本に被為成。

〔今川氏親禁制〕妙源寺文書

（花押）

禁制

於当寺軍勢濫妨狼籍之事

右、至于違犯輩者、可令処厳科之所、如件

永正三　十一月十五日

明眼寺

〔伊勢盛時書状〕徳川黎明会所蔵

今度氏親御供申、参州罷越候処、種々御懇切上意共、忝令存候、然而氏親被得御本意候、至于我等式令満足候、此等之儀、可申上候処、遮而御書、誠辱令存候、如斯趣猶巨海越中守方、披露可被申候由、可預御披露候、恐惶頓首謹言

閏十一月七日　宗瑞（花押）

巨海越中守殿

※この三河進攻については不明なことが多い。かつて新行紀一氏は「今川勢の西三河侵入は永正三年にはじまり、一旦は大樹寺に陣をとった伊勢宗瑞指揮の軍兵は、田原の戸田憲光挙兵の報で今橋まで引き揚げ、戸田氏離反の事実のない事を確認した上で、その情報源であった今橋城の牧野成時〈古白〉を十一月十二日に自殺させ、その勢いをかって再度西三河へ侵入したのであろう」（『一向一揆の基礎構造』五六頁）と述べられた。

ちなみに、大阪天満宮文庫所蔵「宗長独吟、牧野古白一周忌追悼経文連歌」によれば、牧野成時が死んだのは十一月三日夜である。

なお、この三河進攻を平野明夫氏は、永正三年今橋城を攻略したが西三河へ進軍した形跡がなく、西三河進軍は永正五年であるとし、これにより松平惣領家である岩津松平氏が滅亡したとする（『三河松平一族』）。

ところで、今川氏の三河進攻の名目は伊勢盛時書状に見られるように「田原弾正為合力」である。この戸田氏加勢を内閣文庫所蔵『岡崎東泉記』は「田原十田弾正政光と寺部鈴木日向守重則ト不和成テ、今川修理大夫氏親、分国軍勢催、永正三年八月九日三州山中大滝ニテ合戦、鈴木日向守方ヨリ奥平伯耆守・大河内ト一味ス」と記す。ただし田原（渥美郡田原、今の田原町田原）と寺部（加茂郡寺部郷、今の豊田市寺部町）は遠く隔たっていて、地理的にみて戸田氏と鈴木氏との間に不和が生じるはないはずである。

しかし、ここに登場する戸田政光（憲光の誤りであろう）は、文亀元年八月十六日の大樹寺禁制（大樹寺文書→松平一族連判状）署判者のひとり田原孫次郎家光その人、あるいは近親者で、かつての本拠地碧海郡上野郷（豊田市上郷町）に屋敷があったといわれるので（確証はない）、その可能性が全くないわけではない。

永正四年（一五〇七：三十五歳）十月、宗長の閑居「柴屋」を訪れる。

〔宇津山記〕古典文庫宗長作品集

おなじ年の神無月、匠作、此の所見にとてわたり給て、其つゐでに一折に

蔦かえでしげりししるき落ち葉哉

※柴屋は永正三年夏、宗長が斎藤加賀守安元の支援をうけて、駿河近郊丸子（静岡市丸子）の泉谷に結んだ庵である（重松裕巳「柴屋軒結庵年次試論」『連歌俳諧研究』五六）。

永正五年（一五〇八：三十六歳）この年、遠江守護に補任される。

〔御内書案〕続群書類従武家部

就遠江守護職之儀、太刀一腰・馬一疋・鳥目万疋到来候訖、目出候也、

永正五　七月十三日

今川何、、

※『実隆公記』永正六年十一月十日条に「今川五郎氏親送書状、黄金三両恵之」とあるので、氏親が修理大夫に叙されたのはそれ以降であり、同八年四月二十九日の日付のある時雨亭文庫所蔵『小野宮殿集』奥書に「今川修理大夫氏親所望遣者也」とあるのが初見である。

同年十月、西三河へ出兵し松平氏と戦っていた伊勢宗瑞に率いられた今川勢、戸田憲光の裏切りにより撤退する。

〔三河物語〕戦国史料叢書家康史料集

爰に伊豆之相雲、新九郎たりし時に、駿河の国今川殿へ名代として、駿河・遠江・東三河三ケ国の勢を催して、一万余にて西三河へ出る。新九郎は吉田に付、先手は下地の御油・小坂井に陣を取。明ければ御油・赤坂・長沢・山中・藤川を打過て、生田に本陣を取ば、先手は大平川を前にあて、岡・大平に陣を取。明ければ大平河を打越、念志原へ押上、岡崎の城をはにれんぎ・牛久保・伊名・西の郡衆をおさへに置、鳌山を押てとをり、伊田の郷を行過て大拾寺に本陣を取ば、所勢は岩津の城へ押寄、四方、銕炮はなちかけ、天地ひびかせ、ときのこゑをあけて、をめきさけぶとは申せ共、岩津殿と申は弓矢を取て無其隠御方られば、少も御どうてんなく、諜がせたきはず、其故度々の高名なをあらはしたる者ともを、もたせ給へば、彼が出て中々敵をあたりへ寄付事思ひ不寄はたらきければ、新九郎を初、所勢共ももてあつか井たふぜい也（以下、安祥城の松平長親〈長忠〉が出陣して新九郎勢と井田野で戦ったが、新九郎が田原の戸田が離反したとの噂を聞いて吉田へ引き上げたので、長親も安祥へ引いたとあるが略す）。

〔実隆公記〕

（永正五年十一月）七日辛丑、晴、（中略）大隅来、参川国去月、駿河・伊豆衆敗軍事語之、

〔勝山小笠原文書〕

（上略）就中参州儀、田原弾正兄弟数年憑此方候之間、度々成合力来候処、近日敵令同意候、前代未聞候哉、就其可成一行所存候、（中略）委曲之旨、瀬名可令申候、恐々謹言、

源氏親（花押）

三月廿日

謹上　小笠原左衛門佐殿

永正七年（一五一〇：三十八歳）冬、遠江に出陣する。斯波義達が遠江に入部し、引間城の大河内備中守や国人の井伊次郎と同心して、蜂起したからである。

〔朝比奈泰熙書状〕東大史料編纂所影写本大沢文書

中安殿へも別紙可申候へ共、一紙申候、小河四郎兵衛丞も同前申候、両度申候つる、参着候哉、仍ひきま之儀昨日申剋、駿府へ注進届候、只今申剋ニ弟弥三郎罷越候、今日必々屋形藤枝迄着陣、明日者懸河へ可被出着候、其御城如何ニも堅固御踏簡要候、三河衆何万騎立候共、合戦者安間たるへく候、返々屋形出陣必定候、八幡大菩薩も照覧候へ、努々疲立ニハ不申候、如何様ニもしのハせられ、其方より人を可賜候、恐々謹言

十一月一日申剋　朝比備泰熙（花押）

大沢殿

小笠原右京進殿

〔伊達忠宗軍功申状〕駿河伊達文書

武衛様御陣所度々火事之事

永正七年十二月廿八日夜

一　まきの寺御陣所火事にて花平へ御移候

永正八年
一　正月五日　午刻時分　花平御陣所・御番所、同御たい所火事
（中略）
永正八年
二月十二日　引間衆物見ニ出候跡ニ二百計
七月九日　引間衆原口へ五百計
十月十七日　武衛御自身四手ニ分、千余ニて討詰候き
同十九日　形部口・原口へ千五百計、是ハ五手ニ分詰候キ
同廿三日　計部口・原口へ人数千余ニて二手ニ分詰候キ
同廿四日　形部口へ井伊次良、四百計にて、原口へ引間衆、千余にて討詰候、武衛御自身、気賀へ討詰させら
れ候、御人数千計にて候き
（この後も永正九年まで、三方原等での武衛衆・引間衆・井伊衆との戦が記されているが略す）
其後も度々罷出候へ共、指儀不仕候処、則引間為御退治御進発、原河ニ御座候後者一向不明働候、
〔宗長日記〕
又八、九年して、大河内備中守、おほけなきくはたて、浜松庄に打入、引馬にして、当国牢人等百姓以下を楯籠らす。
則、発向、今度は悉寺庵在家放火、大河内及生害処、されども吉良殿御代官につきて懇望、先以免ぜられ各帰陣。
泰熙其冬不慮に病死。力およばず泰能幼少にして、伯父泰以しばらく補佐。

※なお、朝比奈泰熙の死去の年は、宗長独吟「述懐百韻」（屏山文庫所蔵）に「永正八年正月廿一日、前備中守泰熙法名宗栄身まかりて、三七日の今日、この百句をつらぬ」とあるので、永正八年の元日であったことがわかる。しかし、永正七年十二月とするものが多い。

永正十年（一五一三：四十一歳）、再び遠江に出陣する。

〔宗長日記〕
又、大河内、信濃・参河・尾張をかたらひ、大乱くはだつ。此度は御進発、笠井庄摎厳寺に御馬立らる。諸軍勢河をうち越、大菩薩と云山に着陣。北に伊井次郎深岳といふ山、武衛を覚悟申。又牢人以下相あつまり、毎夜の篝、暁の星のごとし、泰以やすゝ、とうちおとし、武衛同奥の山に退。則尾張帰国。

〔応仁後記〕
永正十年ノ春三月、氏親一万ノ兵ヲ率シ遠州ニ打入テ笠井ノ庄楞厳寺ニ陣ヲ取ヌ、斯波治部大輔義達ハ尾州ノ勢ヲ率シ遠州井伊次郎直親ヲ相伴ヒ深岳ノ城ニ籠ラレケルヲ、今川ノ先陣朝夷奈十郎泰以ト云者、只一手ニテ深岳山エ寄来リ案内ヲ知テ一夜討シ、忽城ヲモ攻落シテ数百人ヲ討捕ヌ、尾州勢悉打負、同国奥ノ山エ引退ク、

※今川氏親が陣を張った笠井庄の楞厳寺というのは長上郡市野村（中世には市野郷、浜松市市野町）に在った寺院（江戸時代は同所の曹洞宗宗安寺末）で、引間城の東北一里半余りに位置する。

同十年、嫡男氏輝生まれる。

〔明叔録〕妙心寺派語録二

大禅定門（臨済寺殿用山玄公大禅定門・今川氏輝）丙申（天文五年）之春、側臥病床、治之無験……於臨絶間、加獅子翻躑而春秋僅二十有四、率然薨喪

〔寛政重修諸家譜〕抄

氏親　龍王丸　五郎　治部大輔　修理大夫　上総介　母ハ伊勢新九郎長氏が姉

- 氏輝　五郎　母は中御門大納言宣胤が女　父が家督を継　天文五年十七日卒す　年二十四　用山玄公臨済寺と号す
- 恵探　花倉主　母は福島氏
- 義元　治部大輔　従四位下　母は氏輝におなじ　……
- 氏豊
- 女子　中御門大納言某が室
- 女子　北条左京大夫氏康が室
- 女子　瀬名右衛門佐氏俊が妻
- 女子　関口刑部少輔氏広が妻

永正十二年（一五一五：四十三歳）八月、『続五明題集』を編纂する。

〔続五明題集序〕異本扶桑拾葉集

しき島のみち、なにはづあさか山のふるきあとをしたひ、代々の勅撰をはじめとして、おほやけわたくしに、えらびをけるところ、すべて筑波山の陰よりもしげく、長浜の真砂よりも数つもり侍る中に、古今集より続後拾遺

にいたる十六代集の歌、しげいとの一ふしある題つのさふる岩の百のかど侍る歌どもを撰びいだして、二八明題和歌集と称せるもの侍り、しかるに治部大輔源氏親といへるなん、当家代々の門葉いちじるしく和歌の浦波に、こゝろをかけちゞのもしほ草かきあつめ侍る中に、此抄出をもうつしとゞめ楊裏抱玉沙中得金侍らんおもひなせしかはあれど、おなじくは彼集より以来の歌をも、くはへたくおもへるこゝろざし懇切に侍り、こゝに素純法師といひ侍る、これも曩祖より下生として宿習なきにしもあらざるうへ、彼礼部沫膠のかたらひをなし侍れば、心をあわせことばをかはして、風雅より新続古今集におよび五代の勅撰の中をえらびそへ、続五明題和歌集と名づけ侍り、尤枢機たるべきものなり、この風にこゝろをうごかし侍らんともがらは、高砂の松の木だかくあふぎ、すみの江の波のよりゝゝ見はやさむもの哉、

時に永正十二年南呂三日になん、みじかき筆にまかせいさゝか心緒をのぶるところしかなり、

※序文にあるように『続五明題集』は、『風雅集』以下『新続古今集』に至る五勅撰集の歌の中から、三千七百余首を抜粋したものである。氏親一回忌に宗長が、氏親の「詠草中廿首五文字を一文字つゝ句の上にをきて」独吟百韻を試みていることから、氏親自身も多くの歌を詠んだことが知れる。『今川家譜』に「歌道ハ代々好ミ玉ヘトモ、〔氏親〕取分此道ニ達シ、兵法・馬乗り・水練モ勝レタリ」とある。

永正十三年（一五一六・四十四歳）九月、守護武田信直と対立する国人大井信達を支援するため甲斐国へ出兵して信直方を攻撃する。

〔妙法寺記〕武田史料集

永正十二乙亥

（中略）此年当国大井殿、屋形トノ合戦十月十七日申剋也。（下略）

永正十三丙子

（中略）未夕大井殿ト御屋形様ノ取合、弥強盛也。駿河ト此国ノ取合未息。（下略）

永正十四丁丑

（中略）去間先方ツヒニ切リ勝テ吉田自他一和ニ定也。

〔王代記〕武田史料集

丙子十三　於万力、九月廿八日合戦。駿河勢出、国中悉焼。八幡山松本七覚焼亡。曽根之毛沢陣取。勝山ヲキツキ。

丁丑十四　三月二日引返無数ニテ。

〔宇津山記〕

甲斐国勝山いふ城に、この国より勢をこめられし。いひあはせらる、国人心がはりして。人のかよひ絶はてつ。正月廿日。匠作より久知音の国人につきてまかりくだり。無為の事をも申かよはすべきよしあれば。貴命そむきがたくて。則廿三日。こふをたちて。廿八日知人の舘にいたりて。一折の連歌興行。

世は春とおもふや霞峯の雪

五十日にをよび。敵味方にさま〴〵老心をつくし。まことにいつはりうちまぜて。三月二日。二千余人。一人の恙もなくしりぞき。帰路に身延と云法華堂に一宿。寺の上人所望に。

雪こほり山やあらそふ春の水

春来て雪水我さきにとうちとけ。ながれ出たる山水のさまにや。下の心はこのたびの一和の心にもや。

※永正十二年十二月、甲斐守護武田五郎信直（後に信虎と改名）と同族の巨摩郡大井庄上野城（山梨県南アルプス市上野の上野城址）の大井次郎信達との争いが勃発し、氏親は大井信達を援けてこの乱に介入、甲斐に軍を進め、都留郡の吉田城（同富士吉田市新屋の城山）に入り、翌十三年九月信直方を攻撃、八代郡勝山城（同甲府市上曽根町の勝山城址）を襲った。この戦いは初め今川方が優勢であったが、次の年（永正十四年）正月、吉田城が信直と同盟関係にあった小山田信有の武将小林尾張入道に攻略されると、今川方に通じていた甲斐国人たちが寝返ったため、勝山城が孤立状態に陥ってしまった。

そのため氏親は正月二十六日、連歌師宗長を甲斐に遣わし一ヵ月余りにおよぶ交渉の末、信直と和睦し、三月二日に撤兵した。氏親が信直との和睦を講ずるに至ったのは、今川軍の甲斐出兵の隙を衝いて斯波義達がまた大河内貞綱と組んで引間城に立籠もり蜂起したからである。

永正十四年（一五一七：四十五歳）八月、遠江引間城を陥れ遠江の平定成る。

〔宇津山記〕

同四五月のほとより天竜川をへたて〻、武衛于時治部太輔義達　参河国さかひ浜松庄引間といふ地に国の牢人以下七八千楯籠、去年冬より此夏まて矢軍まて也、此河五月雨の洪水にして、六月中旬舟橋をわたし、うちこさるへきのための千句、発句、

水無月やかち人ならぬせ〻もなし

八月十九日につゐに敵城せめおとされ生捕かれこれ千余人とそきこえし、やう〳〵しつまるにやとおもへ八年もくれぬ、

〔宗長日記〕

又、此刻をえて、大河内、当国牢人等、信濃の国人を催し、武衛をかたらひ申、天竜川前後左右、在々所々押領す。（中略）明る夏五月下旬、彼城に打向はる。折節洪水大うみのごとし、船橋をかけ、船数三百余艘、竹の大縄十重廿重、只陸地に似たり、此橋のいはひとて、千句あり、発句、

　水無月はかち人ならぬ瀬々もなし

いまおもへは、みなかち人のわたりかなと申べかりけり。敵、河のむかひにうちいで、射矢雨のごとし、数万の軍兵やす〳〵とうちわたり、敵は則引入ぬ。敵の城六つ七つ、めぐり五十余町の内おひこめ、六月より八月まで責らる。城中そこばくの軍兵、数日をへて、八月十九日落居。安部山の金掘をして、城中の筒井悉堀くづし、水一滴もなかりしなり。大河内兄弟父子、巨海・高橋其外、楯籠傍輩数輩、あるは討死、あるは討捨、あるは生捕、男女落行体目もあてられすそ有し、武衛又子細ありて出城、ちかき普斎寺と云会下寺にして御出家。供の人数をの〳〵出家。尾張へ送り申されき。

※引間城主大河内備中守貞綱は、三河国幡豆郡寺津城主大河内但馬守満成の弟で、巨海新左衛門成綱はその弟であるらしい（『美濃国諸家譜』大河内）。『三河国二葉松』所収「三河古城記」幡豆郡巨海村古城の項に「巨海新左衛門、大河内備中守カ弟也、永正十一年八月於遠州引馬討死、或高橋氏弟トモ云」とある。

永正十六年（一五一九：四十七歳）この年、三男義元生まれる。

〔今川系図〕続群書類従系図部

氏親 五郎修理大夫上総介

- 氏輝 五郎　依無実子譲与義元　母中御門大納言宣胤女
- 花蔵主　氏輝依遺言　義元令相続家督　因茲雖及合戦　終令敗北　於駿州花倉討死　年二十歳　母同　幼而出家　為律宗　名良真　住山西花倉遍照光院　母福島安房守女
- 義元 治部人輔　母同　永禄三五十五於尾州討死　行年四十二歳　号天沢寺　初為禅宗　善徳寺喝食　師大原和尚　十八歳継今川家 ……
- 女子 中御門大納言室　母同
- 女子 北条氏康妻　母同

※義元誕生の年は、『寛永諸家系図伝』およびここに掲げた系図が永禄三年（一五六〇）討死した時の年齢を四十二歳としているので、逆算して永正十六年とした。『護国禅師三十三回忌香語』に「梅岳承芳と曰う。芳は氏親公の三男なり」とある。

大永五年（一五二五：五十三歳）十一月二十日、嫡男氏輝（十四歳）元服する。

〔宗長日記〕

十一月廿日、竜王殿御元腹ありて五郎氏輝。をのゝゝ、祝言馳走、例年にもこえ侍るとなり。

大永六年（一五二六：五十四歳）四月十四日、「仮名目録」三十三カ条を定める。

〔今川仮名目録〕中世法制史料集第三巻

一　譜代の名田、地頭無意趣に取放事、停止之畢、但、年貢等無沙汰におゐてハ是非に不及也。兼ね又、彼名田年貢を可相増よし、のそむ人あらハ、本百姓にのぞミのことく可相増かのよし尋る上、無異儀ハ年貢増に付て可取放也。但、地頭、本名主を取かへんため、新名主をかたらひ可相増のよし虚言を構へハ、地頭にをひてハかの所領を没収、至新名主ハ可処罪科也。

（三十一カ条略す）

一　他国の商人、当座被官に契約する事、一向停止之畢。

以上三十三ケ条

右条々、連々思当るにしたかひて、分国のため、ひそかにしるしをく所也。当時人々こさかしくなり、はからさる儀共相論之間、此条目をかまへ、兼てよりおとしつくる物也。しかれハひひきのそしり有へからさる歟、如此之儀出来之時も、箱の中を取出、見合裁許あるへし、此外天下の法度、又私にも自先規の制止は、不及載之也。

大永六丙戌年四月十四日　紹僖在印判

同年六月二十三日、没する。

〔宗長日記〕

大永六年六月廿三日、喬山御他界の飛脚、臨川庵より山城薪酬恩庵七月廿九日到着。

〔駿河志料巻之二十七安倍郡二慈悲尾〕

伝云、氏親二歳の時父義忠戦死、その時一族老臣等互に権を争ひ、鉾楯に及びけるが、伊勢新九郎取扱を以て和談に及ぶ、其後幼主元服して五郎氏親と称す、駿府の館に入て家督す、氏親其容貌尋常ならず、其為人寛仁にして、文武兼備智勇の良将なり、又和歌を嗜む、亡父義忠以来駿遠三を兼領す、延徳以来大永に至るまで、隣国と戦争、数廻び城を抜、敵を降す事尤多く、武威日々盛んに、四方来り降り、昵び靡く者多し、大永六年丙戌六月二十三日罹病卒す、行年五十四、

同年七月二日、増善寺において葬儀が行なわれる。

〔今川氏親葬儀記〕増善寺所蔵

諸仏事之次第少有前後従古而記

一番　祭文喪主出而焼香請之　　二番　鎖龕喪主如前

三番　掛真喪主如前　　四番　龕前念誦誦了大悲咒回向

五番　起龕喪主出而焼香請之畢而念誦亦了而　挙龕之儀式出於龕也

山頭之次第

一番　奠茶喪主出而焼香請之　二番　奠湯喪主如前
三番　下火喪主如前　四番　念誦如前維那挙経也
祭文祭文誦人先献霊供茶湯　退後立中央誦　々了而立本位　全策誦之
夫以、維大永六載丙戌悲哉初秋二日、源氏輝、謹備菲薄之奠、敢告新捐館喬山貴公大禅定門霊曰、於戯、賢哉先考、国家柱楹、徳旺東海、恩沾京城、喬山突兀、勢聳八紘、忠義不乱、仁愛傾情、君臣佐使、世致昇平、家業扶起、猶以作栄、一茎梵刹、大厦自成、真俗不二、為傑為英、嗚呼痛哉、此日何日、逝入無声、此夕何夕、破夢遠行、撫育恩顧、吾儕堪驚、昨迎秋声、陰蛩添鳴、今向暁怨、雁叫月明、欲報慈育、何冉羊羹、蘋蘩沼沚、祭死如生、行潦火冷、博山烟横、伏惟尚亨、

〔増善寺殿法事記録〕増善寺所蔵

鎖龕　前永平兆山岱朕東堂

（中略）

掛真　勅特賜一波清涼禅師碧潭宗清和尚

（中略）

起龕　前永平止雲丘伯東堂

（中略）

奠茶　前総持大樹宗光東堂

（中略）

奠湯　　石雲当住乾翁祖良東堂

（中略）

下火　　　見住元宋和尚

〔増善寺殿葬儀之次第〕増善寺所蔵

龕は六万也、張物は青地の金襴也、同く龕の幡は唐錦也、蓋の上も青地の金襴也、（中略）龕昇は岡部七郎二郎・福島越前、御馬は興津藤兵衛、御太刀は朝比奈左京亮、紼は善徳寺御曹司、御位牌は花倉の御曹司、白衣の御供物而七百六十七人なり、大永六年丙戌六月二十三日、荼毘は七月二日於増善寺、如此執行者也、

【付記】再録にあたり、明らかに誤りと思われる箇所には訂正を加えた。

第2部

今川氏親の領国支配

Ⅰ　戦国大名今川氏の発給文書の研究
――氏親・寿桂尼・氏輝を中心に

大石泰史

はじめに

戦国大名今川氏の発給文書は、管見のかぎりでは一二二〇点を超える。[1]周知のごとく、戦国大名としての今川氏は、今川氏親から始まり、彼の没後、氏親の正室であった寿桂尼、その子氏輝・義元、義元子息の氏真へと続くのである。氏真は、永禄十一年（一五六八）十二月に甲斐の戦国大名武田氏によって駿河国を逐われ、遠江国懸川城に入り、翌年五月六日に同城を開城して戦国大名としての地位を失う。彼はその後も後北条氏の庇護のもとで文書を発給するが、氏親が長享元年（一四八七）に文書を発給してから約八〇年余での一二〇〇点余りの発給文書数は、決して少なくないと言える。

歴代の発給文書に対して、氏親については小和田哲男氏が、[2]寿桂尼・氏輝については久保田昌希氏が検討を加えておられる。[3]また、義元については、小和田哲男・有光友學・大久保俊昭の三氏が検討を加えておられる。[4]筆者も以前、義元の発給文書の中から、特に朱印状（方形「義元」印と円形「如律令」印の機能）について検討したことがあった。[5]

今述べたような研究状況において、今回は、今川氏親・寿桂尼・氏輝の発給文書の印章・袖花押文書に注目し、検討を加えていきたいと考える。印章・袖花押文書を検討することによって、氏輝政権への展望を示す一助になると考えるためである。さらに、小稿の内容としては今川家の家督との関連が深くなるので、その点についても若干触れたいと考える。なお、小稿における研究方法は、相田二郎氏の手法に従い、料紙、印章の形態・捺印位置、文書の書式等について検討していきたいと考えている。[6]また、印判状・袖花押文書の一覧を文末に掲げた。本文中における〔印〕や〔袖〕に記された数字は、それぞれの一覧の番号に準じるものとする。

一、氏親段階

1. 印　章

現在氏親の発給文書は、筆者が確認した限りにおいて、九〇点である。そのうち、印判状は一四点である。印判状の内訳は、①印文未詳黒印が三点（〔印1〕～〔印3〕縦三・三センチ×横三・〇センチ）、②印文未詳黒印①を朱印として用いたものが四点（〔印4〕～〔印7〕）、③二重郭「氏親」朱印が二点（〔印8〕・〔印12〕縦三・四センチ×横三・三センチ）、④単郭「紹貴」印が四点（〔印9〕～〔印11〕・〔印13〕二・四センチ四方）である。なお、永正九年（一五一二）五月一日付学園寺宛文書「親」朱印文書は、従来、氏親発給の印判状であるとされていたが、原本確認を行えなかったため、小稿では保留としておく。[7]

まず、氏親の基本的な印判状として考えられる史料を掲げることとしよう。

史料１〔印３〕

（黒印・印文未詳）
安部山内俵嶺半分之事、今度山中より忠節として所充行也、於此上、尚々可抽忠功者也、仍如件、

明応三（一四九四年）

九月廿日

杉山太郎（マヽ）衛門殿

文書の袖もしくは書出部分に、黒印または朱印を捺している形態の文書は六通存している。折紙にて発給される文書は六通である。内容的には、忠節として俵嶺半分を新知として宛行い、今後の忠功を期待しているのであるが、このような内容のものは判物にも見られ(8)、印判状の特徴とは言いがたい。

年号表記についてであるが、確認できる範囲において、五通が史料１に示したような付年号記載（＝二行書）であり、干支の表記は五通（一通は十二支表記のみ）存する。

この四点の印章の時期的な区分として明確なものは、①・④である。①については、明応三年（一四九四）九月二〇日まで用いたことが確認されているが、②が用いられるまで一八年間の開きがあるので、①と②では時期的な区分をすることが可能であると言えよう。

④は、小和田・黒澤脩両氏(9)によると、大永四年（一五二四）ころから出家して「紹僖」を称して本印章を用いているということから、出家を機に印文を変えたものと言える。

宛名による朱印・黒印・判物の使い分け、例えば寺院ならば祈願所であるから判物にて発給される、というような

ことは、現在のところ確認できない。

宛欠文書は〔印5〕・〔印6〕の二通が存している（いずれも②印使用）。宛所が存しないことに、特別意味があるとは考えられない。前者は、垂木郷内の上下の神領における明確な地域規定が成されているため、省かれたものと推測される。後者は禁制であり、宛名が存しないのは、やはり当該地においてあえて宛名を記載する必要がなかったためであると考えられる。なお、この禁制は書止文言が「仍執達如件」という奉書形式であり、氏親発給の袖花押文書における禁制と書式上、明確に異なると言える。この点、大久保氏は「今川家臣発給禁制となるべきものに氏親が承認を与えた」[10]と規定付けており、筆者も同様に考えている。また同文書は、今川氏発給文書全体から見ても、朱印状にて発給される禁制の初見であることから、今川氏による朱印状の禁制は、当初より家臣が発給したものに今川氏当主が証印を捺す性格が存していたと考えることも可能となろう。

次に印章の捺印位置を見てみると、先述したように多くは袖、もしくは文書の書出位置に捺されていることが知られる。しかし、氏親が元服する以前の印文未詳黒印（①）二点と、氏親が出家した後の印文「紹貴」（④）四点は、日下、あるいは年月日記載のすぐ左側（奥側）の下に署名をした上で、その下に捺印しているのである。これらの文書は、〔印1〕東光寺宛文書以外、書式が判物と同様であることから、花押の代用印として用いられていたものと思われる。

また、〔印8〕村岡宛文書は年月日の上に捺印されている興味深い文書である。このような書式は寿桂尼にも認められるのであるが、何故このような文書が一部に確認されるのかは不明と言わざるを得ない。筆者は、現在のところ、家督と何らかの関連があったものと考えている。

続いて③印の〔印12〕大井新右衛門尉宛文書について、若干述べてみたい。

史料2

府（朱印・印文「氏親」）中西のつらかハた彦八か丶ゆる川原新屋敷壱町五段之分、先年岡部太（ママ）和守奏者として出置訖、其時のことく
永かれらか可為屋敷、然者、毎年皮のやく（役）等申付、ふさたなく（無沙汰）可取沙汰者也、仍如件、

大永六
六月十二日
大井新右衛門尉殿

本文書は、氏親が出家していたにもかかわらず、③を捺印している。時期的に考えれば本文書も④を捺印すべきであろうが、ここであえて③を使用しているのである。③を使用する意味が存するのであろうか。そこで、大井氏に宛てられた他の今川氏歴代の発給文書を見てみると、氏真を除く今川氏歴代のすべて違った朱印（寿桂尼「歸」印・方形「義元」印・円形「如律令」印・八角形「調」印）で発給されていることが知られる。[11]他の今川氏家臣団ではそのような文書は見られず、特別な意味を持っていたと考えられるのである。その意味とは何かというと、大井氏は皮役を徴収する人物であったという点が想起されよう。氏親が皮役のような特別な役を徴収するため、③のような実名を印文として使用していると考えられるのである。つまり、氏親が皮役徴収を直務していたからにほかならず、家督者たることを明示したものと捉えられる。したがって、今川氏の家督、もしくはそれに準じる者のみが皮役を徴収することができ、そのことを明記する必要が存していたのではなかろうか。[12]

そのように考えるならば、今川氏による役の徴収・免許を記述した文書の書式に、何らかの区分が存していたと捉えることもできるのではなかろうか。この点について示唆的なのは、義元の代において、棟別の免許には、判物もし

くは方形「義元」印のみが用いられたということである。[13] つまり、義元段階になると、棟別免許に関する書式が規定されてくるのである。したがって、方形「義元」印の捺印＝義元が直務していたと考えられる棟別の徴収・免許は、今川氏の税体系において特別な存在となったため、氏親の印章③と同様の理由から、方形「義元」印が使用されたと推察されるのである。このように考えると、当主の実名を刻んだ印章の持つ意味というものは、非常に重要であったとすることができる。

以上、氏親の印判状について触れてみた。小括すると、氏親の印章の明確な数は四点であり、内容的には、特別な役の場合は、当主であることを明確にする印章を用いていた、とすることができる。

2．氏親の袖花押文書

現在氏親の袖花押文書は、筆者が確認した限りにおいて、一五点である。

袖花押文書を全体的に見ると、料紙に竪紙が用いられていることが多い。それは、内容を見ると明らかになるのであるが、禁制が多いためである。禁制については、近年大久保氏が検討を加えており、「氏親期には花押使用が一般的であったものが、義元期には花押・朱印併用となり、氏真期には朱印使用が一般的となる。またその位置は、ほとんどが袖である」と述べておられる。[14]

では、折紙の文書についてはどうであろうか。現在のところ、〔袖14〕後藤弥九郎宛文書が折紙のようであるが、この文書は写であり、注意を要する。また、同文書は氏親袖花押文書における唯一の付年号記載（＝二行書）であり、この点についても注意したい。

宛名を欠いているものは、〔袖5〕および〔袖11〕が確認される。前者は氏親が相模国に出陣した際に発給した禁制であり、宛名がなくとも当該地域における氏親の立場から鶴岡八幡宮に発給したものであることが明確となり、あえて宛名を記載する必要がなかったものと思われる。この点は印判状の場合と同様である。後者の文書については後述する。

それ以外で注目させられる点として、次の文書が掲げられる。

史料3〔袖3〕

（今川氏親）（花押）

遠州一途之間、萬不可失墜、但武具等可嗜之、仍所定如件、

明応九庚申年五月卅日

由比助四郎殿

本文書は、氏親発給の袖花押文書のうちで唯一干支を表記した文書である。本文書も前述〔袖14〕文書と同様に写であり、竪紙・折紙のいずれであるのかは明確でないが、内容的には興味深い。

本文書は、判物・印判状に見られない「武具等可嗜之」との文言が認められ、他の氏親の袖花押文書の中でも若干性質が異なるものと思われる。宛名である由比助四郎の祖父・父親等は、氏親祖父の範忠や氏親の父義忠から知行を安堵されており、助四郎系由比氏は今川氏の譜代的な家臣である[16]。本文中で武具等を嗜むべしとされたのは、このころ遠江守護であった斯波義達と臨戦体制下にあったためであると思われ[17]、譜代である助四郎に、強権的支配を明記する意味で袖花押文書を発給したと考えることができる。

このように考えると、先述の〔袖11〕宛欠（後藤氏カ）文書も注目させられる。本文書は、大久保氏のいう「禁制」文言の記載のない、今川氏が判物として認識していた禁制類似文書である。[18] また、「当手」＝今川軍という文言が見えないため、その文言がなくても軍事的行動の規制をすることができる譜代に対する禁制であると言え、家臣団への強権的支配の強化と考えることが可能となる。氏親段階における袖花押文書は、寺社に対しても発給されていることから、寺社・譜代家臣を中心に、支配権の強化を志向するものとして発給されていたと考えられる。

では、氏親の袖花押文書すべてが、強権的支配を明示したものであったと考えてよいのであろうか。結論から言うと、今述べてきたことと矛盾するようであるが、否であったと想定する。それは、〔袖6〕奥平八郎（貞昌）左衛門入道宛知行宛行状から推測することができよう。以前述べたことであるが、[19] このころの今川氏は、遠江の国人である大沢氏を牽制するようなかたちで当文書を発給したものと考えられ、おそらく氏親は駿河守護であり、実質上の遠江での権力者としての立場から、自らの責任のもとで知行を宛行うことを明記し、かつ国人クラスである奥平氏に対して権威的にも上位であるということを間接的に表示したものと言えないであろうか。[20] したがって本文書は、氏親の袖花押文書のなかでも、性質が異なるものと言える。

以上を小括すると、氏親の袖花押文書は禁制が中心であり、したがって竪紙にて発給される。また、干支表記等が成されるのは一般的でなく、これらの記載が成されているときは、何らかの意味を有しているものと捉えられる。また、袖花押にて発給されるときには、強権的支配の強化を明記する場合と、氏親自身が上級権力者であり、自らの責任によって沙汰を行うことを明記する場合の二つの意味をもっていたと考えられるのである。

二、寿桂尼段階

寿桂尼の発給文書は二七通であり、すべて「歸」朱印（縦三・〇センチ×横二・九センチ）が捺されている。管見のかぎり、料紙は竪紙を一二通、折紙を一〇通確認することができるが、明確な区分が存するかどうかは不明である。また、付年号記載が成されている文書は一三通であり、干支が表記されている文書は一九通（一通は十二支のみ）である。このような記載の相違については、氏親段階と同様、宛名による使い分けが成されているようには見受けられない。

氏親が大永六年（一五二六）六月二十三日に没し、氏輝が家督を継承した頃を中心に検討を加えてみよう。

史料4〔印14〕

〔と〕（朱印・印文「歸」）をとうミの国むらくし《村櫛》のうち、大山寺りやう《領》田地参町四段、ならひにやまはやし《山林》等之事、

右、国ふにう《不入》として、さうゐ《相違》なくりやうしやう《領掌》せしめをハンぬ、新きくハん《祈願》所として、武運ちやうきう《長久》、国家あんせん《安全》のきねん《祈念》、しゆさう《修造》勤行等、たいてん《怠転》あるへからす、そうせんし殿《増善寺殿＝今川氏親》の御判にまかせて、つきめさうい《継目相違》あるへからさるもの也、仍如件、

大永六年ひのへいぬ年九月廿六日

大山寺理養坊

このころの寿桂尼の文書は、竪紙で発給した場合、書下し年号（＝一行書）で干支表示が成される場合が多い。

久保田氏は、寿桂尼の発給文書はⒶ～Ⓒの三期に区分することが可能であるとした（Ⓐ＝〔印14〕大山寺理養坊宛～〔印

28〕大田神五郎宛、Ⓑ＝〔印29〕すいくわういん《瑞光院》宛～〔印36〕をかのや五郎ゑもん尉宛、Ⓒ＝〔印37〕妙覚寺宛～〔印40〕高松神主宛）。しかし、文書の書式上から考えると、久保田氏の言うⒸより以前の〔印35〕妙海寺宛文書から区分することができる。すなわち、このころから寿桂尼の文書は、すべて付年号（二行書）で干支が記載されているのである。当時の義元・氏真の印判状を編年にしてみると、多くは付年号表記ではあるが干支の記載が無い。今川氏当主の印判状の書式はこのような表記に定められてきたものと考えられるが、そのような中で、寿桂尼のみ書式が相違している点に注目させられる。

次に時期的区分によって指摘し得ることとして、久保田氏が区分したⒶ期における文書には、今川氏の「重臣」と位置付けられる人物の名を散見することができる、ということである。[21] 例えば、〔印19〕大石寺宛文書においては、「しさい《子細》長池九郎左衛門尉親能しょ《書》状まきれ《紛》なきゆへ」の如くである。このような文言が、Ⓑ・Ⓒ期に見られなくなるのは、今川氏当主（義元・氏真）による領国支配が成され始め、寿桂尼による安堵より上級のもの、すなわち当主の安堵を在地側が要求し始めたためであろう。

寿桂尼の発給文書で興味深いのは、文書の書出部分に朱印を捺すものと、年月日の年記載の上に捺すものが存する、ということであろう。前者は、今川氏の歴代が同位置に捺印していたことから考えれば当然のこととうなずけよう。では、後者についてはいかがであろうか。次の史料から考えてみたい。

史料5〔印15〕

「（外題）　享禄五年三月六日

如先印判領掌申訖、

（花押《（氏輝）》）」

とをとうみ《（遠江）》の国にいの池《（新野）》なりしん《（新）》田百ちやう《（町）》の事、そうせんし《（増善寺）》殿御ゆいこん《（遺言）》にまかせ、まつ□□ふミわたし《（踏渡）》申すへし、たゝし御やかた《（屋形）》よろつ事を御はからひのときハ、その時のなりにしたかうへき者也、仍如件、

大永六年《（朱印・印文「歸」）》十二月廿六日

しやうけいし

このような文書と、文書の書出部分に朱印が捺された文書を比較した場合、年上に朱印を捺した文書は、①大永六年（一五二六）～享禄四年（一五三一）までと、天文一八年（一五四九）一〇・一一月に集中しており、特に永禄期の文書には全く見られないこと、②史料5ならびに〔印30〕真珠院宛文書や〔印31・32〕徳願寺宛文書は、それぞれ袖に氏輝・義元の証判が据えられていること、③書出部に捺印する文書で、〔印27〕華厳院宛制札・〔印28〕大田神五郎宛朱印状は、他の今川氏歴代の文書と同じ位置に捺印していること、から考えると、やはり捺印位置に対しては何らかの理由が存していたものと考えられる。

①から考えられることとして、永禄期に寿桂尼による年上に捺印される文書が存しないのは、家督としての氏真の存在が明確であったことが挙げられよう。永禄元年（一五五八）から文書を発給し始めた氏真は、今川家の当主として、氏親・義元が発給していた印判状の書式を継承した。寿桂尼も家督としての氏真文書を否定することはできなかったものと思われる。②については、最終的には今川家当主が証判を据えなければならなかったということを指摘することができる。さらに、史料5の文中に見える「やかたよろつ事を御はからひのときハ、その時のなりにしたかう」という文言から、久保田氏は「御屋形＝氏輝の差配の場合にはそれに従うこと」と指摘している[22]。つまり、寿桂尼より

氏輝という家督者の時代における状況・判断に任せるとされたのであり、寿桂尼自身は氏親から氏輝へのいわば「家督の代行者」という認識をしていたと考えられるのである。③については明確な指摘ができないが、いま述べたことを考慮に入れるならば、袖あるいは書出部分に捺印することは、家督と何らかの関係を有していると考えたほうがよいのではなかろうか。

以上①～③のように考えてみたが、筆者の想像の域を出ない。今後の課題としたい。

最後に天文十八年（一五四九）十一月二十三日付とくかんし《（徳願寺）》そうゐい長老宛の二通の文書について考えてみたい。それは、一通が年上と書出部分二箇所に捺印（仮にAとしておく）しており、もう一通は「たゝし」から始まるその文書の追而書（Bとする）である。両者とも、日下よりやや奥部に「しゆけい《（寿桂）》」と署名をしており、袖には義元の証判が据えられている。内容的には、駿河国「うったりの郷」の長慶寺の本増を新寄進として進上する、というものである。

なぜ、Aの文書に年上と書出部に印章を捺すのかは不明と言わざるを得ない。しかし、（ア）内容的には、両者の文書は二点で一通を示していること、（イ）書止文言が「かしく」という書状形式であり、他の寿桂尼の文書には見られないものであること、から、A文書の書出に捺印された印章は、B文書の存在を暗示しているのかもしれない。このような文書は他の歴代今川氏の発給文書の内においても全く認められず、例外的に考えるべきであろう。

以上を小括すると、寿桂尼の文書は、書式上、永禄二年から今川家家督と相違するようになる。また、年上に捺印した文書については明確な位置付けを行えなかったが、今川家の家督と何らかの関連が存していたと思われる。

三、氏輝段階

氏輝の発給文書は全体で四二点であり、印判状は確認されていない。一方、袖花押文書は次の二点が存する。両者をそれぞれ掲げておこう。

史料6〔袖16〕

（氏輝）（花押）

江尻商人宿之事、

右毎月三度市、同上下之商人宿事、并屋敷弐間、可為如前々者也、仍如件、

享禄五（一五三二）

八月廿一日

史料7〔袖17〕

（氏輝）（花押）

定

一　遠州国源山昌桂寺依為桂山菩提所、当知領新野池新田令寄進之事、

一　自今以後於彼新田惣百姓代官不可有他綺事、

一　地頭之百姓下人等、棟別諸国役永為不入閣之事、但他郷之家不可移作事
一　百姓等会下普請、毎事於致無沙汰輩者、可逐払事、
一　於其城国方又者戸贔《ママ》輩者、不可成其綺事、
右於此旨違犯之族者、堅可加下知者也、仍如件、
享禄五年九月三日
昌桂寺

全体から見た袖花押文書の割合は少ない。しかし、ここに掲げた二点の文書は、非常に大きな意味を持つものであると筆者は考えている。

前者は宛名を欠いているものの、事書から江尻商人宿に宛てていることが確認され、同宿の毎月三度の市立及び商人宿を前々の通り領掌しているのである。「如前々」と記されていることから、前代の政策の踏襲であると思われるが、氏輝以前の文書は現存しない。また氏親の政策を継承しているのならば[23]、袖花押の書式も継承したと考えられ、強権的支配を明示したものと捉えられることから、氏輝が商業政策を積極的に打ち出した文書であると言える。しかも本文書と同文同宛にて、義元が天文五年（一五三六）十月十五日付で文書を発給していることから[24]、氏輝の商業政策は義元の代にも継承されていったことが明確となる。

また、義元以降へ継承された方策という観点で歴代の発給文書を通覧してみると、今川氏の「切符」文言に注目させられる[25]。「切符」文言は天文三年（一五三四）正月十七日付中山兵庫助宛氏輝判物から確認され[26]、氏輝は今川氏の知行体系の改革を行い始めたと考えられるのである。「切符」文言の存する文書は、中世において他の領国等でも確認

することが可能であるが、こと戦国大名今川氏という限りにおいては、その文言が氏輝から確認されるにすぎない。前述した江尻商人宛文書と「切符」文言との関連から考えると、今川氏の知行体系および商業政策を推し進めていったのは氏輝であった可能性が存すると言えよう。

後者は今川氏の発給文書のうち、事書に定と明記した文書の初見である。久保田氏は本文書の三条目の但書部分に注目され、氏輝の領国支配の段階で初めて見られた新たな政策として評価しておられる[27]。また、大久保氏は定について「定発給の主目的は、寺社の内部規制・内部の問題解決にある」と規定付けておられる[28]。本文書の場合、享禄五年（一五三二）以降に氏輝は少数ながらも毎年文書を発給することから考えると、袖花押で文書を発給することによって、昌桂寺に対して内部規制を求めたばかりでなく、他の寺社に対しても、氏親から継承した今川氏の家督としての権限を明示し、支配権の強化を図ったのではないだろうか。氏輝が病などによって執務不能になるということが[29]、今後は有り得ないことであることを明記したものと思われる。

以上を小括すると、氏輝の袖花押文書は商業政策を明示したものであり、今川氏の流通・経済政策の一環として行われたものである。さらに寺社・家臣団への規制を強化していき、氏輝が統治者として君臨していく方向にあったのではないか、と考えられる。

おわりに

以上、氏親・寿桂尼・氏輝の発給文書を検討した。各章でまとめたため、ここでは展望のみを述べることとする。

最近有光友學氏は、花蔵殿（玄広恵探）と義元の家督継承争いに関して、寿桂尼が義元を支援して家督としたという通説を再考すべき問題として掲げた。(30) 従来から、氏輝が義元の兄にあたる彦五郎とともに、天文五年（一五三六）三月十七日に没することについて疑義が持たれていたが、(31) 筆者が今回まとめた観点から考えると、①氏輝が天文元年（一五三二）以降は毎年文書を発給していること、②知行体系や商業・経済政策に着手するということは、領国支配の貫徹を志向していたからにほかならない、ということから、氏輝には今川家の家督としての方向性が存していたものと解釈したい。したがって、義元の初期政権を氏輝段階から改めて考える必要があろう。

また、年月日の上に捺印する文書については、現在のところ明確な回答を持っていない。義元の代になると、氏真への家督継承が行われたとき、捺印位置を変化させずに印章の改刻を行ったようであり、(32) 今川氏の印章は、今川家の家督と密接に関わっていたことが明確となろう。つまり印章とは、大名が家督という本来的な意味での「家」内部の問題と政治的権力という二つを内包した象徴であり、そのことを領国内に周知させるための一手段であったと思われるのである。このように印章が位置付けられるのに対し、捺印位置についても何らかの意味があったものと考えることはできないであろうか。

これらの問題も考慮しながら、今後も研究を続けていきたい。

註

（1）有光友學「戦国大名今川氏発給文書の研究（1）」（『横浜国立大学教育学部紀要』二四号、一九七八年）、同氏「『大宅氏由比

系図』とその家系　内　発給文書補遺」（『同誌』二七号、一九八一年）、同氏作成「戦国大名今川氏歴代当主発給文書目録追加」（『シンポジウム　今川氏研究の成果と課題』一九九二年）、さらに筆者の蒐集した文書による。蒐集にあたっては、黒田基樹氏から多くの史料の紹介をしていただいた。記して謝意を表す。なお『静岡県史　資料編7　中世三』（一九九四年）では、永禄一二年閏五月三日までの従来確認されていた文書が一括活字化された。小稿は『静岡県史』刊行以前の成稿である。

（2）小和田「今川氏親とその文書」（『日本歴史』三八五号、一九八〇年、のち『戦国大名論集11　今川氏の研究』吉川弘文館、一九八四年に再録）。

（3）久保田「今川氏親後室寿桂尼の文書について」（『駒沢史学』二四号、一九七七年、以下久保田a論文とする。本書第3部Ⅲ所収）、同「今川氏輝とその文書」（『駒沢大学大学院　史学論集』八号、一九七八年、以下久保田b論文とする）。

（4）小和田「今川義元の印判について」（『歴史手帖』五巻六号、一九七七年）、有光「今川義元―氏真の代替わりについて」（『戦国史研究』四号、一九八二年）、大久保「「如律令」印について」（『戦国史研究』一六号、一九八八年）。

（5）拙稿「今川義元の印章とその機能―方形「義元」印と円形「如律令」印を中心に―」（『戦国史研究』二一号、一九九一年）。

（6）『相田二郎著作集2　戦国大名の印章』（名著出版、一九七六年）。

（7）「学園寺文書」（『静岡県史料』第五輯六三八頁、以下、（5）―六三八のように略す）なお、東京大学史料編纂所架蔵写真（貴重書八九〇―一一九五九）によると、この文書は縦三一・七センチ×横四五・五センチ、折紙、方形「親」印の大きさは、約二・五センチ四方であった。文書の発給年代、料紙の大きさ、印文などから考えて、従来では氏親の朱印状であるとされていたと思われる。しかし、印判状のみの発給年代に限って言えば、一覧から確認されるように、「親」印文書は①・②印の間で使用したことになる。「親」印使用文書は本文書のみであり、②が使用され始めたところでの本印章の使用理由が明確にならないことから、現在では不明と言わざるを得ない。今後の課題である。

（8）明応七年十一月十三日付孕石殿宛氏親判物（「孕石文書」＝東京大学史料編纂所架蔵影写本、請求番号三〇七一・三七・三一）。

（9）小和田註（2）論文、黒澤「増善寺殿喬山紹僖大禅定門今川氏親年表」（『駿河の今川氏』二集、一九七七年）。

（10）大久保「戦国大名文書にみる「禁制」の研究―今川氏を事例として―」（戦国史研究会編『戦国期東国社会論』吉川弘文館、

一九九〇年)。
(11)「七條文書」((3)―三五五～三五九)。
(12)この点について、史料2の発給年月日に注意すべきではないか、という指摘もあろう。つまり、大永四年段階で氏親は病に侵され(「宗長手記」岩波文庫『宗長日記』四八頁)、史料2が発給された二ヵ月後の同六年六月二十三日に没しているので、奉行らが政務を行い、氏親の印章を用いて本文書が発給されたのではないか、というのである。しかし、当主の実名を刻った印章は、当主自身が直務していたから用いられたと考えられ、本文で述べたように、他の大井氏に宛てられた文書との関連も考慮する必要があると思われる。
(13)(5)。
(14)(10)。
(15)氏親の相模出兵については「宗長手記」(岩波文庫『宗長日記』九頁)を参照。
(16)有光友學「「由比氏文書集」の紹介―内閣文庫蔵『御感状之写幷書翰』上巻―」(『地方史静岡』一〇号、一九八一年。のち同著『戦国史料の世界』〈岩田書院、二〇〇八年〉第一部に再録)。
(17)「宗長手記」(岩波文庫『宗長日記』八頁)。なお、この点については、秋本太二「今川氏親の遠江経略―とくに信濃小笠原氏と関連して―」(『信濃』二六巻一号、一九七四年、のち『戦国大名論集11　今川氏の研究』吉川弘文館、一九八四年再録)を参照。
(18)大久保俊昭「戦国大名文書にみる「禁制」の研究―今川氏を事例として、その2―」(『駒沢史学』四三号、一九九一年)。
(19)拙稿「今川氏と奥平氏―『松平奥平家古文書写』の検討を通して―」(『地方史静岡』二一号、一九九三年)。
(20)この点については、荻野三七彦氏が執筆した『国史大辞典』第八巻「袖判」項を参照。
(21)久保田a論文。
(22)同右。
(23)久保田b論文。
(24)「寺尾文書」((2)―七八六)。

(25) 註(19)文末の一覧を参照。なお、当一覧には一八点を示し、永禄五年七月二六日付野々山四郎右衛門尉宛今川氏真判物(「野々山千萬往氏所蔵文書」＝東京大学史料編纂所請求番号三〇七一・三七・二三)にも「切符」文言が記載されている旨を、(19)の追記で述べておいたが、その後、同八年七月二六日付加用・小番衆中宛氏真判物(尊経閣文庫蔵「諸家古文書写」『静岡県史資料編7　中世三』三三八一号文書)にも「切符」文言が存することを知った。この点については、黒田基樹氏から御教示をいただいた。記して謝意を表す。

(26) 「富永文書」((4)—二二六)。

(27) 久保田b論文。

(28) (18)。

(29) 久保田氏はa論文において、〔印28〕大田神五郎宛文書から、「この時点(天文三年＝筆者注)においても氏輝は執務不可能であり」寿桂尼による代行がなされていた、と指摘している。

(30) 有光「今川義元の生涯」(『静岡県史研究』九号、一九九三年)。

(31) 『冷泉為和卿集』『高白斎記』等。

(32) (5)。

【付記】小稿は、一九九三年五月二十二日の静岡県地域史研究会における報告の一部を補訂し、同年七月三日の駒沢史学会大会において報告させていただいたものである。それらを踏まえて、一九九四年五月十四日に第一七五回戦国史研究会において報告をさせていただいた。当日、貴重なご意見を下さった方々、および関係者の方々に、記して謝意を表す。

今川氏親・寿桂尼による印判状一覧

No.	発給者	年月日	付年号	干支	印判・印文・位置	宛名	料紙	文書内容	所蔵・出典
1	氏親	長享元・10・20	○	○縦並	黒印・印文未詳日下署判下	東光寺	竪紙	東光寺給主諸公事等被差置候、同山屋敷境迄諸給主可為其分	東光寺文書(3)—775

2	氏親	長享2・7・28	×	×	黒印・印文未詳署判下	興津彦九郎殿	―	本知行等不可有煩、佐多宮原分宛行	興津文書(2)―754
3	氏親	明応3・9・20	○	×	黒印・印文未詳袖	杉山太郎衛門殿	折紙	安部山内俵嶺半分、忠節として充行	杉山文書(3)―640
4	氏親	永正9・3・24	○	○	朱印・印文未詳書出	西光寺	折紙	沼津道場棟別、塚方客寮共不可取	西光寺文書(1)―736
5	氏親	永正9・8・1	×	申のみ	朱印・印文未詳書出	(欠)	折紙	垂木郷上下之宮神領不可有相違、棟別指置	山崎氏所蔵文書(4)―192
6	氏親	永正11・8・18	×	×	朱印・印文未詳袖	(欠)	竪紙	禁制、参籠衆寺へとけさる事、等(七ケ条)	旧長谷寺文書(3)―291
7	氏親	永正16・8・8	×	○	朱印・印文未詳書出	沼津妙海寺	元折紙カ	諸公事陣僧飛脚寺中棟別被免除	妙海寺文書(1)―717
8	氏親	永正18・5・4	○	○	朱印・「氏親」月日上	村岡	折紙	井河河堰草之事、下刈可致之	旧村岡大夫文書(3)―483
9	氏親	大永4・9・20	×	×	朱印・「紹貴」日下署判下	興津藤兵衛尉殿	―	興津藤兵衛尉当知行分無相違領掌正信、	興津文書(2)―756
10	氏親	大永5・12・3	×	×	朱印・「紹貴」署判下	奥山大膳亮殿	竪紙	奥山美濃守跡当知行分貞茂令領掌	奥山文書八九一
11	氏親	大永6・5・17	×	○	朱印・「紹貴」日下署判下	孕石郷左衛門尉殿	―	遠州屋敷分之点役等免許、借用米銭不及沙汰	孕石文書九一八
12	氏親	大永6・6・12	○	×	朱印・「氏親」書出	大井新右衛門尉殿	折紙	彦八か丶ゆる川原新屋敷出置、皮役可取沙汰	七條文書(3)―355
13	氏親	(欠)・正・19	×	×	朱印・「紹貴」日下署判下	大沢	折紙	為改年之祝儀太刀一腰送給、朝比奈下野守可申候、	大沢文書九二三
14	寿桂尼	大永6・9・26	×	○	朱印・「歸」書出	大山寺理養坊	竪紙	大山寺りやうやまはやし国ふにうとしてりやうしやう	大山寺文書(5)―561「包紙今川五郎大方御印判」
15	寿桂尼	大永6・12・26	×	×	朱印・「歸」年上	しやうけいし	折紙カ	にいの池なりしん田百ちやうふミわたし申	正林寺文書(4)―392袖氏輝証判アリ享禄5年3月6日付
16	寿桂尼	大永6・12・28	○	○	朱印・「歸」書出	あさひな彌次郎殿	折紙	万石の六郎左衛門屋敷とり出の城になさる丶	沢木文書(5)―816
17	寿桂尼	大永7・4・7	○	○	朱印・「歸」書出	心月庵	―	むねへち七間ぶん諸役めんきよ	玖延寺文書九六三
18	寿桂尼	享禄元・10・18	○	×	朱印・「歸」書出	大井新右衛門尉殿	折紙	彦八か丶ゆる川原新屋敷出置、皮役可取沙汰	七條文書(3)―356

19	寿桂尼	享禄2・3・19	×	×	朱印・「歸」年上	大石寺	竪紙	大石寺門前しょやくむねへちめんきよ、長池九郎左衛門尉親能書状まきれなき	大石寺文書(2)―490包紙「氏輝」
20	寿桂尼	享禄2・12・7	○	○	朱印・「歸」書出	五とうせんゑもんとの	折紙カ	せんゑもんか、ゆるてんはく屋敷そういなし	後藤文書一〇五一
21	寿桂尼	享禄2・12・11	○	×	朱印・「歸」書出	めうかく寺	折紙	寺中むねへち四分一人足諸やく免許、福島越前おほせ出す	妙覚寺文書(1)―724
22	寿桂尼	享禄3・正・29	×	○	朱印・「歸」袖	本門寺	竪紙	棟別諸役免許、寺号領掌、為不入地定置、	北山本門寺文書(2)―412日下氏輝署名アリ
23	寿桂尼	享禄3・3・18	×	○	朱印・「歸」年上	千代菊殿	竪紙	新長谷寺かい地あひさため訖、諸役停止	旧長谷寺文書(3)―293
24	寿桂尼	享禄3・6・27	×	○	(朱印・「歸」年上カ)	玖延寺	―	ふたまた近江守きしん状、朝比奈下野守時茂きしん状のことく領主相違なし	玖延寺文書(5)―306
25	寿桂尼	享禄3・6・30	×	×	朱印・「歸」年上	極楽寺	―	寺領住持しきりやうしやう	玖延寺文書一〇七九
26	寿桂尼	享禄4・3・23	×	○	朱印・「歸」年上	酒井惣さゑもん殿	竪紙	酒井惣左衛門買得地、見きり竹木免し訖	酒井文書(3)―631
27	寿桂尼	享禄4・閏5・1	×	×	朱印・「歸」袖「制札」下	華厳院	―	不可竹木伐取・殺生・狼藉、閣棟別	華厳院文書(4)―256
28	寿桂尼	天文3・5・25	○	○	朱印・「歸」書出	大田神五郎殿	折紙カ	金山江上荷物五駄毎月六度為堪忍分不可有相違	判物証文写附2
29	寿桂尼	天文16・4・2	×	○	朱印・「歸」年上	すいくわういん	竪紙カ	うつたりの内長慶寺かた山さかゐ如前々	徳願寺文書(判物証文写今川3)(3)―77
30	寿桂尼	天文18・10・4	×	○	朱印・「歸」年上(日下長勝院)義元袖証判	真珠院	竪紙	梅かや村之内田地四段新寄進、寂庵性阿位牌を立置、	真珠院文書(2)―738
31	寿桂尼	天文18・11・23	×	○	朱印・「歸」年上(しゆけい)義元袖証判	とくくわんしそうゐい長老	竪紙カ	むまのとしよりのそうふん弐拾俵、水のミの彌七郎に出す	徳願寺文書(判物証文写今川3)(3)―79
32	寿桂尼	天文18・11・23	×	○	朱印・「歸」年上・書出(しゆけい)義元袖証判	とくくわんしそうゐい長老	竪紙	ちやうけいし方本そう共ニほたいのため、新きしんとしてまゐらせ候	徳願寺文書(3)―78
33	寿桂尼	天文19・11・17	○	○	朱印・「歸」文中「合」上	円龍寺	折紙	円龍寺田定源院殿茶湯のため寄附	円良寺文書(3)―790
34	寿桂尼	天文20・5・23	×	×	朱印・「歸」年上	めうかく寺	竪紙	買得のはた屋敷等御屋形判形に任せ寄進	妙覚寺文書(1)―728
35	寿桂尼	永禄2・6・18	○	○	朱印・「歸」書出	妙海寺	元折紙カ	寺中門前むねへち諸公事諸役免除	妙海寺文書(1)―719

36	寿桂尼	永禄2・12・23	○	×	朱印・「歸」書出	をかのや五郎ゑもん尉	折紙	年貢以下四郎右衛門納所、点役等の国役免許	岡埜谷文書(3)―742
37	寿桂尼	永禄6・3・28	○	○	朱印・「歸」書出	妙覚寺	竪紙	かの寺相続住物以下不可有違乱、等(三ケ条)	妙覚寺文書(1)―729
38	寿桂尼	永禄6・9・11	○	○	朱印・「歸」書出	峯叟院	折紙	龍雲寺の末寺として再興、壱貫八百文付置	峯叟院文書(判物証文写今川三)(3)―735
39	寿桂尼	永禄7・12・18	○	縦並○	朱印・「歸」しゅけい・書出	けいとく院そうゑい東堂	竪紙	先の印判の如く可所務、寺務内廿貫文存生間は蔵入	徳願寺文書(3)―82
40	寿桂尼	永禄7・12・吉	○	縦並○	朱印・「歸」書出	高松神主殿	―	高松神領七月朔日祭田新きしん	中山文書(4)―361

今川氏親・氏輝袖花押文書一覧

No.	発給者	年月日	付年号	干支	宛名	料紙	文書内容	所蔵・出典
1	氏親	明応5・7・18	×	×	長松院	竪紙	於当寺甲乙人等令濫妨狼籍者速可処厳科	長松院文書(4)―224
2	氏親	明応6・7・18	×	×	日南多谷華厳院	竪紙	於当院若致濫妨狼籍輩者速可処罪科	華厳院文書(4)―254
3	氏親	明応9・5・30	×	○	由比助四郎殿	―	遠州一途之間万不可失墜、但武具等可嗜之	御感状之写159―259
4	氏親	文亀2・11・21	×	×	新長谷寺	竪紙	禁制歌吹声・夜参詣通夜・自酉辰迄出入門外於違犯之族者、可処厳科	清水寺所蔵文書(3)―291
5	氏親	永正元・9	×	×	(欠)[鶴岡八幡宮]	竪紙	禁制軍勢甲乙人等致濫妨狼籍事、有違犯之族者、可処罪科	鶴岡八幡宮文書『改定新編相州古文書』2巻P59
6	氏親	永正2・2・5	×	×	奥平八郎左衛門入道殿	竪紙	遠江国河西所々之事、為守護使不入所充行也	松平奥平家古文書写
7	氏親	永正3・8・25	×	×	本興寺	―	禁制甲乙人濫妨狼藉之事、違犯者可処罪科	本興寺文書(5)―504
8	氏親	永正3・11・15	×	×	明眼寺	竪紙	禁制軍勢濫妨狼藉之事、至于違犯輩者可令処厳科	妙源寺文書『新編岡崎市史史料古代中世6』―914

9	氏親	永正4・9・8	×	×	真珠院	竪紙	甲乙人等濫妨狼藉禽獣殺生山林竹木截取制止、有違犯族者可処厳刑	真珠院文書(2)―736
10	氏親	永正5・10・18	×	×	長楽寺	竪紙	閣寺奉行諸公事以下不可有他之綺等（五ケ条）於違犯之輩者可処厳刑	長楽寺文書(3)―795
11	氏親	永正6・6・13	×	×	（後藤氏カ）	―	陣衆濫妨狼藉并就于商売等令無道事、停止之	藩中古文書（国立史料館所蔵）四九六
12	氏親	永正8・9・21	×	×	大洞院	竪紙	禁制寺中取竹木陣衆甲乙人等一見之事等、於背此旨族者、可加厳刑	大洞院文書(4)―707
13	氏親	永正13・10・16	×	×	鴨江寺	竪紙	軍勢濫妨狼藉堅令禁止、於背此旨之族者、可処厳刑	鴨江寺文書(5)―768
14	氏親	永正14・正・14	○	×	後藤弥九郎殿	折紙カ	後藤善右衛門尉知行并物跡被仰付、不可有他之綺	『目で見る沼津市の歴史』p78
15	氏親	大永2・5・2	×	×	鷲頭法華堂	―	禁制家風人等兎角之沙汰、棟別・普請人足・飛脚竹木伐取、為無縁所停止	本興寺文書(5)―507
16	氏輝	享禄5・8・21	○	×	（欠）［江尻商人宿］	折紙	毎月三度市、上下之商人宿屋敷弐間、可為如前々	寺尾文書(2)―785
17	氏輝	享禄5・9・3	×	×	昌桂寺	竪紙	定為桂山菩提所寄進、棟別諸国役為不入閣之等（五ケ条）	正林寺文書(4)―394

※「付年号」欄の○は付年号記載＝二行書にされており、×は書下し表記＝一行書である。また、干支欄の○は干支表記がなされていることを示し、×は干支表記がなされていないものである。
「印判・印文・位置」はどの印章がどの位置に捺印されているのかを示している。写等のために捺印位置が明確でない場合は、（　）を付けた。

また、「文書内容」欄は文書の本文を要約して掲げてある。

「所蔵・出典」の（1）～（5）は『静岡県史料』第一～五輯（一九六六年　角川書店）を示し、数字はそのページを表している。その他の刊本については、具体的な刊本名等を記し、漢数字は『静岡県史　資料編7　中世三』の文書番号を示す。

「料紙」欄の―は確認できなかったものである。なお、印判17心月庵宛・印判20五とうせんゑもん宛・25極楽寺宛の寿桂尼朱印状は『静岡県史　中世三』で補ったが、他の文書における校訂は行わなかった。


【追記】再録にあたっては、最小限の誤字等の修正に留めた。また、一覧の「所蔵・出典」欄も、本来ならば『戦国遺文』今川氏編（東京堂出版、二〇一一～二〇一五年）等の入手しやすい史料集に改めるべきであろうが、あえて原文のままとした。御寛恕を乞う次第である。

Ⅱ

戦国大名今川氏の西遠江進攻と直轄領支配
――大福寺文書を素材として

長塚　孝

はじめに

戦国期の検地論のうえで、あるいは今川検地研究で、貴重な史料として注目をあびたもののなかに大福寺文書がある。愛知県との県境にちかい静岡県引佐郡三ケ日町に所在する大福寺には、現在でも写を含め約一〇〇点をこす文書が所蔵されている。しかし、このうちで検地研究等のために使用された史料は、寺領注文をはじめわずかにしかすぎない。いまだ多くの史料は分析対象になっていないのである。しかし使用されていないとはいっても、役にたたないわけではなく、今後さまざまな立場からの研究が必要な文書群といえる。しかもいくつかの先行研究では、直接にはかかわらないと考えたのか、検地関係以外の史料の時代性を無視した考察もみうけられる。いわば大福寺文書は、基礎的な事実の確認が完了しているわけではないのである。とはいえそれら大福寺の主要な文書の年代比定をはじめとするような基礎作業をここで行えるわけではない。

本稿は、大福寺文書の今川氏関係史料を素材[1]として西遠江、特に大福寺のある浜名神戸（いわゆる浜名湖北地域）

に対する今川氏の進攻と、直轄領の支配へいたる政策を確認する作業を行いたい。時代は最初の進攻のころをあつかうため、永正期に焦点をしぼることにする。(2)

一、福嶋氏関係文書の整理

現在、大福寺には今川氏の発給文書は残っていない。しかし、後述する福嶋範能の書状に、不入の判形などの記載があり、出されていたことは確実である。ただ、江戸後期に作成された「大福寺古案」にもそれは載っていないことからすると、かなり早い時期に失われたのであろう。そのかわり、大福寺には今川氏の重臣福嶋氏の発給文書が残っている。大福寺文書中における今川氏関係文書の大半は、福嶋氏の発給したものである。そして、それらは書状であるがために出された正確な年は不明である。そのためもあるのだろうが、福嶋氏の書状は発給者が混同されやすい場合が多い。文書中の福嶋氏関係者は玄三・範能・一枝斎善勝・春能・氏春・助春・助昌などだが、まず彼らを時期的に分類してみることにしよう。

範能は官途を玄蕃允というために玄三と同一人物と思われがちだが、花押は全く異なる。彼の書状には左衛門尉助春が見えるので、(3)助春と同時期。善勝・春能の文書にも助春のことが見えているのでひとつのグループとして扱える。玄三は、助昌書状に「玄三きもいりにて」(4)とあることから、二人は同時期の人物であり、しかも玄三書状に雪斎の名が見えることからして、(5)おのずと活躍時期はあきらかである。

表1　福嶋範能書状一覧

	月　日	宛　名	文書番号	備　　考
1	10.28	実相坊	11－9	県史料に見る封紙なし
2	10.28	棟別奉行	11－10	
3	5.29	大福寺実相坊	11－11	
4	12.23	実相坊	11－12	封紙に「永正四．極」とあり
5	12.27	実相坊	11－13	
6	未　詳	幡教寺実相坊	11－14	
7	卯．9	実相坊	11－15	大福寺古案、10号文書の封紙はこれか
8	正．5	実相坊	11－18	
9	12.19	幡教寺実相坊	11－21	大福寺古案
10	8.29	幡教寺	11－24	
11	8.29	実相坊	11－25	

◎文書番号は『静岡県史料』第5輯大福寺文書のもの

氏春については明らかにできない。これを除いておくと、福嶋関係文書は玄三・助昌と範能・助春・善勝・春能の二つのグループに分けられることになる。また、本間文書・宗長手記などから助春・範能らは延徳から永正期の人物、静居寺文書から助昌は天文期の人物であることがわかっているので、[6]前者は永正期前後の、後者は天文期の今川家臣であることになろう。

では、範能と助春の関係とはどのようなものであるのか。この点については助春に属して戦った本間宗季が、「福嶋玄蕃允為助春代罷立候時」[7]として述べている。今川方として戦う本間氏は、彼が属した助春の「代」として範能を知っているのである。範能と助春の関係が、のちの玄三と助春と同じであるならば、「きもいり」の例もあり、範能は助春の名代であったとみてよいであろう。したがって本稿では、範能・助春らの文書を中心にして検討を加えていくことにする。

最初に大福寺文書中に数の多い範能書状の順序を考えなければならない。助春の書状は一点だけであるが、範能書状は原文書九点と「大福寺古案」[8]に載せられた二点の、計一一点になる。表1は、それらを掲げたものだが、このうち年号のわかるのは、封紙に「永正四極月状」とはいった四号文書だけで、あとは内容よりおっていくことになる。

三号文書は、大福寺実相坊が宛名になっている。後述するように、永正年間に大福寺は幡教寺と寺名を変えているので、三号文書が、範能書状の初見であろう。五号文書は内容よりみて四号文書の数日後とみてよいし、七・八・一〇・一一号はこれに関する一連の文書群である。九号は「左衛門尉駿州へ被罷下候間」と文中にあるのが、四号以下の「左衛門尉留守」と関係しているのであれば、月日からいって四号文書の四日前になるかもしれないが、確実ではなくはっきりしない。

これに対して一・二・六号文書は、四号文書よりも前に出されていると思われる。六号文書は月日未詳ながら、不入の判形が出された旨が記されているが、戸田氏に関する記事はなく、四号文書以下とは関連がない。また、四号に近い時期に出されたものであるとしても、「永正四年霜月状」と書き込みのある封紙が、六号文書と宛名が同一であるので、四年十二月以降に下ることはない。一・二号文書は同日付、六号の不入に関連するので、六号文書のあとであろう。月日からみても、おそらく四号文書以前である。以上のことから、範能書状を中心にした考察は、四号文書以前と以後に分けて行うことになる。

二、「検田」と棟別

今川氏の遠江進出は明応年間より断続的に行われていた。その主な行動は、斯波勢力の打倒であり斯波方国人衆を降伏させることであったが、永正三年（一五〇六）には東三河にまで大規模な軍事行動がとられている。浜名湖北地域に隣接する北遠江では、依然斯波氏の勢力が健在であったが、遠江の大半は今川氏によって掌握されつつあった。

浜名湖北地域に進出した今川氏に対し、まず大福寺がとった行動は、福嶋氏を仲介としての今川氏への接触であったのだろう。実際に接触しているのは塔頭の実相坊であったと思われるが、このため福嶋氏の書状が多く残されて今川氏の侵略地への政策がみられることになる。まず、大福寺領にかかわる最初の範能書状六号文書を見てみよう。

態令啓上候、仍浜名大福寺之事、依有子細、寺号ヲ如昔、幡教寺ニ被替、然ニ北原之事、一向御所務等無之由、止なく御申候間、幸彼在所ニ寺立候、殊由緒候間、寺家之儀、彼是為不入被成判形置候、此段可申届旨候、可被成其御意得候、次浜名社家かた検田、此間被申候時儀、豆州へ被尋候、如何様四・五日内、御返事可申入候、年貢事ハ地下ニ堅可被抱、恐々謹言、

福嶋玄蕃允

幡教寺

実相坊

永正四年前後、大福寺は北原の所務をめぐって寺号を幡教寺と変更し同郷に末寺を建立しているらしいが、ここで範能は「彼是為不入被成判形置候」と申し送り、不入の判形が今川氏より出されたことを伝えている。大福寺はすでに今川氏による不入の権限を手に入れているのであるから、ほかの寺社などにしても同様な動きはあったのであろう。重要なのはこのつぎに範能が語る部分である。「次浜名社家かた検田、此間被申候時儀、豆州へ被尋候、如何様四・五日内、御返事可申入候、」浜名の社家方の検田というのは、社家つまり伊勢神宮領についての「検田」ということであろうか。永正四年前後に、今川氏は進出間もない地域に対して、「検田」を実行していたのであり、それには「豆州」

と呼ばれる人物が関与しているのである。「豆州」とは誰なのであろうか。当時今川家臣で受領名伊豆守を名乗る人物は見当たらない。とすればこれは在所名をさしているのであろうから、「豆州」は伊豆の領主で今川氏親の伯父にあたる伊勢宗瑞（北条早雲）のことであろう。「社家かた検田」は、宗瑞の主導によってなされたものと考えられる。宗瑞は、遠江・三河進攻の際には今川方の中心人物であり、西遠江における支配に関与しているのも当然といえよう。また、宗瑞の検地は永正三年が初見であるので、この時期に西遠江で実行していたとしても不自然ではない。「検田」自体の評価はここでは避けるが、すでに永正初年の段階で、今川氏は西遠江の支配を推進させてきたのである。

同じころ、もうひとつ今川氏の支配に関するものとして、棟別の徴収がある。一号文書を見よう。

　尚々御判上者、寺家をハ被取間敷候、門前之事者、日記ニ付候て、御あつかり候へく候、

就棟別儀示給候、意得申候、何も不入破テ被取候、乍去門前之事者、日記ニ被付候て、彼料足寺家ニ御預尤候、奉行誰ニて候哉、不存候へ共、状を遣候、大島か不然者小坂縫殿左衛門ニて可有候哉、能々御届尤候、已前者乍御報具蒙仰候、祝着存候、恐々謹言、

　十月廿八日　　玄蕃允範能（花押）

謹上　実相坊

　御尊報

これによれば、「寺家」と門前において、奉行が棟別を取ったため、実相坊は不入を破るものとして福嶋範能にこの旨を告げたことがわかる。範能は門前は別としながらも、奉行が大島か小坂かどうかは不明ではあるが、状を遣わそうとしている。そして追而書で「御判」があるかぎりは寺家は棟別をとらず、門前は日記につけることを再確認し

ている。範能は同日付で、棟別奉行へあてて幡教寺が不入であり善悪におよばないこと、門前の場合は日記に付け、「寺中」へ預けることを申し入れている（二号）。

これによって、前述の不入の判形が「御判」であることがわかるが、その内容についても具体的に説明されている。すなわち①不入の範囲は「寺家」に相当する区域であること、②不入の区域へは奉行の侵入を止めるものではなく、棟別賦課を禁止するためであること、そして③門前は不入の対象にはならず、棟別日記に付けた上で「寺中」へ預けるようにされていること、という三点になる。門前の棟別は安堵の意味で預けられたのであろう。不入地は棟別改めはされないようだが、門前の場合には棟別を与えられていても、今川氏によって実数が把握されているのである。永正四年前後において、西遠江の一寺院へ定めた不入地に、棟別の徴収がおよんで寺院側が訴えるところをみると、不入の判形発給と棟別改めは以前に終了していたものらしい。今川氏親は、永正五年に遠江の守護職を与えられるが、実質上の公事賦課はかなり先行していたのであろう。

斯波氏の勢力を一部に残しながらも、今川氏のたびかさなる遠江進攻は、東三河への計略が具体化する時期にいたると、神宮領への「検田」を実施しはじめ、棟別改めと不入地の設定を開始していたのである。

三、戸田氏と大福寺

永正の末のころか大永期かははっきりしないが、浜名湖北の国人である浜名政明は、賀茂助四郎へつぎのような書状を送った⑼。

大福寺之事、以前田原仁当神戸中知行之時、毎事恣成敗之条、寺家之儀、諸事迷惑ニ付而、先規　今川殿守護之御時、支証有之間、号幡教寺、如望当寺江被成下知候、左候間、今度神戸之事、如先々守護不入云、惣別安堵之儀ニ候処ニ、於于今田原知行之時筋目候歟、近比不及覚悟次第候、乍去寺家之儀、しかと其意得ニ候者、衆徒中一筆お可給候、以其旨可申談候、此趣各へ可被申届候、恐々謹言、

三月廿六日　　　備中守（花押）

賀茂助四郎殿

大福寺は、かつて田原（愛知県渥美郡田原町）の戸田氏によって浜名神戸が知行されていたとき、勝手な「成敗」をされたために迷惑をこうむった。永正期戸田氏の動向や寺号の変更を伝えていることで、著名な史料である。戸田氏の知行については後述するとして、ここでは政明が出した書状にある戸田氏と大福寺の関係を、永正四年（一五〇七）大福寺領北原における事件を中心にして眺めてみたい。四号文書の一部を掲げる。

去廿日御状、同廿二日令拝見候、仍代官斎藤被官、北原山切取、結句為相当門屋者はき取、打擲儀言語道断儀候、同名左衛門尉留守の事候間、我々かた書状を遣候、依其返事田原へも可相届候（中略）於此上代官其方へ詫言申候者、御無為尤候、其謂者、地下中代官と申、旁以其御思慮尤候、斎藤返事早々可給候、

永正四年十二月二十三日、範能はこの月の二十日に実相坊より出された書状を受け取り、折り返し実相坊へ書状を発した。それによると、田原戸田氏の代官斎藤の被官が北原山を切り取り、そのあげく寺家の者をはぎ取り打擲を加えたというのである。このとき助春は不在であったたあ、範能が書状を助春へ遣わし、返事次第に田原へ申し届ける

ということを実相坊へ伝えている。これに対し、斎藤方よりの返答は早く、その経過について同月の二十七日に範能がふたたび書状を出している（五号）。

斎藤方より返状給候、披見仕候、彼返事ニも北原山儀ハ一向綺候ハぬ由申越候、御料所たゝ木山儀を申候間、此方よりの返事ニも、山のさかい儀ハ、果而可落居候、当庄寺家者をは取、結句打擲曲事由、返事仕候（後略）、

これによると、斎藤方の返状では、北原山についてはなんら問題を起こしていないと述べているという。ただ、寺家者の打擲の儀については認めているが、切り取りの件は今川氏の直轄領である只木山に関することとしている。この事件には、ほかにも津料や質物が関係しているらしい。「検田」などからそれほど時を経ないうちに直轄領が設定されているのは注意すべきことである。斎藤方は、北原山切り取りを否定して只木山の境について返答をするだけだが、今川氏の直轄領を戸田氏が管理しているためにこのように主張できるのであろう。「御料所」が三河国人に預けおかれているのである。

結局この事件は「公事」にもちこまれたらしい。翌五年正月五日の範能書状には旧冬の斎藤の状に対して返事を出している旨が記されており、その後の経過について何か申していれば承ると書き送る（八号）。さらにこの年かどうかは不明ながら四月九日付で、斎藤がさきに奉行であった人物であろうか、大島方へ詫言をしていることが、実相坊へ知らされた（七号）。戸田氏を背景にした御料所代官だけに、地方寺院では「公事」が円滑に進まなかったのかもしれない。

北原山などの公事に関して事件が落着したのは、この永正五年であるかどうかは不明だが、田原方の実質上の後退によって決着がつく。

御状委細拝見申候、仍浜名之大福寺之中之賛寺号幷北原与申在所、御寄進之由承候、彼在所之儀、二百年・三百年之内、寺領ニ罷成候事なき由申候へ共、従　上様被成御判候由、蒙仰候間、不及是非渡申候、此間可預御披露候（後略）

右に掲げた八月二十一日付の福嶋助春宛の戸田憲光書状写[10]には、大福寺が寺号を変更したこと、北原が同寺へ寄進されたことを聞いているが、北原がかつて寺領になった例はないと主張し、しかしながら、寺側に「上様」（この場合今川氏親）の御判がなされていることを聞き及んだので、「不及是非渡申候、」と申し入れている。[11]

七日後の八月二十九日、助春は実相坊へ長期間の滞在を慰留し、田原よりの返事が到着したことを述べている。[12] この書状写が大福寺に伝えられているところからみると、憲光の書状はすぐに筆写されて、助春・範能の書状とともに送られたのであろう。同日に範能は幡教寺へあてて、実相坊の下向による申し立てがあって寺の再興がなったことを喜び、助春書状も一緒に送ることを述べる（一〇号）。この書状は範能が幡教寺へ送った唯一のものであるが、冒頭に「如尊意未申通候処、御懇ニ示給候」とある。範能は実相坊との関係は以前からもっていたが、幡教寺自体には交信していなかったのであろう。[13] さらに範能は、実相坊へは七ケ条からなる条書を送っている（一一号）。条書のほとんどは、歳暮や年始など「公事」には関係しないものだが、最後の条は「田原なとへも、無々沙汰可被仰談、時々代官なとへも、何事も被仰合候者、肝要存候」となっており、戸田氏や代官への談合を以後も義務付けている。北原山については大福寺の主張は通ったが、引き続き御料所は戸田氏とその被官によって支配されたのであろう。

以上の経過より判明することは、従来戸田氏の押領事件とされているものは、寺領山の切り取りや津料に端を発する「公事」であり、浜名政明が述べる恣意的な「成敗」とイコールではなかったのである。戸田氏の「成敗」は、本来「御料所」に関するものであったはずであり、大福寺が「諸事迷惑」をしていても、それはまさに諸事の中のひとつにしかすぎない。大福寺領との「公事」に敗れても、湖北地域における今川直轄領支配は続けられていたのである。

四、今川氏直轄領支配の推移

前章までは大福寺文書によって、永正初期の大福寺における今川氏の直轄領支配の動向を「検田」・棟別改めと不入・寺領と戸田氏等の問題からおってみたが、ここでは今までの具体的な事例を前提にして、その前後の政治的状況と今川氏の政策についても検討しておきたい。

今川氏によって軍事的に制圧された浜名湖北地域は、当初遠江・三河進攻戦の主導者伊勢宗瑞による「検田」が行われ、前後して棟別改めや一部寺院等への不入権付与が開始された。そして設定された直轄領は、今川家臣ではなく、三河の戸田氏に預けられることになった。これは、斯波氏を中心とする反今川勢力が北遠江を拠点として存在していたからであろう。いまだ安定した政情を得られない西遠江では、今川家臣を大量に常駐させるよりも、同盟関係にある周辺の国人に管理させるほうが安定すると判断したものと考えられる。つまり、今川氏は反今川勢力包囲の一還として、戸田氏の採用を決定したわけである。当時戸田氏は、東三河最大の勢力であった(14)。遠江―三河の陸路・水路を確保するうえでも、今川氏は戸田氏に期待していたのであろう。

また、湖北地域には今川の直轄領だけではなく、戸田氏の知行地も設定されていたものと思われる。戸田氏が領主支配を拡大しようとすれば、直轄領・知行地・寺領等が錯綜しているために、大福寺の寺領北原をめぐるような「公事」が起こるのであろう。ただし北原をめぐる事件では、戸田氏は後退させられてはいない。おそらくこのあとも直轄領管理はともかく、知行は存在していたと思われる。[15]

その戸田氏も、永正末期になると、直轄領支配に関しては戸田氏はその姿が見られなくなる。おそらく斯波氏の放逐など反今川勢力の後退により、浜名湖北地域では脅威を感じる存在がなくなったからであろう。そして逆に戸田氏の勢力を拡大させる危険性があるために、直轄領支配から手を引かせることになったものと思う。戸田氏にかわって大福寺に大きく関連するのが浜名氏である。[16]浜名氏は湖北の国人領主で、室町幕府の奉公衆でもあった。大福寺文書には、前述の福嶋・戸田氏関係の文書につづいてあらわれるのが浜名政明（法名成繁）の発給文書である。彼の文書は、年代のわかるものの場合、寄進状など支配関係に関するもの以外でも永正後期以後に出されたものである。この関係文書の人物の変化は、今川直轄領の管理が戸田氏から浜名氏へ変更になったためのものであろう。そう考えれば前述の浜名政明書状の表現にも意味があるように思われる。政明がことさらに、直轄領を管理していた時期の戸田氏の「成敗」を嫌悪するような表現をし、さらに「於于今田原知行之時筋目候歟、近比不及覚悟次第候、」といったかたちで批判を展開することこそ、戸田氏にとってかわった政明の立場をよく表しているものといえるだろう。

むすびにかえて

以上、本稿は永正期における今川氏の直轄領支配の過程を、大福寺に残された今川家臣福嶋氏の発給文書から概観した。本稿ではこの後につながる部分として浜名氏について言及する余地はないが、最後に戸田氏とそれ以後の直轄領支配の動向について簡単に見通しをつけておきたい。浜名湖北地域における今川氏の直轄領は、最初戸田氏に預けられたが、北方の脅威である斯波氏とその与党が駆逐されてからは、地元の領主である浜名氏にその支配権が移された。やがて直轄領支配は大永・天文期と移る段階で、湖西に鵜津山城（宇津山城）が完成することによって、浜名氏から直接的な城領として再編成されるのだと考えたい。

註

（1）大福寺文書は、福嶋氏関係文書は東京大学史料編纂所架蔵影写本を、その他は原本によった。なお、原本の閲覧にあたっては故高橋佑吉氏をはじめ駒沢大学戦国史研究会のご教示をえた。

（2）永正期前後の今川氏の動向については秋本太二「今川氏親の遠江経略――とくに信濃小笠原氏と関連して」（『信濃』二六巻一号）を参照されたい。

（3）『静岡県史料』第五輯大福寺文書（以下では略す）一一―一二。

（4）一一―二七。

（5）一一―八。

（6）大塚勲「戦国大名今川氏上層家臣団名簿（試表）」（『駿河の今川氏』第二集）。

（7）「本間文書」（『大日本史料』第九編之二―五二八頁）。

（8）「大福寺古案」は、大福寺所蔵の四五帖からなる旧大福寺所蔵文書の写本である。識語によると、文政十三年（一八三〇）に住職の快雅が、新城（愛知県新城市）の菅沼家（交代寄合）より借用して写したもので、同家が約一〇〇年前に大福寺文書を写して作成したのだという。すでにこの当時、散逸していた文書があるために、快雅が筆写しておいたのである。写された史料は一部を除いて『静岡県史料』にも掲載されている。

（9）一一―五。

（10）一一―二二。この書状は宛名が「福嶋左衛門尉」だが、内容からすると今川氏親へあてた披露状の形式をとるものである。

（11）この公事にも伊勢宗瑞が関係することは、森田香司「田原戸田氏の遠江侵入をめぐって――大福寺文書の再検討」（『静岡県地域史研究会報』四一号）によって述べられている。なお、森田氏の報告は本論にも関連するところがあると考えられるが、観点が違うように感じられる。

（12）一一―二三。

（13）大福寺文書は、文政年間に表装される以前に一括されていただろうが、本来の受領者のことを思えば、分類して考えなければならない。大福寺（幡教寺）と塔頭の意識・行動が同一であるという確認はまだされていない。

（14）戸田氏の動向については『田原町史』上巻を参照した。

（15）徳川氏が遠江を奪取したあとのことだが、元亀二年（一五七〇）七月、「浜名ノ郷主」大屋氏らが反乱を起こしたとき、本多信俊とともにこの地に入部したのは戸田忠次であった（「武徳編年集成」十二・「寛政重修諸家譜」九百六、『大日本史料』十編之六―六九六頁）。忠次が派遣されたのは偶然とは思えず、かっての戸田氏とこの地域との関連が知られていたために、傍系ながら戸田一族の忠次が派遣され、知行が与えられたのではないだろうか。

（16）浜名氏についてはほとんど研究がされていないが、関係史料をまとめたものとして高橋佑吉『重修浜名史論』は重要である。

【付記】本稿は、三河・東海史研究会第一二回例会（一九八五・四・二六、於駒沢大学）における報告に、一部訂正を加えたものである。当日貴重なご助言等をいただいた同会参加者の方々に感謝する。

Ⅲ

今川氏親と曹洞禅
――石雲院崇芝性岱と五派を中心として

黒澤　脩

はじめに

今川氏歴代の当主が、臨済宗を指向する傾向の中で、なぜか一人今川七代氏親だけが曹洞宗と深く結び付いていたことは特徴的である。曹洞宗は、今日においても全宗派の約五割以上の寺院数に及び[1]、歴史的には今川氏親の時代に教勢を一気に拡大しており、着実にその根を今川氏領内におろしている点である。浄土宗・禅宗・日蓮宗の各派は、氏親以前においても各地に基盤を置き活動しはじめていたが、組織的活動にはいるまでは今一息という現状であった。

今川氏と曹洞宗の接触は、応永二十七年（一四二〇）、了俊の子仲秋が父了俊を開基として遠江国堀越に物外和尚[2]を開山に請い、海蔵寺を創立したのが初見と思われる。したがって、今川氏とより具体的に同派が関係したのは、七代氏親の代にはいってからである。ところが、曹洞宗はすでに遠江地方に進出しており、一般民衆と在地中小武士団の中で人心をより的確にとらえつつあった現状と、同宗派の在地的性格が他派に比べ具体的であったことなど、『語録』の分拆を通じての研究[3]が広瀬氏によって手掛けられている。おそらく、氏親はこのような在地的活動に根差した曹洞

宗のあり方を経験し、今川氏領国支配の中で利用したであろうという積極的見方も出されている。(4)

本稿では、氏親が曹洞宗と積極的に交わることとなったのは、遠州高尾山石雲院開山崇芝性岱（―一四九六）の弟子を通じてであり、これは今川家内訌という背景の中で醸成されたという視点に立って論考しようとするものである。崇芝派下の僧侶の活動と彼らの行動の道を拓いた有力土豪・国人層が、いずれも今川氏親と強い関係にあることも充分考えられる点である。ところが、この間の動きを探る史料に恵まれないため、表面的記述にとどまらざるを得ないことをお断りしなければならない。

一、石雲院の創立と開山

石雲院は、康正元年（一四五五）勝間田氏を檀越として牧ノ原台地の広がる榛南（榛原郡南部）の一画、高尾山中に崇芝性岱和尚の卓越した着眼と思慮深い先見の配慮のもとに創立され、中世曹洞禅の地方的展開の好例とみることができる。つまり、戦国の世へと移り変わる時代に即応した禅思想的諸契機をうながすという形で、思惟の転換を計っている点にあった。やがて今川氏の中に大きな影響力を持って駿河国に主体的に曹洞禅を吹き込んでいった。そうして従来の宗教地図を塗り変えていくことに成功していったが、その前に、崇芝和尚について触れなければならない。

崇芝の行動を最も詳しく伝える史料として、崇芝の開闢による東京都北多摩地区の東久留米市の浄牧院に、『茂林和尚行録』と題する冊子文書がある。奥付に「維時永正十癸酉年七月念三日常（ママ）牧院四世明巌志宜叟謹誌焉畢」とあり、

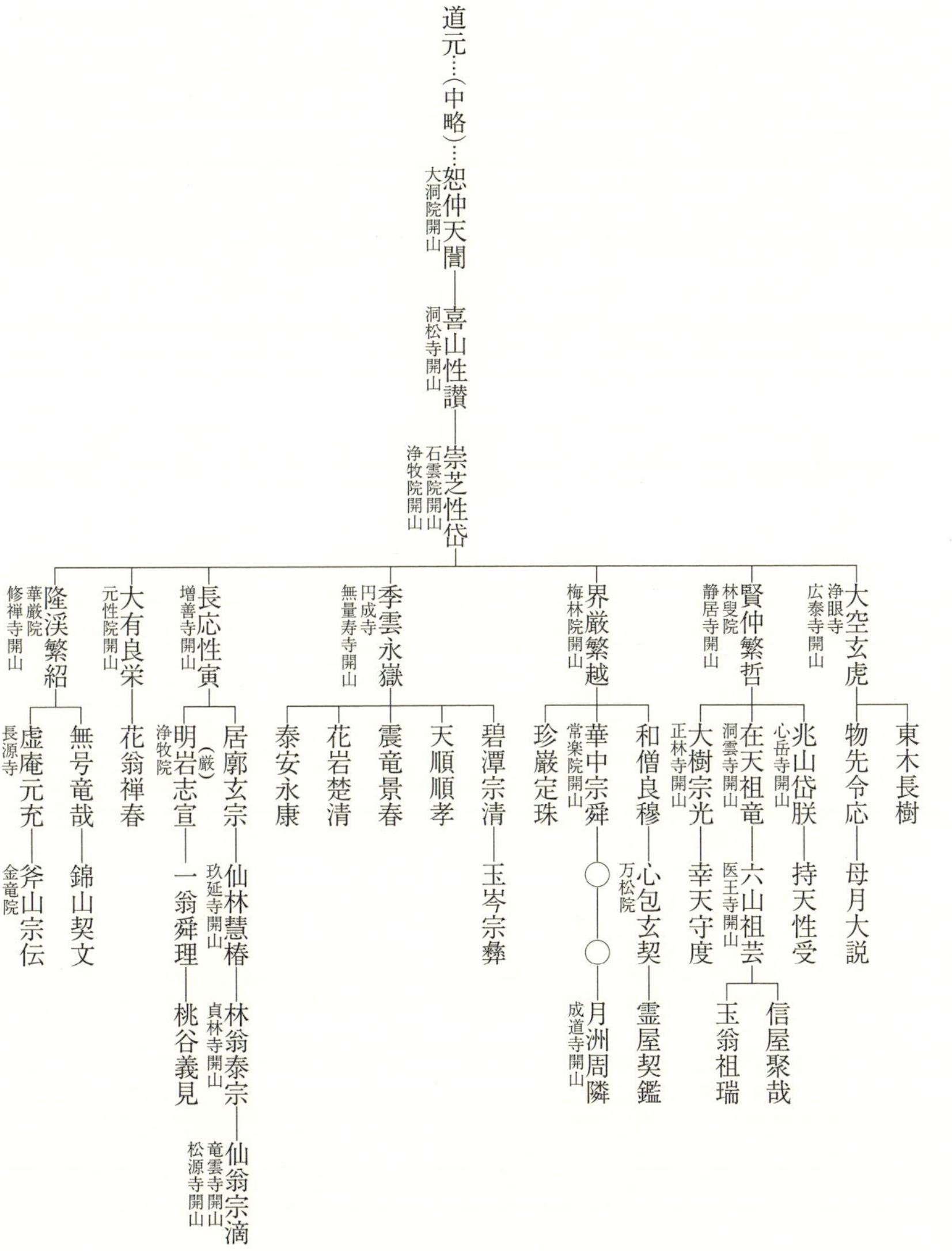
道元…（中略）…恕仲天誾
大洞院開山
喜山性讃
洞松寺開山
崇芝性岱
石雲院開山
浄牧院開山
大空玄虎
浄眼寺
広泰寺開山
東木長樹
物先令応
母月大説
賢仲繁哲
林叟院
静居寺開山
兆山岱朕
心岳寺開山
持天性受
在天祖竜
洞雲寺開山
六山祖芸
医王寺開山
信屋聚哉
玉翁祖瑞
大樹宗光
正林寺開山
幸天守度
界厳繁越
梅林院開山
和僧良穆
心包玄契
万松院
霊屋契鑑
華中宗舜
常楽院開山
○
○
月洲周隣
成道寺開山
珍巌定珠
季雲永嶽
円成寺
無量寿寺開山
碧潭宗清
玉岑宗彝
天順順孝
震竜景春
花岩楚清
泰安永康
長応性寅
増善寺開山
居廓玄宗
仙林慧椿
玖延寺開山
林翁泰宗
貞林寺開山
仙翁宗滴
竜雲寺開山
松源寺開山
明岩志宣（厳）
浄牧院
一翁舜理
桃谷義見
大有良栄
元性院開山
花翁禅春
隆渓繁紹
華厳院
修禅寺開山
無号竜哉
錦山契文
虚庵元充
長源寺
斧山宗伝
金竜院

崇芝七哲法系図

写本年代は「安永三年（一七七四）」大寂和尚によるものである。この中の「茂林和尚行録」と「宗（ママ）芝岱大和尚之行状記」は詳しく、崇芝の弟子大空和尚が文亀元年（一五〇一）に記したことが理解されるものである。崇芝の伝記については、このほか『日本洞上聯灯録』（巻七「遠州竜門山石雲院崇芝性岱禅師」）、『日域洞上諸祖伝』（巻之下、「洞松寺崇芝性岱禅師」）などが主としてあげられるが、以上二点は近世の伝記であり、いずれも崇芝の輪郭について、世間的価値と荒唐な奇蹟と高貴な表現によって積み重ねられるにとどまっている。この点、大空和尚による「宗芝岱大和尚之行状記」は、成立年代が早いことから、崇芝の行動を中心に記し、後世の仮託強調された付随的なものと区別されなければならない。ここでは、石雲院開山崇芝について述べることは、紙数の関係で後の研究に譲りたい。

崇芝を派祖とする石雲院の展開は、事実上、崇芝の七哲によって可能となる。近世に至っては直末寺・孫末寺以上七百二十七ヵ寺院[5]を形成した人物であるが、崇芝の人格を知る文書類は石雲院が三度の火災に遭遇していることなどから「語録」類に至っても伝わっていない。このため、ここでは、浄牧院に記録された二点の文書「竜門山石雲院置文」と「御開山禁制」として伝わる文書の紹介のみにとどまるが、これらは、崇芝の周辺を知る唯一の史料となっている。

竜門山石雲院置文之事

右石雲院住持職輪番次第之事。於二我存命時一如二申渡一。老僧絶息之後。亦臘次第可レ被レ住者也。臨終之剋依レ被レ居二遠国一而及二延引一。則于二老僧一随逐之仁。不レ論二臘之前後年老若一。先可レ被レ任二住持職一者也。仍於二寺家一修造之事。於レ有レ之者。以二寺領之土貢五分一一。可レ被レ加二小破修理一者也。若及二大破之修理一。則以二門中之品評一。可レ被レ用二土貢悉皆一者也。以二土貢五分一一。幷祠堂米之餘盈。可レ用二仏供灯油一者也。守二我置文之堅旨一無二怠慢一。則為二老僧一勝レ造二立七宝塔一者也乎。堅可レ守レ之々者也。仍遺書旨如レ件也。

維時延徳三辛歳正月廿八日　崇芝性岱在判

御開山禁制

一　竹木於二寺外一不レ可レ出事

一　夜中幷風雨之時寺僧同心可二守護一事

一　不儀之輩酔狂之輩不レ可二許容一事

一　用心無二油断一堅可レ相二守之一者也

右具在レ前

宗(崇カ)之性岱在判

二、『浄牧院記』の検討と中世の石雲院

中世、石雲院の活動がどのように行なわれたかについて語る史料は、残念ながら石雲院には残されていない。この間の石雲院の活動を傍証するものとしては、同じく崇芝性岱が創立した武州浄牧院に伝わる天文十九年（一五五〇）の古記録のみが現在判明している石雲院に関しての史料として残されているものである。これは一般に『浄牧院記』と呼ばれ、浄牧院と石雲院の創立から始まり、さらに石雲院開山の七哲と石雲院の「輪番制」の成立についても記録されている。本書は、石雲院開山七哲の一人で、第五法子となった辰応正寅和尚が、駿河の今川氏親に招請され駿府

府中郊外に今川氏の菩提寺増善寺を創立したことと、のちの増善寺の繁栄についてわずかであるが記されていることなど、駿河の中世禅界の動きを知る重要な史料である。

従来、浄牧院の本書原本（巻子本）の破損がいちじるしいため、一般に閲覧することすら禁止されていた。このため、宝暦七年（一七五七）に「晃越宗」という人物が再写した写本に頼っていたきらいがあり、『続曹洞宗全書』寺伝・史伝の部においても、同様に原本と校合していないことが判明した。原本は、天文十九年に桃谷叟義見が記したという原本の奥書を重視していなかった面は重大な見落としである。幸い、浄牧院住職藤井顕孝師の好意で原本に接する機会を得ることができたので、重要事項をこの中から年代順に列記したい。

天文十九年『浄牧院記』

文安元甲子年三月三日（浄牧院創立）

康正元乙亥年拾月十七日　竜門山石雲院、始入二山林一材木杣取初也、已造営功畢也、同霜月移二徒衆於此地一也

長禄二戊寅年九月廿日（崇芝）再二回浄牧院一経二暮年一

寛正元庚辰歳　付二属浄牧院宜席於大空玄虎和尚、而（崇芝）即帰二山遠州高尾山石雲院一

同年辰年五月廿日（大空）入二院浄牧院一也、現住五年之其中、於二方文之後一、構二土窟一結二矮屋一、而三年之
間点二碧岩集一(イ)……大空和尚過二五年一後、従二勢州之国司一(ロ)遣二使者一、以問二大空和尚一曰、新建二立梵刹一(ハ)、
願招二請和尚一而欲レ令レ為開山……其時辰応性寅和尚、開基之寺院依レ無レ之、住二居高尾石雲院之衆寮一也、
大空和尚遣二使僧一、以問崇芝和尚一云、伏願付二属浄牧院之宜席於性寅和尚一、崇芝和尚聞二此語一而為レ然
也……（辰応性寅）下二関東一宜レ匡二浄牧法席一

寛正五甲申年十月廿八日　辰応和尚入院也、大空和尚即退二当院一、而至二勢州一往二下坂浄眼寺一也

延徳三辛亥歳　（石雲院之輪番）　初也

大空和尚依レ為二仏陀寺之住一、而即賢仲和尚初住也、次明応元壬子歳八月朔日、季雲和尚初住也、次現住相二当浄牧辰応和尚一、雖レ然臘次問答依レ住レ之、終不レ収二請状一也、故当二辰応和尚之住一一回懈怠也、其意趣者、於二崇芝和尚之膝下一、嗣書相伝之臘次如レ件、一大空、二賢仲、三界岩（ママ）、四季雲、五辰応、六大有、七降渓也、各寺庵自分建二立之一也、於二当院一者是浄牧院主也、豈誰以争レ之也乎、若欲レ勤二輪番一者、従二当院一始而可レ渡二七哲一者也、唯私求二臘次一、於レ可二輪番初住一者、吾何可レ勤レ之也、崇芝和尚退二石雲院一、従下隠二居傑老斉一経中五年上、崇芝和尚退二石雲院一

明応五丙辰歳十月廿七日（崇芝和尚）齢八十三而示寂也乎

明応七戊午年八月朔日　辰応和尚初住二石雲院一也、同年、於二高尾一私大地震動甚太

明応九戊申年社念六日　駿河之府主従（二）二今川殿一以二使札一曰、吾儕結二小刹一、而為二先祖一欲レ訪二菩提一、伏望請二尊師一令二開山願参府矣、而不レ得二拒辞一

明応十年（文亀に改元）（辰応性寅）致レ彼、如二右約諾一而住持者也、徒衆常満二一百餘衆一、今増善寺是也、寔是辰応和尚者、司二関東・関西之両寺一、而道風甚熾盛也

文亀元辛酉歳七月廿日　明岸志宜和尚（ホ）初入二浄牧院一也

永正元甲子年　辰応和尚再住也

永正二乙丑十二月八日　明岸和尚入二院浄牧院一也

永正三年仲春六日（辰応和尚）登二駿州一也
永正五年戊辰歳　辰応和尚又再二再住石雲院一也、但於一駿州増善寺一者初住也
永正八辛未年九月十一日辰刻　辰応和尚示二滅於増善寺一、分二霊骨一担二関東レ以納二石室一、建二塔於浄牧院西
　隅一畢矣
永正九壬申年二月十五日　一翁舜理和尚初入二浄牧院一也
永正九年七月朔日（一翁和尚浄牧院）入院也
永正九年八月廿七日　明岸和尚退二浄牧院一、而隠二居駿州吉田村東原寺一也、是師生縁地故也
永正十二乙亥年四月十一日　明岸和尚於二本山一遷化也
大永六丙戌年十月廿七（桃谷義見和尚浄牧院）入院也
天文十七年戊申歳　桃谷義見和尚初住二石雲院一也、退一院本山一而即隠二居当院一也
天文十九庚戌歳十月廿七日　桃谷叟義見謹書記焉矣（ヘ）

史料註

（イ）『碧岩集』は「碧巌大空抄」と呼び、大空玄虎（仏性活通禅師）の直筆で碧巌録の註訳書である。今日、同寺に所蔵。
（ロ）「勢州之国司」とは、伊勢国司北畠政郷をいう。
（ハ）三重県松阪市阿坂浄眼寺。
（ニ）「駿河之府主今川殿」は今川氏親。
（ホ）明岸志宜は辰応和尚の第二法子。第一法子は居廓玄宗であり増善寺を継ぐ。
（ヘ）原本はここで完結する。

以上、天文十九年の『浄牧院記』は、文安年間から天文までのできごとを浄牧院に住山した僧侶の動向を主に編年的に記し、石雲院との関係も詳しく記している。中でも今川氏親に招請され今川家菩提寺増善寺開山が、氏親と接した重要な手掛りとなる史料であり、『駿州増善寺記』[6]より成立の古いものである。この史料からも、石雲院・浄牧院共に崇芝和尚の開山寺であったが、崇芝和尚の活動はむしろ石雲院中心へと傾斜していったことに注意しなければならない。おそらく、これは石雲院が「輪番制」を行なうことによったと考えられる。『浄牧院記』の中で、浄牧院主となった辰応和尚が、「石雲院輪番順序」に異論を申し立て請状を拒否し「従二当院一始而可渡二七哲一者也」と浄牧院の立場を主張したことからも理解されるであろう。

やがて明応九年（一五〇〇）、辰応和尚は、駿河の今川氏親と結び「今川家官寺」の増善寺開山として出世し、今川氏の中において影響力を持ったものと考えられるが、氏親と辰応和尚との結びつきがどのような形で生じたか確証はない。したがって、文明年間における今川家内訌は、石雲院崇芝派下僧侶の行動と、山西（焼津地方）における氏親の行動とは重なり、おそらくこの間の空白期が問題となってくる。この点、次に、文明三年（一四七一）創立した賢仲繁哲の林叟院を中心に若干考察してみたい。

三、今川家内訌と崇芝五哲

崇芝和尚の門下に七人の高僧が存在したことは、『浄牧院記』からも明らかとなっている。このうち、第二法子賢仲繁哲・第三法子界巌繁越・第四法子季雲永巌・第五法子辰応正寅・第七法子隆渓繁紹の五人が、遠江・駿河・伊豆を中心に活躍し、彼らは国主氏親や北条早雲・今川氏家臣団の人脈の中で教勢を張り、この時期に「石雲五派」の基礎を形成したと思われる。石雲院の「今川義元禁制」[7]（天文二十三年）によると、義元は石雲院に五ヵ条の禁制を下し、その一ヵ条に「門中法度之儀、背衆評憑時之檀那、奉行所江雖申出不可許容事」とあることから、この衆評とは五派寺院の評定とみられる初見である。

文明八年～長享元年の十一年間を氏親（竜王丸）は、今川家内訌のため林叟院開基で「在地新興勢力者」の長谷川正宣（小川法栄）に保護され、山西の法栄館さらに丸子の新館に母（北川殿）と共に難を逃れた。この時期に氏親亡命の政権がここに誕生していたと考えられ、政権回復活動の中で、林叟院開山賢仲和尚と法栄の人脈の中での活躍は大きかったものと考えられる。『今川記』によれば、北条早雲も早くから氏親に加担し、同じく法栄の館に近い石脇城にいたことから、法栄―早雲―賢仲らが氏親譜代の家臣と共に氏親擁立のため働いたものと想定され、新興勢力としての石雲院下の禅僧が起用されたと思われる。

法栄が、この時期におけるめだった実力者として経済活動においても大きな力を有し、小川港を中心に繁栄していたことは、文明十七年（一四八五）万里集九の紀行文『梅花無尽蔵』によって理解される。同書によると、集九は、小川港の様子を短文ではあるが次のように触れている。

（文明十七年九月）二十日、黎明出袖浦、午時入葉梨庄日遣山槃脚寺、前夕舟手迷津、艤岸移刻、小河大船多、而道路甚汚穢、無可投脚之地……（『五山文学新集』）

法栄は、氏親の父義忠の有力家臣であり、和歌・連歌にも秀で、当時きわめて文化指向性の強い教養人でもあったといわれる。石雲院崇芝の下で修行していた賢仲が、法栄に招請され林叟院開山となった意味は大きいものである。つまり、長谷川氏は、法栄以前は浄土宗であったと思われる墓石が最近法栄館の近辺で発見されていることからも、賢仲の存在は重要である。賢仲以後の林叟院は、三人の弟子を中心に展開し、彼らも今川氏と深く結びついていくことになるが、その過程については、故大秀暁氏のすぐれた研究がある。(8)

氏親が、長享元年（一四八七）駿府の小鹿範満を倒して駿府の館にはいり、初めて実質的な氏親の活動が開始するわけであるが、氏親の生涯はまさに今川氏領国拡大に一生を費やしたものであった。この間も、叔父早雲は氏親の周辺において行動を共にしている。

反面、この領国形成の動きの中で、曹洞宗僧侶も共に教線を拡大していることが、寛永十年（一六三三）の『曹洞宗末寺帳』によって逆に寺院起立の年代を遡ると、法系の調査によって判明する。これによると、今川氏親の時代に創立した寺院が、由緒を誇り今川氏によって保護されて各地に進出し、およそ領国内寺院の五割程に相当する。

氏親の思想形成に影響を与えたものはなんであったろう。それは賢仲を中心とする石雲院下の禅僧による曹洞禅思想ではなかろうか。おそらく、氏親が辰応和尚と接触したのは、『浄牧院記』から推して辰応和尚が確実に石雲院にいた文明十二年(9)～明応七年に、輪番のため本寺に登った十九年間の間であろうと考えている。他の四人の中の隆渓和尚も北条早雲と結び延徳年間に伊豆修禅寺を臨済から曹洞に改宗し、早雲が中興している。(10)『円通松堂語録』（～一五〇五）は、早雲によって隆渓繁紹が修禅寺中

石雲五派一覧

派祖	派頭寺院	住所
賢仲繁哲	林叟院（文明三年創立）	焼津市坂本
界厳繁越	梅林院（長享元年創立）※	志太郡岡部町桂島
季雲永厳	円成寺（文明十年創立）	榛原郡榛原町細江
辰応正寅	増善寺（明応九年創立）	静岡市慈悲尾
隆寅繁紹	華厳院（長享元年創立）	小笠郡大東町（現掛川市）落合

※『静岡県志太郡志』下巻は、延徳二年という。

興開山となった寺の繁栄を記しているが、早雲はのち後北条氏の中に独自の宗教活動を展開したもようである。[11] このほか、今川家臣の朝比奈某氏によって界巌繁越は岡部に梅林院を開き、季雲永巌は榛原に円成寺を四ノ宮図書頭輝明により創立し、氏輝ものち寺領を与えていることがわかる。[12]

今川氏親と石雲院下の僧侶を決定的に結び付けていたことは、大永六年（一五二六）の氏親の葬儀に明白であるし、『今川氏親葬記』によると、「鎖龕」を林叟院兆山和尚、「掛真」を円成寺碧潭和尚、「起龕」を西方寺止雲和尚、「奠湯」を梅林院末寺で常楽院乾翁和尚、「奠茶」を林叟院末で今川義忠香花院である正林寺大樹和尚が、そして「下火」を増善寺住職居廓玄宋が担当している。このほか、「念誦」を増善寺祖全書記、「取骨」を増善寺末で二俣地方に勢力を張った玖延寺慧椿長、「安骨」増善寺玄宋和尚、「拈香」を同じく玄宋和尚が執行した。彼らは、いずれも当時の禅界を代表する人物であり、石雲院五派に属する僧侶である。曹洞宗以外の僧侶も氏親の葬儀に参列したことが『今川氏親葬記』によって知れるが、役にはついていなかった模様である。ただ一人、無一長老なる人物がいるが誰かわからず、『葬記』の中に後筆として朱で「無一長老者不知何処之人也、蓋済家之人歟」と記されている。この時、当然臨済寺も、まだ創立すらされていない時期であり、この地方における臨済宗寺院は善徳寺（富士）であり、氏親も生前善徳寺にも力を入れ「河東大一之伽藍」といって済家の中心寺院であったことから、おそらく善徳寺にかかわる人物ではなかろうかと思われる。

今川氏親の周辺の人物は、曹洞宗の信仰がやはり多く、氏親の母（北川殿）の徳願寺、姉の竜津寺、寿桂尼の竜雲寺、また、氏親の叔父といわれる人物は、教之禅師といって長松院三世であった。[13]

義元の代となって、義元自身が臨済僧であったことから、臨済宗を彼は信奉し、兄氏輝のため臨済寺を創立した。

これによって洞済の接近と交渉は簿れ、雪斎ならびに義元とによって京都妙心寺派を領国内に拡大し、臨済指導型へと移っていったことはいうまでもない。天文十九年の太原崇孚覚書写として伝わる『御屋形対二諸宗一礼之事』は、国主義元が諸宗に対する応接法を雪斎が記したものであるが、これによると、増善寺の項を次のように記している。

一、増善寺殿の事ハ一句の結縁によりて、御菩提所となさるゝうへハ、出世なくとも智識たる人ならは各別の御尊敬としてすなまて御送御尤歟、是更其人に対する非二御礼一偏ニ増善寺殿ニ対し申さるゝ礼儀也、今の隠居貞林寺※の事ハ、其身の用捨として志りかい所より縁御ゝきにまいらるゝなれハ、縁にて二度の御礼あるへきなり。

一、得（徳カ）願寺は増善寺殿別而一句の因縁なきうへ惣次さるへけれど、北川殿御信仰により御帰依の事あり、然ハ縁にて二度もくるしからす、御随意たるへし。

※増善寺三世となったのち、西ケ谷貞林寺

今川氏による宗派別発給文書一覧

地区	宗派＼発配者	範国	範氏	泰範	範政	範忠	義忠	氏親	寿桂尼	氏輝	義元	氏真	他	計
東部	曹洞宗										8	16		24
	臨済宗										2	2		4
	日蓮宗	1	1	1	1			3	5		9	8		29
	時宗							1			2	2	2	7
	浄土宗											1		1
	不詳								1		3	2		6
中部	曹洞宗		1	1	1			4	7	2	13	11	1	41
	臨済宗									1	15	8	1	25
	日蓮宗											1		1
	天台宗	2	3		1			3		1	5	5		20
	真言宗							3	1	2	7	3		16
	時宗					1		2		1	2			6
	不詳									2	1			3
西部	曹洞宗							6	3	2	18	21		50
	臨済宗	1						1			5	8		15
	日蓮宗							2			3	6		11
	真言宗							3		1	15	12		31
	天台宗										1			1
	不詳							1	1	2	4	3		11
計		4	5	2	3	1	0	29	18	14	113	109	4	302

※『静岡県史料』その他より

に隠居した仙林慧椿のことである。仙林和尚の出自は明らかでなく、今川氏と俗縁にあたるほどの人物かと思われる。彼は遠江国二俣に玖延寺を興し、同寺が、氏親の西進にあたってなんらかの重要な拠点になったと想像される重要な寺である。

おわりに

今川氏が、各宗派に発給した文書は別表のとおりであり、曹洞宗寺院が圧倒的に多く、ついで臨済宗・真言宗・日蓮宗の順であり、浄土宗は一ヵ寺にすぎない。紙数の関係で各宗派寺院への発給文書の内容と検討については割愛するが、今日の寺院数がそのまま今川氏の時代の宗派別順位と同じであることなど、興味深い数字である。

氏親が曹洞宗寺院に与えた文書は、判明しているものだけで十通を数え、禁制・安堵状・寄進状の類があり、積極的な意味で曹洞宗との関係を語るものは残念ながら見あたらない。氏親が、曹洞禅に心を寄せていた面は、『駿州増善寺記』あるいは残された和歌[14]によって推測されるが、彼の生涯を通じてみた場合、宗教的呪縛からすでに解放された禅国大名であり、むしろ道徳的な面を強く打ち出していたとみられる。『今川仮名目録』においても、氏親は次の二項目の制定を下した。

○諸宗の論のこと、分国中においては、これを停止しおわんぬ。（28条）

○諸出家取りたての弟子と号し、智恵の器量を糺さず、寺を譲りあたふこと、自今以後これを停止す、但し事の躰

に随ふべきか。（29条）

この二条を通じて、仏教各派の論争を禁止し、法流を嗣ぐ弟子の能力を問い、寺院諸宗の統制と寺の人事に関与し、宗教界の秩序維持に介入していった。大永元年、有度郡安養寺（曹洞宗）の玄興和尚のため氏親は友育の譲状を承認したり⑮、豊田郡松林寺宗徹に師古山の相続を許可している点⑯などは、『今川仮名目録』の意図がすでに効を奏していたと考えられないだろうか。氏親の寺社統制により、領内における宗派間の対立抗争は見あたらず、したがって、宗教政策としての主たる動きも『今川仮名目録』成立以前から存在していたと思われる。その後、義元は氏親の路線を踏襲し、『今川仮名目録』追加二十一条の中で次のような宗教事項を一ヵ条加えた。

○祈願寺の住持たる者、故なく進退あらためながら、寺を他人に譲与の一筆出事、甚以自由の至曲事他、出家たいくつの上らくだせば、寺は速に上置のよし以二寺奉行一披露すべし、相応住持可二申付一也（18条）

義元は、寺院の私的行為をいましめ、僧侶の堕落していた現状とも思われる内容からみて、信仰の形骸化が進み、宗教界に構造的変化が進んでいたと読みとれる条項であろうか。

註

（1）『静岡県宗教法人名簿』（昭和四十四年）より。
（2）物外性応。大洞院開山恕仲天誾の法嗣。
（3）『地方文化の伝統と創造』（雄山閣）所収「曹洞禅僧の地方活動——遠江国における松堂高盛の活動を中心として」。
（4）若林淳之「静岡市の中世」『わが郷土静岡』江崎書店。
（5）『延享度曹洞宗本末牒』（延享二年）。

(6)『駿州増善寺記』元禄年間の抄（増善寺蔵）。
(7)『静岡県史料』三巻「石雲院文書」。
(8)大房暁『林叟院五百年史』（昭和四十六年）。
(9)宗之《ママ》性岱嗣書血脈付与状（文明十二年）『増善寺蔵』。
(10)「修禅寺縁起」。
(11)岩崎正純「後北条氏と宗教」『後北条氏研究ノート④』。
(12)桐田栄『円成寺五百年史』。
(13)『静岡県史料』四巻「長松院文書」。
(14)志貴昌澄『和歌駿河草』。
(15)『静岡県史料』三巻「安養寺文書」。
(16)『静岡県史料』四巻「松林寺文書」。

Ⅳ　今川家執権雪斉長老と寿桂尼

黒澤　脩

一、宗長左遷と今川家の新風

大永六年（一五二六）今川氏親が没してから国内の文化、政治、宗教面に大きな変化が著われ初めた。これまでは、氏親を中心に行われた曹洞宗と連歌師宗長に代表される文化でもあった。氏親の正室（後の寿桂尼）は、京都の皇室《（公家）》の出身、中御門宣胤《なかみかどのぶたね》の息女であり氏親の死後は、事実上今川家の政治を掌握し駿府の「尼御台」として活躍した人物であった。寿桂尼は、当時最高のインテリで京都建仁寺、更に妙心寺大休に参禅修学した雪斉を今川家の参謀として起用している。この頃から駿府の今川家に新しい動きが胎動し始めた。この新風が、つまり「京都中央文化」の積極的受容の初まりである。これは、京都公家出身である寿桂尼の体内に宿る京風趣味と、若くして京に学んだ雪斉のモダンな文化的センスとが一致し歓迎されたものと思われる。

寿桂尼・雪斉を中軸とした政治が行われ初めた頃、氏親に仕えた連歌師宗長は、氏親の死とともに今川家を離れていった。その理由としては、宗長もすでに高齢になっていたこともあって、これを決定づけたものは、次の事件であった。氏親の晩年宗長は京都におり、氏親が亡くなった時、駿府の館より京都の宗長のもとに連絡の飛脚が走り氏親の他界を知らせた。しかし、宗長は直ちに下向せず宗長が帰国したのは、大永七年四月氏親の一周忌の近づいた頃であり、中御門宣秀等と駿府に下向したことを宗長手記は述べている。このことは、かなり今川家内外において非難が集中したものらしく宗長自身、手記の中で「此度当国罷下我等体まて、雑言空言傍若無人の事のみ耳にみち候」と言っているようにきびしい非難を受けたことが解せられる。

寿桂尼は、宗長の下向よりも早く雪斉を今川家に起用したものと思われる。「雪斉の帰国は、恐らく氏親の没した大永六年の前後であろう（駿河と臨済禅）」と言われている。雪斉より遅れて帰国した宗長の目には、国の状態も一変して全て華美に流れていたことを宗長がもらしていることからも、氏親没後の今川家の変化はかなり大きかった模様である。宗長は、これより自然と丸子柴屋寺に引きこもるわけであるが、丸子手越は駿府と往来が絶えないため心苦しいとこう慨している。今川家の変化は、このような経過により寿桂尼と雪斉の事実上の執権政治が駿府に展開されていくなかで大きく変化していった。

二、雪斉長老の登場

今川家の軍師であり義元の学道師範でもあった臨済寺雪斉長老について知る数少ない資料の一つとして、「今川家由来」（増善寺蔵）があげられる。この資料は、太原崇孚和尚つまり雪斉の弟子東谷和尚が、雪斉の三十三回忌の香語の序文としてかかげる資料であり雪斉研究の底本として残る一代記録である。

香語とは、「故人の徳行の讃揚である」とされ、禅者の良識に基づいて記録されていることからも歴史の研究の上で新しい史料として今日注目されているものである。今川家由来によると、雪斉を最初に見出し義元のために起用したのは今川氏親であった。

当時、駿遠近郊において第一の名刹として知られた臨済宗の興津清見寺に次いで起った富士善得寺（現廃寺）は、「応永二十四年の頃、今川民部少輔範政が今川家官寺として中興開基となった」（駿河と臨済禅）寺とされている。氏親は、三男（義元）を善得寺六世で嵯峨門下の舜琴溪和尚にあづけ修行させている。この舜琴溪和尚の弟子が九英承菊、つまり雪斉であり今川家の執権となった人物である。雪斉は、京都に遊学の志を立て上京して名高き学僧の下で十八年間修学をした。氏親は、雪斉に承芳（義元）を補佐するようしばしば雪斉を招いた（日本仏教史）ことからも承芳も雪斉に連れ立って三年余り上京していることが分る。氏親は、承芳のために大岩に善得院を建て雪斉に承芳の指導を要請している。今川家由来によると「故氏親公遺使招呼者三回生緑熟慮難忌而皈国畢」とあることから雪斉の帰国は、氏親の要請によるものであることがわかる。

これよりのち、京より帰国した雪斉は、富士善得寺に住職し、また大岩の北河之（川）旧宅地にあった善得院を氏輝の亡き後、大竜山臨済寺と改名し氏輝の墳寺とするなど、臨済宗京都妙心寺派の発展の基礎を徐々に確立した。一方、寿桂尼と雪斉によって今川家は、還俗した義元を今川九代の当主として擁立するなど、新たな政治体制を確立したのである。

三、雪斉と駿府今川文化

雪斉の臨済禅は、富士善得寺・駿府臨済寺・興津清見寺中興等により中央の京都の貴族的かつ政治的色調の濃い妙心寺門派をこれより駿河に展開させたが、また駿府文化にとって「ルネッサンス」を引き起したとも考えられる。

一方、今川氏親の時代に遠州石雲院各派を中心として展開した曹洞宗については後述するが、雪斉の出現により主流をなした曹洞宗も雪斉の臨済宗に席を譲りしていることは注目したい。この時代の臨済宗は、足利幕府を中心に発展していた。このため京都で最高の修学を身につけた雪斉のモダンな文化が駿府に流入したことと、応仁の乱以来京都の多くの公家が駿府の今川家をたより下向していたことと呼応し今川文化の最盛期を迎える条件が整った。

文化の形成は、当時としては書籍により伝播普及されることの意味が大きい。そこで雪斉は、本県で最古の図書の出版を天文二十三年（一五五四）に行っている。これが天沢寺版の「聚分韻略」と臨済寺版の「歴代序略」である。この出版が雪斉により富士善得寺と臨済寺で行われたものでありいわゆる駿河版と言われるものである。これより四年前天文十九年二月七日、後奈良天皇は、雪斉の臨済寺に「勅東海最初禅林」の額をくだし臨済寺を勅願寺とした。これは、天文十七年三月、氏輝（義元の兄）の十三回忌法要と山門・仏殿の落成にあたり、当時後奈良天皇の学道師範であった妙心寺大休が八十一才で駿河に下りこの式に参列していることからも雪斉の卓越した政治的手腕を示すものである。

天文十九年三月二十九日、雪斉は京都妙心寺に入り歴代奉勅の例にしたがって三日間住職をした（静岡の歴史と文化）。雪斉は、この時妙心寺へ永楽銭五十貫文をもって山門を建立し、また柴野大徳寺には「絹本墨画談彩観音図・猿鶴《えんかく》図」（牧溪筆三幅）を寄進した。これは、今日世界的絵画として知られる南宗末にかけ活躍した中国文化の中心的禅僧、牧溪法常により画かれたものである。この作品は、「かって南宋院体画においても到達し得なかった高い芸術境である」（毎日新聞社刊国宝）と評価され最初足利義満将軍の所蔵であったものが、いづれかの手に渡り、その後、雪斉の手を経て大徳寺に寄進されたものであった。現在国宝として保存されている。このことからも雪斉に対する今川家の待遇と今川家の富と文化を想像することができる。

雪斉は、臨済寺の創立・善得寺の中興・清見寺の中興その他駿河今林寺・承元寺・葉梨長慶寺・庵原一乗寺・遠州定光寺・三河実相寺・同太平寺等の寺院を起し京都妙心寺一派を浸透させている。

臨済宗が、氏親を中心として確立した曹洞宗に変って主流となったことは、雪斉が今川家の中軸を荷う重要人物として政治的に優位なレベルで臨済禅を興隆したことも事実であるが、義元自身臨済宗の出身であることにも起因している。雪斉が、今川家の宗教について述べたものとして「御屋形対二諸宗一礼之事」（臨済寺蔵）がある。これは、天文十九年十二月十一日に雪斉が義元に対して書き述べた僧侶への応接書で雪斉手稿として伝わっている。これは、身分ある僧（宗派を問わず）に如何に応接すべきかを説明したものでありこの中で、雪斉は有徳の尊宿（徳の高い僧）なら格式にこだわらず尊敬する一方、禅師号・上人号の最近の内情を非難していることからも特異な人間像をここに発見することができる。

四、軍師雪斉

軍師としての雪斉は、天文十七年（一五四八）に兵を西三河に進め織田信秀（信長の父）と戦い東三河を完全に征服した。この時、今川・織田の間で和議が結ばれた。これが「笠寺の会盟」である。この笠寺の会盟により松平広忠の子竹千代（後の家康）が、今川家の人質となって駿府に来た。駿府に人質として来た竹千代は、そのころ八才であったことから雪斉によって史書、兵学の教えを受けたと伝えられているが実際には雪斉の弟子により行われたものらしい。

天文二十二年（一五五三）には、北条氏康の駿河侵略に対して今川家は甲斐の武田信玄の助けを借り応戦した。雪斉は、この時富士善得寺の住職を動かし和議を取りつけている。これが名高い「善得寺の会盟」として広く一般に知られる今川・武田・北条氏の「三国同盟」の成立であった。この和睦は、義元の娘を信玄の子に、信玄の娘を氏康の子に、そして氏康の娘を義元の子（氏真）にとそれぞれ嫁がせるというもので三家の完全な婚姻関係によって結ばれた。

今川家には、これより相対的に安定した平和がおとづれた。雪斉は、今川家の最も安定した晩年を志太葉梨の長慶寺に隠居して弘治元年（一五五五）十月に六〇才で静かに世を去った。雪斉の死後三年目の弘治三年、後奈良天皇は雪斉に「宝珠護国禅師」の禅師号を送っている。

このように、今川家九代義元の時代における政治と文化はほぼ雪斉によって主導的に行われている。この他に、経済面においては雪斉が、豊橋（当時は今橋と呼ばれた）の魚商の権益の認可を行ってより魚町が成立したこともその一例としてあげられる。

それでは義元独自の政治と文化を意義づけるものには、どんなものがあるであろうか。その一つに「今川仮名目録追加」として二十一条があげられる。これは、父氏親の制定した「三十三条」の追加として定めた法律であるが、義元の治績は意外と少ない。むしろ雪斉の功績が、一般に義元の功績と重なって受けとられていることは注意しなければならない。「三国一の弓矢とり」と称された名門、今川氏の黄金時代に生きた義元の治績は、政治・文化・経済の面で多くを雪斉に負っていると言える。この点、豊田武氏が指摘するように父氏親が敷いた路線の上に強力な軍師雪斉の協力を得て恵まれた条件のもとで諸大名を圧倒する実力を義元は養っていったと見ることができる。

雪斉の亡き後、義元は余勢をかって二万五千の大軍を引き連れ上洛を企てたが、その結果は無惨に終り海道一の武門今川家に事実上終止符を打つこととなった。

五、駿府の尼御台「寿桂尼」

寿桂尼は、京都の名門、中御門家の息女であり氏親三十八才の時今川氏親の正室として迎えられた。寿桂尼は、氏親の死後今川家興亡の中に生き「駿府の尼御台」として活躍しながらもその治績は広く知られていない。

寿桂尼の研究は、昭和六年に足立鍬太郎氏が県史料編纂により収集した古文書を最大限に利用し発表している。その著、「今川氏親と寿桂尼」の研究は、今日寿桂尼研究として残る唯一の名著である。

氏親が、皇室の出身でもある中御門氏と結縁したおもな理由としておおむね次のことがあげられる。①今川家が名門の足利の一族である。②氏親の曾祖父範政が歌人として中御門氏と関係がある。③氏親が、今川氏の中興の英主として京に知れわたっている。④氏親の姉が正親町三条公望に嫁いでいる。⑤弱体した足利将軍に限界があり今川家の読みがあった。このような理由から、京都と直結した今川家の政治体制の確立によって氏親の活躍もまた多彩であった。氏親は晩年は、病に悩まされていることからさきの夫人、寿桂尼が政治を助けている。

大永六年、氏親の制定した「仮名目録三十三ヶ条」は、氏親の死の直前に発布されている。これは、他の戦国大名に先がけて制定された分国法であり、歴然とした今川家領内の独立宣言とも受けとられる重大な性格を持つものである。「宗長手記」によると、氏親は晩年病に臥していることからも、身近に側近の協力を得なければ死の七〇日前に制定することは困難と思われる。今日、氏親を守護大名より戦国大名となった歴史的根拠をこの「分国法」によって意義づけている。とにかく、当時最も革新的であり新しい時代の方向を「駿河の今川氏」氏親が実行した歴史的意味は大きい。

この「仮名目録」は、氏親の名によって出されたものであるが、氏親が制定したものかは疑問である。十年余の間、病床にあったという氏親の現状を考えた時、氏親の夫人が政務を代行していたことからも、夫人寿桂尼とその側近が中心になり氏親の名をもって配布したものと考えられないであろうか。今川家の政治的安定が、氏親によりもたらされた現状から政務代行にあたった寿桂尼が、昨今の中央の政治情勢から判断しより新しい領国の経営のあり方を実践したものとも思われる。当時、女性の間で仮名使用は時代的特徴とはいえ寿桂尼が発給した文書は全て「仮名」であることからも寿桂尼が氏親の名をもって発給する政治的効果をねらったものとも考えられる。この点は推測の域を脱せず今後の研究が期待されるが同じ分国法例として六角氏の「義治式目」が家臣の相談のもとに制定されている例が想起されこれは体制の再建を目的として制定されたものといえる。

今川氏親は、大永六年（一五二六）六月二十三日没し嗣子である氏輝はこの時十四才であった。今川家は、慣例によって先代が没すると新主が亡き先代の伝記を書く慣わしであった。ところが、今川家世継氏輝が若年のため寿桂尼の希望により雪斉に書かせたことが「今川家譜」によって知ることができる。

今川一流ノ御伝記ハ初祖心省入道殿ヲリ以来。皆御他界被レ成テ。御中陰ノ内ニ雨降レバ。是ヲ硯水ニ受テ墨ヲ摺。先考御一代ノ伝ヲ書付候事。上総介氏親ノ事。増善寺殿御代迄不レ絶。是御家ノ例法也。大永六年六月（二脱カ）十三日喬山様御遠行之御中陰ニテ。右之通書付申候分。大上様（1）御所望ニテ。大原和尚（2）ノ一冊ニ縮候テ文ニ被レ遊候。

（今川家譜）　註（1）大上様（寿桂尼）　（2）大原和尚（雪斉）

寿桂尼は、氏親の晩年また氏輝の代において政治を行ったが雪斉の協力も大きかった。寿桂尼の行った政治は、寿桂尼の発給した古文書によって知ることができる。足立氏の研究によると、氏親の死後、つまり大永六年（一五二六）から永禄七年（一五六四）まで今川三代（氏輝・義元・氏真）にわたって三十八年間に判物（文書）十九通を数えている。寿桂尼の政治的優位を証明する文書（判物）の特徴は、「増善寺殿（氏親の法名）の遺言により行う。しかし、嗣子氏輝の親政の時代に至ったならば、氏輝の形勢に従へ」という形で判物が出され政治が行われた模様である。

寿桂尼が、期待をになった氏輝も天文五年（一五三六）二月二六日に無事即位が終ったのもつかのま同五月十七日二十四才で亡くなっている。寿桂尼は、実子であり善得寺に出家していた梅岳承芳（義元）を氏輝の後継として還俗させた。このため、福島一族は氏親と側室の間にできた良真（花倉遍照光院住職）を氏輝の後継にしようとしたため家督相続争いが起ったが寿桂尼側の勝利となった。寿桂尼側を支持したのが、朝比奈・瀬名一族と雪斉などの協力によるものである。これより、今川家の安泰は、事実上寿桂尼と雪斉を柱として確立された。

寿桂尼は、三女を北条氏康に嫁がせ天文六年（一五三七）には甲斐の武田信虎の娘を義元に嫁がせ駿府と甲斐の和解を計るなど外交的にも活躍している。ところが、武田との修好を心よしとしない北条氏の反発も大きかった。

今川氏と北条氏の対立が激化した天文二十二年（一五五四）二月に駿河と相模の対立を話し合いによって和解に運ばせたのが雪斉の力によるものであり、これが駿・甲・相三ヶ国同盟の成立である。弘治元年（一五五五）雪斉の死も遠くない永禄三年（一五六〇）今川家にとって予期することのできなかった義元が、上洛の途中、田楽狭間においてあえなき最後を遂げた。この年、寿桂尼はすでに七〇才余の人生の坂を下っていたと言われているが、永禄七年（一五六四）十二月に小笠高松神領に文書を出していることなどから、なお政治的活動を行っていることがわかる。

今川家五代（氏親・氏輝・義元・氏真）の興亡の中で年老いた寿桂尼が今川家に託す夢は続いた。足立氏の言葉を借りれば「今川家の末路に、なお一糸の望をかけて神助を祈った哀情の発露と見ば、誰か同情一掬の涙なからんや」と言わせるゆえんであろう。

永禄八年（一五六五）寿桂尼は、最後の望みをたくし夫氏親の菩提寺である増善寺六世で高僧、仙翁宗滴和尚を開山に招き沓谷に竜雲寺を開いた（増善寺文書）。自ら体力の限界を悟った寿桂尼がよりどころとしたのは、亡夫氏親と共にひたすら静かに今川家の将来を祈り仏門に身を寄せることであったと推察されよう。

今川家は、永禄十一年（一五六八）三月二十四日、寿桂尼の死に依って家臣団の動揺をきたし隣国との三国同盟はここに崩れ去った。

付（1）今川氏親と曹洞宗

文化形態が、受け入れられる宗教（宗派も含め）によって変るように今川氏親の時代においては、積極的に曹洞宗が今川家を中心として栄え更に小・中地方武士団の中に入り込み一つの曹洞宗文化を形造っていた。この曹洞禅が今川家とりわけ氏親の時代に受容される元となったのが、遠州石雲院（榛原町坂口）の開山、崇芝性岱の弟子を中心とし駿・遠に発展していった。石雲院の崇芝の弟子に七人の高僧が輩出したが、特に今川家と関係を持ったのが賢仲繁哲（焼津林叟院）・界巌繁越（岡部梅林院）・季雲永巌（榛原円成寺）・辰応正寅（静岡市増善寺）・隆溪繁紹（小笠華巌院、伊豆修禅寺）の五人でありそれぞれ各派を形成し今川氏親の時代に基礎を確立した。

今日の曹洞宗が、駿遠地方において各宗派全体の中で半数以上を占めていることは、今川氏親の時代に曹洞宗の発展展開の源をここにみることができる。ところが、臨済寺を中心とする雪斉の出現により曹洞宗は、一歩後退し臨済宗京都妙心寺派に席を譲り渡しこの間は顕著な動きを観察することができない。ところが、雪斉の死後はまた曹洞宗の目覚ましい興隆が行われた。雪斉の出身である生家庵原氏の菩提寺（一乗寺）は、雪斉によって開創された寺であったが、後で石雲院下の林叟院の末寺として曹洞宗に改宗され、また遠州の定光寺も曹洞に変っている。更に、近世江戸時代に入ってからは、遠州可睡斉が徳川家康の保護の下に徳川家の官寺として東海地方における総録として禅界の指導力を確立したことは注目するできごとであった。

今川時代の曹洞宗の確立は、どのようにして行われたであろうか。今川氏親は、幼少の折、一族の争いの中で難を山西（高草山境の西側）の有徳人として聞えた小川法栄長者（長谷川正宣）のもとに逃れた。小川法栄の菩提寺としてこの頃創立されたのが林叟院であり、開山は石雲院崇芝の弟子賢仲和尚であり文明三年のころであった。当然、小川法栄一族に保護されていた竜王丸（後の氏親）は、賢仲和尚のもとで修学を行った。この宿縁によるものか、後の曹洞宗と今川家の関係はこの寺（林叟院）を中心に起り石雲院崇芝の弟子によって展開されている。今川七代の当主となった氏親は、後明応十年（一五〇一）に同じく賢仲和尚の仲間であり崇芝の弟子でもある辰応正寅を武州浄牧院より招き開山として増善寺を創立した。

この頃、すでに知られているように今川一族の争いの中で積極的に氏親を助け、氏親を今川家の当主として氏親の新政をもたらしたのが北条早雲（このときは伊勢新九郎といった）である。この北条早雲が、この功績によって長享二年（一四八八）興国寺城主とし下方十二郷を与えられ、やがて伊豆を手中に収め韮山城主となったころ、当時臨済宗であった修善寺を曹洞宗に変えた。早雲が曹洞宗に改宗した伊豆修禅寺の開山に迎えたのが、同じく石雲院崇芝の弟子賢仲和尚の仲間であった隆溪繁紹である。修善寺の記録によると、延徳元年（一四八九）のことであった。戦国の世に最も華々しい活躍をした早雲は、また謎の多い人物として永正十六年（一五一九）八月十五日伊豆韮山城において八十八才で世を去った。早雲の遺体は、修善寺において曹洞宗の法式において荼毗（火葬）に付された。

石雲院、崇芝性岱の弟子達が、戦国大名の中で活躍し曹洞宗の発展に大きく貢献したという歴史的資料に乏しい中で「今川氏親公葬記」・「増善寺殿法叓記録一帙」（増善寺蔵）は、今川氏親と曹洞宗の関係を知る貴重な資料である。氏親は、曹洞禅を自らの思想的柱として、また経論となし増善寺開山辰応正寅を師として生きた戦国大名である。

曹洞宗は室町時代においてとくに、小・中武将の地方分権化に伴って武将と僧侶との結びつきが強くなり、やがて地方文化の核となっている。戦国大名と曹洞宗の結びつきについては、今川氏親の他に関東の太田道灌・北条氏康・結城晴朝、中部の武田信玄・朝倉義景・前田利家・織田信秀・同信長、中国地方の大内義隆・毛利隆元、近畿地方の浅井長政、九州の大友義鑑など戦国諸大名のあつい庇護をうけ領国中心に教線をのばした（アジア仏教史室町仏教）時期でもあった。

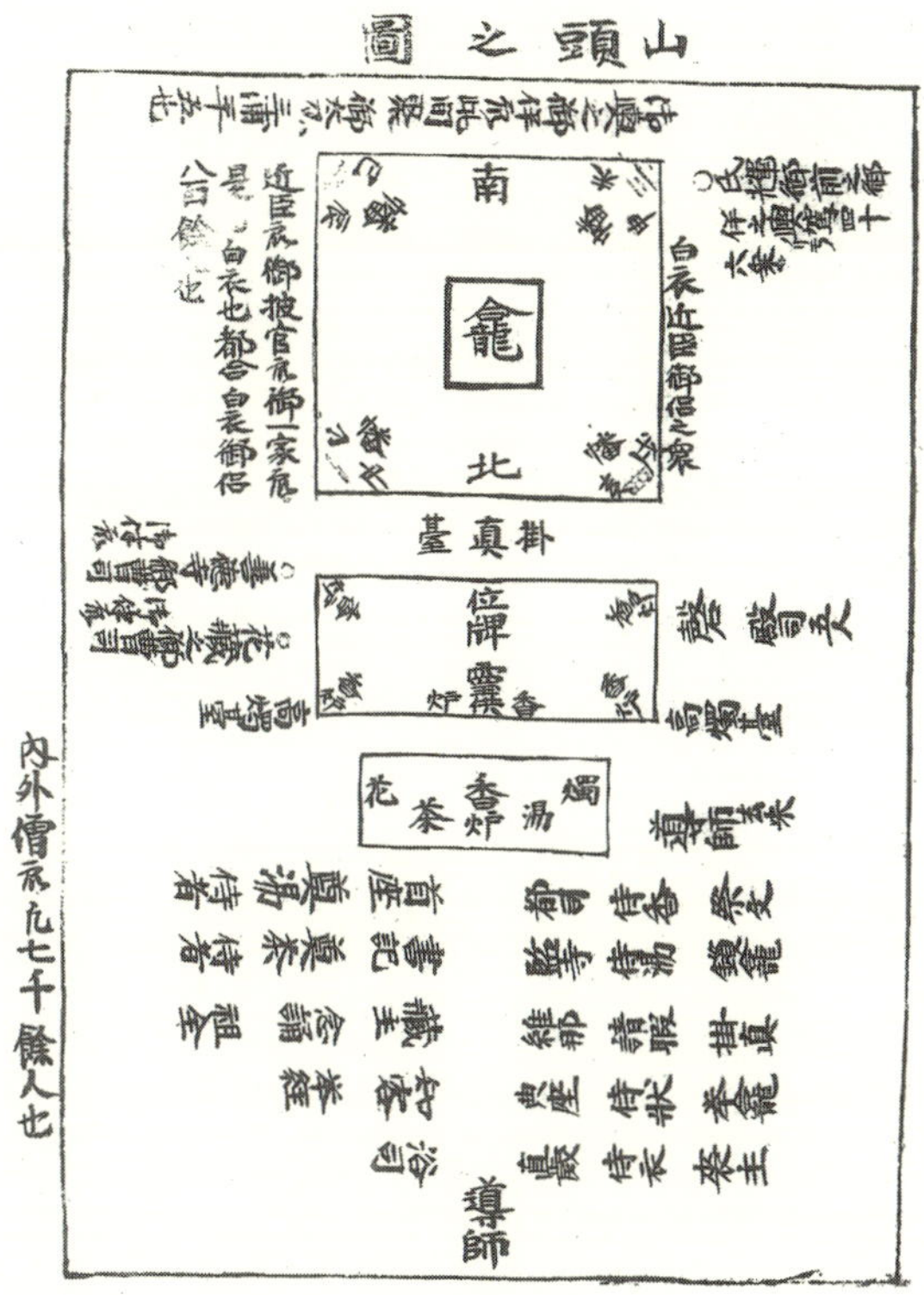

山頭之図　「今川氏親公葬記」（増善寺蔵）より

駿遠における曹洞宗の発展の源は、氏親（当時竜王丸と言う）が山西の小川法栄の館を中心とし林叟院賢仲和尚と接したときからと考えられる。これについての歴史的根拠となる資料に欠けるが、早雲（当時伊勢新九郎）が法栄の館に近い石脇城に滞在していたことからも氏親擁立にあたり、賢仲和尚が氏親および早雲の思想形成においても、また当時の僧侶としての地位を利用し氏親擁立に多大な功績を遂げている筈である。このためか、やがて早雲・氏親の出世に伴って賢仲の仲間が起用された要因と考えたい。

曹洞宗の発展の契機は、今川家一族のこの争いの中で醸成されていることは事実であり時代背景と歴史的条件の中で充分考えられることである。

最近の北条早雲の研究の成果として『北条早雲』（立木望隆著）によると、林叟院開山賢仲和尚が備中の出身であることから、本書は早雲備中出身説を支持しながら賢仲和尚が、早雲と俗縁にあたると発表していることは注目できる。ちなみに、石雲院開山・崇芝性岱は、備中洞松寺において修業していた賢仲を従えて東向の旅に出て、康正元年（一四五五）に土豪勝間田城主の要請で石雲院を創立している。

付（2）今川氏親と辰応和尚

今川氏親が、静岡市慈悲尾に増善寺を創立したことはすでに述べた。これは、氏親三十才の最も盛りの明応九年（一五〇〇）の秋、武運長久の願いを込め、先の賢仲の弟子にあたる辰応正寅を武蔵国浄牧院より使札をもって「今川家先祖菩提の為」和尚を駿府今川家に招請した（浄牧院文書）。辰応正寅が増善寺に来たのは、伽監堂守が完成した翌年明応十年である。浄牧院文書によると、辰応和尚の駿府下向にあたって百名の僧侶が辰応正寅に伴なって来たことを記している。今川氏親の信仰により、今川家官寺である増善寺に住山した辰応和尚は、今川家の大教師として領国の寺院を統括する任にあたった。つまり、このころより曹洞宗が今川氏親の勢力拡大と共に駿遠において相対的確立期を迎えたとみることができる。

今川義元と氏親の相違は、義元自身僧侶の出身であったことである。また、義元と雪斉の関係は、雪斉が義元の兄弟子に相当している。このため義元の政治における雪斉の影響は大きい。ところが氏親は、自らの信仰のため辰応和尚に帰依したことになる。「駿州増善寺記」によると、禅に心を寄せる氏親が、車馬を連ねて増善寺辰応和尚を訪ね法の教えを受けている様子を次の様に記している。

明応末年・府君今川氏親公・辰応正寅禅師ノ徳ヲ慕イ帰依ス・氏親功徳主トナリ師ヲ当山ニ請ス・是ヨリ府君造謁頻々車馬ヲ駢闐……

氏親の禅の修養を身近に感ずるものとして、氏親が四十才のころ増善寺において残した和歌により想像することができる。

釈教の心を　　今川氏親

いかがえ《(得)》む四十あまりの年のを《(緒)》にとか《(けカ)》ぬ所の法のまことを

四十歳（不惑）を迎えた今なお悟りきれない自分の胸中を覗かせた歌であり禅に生きる氏親の心境でもあろう。この年の三年後、氏親の師である辰応正寅は、七十三才で示寂した。永正八年（一五一一）九月十一日である。この十一年後の大永六年（一五二六）六月二十三日今川氏親は、駿府の館で五十六才で没した。葬儀は、曹洞宗最高の法式である九仏事の式で一週間後の七月二日増善寺で行われた。「九仏事」とは、九人の導師により行われることを意味する。今川氏親の葬儀執行にあたって増善寺三世玄宗和尚と石雲院下のさきの五ヶ寺院が中心となり行われている。増善寺に伝わる「今川氏親公葬記」によると、後に今川家家督争いを起した張本人である花蔵の御曹司（良真）と善得寺の御曹司（義元）が期せずして仲よく氏輝より下の方に座っていることが印象的である。

氏親の嗣子である氏輝は、この時十四才であったため政治は実質的に寿桂尼が担当した。今川家の慣例により先代の伝記を書き残すならわしになっていたが、氏輝が幼少のため寿桂尼は氏親の伝記を雪斉に書かせている。

これより、中央政界の動きに通じた臨済僧、雪斉が登場し黒衣の宰相として今川家の政治と文化・宗教をリードし臨済禅の発展に曹洞禅は道を譲ることになったことは、そのまま曹洞禅から臨済禅への推移でもあった。今川家による雪斉一人の導入が、駿遠の宗教地図を大きくぬりかえてしまったが、寺院の数からすれば曹洞宗は圧倒的に多く臨済宗の寺院を上回っていた。しかし禅界を初めとする駿遠の仏教界の指導力は、今川家執権雪斉長老一人の力によるところが大きかったと思われる。

V

戦国大名今川氏と禅宗諸派

今枝愛眞

一、善得寺の氏寺化

今川氏と禅宗は、すでに南北朝時代の初めから深い関係があったが、駿河国東部の善得寺ととくに密接な関係を持つようになったのは、すこし後のことである。その年代などを明確に示す史料は残っていないが、おそらく駿河守護今川範政が同国東部を領有するようになった応永二十年頃以後のことであろうと思われる(1)。ついで、両者の関係が決定付けられたのは、応永二十四年、七月、範政が駿河全土を完全に掌握し、善得寺第三世徳仲□景の意を受けて幕府に積極的に働きかけ、同寺を官寺の諸山の位に列したときからであろう(2)。

これよりさき貞治二年、無学祖元を始祖とする仏光派に属していた太勲□策は、那須の雲岩寺での修行を終えたのち、同寺を出て駿河国を訪れ、同国須津荘の天寧寺の開山に迎えられた(3)。ところで遠駿豆三国では、鎌倉末期から南北朝初期にかけて、無礙妙謙天岸恵広玉峰妙圭黙翁祖淵など高峰顕日の直弟子のほか、高峰の直門である太平妙準の法嗣大喜法忻無二法一など、高峰の法系に属する仏国派の人びとが相次いで教線を拡張していた。したがって、『護国禅師雪斎遠忌香語写』には太勲は仏光派とあるが、太勲の年齢的な点や、太勲自身が高峰の開山である雲岩寺で修行を積んでいたという経歴などを考えると、無学の直弟子ではなく、おそらく仏国派の人であったのではなかろうか。

やがて、同荘の惣領主だった上杉憲藤が所用で上京の折、たまたま太勲に遭い、その優れた恬淡な禅風に接して強く心を打たれ、ついに深く帰依して、その弟子となった。やがて応安三年、上杉憲藤・朝房父子は同荘瀬子の西に福王寺を建立し、太勲を招いて同寺の開山とした。ところが、同五年三月二十八日、惜しくも太勲が亡くなってしまった。

そこで憲藤父子は悲しみのあまり、同年五月二十一日、福王寺を善得寺と改め、太勲の高弟竺帆□中を同寺第二世とした。ついで応安七年八月十五日、竺帆は同寺を立派な禅寺にふさわしい境内に拡張するため、寺地を旧寺の東側に移した。

やがて竺帆のあと、その弟子の徳仲□景が善得寺の第三世をついだ。前述のように、同寺が諸山に列したのは徳仲の時代で、こののち善得寺と今川氏の間に強固な師檀関係が結ばれ、同寺は今川氏の氏寺化するとともに、大いに栄えて、河東第一の伽藍といわれるようになった。

ところが、永享五年五月二十七日に、守護の今川範政が没した。このため、徳仲は範政、すなわち今林寺慶堂道賀居士のためにその菩提を鄭重に弔っている[4]。なお、このように範政の遺骨を駿府の今林寺に埋葬しているところをみると、今川氏の本拠はすでに範政の時代には駿府に移っていたものと考えられる。

二、氏親と禅宗諸派との接近

やがて徳仲のあと、門弟の永派が善得寺第四世の住持となった。しかし派内には、その遺跡をつげるような人材が見当たらなかった。

そこで、守護の今川氏親は京都五山の相国寺から、塔頭慶雲院の院主黙堂寿昭を招請して、善得寺の第五世とした。こうして延徳二年七月三日、黙堂は氏親の招きに応じて、慶雲院主を退き、駿河に下向した。(6)

黙堂といえば、当時景甫寿陵と並んで、鹿苑僧録を三度勧めた五山の重鎮である瑞渓周鳳門下の代表的な遺弟であり、しかも、横川景三や景徐周麟など京都五山の学匠たちとも親しい学識ゆたかな禅僧として知られていた。したがって、このような黙堂を特に選んで駿河に招いたということは、きわめて注目すべきことである。そこで考えられるのは、このように思いがけない招聘が実現されたのは、もとより氏親の熱心な招請によるものではあるが、おそらくその背後には、相国寺とも関係が深い伊勢氏の出身で、在京経験が長く、しかも、ちょうど三年前に駿府に下向していた母方の伯父に当たる伊勢長氏、すなわち、のちの北条早雲が介在していたのではなかろうか。

なお、これよりさき永享五年六月、前相国寺の星岩俊列が守護今川範政弔問のため幕府の使節として駿府に下向している。さらに同十一年二月にも、上杉禅秀の乱の後始末と都鄙和睦のため、星岩と等持寺の瑞渓周鳳が幕府の使節として関東に下向している。おそらくこのときも星岩らは今川氏と接触していたと思われる。しかも、瑞渓は黙堂の本師にあたっている。したがって、これらの点からも黙堂が善得寺に入寺したのは全く無縁であったわけではない。

ともあれ、このたち黙堂は、氏親はじめ今川一族の殊遇を受けて、善得寺に在住すること実に三十余年の長きに及んだ。その間、五山の円覚寺や南禅寺の住持職を与えられるなど、五山派主流の一人として、善得寺を中心に京都五山の禅風を挙揚し、今川氏の文化を高めるために大いに貢献した。なお、『護国禅師雪斎遠忌香語写』には善得寺に住すること四十余年とあり、これに従えば、黙堂は延徳二年の駿河下向以後一五三〇年代の天文年間頃まで在住していたことになるが、後述のように、次の琴渓承舜が善得寺に入寺したのは大永四年であると考えられるので、黙堂の善得寺在住には約十年ほどの誤差があるように思われる。黙堂の没年など未詳であるが、おそらく琴渓入寺の少し前に善得寺で没したとみるべきであろう。(7)

やがて、氏親は建仁寺にいた夢窓派の学僧である琴渓承舜を招いて、善得寺の第六世とした。おそらくその人選にあたっては、琴渓の承という系字からみて、琴渓は空谷明応の法系の人で、前住の黙堂と同じ夢窓派であったということのほかに、琴渓が今川氏と姻戚関係にあたる吉良氏の出身であるという点も大変好都合な条件として考慮に入れられたものと思われる。(8)のみならず、そのころ九英承菊が建仁寺で琴渓の弟子として修行中であったということを考え合わせると、善得寺の次の住持に琴渓を推輓したのは、氏親の信頼がきわめて厚かった雪斎ではないかと推察される。

このようにして、琴渓は氏親の懇請を受けて駿河に下向し、善得寺第六世の住持となった。ところが、在住わずか六年で、享徳二年五月二十日に寂してしまった。したがって逆算すると、さきにも触れたように、琴渓が善得寺に入寺したのは大永四年であったことがわかる。(9)

大永四年、琴渓が善得寺に入寺すると、氏親はさっそく当時六歳であった五男を琴渓に入門させた。ここに義元はまず琴渓の弟子となり、正式には出家受戒をしない喝食のまま、承芳という禅僧名を授けられて入門したが、一般には善得寺殿と呼ばれていた。やがて、氏親は承芳の修行を輔佐させるために、雪斎を建仁寺から呼びもどした。すでに雪斎は建仁寺において、掀本師の琴渓のほか、当代五山の代表的な学僧である護国院主の常庵竜崇に従って十八年間も学んでいたばかりでなく、父は今川氏に近い庵原氏出身であり、母もまた興津氏であった関係で、義元の輔佐を託するには又とない最龕高の適任者であると考えられたからであろう。[10]

こうして、氏親は義元のために理想的な禅修行の環境と態勢を整えた。ところが、わずか三年後の大永六年六月二十三日、おしくも五十四歳で亡くなってしまった。[11]そこで家督を継いだ長子氏輝は、七月二日、慈悲尾の増善寺で、開山辰応性寅の跡をついで同寺二世となった居廓元宋を大導師として、氏親、すなわち増善寺喬山紹貴居士の荼毘式を盛大に挙行した。まず今川氏の氏寺である善得寺住持の全策が祭文を読み上げたあと、[12]

鎖龕　林叟院兆山岱朕
掛真　円成寺碧潭宗清
起龕　西方寺止雲丘伯
奠茶　正林寺大樹宗光
奠湯　石雲院乾翁祖艮

によって鎖龕以下の三仏事法語が読まれ、ついで、の二仏事が行われたあと、最後に、増善寺現住の居廓元宋が香を拈じて、秉炬師の引導法語を、

慈悲山（増善寺）裡寄ス二高蹤ニ一、豪貴尊厳在リ二位中ニ一、踢二倒シ牢関ヲ一何レノ処ニカ去ル、寒蝉啼キ尽一株松、恭シク惟ミルニ、新捐館喬山貴公大定門〔禅脱カ〕、落々タル胸次、涼々タル機鋒、伝ヘ二高名ヲ於四海ニ一、振フ二徳威ヲ於西東ニ一、専ラ堪ヘタリ続クニレ箕裘業ヲ一、更ニ莫レレ論ズルコト二蓋代ノ功ヲ一、言々示シ二無為之化ヲ一、念々致ス二無双之忠ヲ一、但能ク識二得ス本有ノ自性ヲ一、正ニ茲ニ投二入ス諸仏ノ真宗ヲ一、一機ニ瞥転シ、縦

横ニ貫通ス、直下ニ掀ニ翻シ涅槃ノ窠臼ヲ一、当陽ニ脱ニ却ス生死ノ羅籠ヲ一、這般ノ時節、泥牛吼ヘ二夜月ニ一、木馬嘶ク二秋風ニ一、正与麼ノ時、那箇カ是レ台霊ノ末後帰元之処、擲ニ下シ火把ヲ一一喝シテ云ク

紅爐烈燄上リ、秋風縁ニ淙々タリ、

と読み上げ、氏親生来の人物の偉大さや鋭い機鋒を大いに称え、今川家伝来の徳望を受けつぎ、東海地方の東西にわたってひろく威勢を及ぼした典型的な戦国大名としての功績を賞揚するとともに、仏教に深く心を寄せ、禅に帰依して生死を超えた心境を究め、厚く教団を庇護したことを讃えたうえで、鄭重に荼毘に付している。[13] 葬儀に参列したものは、当主の氏輝はじめ輿に乗った伴衆が四六台、さらに、引綱は栴岳承芳、位牌は玄広恵探以下、白衣の伴が七六七人、そのほか各宗僧侶が七〇〇〇余人の多きに及んだという。氏親の威徳のほどが偲ばれるというものである。[14] ついで翌七月三日に、

起骨　玖延寺僊林恵椿

安骨　増善寺居廓元宋

の二仏事が執り行われ、[15] さらに七日には、氏輝によって居廓を導師とする二七日忌仏事が同寺において営まれている。[16]

以上、氏親の葬儀の諸仏事を修したのは、次の関係法系が示すように、祭文を読んだ臨済宗五山派の善得寺住持全策を除いては、いずれも曹洞宗大洞院系の石雲院派の人びとである。

したがって当時、氏親が辰応や居廓をはじめとする同派の人たちときわめて密接な間柄であったということは明らかであろう。しかし、前述のように氏親は、一方ではもともと、氏寺である善得寺の黙堂寿昭や琴渓承舜などをはじめとする五山派の人びととともきわめて親しかった筈である。

では、このように氏親が、同じ禅宗とはいえ別系統の曹洞宗の人びとと親しく接近するようになったのは、なぜだろうか。この点について明らかにできるような直接関係資料は見当たらない。しかし、晩年における氏親の行動などから、次のような点を指摘することができるのではなかろうか。というのは、これよりさき明応三年八月、氏親の今川勢が伊勢長氏に率いられて、大挙して遠江に進攻している。したがって、さきに同地方に急激な発展を続けていた大洞院系の崇芝性岱を祖とする石雲院の一派と氏親が、この頃から互いに急接近するようになったのではなかろうか。(17)

すでに明応七年八月一日には、氏親の本師である辰応性寅が石雲院に入寺しており、(18)一方また氏親も、明応九年五月以前に、辰応から紹貴居士という法名に加え、喬山という道号とその頌を授けられている。このような点からみると、当時遠江地方の征覇をうかがっていた氏親は、辰応を中核とする石雲院系の一派と密接な関係を持ちたいと積極的に考えていたのではなかろうか。(19)

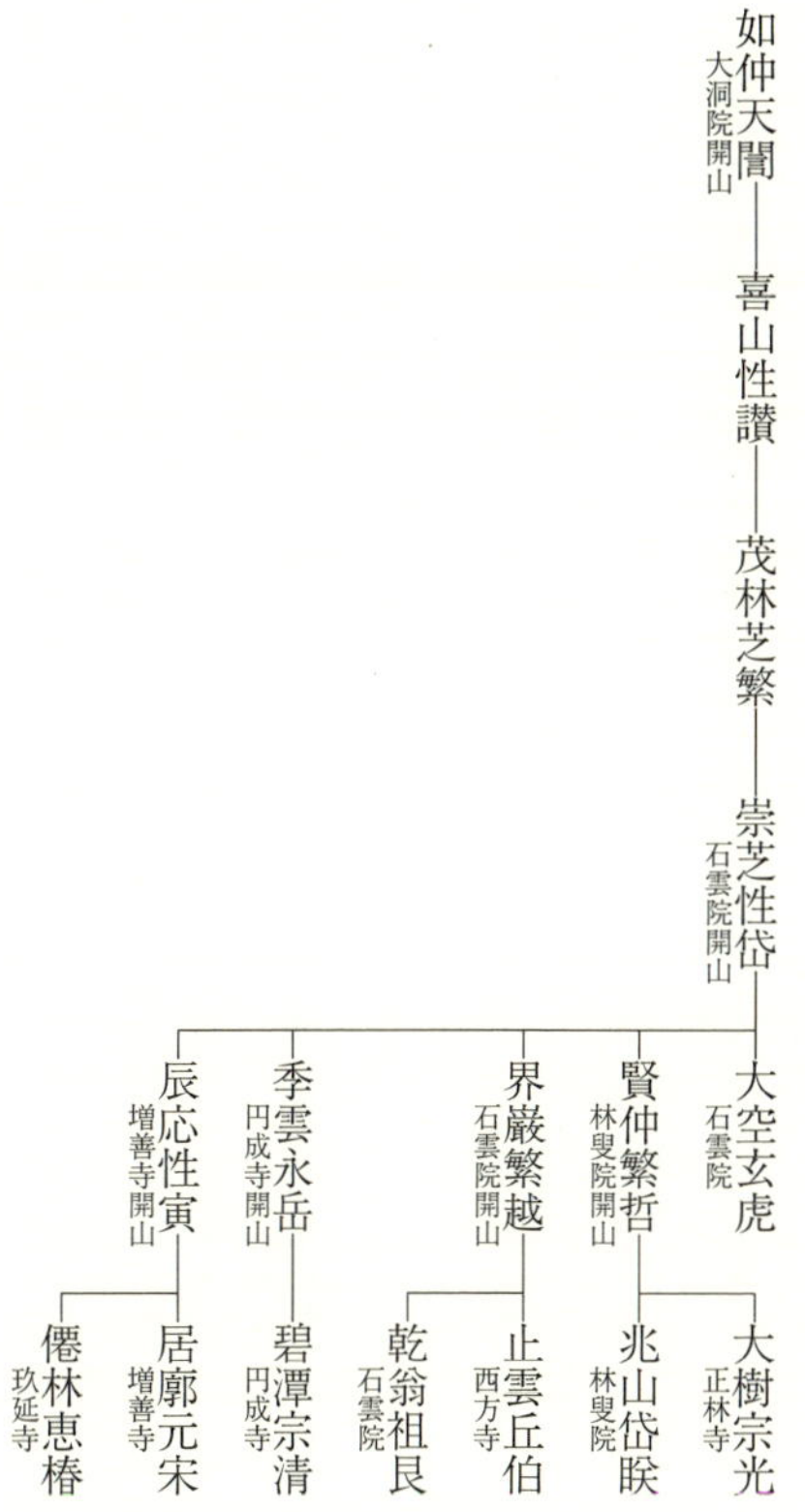

関係法系図

なお、『大窪山徳願寺史』にみえる北川殿の得願寺慈雲妙愛大姉という法名から考えると、当時の得願寺住持であったと推定される越渓麟易と、氏親の母北川殿との間には、特別な師檀関係があったのではないかと思われる。

ところで、越渓は曹洞宗だが、太源派の石雲院系の一派とは別の、当時駿河・伊豆両国に展開を進めていた通幻派の人である。してみると、氏親は北川殿の信仰関係を通じて、この一派とも接近するようになったのではあるまいか。これより先、文亀三年八月二十一日、越渓は真興正続禅師という勅謚号を贈られ、こののち曹洞宗の人々が相次いで禅師号を受けるきっかけとなっているが、おそらくこれも氏親の特別な尽力によるものではないかと推測される。

三、氏輝と禅宗との関係

氏親のあと、嫡男氏輝が今川氏の家督を継いだ。ところが、その三年後の享禄二年五月二十日、氏寺である善得寺住持の琴渓承舜が弟子の梅岳承芳や九英承菊を残したまま、住山わずか六年で亡くなってしまった[20]。しかし、その葬儀などに関する資料が残っていないので、この間における今川氏の対応や動向などについては明らかでない。

そののち琴渓の命日にあたる翌享禄三年五月二十日、氏輝は、歌人で最勝院主でもあった弟の素純を弔問するためたまたま駿府を訪れていた建仁寺護国院主の常庵竜崇を導師に招いて、琴渓の一周忌法要を営んでいる[21]。おそらく、かねてから常庵と学問上の師弟関係があった九英の推薦によったのであろう。ついで翌四年正月には、なお駿府に滞在中であった常庵は、善得寺七世の雲章□慶のために、禅興寺入寺の山門疏を作っている[22]。おそらくこの入寺も、氏輝の幕府側への推挙によって実現されたものであろう。

このようにして、常庵は一年ほど駿府に滞在していたが、その間に梅岳承芳が剃髪得度するための導師を勤めて、同年四月二十日までには京都にもどっている。[23]一方、常庵について出家得度した梅岳は、今川義忠室である祖母北川殿の旧宅を修補して善得院に改め、氏寺の善得寺に対する駿府における子院とし、同院の院主となってこれに住していた。[24]ところが、やがて天文のはじめ頃、梅岳は禅修行のために雪斎に伴われて上京し、建仁寺における三年間の修行生活に入っている。[25]

これよりさき梅岳は、はじめ本師の琴渓承舜から承芳という法諱を与えられていたが、さらに常庵から「梅岳」という道号を授けられた。ついで、五山文学僧として知られていた月舟壽桂からも、常庵にかわって梅岳の道号説を贈られている。[26]その時期は明らかでないが、おそらく義元の出家得度から建仁寺の修行時代にかけての頃であろうと思われる。その道号の説によると、梅の字は「梅檀は二葉より香し」といわれる最上級の香木の名称から採ったものであり、しかも、当代五山文学界を代表する常庵・月舟の二人がその命名に深く関わっていたということは、周囲の人びとの期待がいかに大きかったかを示すものとして注目されよう。[27]

こうして、梅岳は建仁寺において本格的な禅修行に打ち込むこと三年、その間、寺内の雰囲気が引き締ったばかりでなく、宋景濂富士の詩を詠むという題の作詩など、五山の間で高い評価を受け、人々にもひろく親しまれたという。いっぽう雪斎も修行の進歩が認められて、建仁寺の修行者を代表する第一座、すなわち首座の位に選ばれて、住持に代わって払子を振り、法語を述べたあと、禅問答に一々答えるという導師の代役を立派に果たしている。[28]

やがて天文四年五月二十日、護国院の常庵竜崇は善得院主の梅岳の招きを受けて、再び駿河に下向し、琴渓七周忌の導師をつとめて拈香法語を述べている。[29]

ところが同四年八月、氏輝は北条氏綱と結んで、甲斐の武田信虎と合戦を始めてしまった。[30]このため、建仁寺で修行中であった梅岳は急遽修行を中止して、雪斎とともに駿河に帰り、善得寺に入居した[31]。なお同年中、今川氏からの幕府への働きかけによって、善得寺は清見寺と並ぶ官寺の十刹位に昇格されている[32]。ついで、翌天文五年三月十七日、今度は今川の当主氏輝と彦五郎兄弟が亡くなってしまった。そこで、梅岳は家督を継ぐために還俗して義元と改名し、善得寺と善得院を雪斎に譲り与えた。やがて、義元と雪斎は善得院を大竜山臨済寺と改め、氏輝、法名臨済寺用山恵玄居士を同寺に手厚く葬った[33]。その法語などが残っていないのでこれ以上は明らかにできないが、あるいは義元から善得寺や善得院を託された雪斎が葬儀の導師などを勤めたのではなかろうか[34]。

四、義元の禅宗に対する態度

やがて氏輝の没後、家督をめぐって内紛を生じ、義元は国内を二分して庶兄の華蔵寺玄広恵探と争うにいたった。このとき母の寿桂尼がなぜ庶子の玄広恵探に組したのか、寿桂尼と雪斎らとの間に何か考え方の相違があったのかなど、明らかでない点もあるが、ともあれ義元は雪斎のすぐれた策略によって恵探を滅ぼして、事態の拾収を有利にはこび、一か月足らずで駿河一国を平定し、今川家の当主になった。

しかし、翌天文六年二月十日、義元が武田信虎の娘と結婚して武田氏と結んだため、北条氏綱と仲違いを生じ、ついに今川氏は武田氏と組んで、北条氏と戦火を交えることになった。

その間、善得寺の諸堂は兵火によってすべて焼失してしまい、復興が進まないまま七、八年におよんだ。しかし、義元は雪斎の懸命な補佐を受けて東奔西走、ついに東は伊豆・相模の北条氏をはじめ、西は三河の松平氏、尾張の織田氏などの近隣諸大名を抑えて、東海五か国に雄飛するにいたった。[35] ついで、天文十年四月、義元は明叔慶浚を招いて臨済寺の住持とした。明叔は美濃の出身で、恵林寺などを再興させた臨済宗大応派の傑出した学僧として知られていた。妙心寺の住持になった景堂玄訥の弟子で、『明叔録』という優れた語録がある。[36]

このように、義元は突如それまでの態度を変えて、今川氏と密接な関係を保ってきた五山派の禅僧ではなく、林下である妙心寺系の臨済宗大応派の禅僧を臨済寺の住職に初めて招いたわけである。したがって、この明叔の臨済寺入院は、このののち近世にかけて、遠駿豆三国の禅寺が五山派から大応派に転派していく一大転機になったという意味で、極めて注目されるべきことである。[37] もとよりこの場合、第一に明叔個人の禅僧としての力量が極めて高く評価されたからには相違ないが、同時に又、禅宗諸派の動向、すなわち、当時衰退期に入っていた五山諸派に代わって、戦国諸大名の新興勢力を背景にして急激に台頭しつつあった妙心寺中心の大応派の勢力と、その新鮮な禅風が大きな魅力とされたのであろう。おそらく、このとき明叔を招聘するように強く義元に進言したのは、そのような宗教界の新動向にも通じていた雪斎ではなかろうかと思われる。

やがて、臨済寺の住持になった明叔は、同天文十年五月二十日、義元や雪斎の求めに応じて、善得寺六世琴渓承舜の十三回忌仏事の導師をつとめ、[38] ついで七月六日、雪斎の生母興津氏の三七日忌の法要をも修し、[39] さらに翌天文十一年三月十四日頃には、氏輝の七回忌仏事の導師を勤めている。[40] しかし、同十四年春には、すでに瑞泉寺に入寺しているから、それ以前に在住四、五年で臨済寺を退院していたことが知られる。[41]

その間、義元や雪斎らは、明叔を通じて大応派の人びとと接近し、ついに大応派の中心人物である妙心寺の大休宗休とも直接交渉を持つようになっていた。その結果、すでに同十三年二月二十四日には、雪斎は妙心寺衡梅院で大休を導師として、亡父庵原氏の四十年忌の法要を営んでいる(42)。

ところで、このときの大休の拈香法語をみると、すでに雪斎は大応派の禅僧としての法名である「宗孚」を称していたことが知られる。しかし、『鹿苑日録』の天文十二年六月二十五日条によると、鹿苑僧録の梅叔法霖が西芳寺復興のために、今川義元に募縁の賛助を求めたのに関連して、雪斎は同日なお九英承菊首座と記されていたことが知られる。したがって、雪斎は、こののちに五山僧の九英承菊から大応派の宗孚に改めたと考えられる。おそらく雪斎は天文十三年、亡父の四十年忌を営むために上京した折、大休について嗣法をとげて、五山派から大応派に正式に転派し、太原宗孚という法名を師の大休から授けられたのであろう。すでに天文十四年五月には、雪斎は大休から「太原座元」への嗣法の証である自賛の画像を授けられている(43)。ところが、宗孚は「そうふ」と音読されていたので、宗と崇は同音であるというところから、雪斎は後年みずからの文書に「崇孚」と署名するようになった(44)。これはおそらく雪斎自身、修学上の恩師である常庵竜崇の崇の一字を採って自らの法名に入れたい、と考えるようになったからではあるまいか。このため、のちに雪斎は一般にも太原崇孚と呼ばれるようになったのであろうと思われる(45)。

こののち天文十七年三月十七日、義元は氏輝の十三回忌仏事を修するために、京都から天竜寺三秀院主の江心承董と妙心寺霊雲院主の大休宗休を駿府に招いて、臨済寺で法要を大々的に営んだ(46)。おそらく、このように妙心寺の大休のほか五山からも江心を導師として招いたのは、いまや五山派よりも大応派を重視する方針に変わった義元や雪斎らの五山側に対する配慮によるものではなかろうか。ついで義元は、禅宗両派に対して以上のような対応を示したうえで、翌四月、大休宗休を臨済寺の新住持として入寺させている(47)。義元が大休について直接入室参禅して、その弟子となり、秀峰宗哲居士という新しい法名や、秀峰という道号に対する頌を授けられたのは、おそらくこの頃のことであろうと思われる[48]。

このように、義元ははじめ善得寺の琴渓承舜に入門し、さらに常庵竜崇について出家得度して梅岳承芳と称し、琴渓と同じ夢窓派の五山僧になった。そののち建仁寺で修行を続けていたが、兄氏輝の没後、家督を継ぐために、還俗して名を義元と改めた。しかし、のちに三たび転じて、大休宗休の俗弟子となり、秀峰宗哲居士という大応派の法名を与えられたことが知られる。

ところが、大休は在住わずか一か月ほどで臨済寺を退き、五月七日には京都に帰ってしまい[49]、ついで翌天文十八年八月二十四日、八二歳で没した[50]。こののち、同十九年二月七日、後奈良天皇から円満本光国師、さらに弘治三年三月十二日に本有円成国師という勅謚号を追贈されている。語録に『見桃録』四巻がある。

これよりさき、天文十九年三月二十九日、雪斎は後奈良天皇より紫衣を賜って妙心寺に入寺し、同寺第三五世の住持となった[52]。おそらく義元の強力な支援によったのであろう。しかし、雪斎は間もなく臨済寺に帰住し、六月二日に亡くなった武田信玄の姉、すなわち義元夫人となっていた定恵院南霊妙康大姉の葬儀のために、大導師として下火の引導法語をのべている[53]。

やがて翌天文二十年八月九日、雪斎は義元の招きを受けて清見寺の住持となった[54]。その結果、この雪斎の入寺によって、それまで五山派の中核寺院であった清見寺も、臨済寺と同様、妙心寺系の大応派に転派してしまったことが知られる。なお雪斎は、このころ義元の全面的な庇護のもとに、荒廃していた清見寺復興のために、善得寺得分のうち一〇〇緡を、また、範政の菩提所である今林寺の再興に同じく五〇緡を充てている。そのほか、善得寺をはじめ承元寺、泰範の菩提所長慶寺、一乗寺、範国の菩提所定光寺など、今川氏と関係が深い臨済宗諸寺院の復旧につとめている。[55]

その間、天文二十一年八月二十七日、臨済寺先住の明叔慶浚が没し[56]、さらに三年後の弘治元年閏十月十日には、雪斎こと太原崇孚も六十歳で没した[57]。ときに雪斎は、門弟の東谷宗杲・景筠玄洪に、隔年ごとに臨済・善得両寺に住院するように遺言している。のち弘治三年三月二十七日に、宝珠護国禅師という勅諡号を後奈良天皇から追贈された[58]。

これよりさき雪斎亡きあと、おそらく義元からの招聘によったものと思われるが、弘治二年十一月十一日、京都の天竜寺から五山文学界の代表的な学僧である夢窓派の策彦周良が駿府を訪れて[59]、義元や山科言継らと親しく詩歌の会などを催している[60]。この場合、義元が駿河下向を策彦に要請するに当たって、先に義元によって駿府に招かれた天竜寺の江心承董などと策彦が親しく、さらに又、勘合貿易の遣明正使などとして再度明国に渡ったという国際人としての経歴などが大いに考慮に入れられていたのではなかろうか。

このように、義元は京都五山などから第一級の人物を次々に招待して、地域文化の向上に意欲的に取り組んでいたことが知られる。ところが、図らずも永禄三年五月十九日、桶狭間の陣で織田信長の攻撃をうけ、雄図むなしく四二歳の若さで討死してしまった。にわかに家督を継いだ氏真は、父義元、法名天沢寺秀峰宗哲居士のために、六月五日、盛大な葬儀を臨済寺で営んだ[61]。その配役は大導師の臨済寺東谷宗杲以下、次のごとくであった。

鎖龕　清見寺　月航玄津（大休宗休法嗣）
掛眞　善得寺　景筠玄洪（太原崇孚法嗣）
起龕　竜徳寺　棘庵宗淳
奠茶　清見寺　天淳崇睦（月航玄津法嗣）

奠湯　　　文益瑞奎（明叔慶浚法嗣）
下火　臨済寺　東谷宗杲（太原崇孚法嗣）
起骨　　　梅森宗保
安骨　竜潭寺　南渓瑞聞（黙宗瑞淵法嗣）

東谷・景坊などをはじめ、いずれも遠駿両国における大応派の代表的な人々であり、臨済・清見両寺のほか、善得寺・竜潭寺なども、すでに五山派から妙心寺系の大応派に変わっていたことが知られる(62)。

ところが、その八年後の永禄十一年十二月六日、武田信玄が大挙して駿河に攻め込んだ(63)。このため、十二日、氏真は清見寺から駿府に退陣し(64)、ついで翌十三日、遠江の掛川城に逃れ去った(65)。この間に、戦火によって駿河国内は焦土化し、翌永禄十二年二月には、武田軍の攻撃によって善得寺も全焼し、住持の景筠は遠く伊豆・相模へ出奔してしまった。本尊の地蔵菩薩像も焼失し、ただわずかに雪斎の木像だけが類火をまぬがれたという(66)。

こののち同年五月六日、氏真は徳川家康によって掛川城も追われ、さらに戸倉城に移り住んだが、やがて外舅北条氏康を頼って早川に身を寄せ、早川殿と呼ばれていた(67)。その間、元亀三年五月十九日、景筠を導師に招いて、久翁寺で義元の十三回忌の法要を営んでいる(68)。

やがて天正三年八月二十二日、景筠は没したが、十六年間も国内の戦乱を避けて建福寺に住していた法兄の東谷宗杲は、天正十二年三月七日、同寺を退いて駿河の善得寺に再住し、同寺の復旧に尽力して、同十五年十月初旬、雪斎の三十三回忌法要を営んでいる(69)。いっぽう氏真は、そののち北条氏からも放逐されて、徳川家康のもとに身を寄せていたが、慶長十九年十二月二十八日、品川で波乱に富んだ悲運の生涯を閉じた。

註

（1）『東光寺文書』応永二十年十一月十二日今川範政書下（『静岡県史』資料編6中世二、一五一〇号）『駿河伊達文書』応永二十年十二月十一日今川範政書下（『静岡県史』資料編6中世二、一五一二号）等。

（2）『護国禅師雪斎遠諱香語写』（『静岡県史』資料編8中世四、一九三三号）なお同書によれば、徳仲のあと善得寺の四世となった永派が西堂であったと記されているから、すでにこのころ同寺は諸山に列していたことが知られる。

（3）以下、前掲書に同じ。

（4）右に同じ。

（5）右に同じ。

（6）『蔭凉軒日録』同日条（『大日本仏教全書』）。

（7）註（2）に同じ。

（8）右に同じ。

（9）右に同じ。

（10）右に同じ。

（11）『宗長手記』下（『静岡県史』資料編7中世三、九二二号）。

（12）『今川氏親葬儀記』（『静岡県史』資料編7中世三、九三四号）。

（13）『増善寺殿法事記録』（『静岡県史』資料編8中世四補遺、一九二号）。

（14）『今川氏親葬儀記』『増善寺殿葬儀之次第』（『静岡県史』資料編8中世四補遺、一九三・一九四号）。

（15）『今川氏親葬儀記』『増善寺殿法事記録』（『静岡県史』資料編8中世四補遺、一九五・一九六号）。

（16）『増善寺殿法事記録』（『静岡県史』資料編8中世四補遺、一九七号）。

（17）『円通松堂禅師語録』三（『静岡県史』資料編7中世三、一九二号）。

（18）石雲院所蔵『竜門山石雲院歴代前住牒』。

(19)『増善寺殿法事記録』（『静岡県史』資料編8中世四補遺、一八四号）同記録には年紀がないが、明応十年二月に文亀に改元されているので、この記事は同九年五月以前のものと推定される。なお作者名が記されていないので、『資料編』中世四では居廓元宋としたが、年代的にみて、増善寺の開山で、当時石雲院一派の中心的人物であった辰応性寅ではないかと推定される。

(20) 註（2）に同じ。

(21)『寅庵稿』琴渓和尚七周忌拈香（『静岡県史』資料編7中世三、一三三七号）。

(22)『寅闇四六後集』雲章住禅興（『静岡県史』資料編7中世三、一〇九九号）。

(23) 註（2）に同じ。『後法成寺関白記』享禄四年四月二十日条（『静岡県史』資料編7中世三、一一〇九号）。

(24) 註（2）に同じ。なお、義元の善得寺に対する善得院の新設は、足利尊氏・直義が設立した等持寺・等持院、足利義満の鹿苑寺（金閣）・鹿苑院、足利義政の慈照寺（銀閣）・慈照院などの先例に倣ったものであろう。

(25) 右に同じ。

(26)『幻雲文集』梅岳説（『静岡県史』資料編7中世三、一二四二号）従来、義元の道号は系図などによって梅岳とされていたが、これは栴と梅の字形がよく似ているところから誤認されていたものである。今枝愛眞「禅宗史料の活用について」『仏教史学研究』第三七巻第一号参照。

(27) 右に同じ。

(28) 註（2）に同じ。

(29)『寅庵稿』琴渓和尚七周忌拈香（『静岡県史』資料編7中世三、一三三七号）。

(30)『快元僧都記』天文四年八月二十二日条（『静岡県史』資料編7中世三、一三五一号）。

(31) 註（2）に同じ。

(32)『寅闇四六後集』雲章住駿州善得（『静岡県史』資料編7中世三、一三六〇号）。

(33) 註（2）に同じ。

(34) 右に同じ。

(35) 右に同じ。
(36) 『明叔録』（『静岡県史』資料編7中世三、一五四九号）。
(37) 註（2）に同じ。
(38) 『明叔録』前住円覚琴渓和尚十三年忌香語（『静岡県史』資料編7中世三、一五五二号）。
(39) 『明叔録』建安妙立禅定尼、九英座元請之三七日忌香語（『静岡県史』資料編7中世三、一五五九号）。
(40) 『明叔録』駿太守臨済寺用山玄公禅定門七周忌陞座（『静岡県史』資料編7中世三、一五七六号）。
(41) 『延宝伝燈録』三十（『静岡県史』資料編7中世三、一九三六号）。
(42) 『円満本光国師見桃録』三 駿陽藤氏庵原世順良朝庵主四十年忌拈香語（『静岡県史』資料編7中世三、一六七三号）。
(43) 臨済寺所蔵『大休宗休画像賛』（『静岡県史』資料編7中世三、一七三四号）。
(44) 『松平奥平家古文書写』（天文十六年カ）八月二十六日太原崇孚書状写・（天文十六年カ）八月二十九日太原崇孚書状写、東京大学史料編纂所所蔵『天野文書』、（天文十六年）九月十日太原崇孚書状、『太平寺文書』天文十八年七月七日太平寺寺領目録等（『静岡県史』資料編7中世三、一八五六・一八五八・一八六一・一九二八号等）。
(45) 『言継卿記』天文十九年三月二十九日条（『静岡県史』資料編7中世三、一九七七号）。
(46) 『円満本光国師見桃録』三 臨済寺殿用山玄公大禅定門十三回忌陞座、『同』四 臨済寺殿用山玄公大禅定門十三年忌拈香、前臨川江心西堂（『静岡県史』資料編7中世三、一八九〇・一八九一号）。
(47) 『円満本光国師見桃録』一 駿州大竜山臨済禅寺語録『同』四 住駿州大竜山臨済禅寺山門疏（『静岡県史』資料編7中世三、一九〇二・一九〇三号）。
(48) 『円満本光国師見桃録』二 秀峰号（『静岡県史』資料編7中世三、一九〇四号）、註（2）に同じ。
(49) 『言継卿記』天文十七年五月十四日条（『静岡県史』資料編7中世三、一九〇六号）。
(50) 『延宝伝燈録』三十（『静岡県史』資料編7中世三、一九三六号）。
(51) 『円満本光国師見桃録』四 後平城帝円満本光国師徽号宸翰・同本有円成国師徽号宸翰（『大正新脩大蔵経』第八十一巻）。

(52)『言継卿記』天文十九年三月二十九日条、『御湯殿上日記』天文十九年三月三十日条（『静岡県史』資料編7中世三、一九七七、一九七八号）。
(53)『明叔録』定恵院殿南室妙康大禅定尼、『高白斎記』天文十九年六月日条（『静岡県史』資料編7中世三、一九九三・一九九四号）。
(54)『書上古文書』今川義元判物写（『静岡県史』資料編7中世三、二〇六四号）。
(55)註（2）に同じ。
(56)『延宝伝燈録』三十一（『静岡県史』資料編7中世三、二一四三号）。
(57)太原崇孚項相賛、『延宝伝燈録』三十一（『静岡県史』資料編7中世三、二一九八・二一九九号）。
(58)註（2）に同じ。
(59)『言継卿記』弘治二年十一月十三日条（『静岡県史』資料編7中世三、二四一八号）。
(60)『言継卿記』弘治二年十一月十五・十六・十七日条（『静岡県史』資料編7中世三、二四二〇・二四二一・二四二二号）。
(61)『明叔録』（『静岡県史』資料編7中世三、二七九四号）。
(62)『儀雲和尚法語』（『静岡県史』資料編7中世三、二七九五号）。
(63)『享禄以来年代記』『家忠日記』増補追加『今川記』伝記下（『静岡県史』資料編7中世三、三四九五・三四九六・三四九七号）。
(64)『家忠日記』増補追加『北条記』四（『静岡県史』資料編7中世三、三五〇六・三五〇七号）。
(65)『享禄以来年代記』『護国禅師雪斎遠忌香語写』（『静岡県史』資料編7中世三、三五〇九・三五一〇号）。
(66)註（2）に同じ。
(67)『家忠日記』増補追加『今川家譜』『別本小田原記』五（『静岡県史』資料編7中世三、三七三一・三七三二・三七三三号）。
(68)『記事緒余』天沢寺殿香逢大居士十三年忌拈香拙語（『静岡県史』資料編8中世四、四八一号）。
(69)註（2）に同じ。

Ⅵ　今川仮名目録

松平乗道

戦国大名が自己の領域を支配するために制定した法典を戦国家法・分国法などとよび、今日確実なものとして伝えられたものは十種を数える。

「今川仮名目録」は、成立の順序からいうと「相良氏法度」「大内氏掟書」につぐもので、現在残されている「今川記本」「黒川本」二通りの写本を厳密に校合した活字本が「中世法制史料集第三巻」「日本思想大系、中世政治社会思想上巻」に収録されている。

ひとくちに「今川仮名目録」というが、内容は次の三つの部分から成る。まず「仮名目録」から、各条のあらましを見てゆくことにしよう。

一条　百姓の田地を、領主が没収する場合のこと。

二条　土地の境界訴訟のこと。

三条　河原・海岸の荒地開墾に際する境界訴訟のこと。

四条　訴訟なかばに狼籍を行なう者のこと。

五条　古くから召し使った者が他人の支配下にいるのを発見したときのこと。
六条　召し使った者の逃亡のこと。
七条　夜中、他人の邸内に侵入した者のこと。
八条　喧嘩両成敗のこと。
九条　喧嘩相手が不明なときのこと。
一〇条　召し使う者が喧嘩・盗賊をはたらいたときのこと。
一一条　児童の喧嘩のこと。
一二条　児童が誤って殺人を犯したときのこと。
一三条　所領をみだりに売却すること。
一四条　時期を限って売却した土地に検地を加えること。
一五条　新たに水路を開く場合の代替地・借地料のこと。
一六条　他国人に給与した土地を売却すること。
一七条　古い書類を証拠に、名田等の所有権を主張すること。
一八条　借米の利率のこと。
一九条　借銭のこと。
二〇条　所領を質入れし、困窮を理由に弁済条件軽減を訴えること。

	条数	制定時期	制定者
仮名目録	33	大永六年（一五二六）四月一四日	今川氏親
仮名目録追加	21	天文二二年（一五五三）二月二六日	今川義元
定	13	天文末～永禄初年？	今川義元？

二一条　他人の所領の百姓に負債取立てを行なうこと。
二二条　今川氏権力不入の地のこと。
二三条　駿府内の今川氏権力不入の地、撤廃のこと。
二四条　駿河・遠江両国の水上商品運搬税、遠江の陸上商品運搬税、廃止のこと。
二五条　他国人の負債を、別の他国人から取り立てること。
二六条　駿河・遠江海岸に漂着した船のこと。
二七条　川に流れ着いた木のこと。
二八条　宗教論争禁止のこと。
二九条　みだりに寺の住職を譲与するのを禁止のこと。
三〇条　駿河・遠江両国の住民が、わたくしに他国と婚姻関係を結ぶのを禁止のこと。
三一条　他国の争乱に、わたくしに助力するのを禁止のこと。
三二条　今川氏家臣の出仕の席次のこと。
三三条　他国商人を支配する契約の禁止のこと。

右の条々は、どのような時期に、どんな理由から制定されたのだろうか。「仮名目録」の末尾をみると、
　右条々、連々思い当たるにしたがいて、分国のため、ひそかにしるしおく所也。
　当時人々こざかしくなり、はからざる儀ども相論の間、此の条目をかまえ、兼ねてより落とし着くるもの也。しかれば、贔屓のそしり有るべからざるか。

かくの如きの儀出来の時も、箱の中を取出し見合い、裁許あるべし。

此のほか、天下の法度また私にも先規よりの制止は、これを載するに及ばざる也。

との後記がある。

大永六年四月といえば、今川氏は駿河、遠江の支配をほぼかため、三河への積極的な進出をすすめていた時だが、氏親の長子氏輝はまだ年わずか十四才だった。氏親がこの二ヶ月後、六月二三日に世を去っていることから考えれば、彼は自分の死期が近いのを知り、かねて行政・裁判の基準として集成していた条目をまとめ、後継者氏輝の領国経営に役立たせようとしたものであろう。

それゆえ、「仮名目録」を読んでゆけば、戦国大名としての権力を一応確立した氏親時代の、領国の状態、その統治の姿勢を、いろいろな面にわたってうかがい知ることができると思われる。

まず一条をみると、

一、譜代の名田、地頭意趣なきに取り放つ事、これを停止しおわんぬ。

但し、年貢等無沙汰においては、是非に及ばざる也。

兼ねて又、彼の名田、年貢を相増す可きよし、のぞむ人あらば、本百姓に、のぞみのごとく相増す可きかのよし尋ぬる上、其の儀無くば、年貢増すに付きて取り放つ可き也。

但し、地頭、本名主を取りかえんため、新名主をかたらい、相増す可きのよし虚言を構えば、地頭においては、かの所領を没収す可し。新名主に至りては、罪科に処す可き也。

とある。この条からは、

（1）当時の今川領国の年貢納入の単位を名田と称し、それを保有する者を名主又は百姓と呼んだこと。
（2）年貢を収める領主を地頭と呼んだこと。

が読みとれる。そして、この条の内容は、

（A）代々持ち伝えた名田を、地頭がみだりに没収することを禁止する。ただし、年貢などを滞納の場合はやむをえない。
（B）名田からの年貢を増して納入しようと申し出る者があった場合、一応もともとの名主にたずね、彼がそれだけ増補できないときは、名田を、新しく申し出た者に与える。ただし、地頭が本名主を取りかえるため新名主と共謀して偽りの申し出をした場合は、地頭の所領は没収、新名主は罪科に処す。

と、解釈される。

天文二二年三月二四日、富士又八郎に出された今川義元の文書には、

丙午庚戌両度検地せしむる以後、本田の内、荒地、其の外、芝原切りひらく所の事。当地奉行を以て相改め、所務せしむ可し。其の上、増分を以て新百姓、競望せしむれば、法度の如く本百姓に相届け、請け納めざるに於ては、新百姓申し付く可き者也。

とあって、「仮名目録」一条が実際に行なわれたことの適切な例だが、ここからも、地頭は、所領の年貢を収め取る権利・増分納入を条件に名主を代える権利、を保証されていたことがうかがわれる。

一三条、一四条は、知行売却の規定である。「知行分をみだりに売却することを禁止する。ただし、やむをえぬ事情があればしさいを言上し、期限つきで売却することを許可する」「知行の田畠を期限つきで売却したのち、返還の時期

が来ないのに検地することは禁止する」。

このあと二一条に、「他人の知行の百姓から強制的な負債取り立てをすることは、そこの領主・奉行人に届けなければ、たとえ正当な権利があっても、不法行為とみなす」とあるように、知行に対する地頭の権利は強かったのであるが、一三・一四条で知行の売却が制限されていることからもわかるように、地頭の権利に対する今川権力の介入は、相当強力であった。それは、はじめにあげた一条の規定についてもいえると思う。

二二条は、

一、不入の地の事、改むるに及ばず。但し其の領主無沙汰せしめ、成敗にあたわず、職より聞き立つるにおいては、其の一とおりは成敗をなすべき也。

二三条は、

一、駿府の中、不入地の事、これを破りおわんぬ。おのおの異儀に及ぶべからず。

という規定で「不入の地」ということが問題になっている。

今川氏の検断権・雑税徴収権は、地頭の知行にも入るのが原則だが、「不入の地」は、それが入らぬ特権を持つ所領である。二二条では、領主が成敗を行なわぬときを除いて「不入の地」の特権を認めており、このあたりには、いまだに今川権力の不徹底さが見られると思う。ただし、お膝元の駿府においては不入の特権を破棄し、支配の強化をはかっているのである。

次の二四条は、

一、駿遠両国津料、又、遠の駄之口の事。停止の上、異儀に及ぶ輩は罪科に処す可し。

として、津料、駄之口の廃止をうたっている。これは、領内の通商振興政策と考えられよう。ただし、永禄三年三月一二日の文書によれば、今川氏が商売船から帆役・湊役・出入之役などという税を取り立てていたことが明らかであり、永様四年三月一八日の文書では、相良の平田寺が寺領の港において諸商売船役を徴収することを認めている。したがってこの条は、津料をまったく廃止するということではあるまい。海陸交通の要地の領主がプライベートに運搬税を徴収することを停止し、こうした税の賦課を今川氏のもとに一元化していこうというものと考えられ、ここにも、地頭層の権限を今川氏のもとに吸収してゆく施策をみることができると思う。

五、六、七の三ヶ条は「被官」「めしつかう者」「下女」などとよばれる使用人についての規定である。「被官が逃亡して他人のもとに使用されていることがわかったとき、今川氏の裁許を受ければ取りもどすことができる。もとの主人が返還要求をしたあとで被官が行方不明になった場合は、新しい主人は代りの者を返還する」「めしつかっていた者が逃亡して二十数年をへた場合は時効」「夜中、無断で他人の下女に夜ばいをかける者を、からめ捕りあるいは不慮の殺害に及んでも罪にはならない」といった内容から、「被官」などとよばれる人たちが、一条の名主・百姓よりも更に隷属的な地位であったことは明らかである。「仮名目録」の中にこのような規定が三ヶ条も設けられていることから、隷属的な使用人がかなり広汎に存在していたといえよう。そして、今川権力の基盤がたいへん古いものであったとする主張も出てくるのである。

二八条に仏教の諸宗が論争することを禁止し、二九条では器量のない者が寺の跡とりになることをとどめているように、宗教への統制もきびしかった。

つづく三〇、三一、三三条では、駿遠両国の者がわたくしに他国の者と婚姻すること、他国の争乱に助力すること、他国の商人を配下とすることを禁じて、領国外との私的なかかわりを断とうとしている。

このように、さまざまな条項をかまえて領国統制をはかった氏親の死後、長子氏輝は若死にし、弟義元が天文五年これを継いだ。当時、今川領の東北方、甲斐では武田晴信が着々と領国経営をすすめていたが、天文一六年六月一日「甲州法度之次第」を制定した。「仮名目録」制定から二一年目にあたるが、今川氏との友好関係が深い晴信は「仮名目録」に学ぶところも多く、「甲州法度」二六ケ条の内九ケ条が「仮名目録」とほぼ同じ内容をもち、他に三ケ条、関連の深い条項がある。

	甲州法度	仮名目録	内　容
同内容のもの	6条	1条	名田の没収
	7条	2条、3条	土地訴訟
	9条	13条	所領の売却
	11条	5条、6条	旧被官奴婢
	12条	8条	喧嘩
	13条	10条	被官の喧嘩・盗賊
	18条	28条	宗教論争
	20条	32条	家臣の席次
	22条	11条	児童の喧嘩
関連のあるもの	4条	30条	他国との結縁
	17条	27条	流れ着いた木、橋
	21条	4条	訴訟なかばの狼藉

天文一八年三河の松平広忠が死ぬと、義元はただちにその領域を支配下に収めたが、尾張の織田信秀の勢力もあなどりがたく、三河を舞台に一進一退がくりかえされた。しかし天文二〇年にはその信秀が死に、あとを継いだ信長は十八才の若さであった。義元は天文二一年一一月、娘を武田晴信の子義信と結婚させ甲斐との同盟を強化しておいて、尾張への進出をはかった。そして現存する史料では翌天文二二年以降、駿河・遠江関係の今川氏発給文書は大幅に減少しているのである。

「仮名目録追加」が制定された天文二二年二月二六日は、このような時期で、義元が領国拡大の新しい転機にあたり内政をひきしめようとしたものと思われる。その

条項を簡単に列記すれば、
一条　裁判が落着したあと、ふたたび同じ事件を訴訟に及ぶこと。
二条　同心・与力の者が、寄親以外の者を通じて訴訟するのを停止のこと。
三条　寄親と与力の関係のこと。
四条　出陣の時、定められた以外の指揮者の下に加わるのを禁止のこと。
五条　今川権力不入の地の、悪党の検察処断のこと。
六条　困窮を理由に借用期限の引きのばし、弁済の特例要求などを許るのを禁止のこと。
七条　他国の者をみだりに従者とするのを禁止のこと。
八条　今川領国内の商売に課せられる税のこと。
九条　百姓が領主に知らせず田地を売買するのを停止のこと。
一〇条　今川氏に奉公する者の子孫の所領相続のこと。
一一条　嫡子相続の原則のこと。
一二条　庶子の分割相続の限度のこと。
一三条　境界訴訟の敗訴者の没収規定のこと。
一四条　訴訟なかばの狼籍のこと。
一五条　訴訟物件に札を立て所有権を停止すること。
一六条　小身の者の盗難品返却のこと。

一七条　他国とわたくしに通信するのを禁止のこと。
一八条　今川氏繁栄祈願の寺の住職が、みだりに寺の譲与をするのを禁止のこと。
一九条　訴訟を積極的に行なうべきこと。
二〇条　今川氏権力不入の地のこと。
二一条　奴碑の夫婦の主人がそれぞれ異なる場合、その子供の帰属のこと。

このうち、一三条は境界訴訟について「先条これ有りと雖も……」と、「仮名目録」二条にふれ、その没収規定がきびしすぎるのを緩和したものであり、一四条も「仮名目録」四条の改訂である。二十七年前に制定された「仮名目録」の規定は、諸情勢にあわせて改訂の時期が来ていたのであった。

二〇条は不入の地に関する条目で、「今川氏の代々が許可を与えてきた不入の地は認めるが、新しい不入の地というものは今後これを停止する」という内容で、氏親の時よりもきびしく不入の特権を否定しようとしている。そして、この条の終りには、「もともと守護使不入ということがあったが、これは将軍家によって諸国守護職が任命された時のことで、現在はおしなべて自分の力量によって国の法度を申し付け治安をはかるようになっているのであるから、今川氏の手が入らぬというようなことがあってはならない」と、新しい時代の大名の姿勢を高らかに宣言しているのである。

ただし、駿府における不入の地については、「仮名目録に規定されている通り駿府では不入の地を認めないが、馬廻りの所領には、役人の検察が入らぬならわしになっている」とあり、いまだに一沫の不徹底さが残されている。

「追加」に新しく見える制度としては「寄親・与力制」があげられ、二条では「訴訟は寄親を通じてなすべきこと」、三条には、「与力の者がみだりに寄親をとりかえることは近年禁止してきたところである。寄親が給与を与えている与力は永く寄親に従うべきである。ただし、当座のところだけ、諸事の取り次ぎなどを頼んでくる者に対して、寄親が永く与力となるよう強制することはいけない」と規定されている。

寄親—与力の制度は戦国時代各地の大名の家臣組織方式としてみられるもので、家臣を与力のグループとして編成し、これを寄親が統卒する仕組みである。寄親—与力は主従関係ではなく、大名直属の家臣の間の、指揮系統にすぎなかった。大名は、古くからあった、大名—家臣—家臣の家臣、という方式を、寄親—与力制にきりかえて、直属家臣団をふやし自己の支配力を強化していったのだった。

なお、四条の「出陣の時、定められた指揮者のもとに加わらなかった場合は、いかに手柄をたてても不忠の至りである」という、戦闘の際の規律、一〇、一一、二二条の「家臣の家では嫡子一人が相続すべきである」との相続規定も、「追加」ではじめて見られるものである。

このように家臣統制の規定が新しく追加されたことは、義元の時代の今川氏支配権の強化を物語るといえよう。

九条には「百姓等が地頭に知らせずして名田を売買するのは曲事である。期限つきで売ることはやむをえない」とあって、「仮名目録」では「地頭が所領をみだりに売ってはならぬ。期限つきで売るのはやむをえない」と、地頭クラスを対象にしていた法が、一段下がった百姓クラス対象になったのである。今川氏は、地頭をとびこえて直接、百姓をつかむ方向に向いつつあったのだった。

しかし、二一条には「ことなる主人につかえる奴婢雑人の男女の間に子供が生まれた場合、どちらの主人につけるべきか」という規定があって、「仮名目録」にみられる古い隷属民の制度が依然として残存していたことをうかがわせ、このような点には、近世大名のあり方とは程遠い戦国大名の限界がまざまざと感じられるのである。

	仮名目録	追加
名田	1・17	
売買・質入		
所領の売却・質入	13・14・16・20	6
名田の売買		9
借米・借銭	18・19	
負債の取り立て	21・25	
訴訟	2・3・4・15	1・13・14・15・19
検察		
喧嘩・殺人	8・9・10・11・12	
検察・不入の地	22・23	5・16・20
家臣統制		
家臣の席次	32	
寄親・与力		2・3
軍規		4
家臣の相続		10・11・12
商業	24	8
奴婢	5・6・7	21
寺院	28・29	18
難破船・流木	26・27	
他国との結縁	30・31・33	7・17

【付記】

（1）「仮名目録」と「追加」の各条を内容別に大まかに分類してみれば、表のようになる。

（2）「黒川本」という写本では、「仮名目録追加」のあとに更につぎのような一三ケ条の「定」が付けられている。

一条　毎月の裁判開廷の日のこと。
二条　目安箱のこと。
三条　裁判遅延のときのこと。
四条　被告出廷遅延のときのこと。
五条　裁決が法の趣旨に相違しているときのこと。
六条　根拠のない申し立てをした場合のこと。
七条　裁判の場に無用の者の出入を禁ずること。
八条　担当者を通ぜず直接高官に訴えるのを禁ずること。
九条　偽証を禁ずること。
一〇条　はじめに提出した訴え、弁明と異なった陳述をした場合のこと。
一一条　裁判担当者の宿所に出入し訴訟の有利をたのむのを禁止のこと。
一二条　今川家臣の所領申告の不正が訴えられた場合のこと。
一三条　主人、師匠、父母に対する訴えは取り上げぬこと。

条項はすべて訴訟に関する規定で、一条に「半年は三河に在国する」とあるところからみれば、義元の三河支配が強化された天文一八年以降のものと推定されるが、制定者・制定時期は記載されていない。

Ⅶ

駿河における柴屋軒宗長――「宇津山記」を中心として

鶴崎裕雄

連歌師宗長の生涯で、駿河の生活は重要なものでありながら、在京中に較べると、資料が乏しく不明な点が多い。本稿では、永正一四年成立の「宇津山記」を中心に、現地調査など宗長の周辺を探すことによって、今川氏庇護下の駿河の生活を推測してみたい。

「宇津山記」の引用は群書類従二七輯による。(1)引用文中※印は島原松平文庫「宇津山記」、内閣文庫「宇津の山記」、静嘉堂文庫「宗長日記」、水戸彰考館「宗長記」などにより補ったものである。ただし今回は諸本の検討は省略する。

一、柴屋軒の位置

静岡市街より安部川を越えて国道一号線を西に向うと、手越・丸子と町並が続く。宗長の草庵柴屋軒、現在の吐月峯柴屋寺のある泉谷《いづみがや》は、丸子の元宿のバス停より北に入った、奥行二キロメートルほどの細長い山間の扇状地である。

宗長は「宇津山記」の冒頭で次のように描く。

駿河国宇津の山は斉藤加賀守安元しる所（山※）より十七八町川につきてくだる。さながら鈴鹿の関こえし心地ぞする。丸子という里、家五六十軒。京鎌倉の旅宿なるべし。市あり。北にやゝ入て泉谷といふ。安元先祖よりの宿所。奥ふかき禅室歓勝院。瀧あり。門前にながれ、たゝめるいはほなめらかにして、松杉さし入より、心すむべく見ゆ。左の岨に観音の霊像。行基菩薩の御作とかいひつたへぬ。此上にも瀧音して堂の前にみなぎりおつ。大なる嶽よこたはりて、谷のふところひろく、鳥の声をかすかに、猿梢にさけぶ。暁閑居の寝覚たえがたし。予はやうはたちばかり程よりこゝに心をしめしにや。十とせのさき十とせあまり。大守（今川氏親）（于時修理大夫）此山うちにをくらせたまひ、国の人のあつまりきゐて、所せかりして、家五六十間とぞ見えし。むかしの国府をあらため、かへり給のちは、たゞ山がつやうの疎屋のみなり。

今も泉谷の奥、歓昌院坂の中腹に「禪室歓勝院」、曹洞宗天柱山歓昌院がある。本堂の傍を通る山道、歓昌院越えをしばらく登ると、三、四メートルほどの瀧がある。瀧の水は山道に沿って歓昌院の門前を流れる。まさに「宇津山記」のとおりである。

柴屋寺より歓昌院へ登る途中、道路の左手に観音堂がある。本尊は千手観音で、行基作という。観音堂の横の道を山に登ると、ここにも瀧がある。このように泉谷には宗長の記述と一致するものが現存する。

泉谷の入口が東海道という天下の往還に面しているため、この地は古来、軍事上・経済上の要衝であった。歓昌院越えの峠を越えると、牧ケ谷の集落に出る。すぐ北を藁科川《わらしながわ》が流れ、安部川に合流する。安倍川を渡れば静岡市街、渡らずに右岸を上れば今川氏親の墓所、増善寺のある慈悲尾《しいのお》に通づる。泉谷は袋小路ではなく、東海道と藁科川を結ぶ間道が通り、背後地（ヒンターランド）があった。

暦応元年（一三三八）北朝方の今川範国は、駿河守護に任命されると、まず葉梨・花倉の地（藤枝市北部）に本拠を構えて駿府進出を狙った。その間、慈悲尾の背後の山城、安部城に立籠る南朝方の狩野介貞長らに対し、泉谷は今川氏の前線拠点となったという。[2] 今川氏は駿府入部の時より泉谷を要塞としたのである。

また、寛正六年（一四六五）冬には今川義忠が三河の悪党三〇余人を泉谷で捕えるという事件があった（「今川記」続群書類従二一輯上　一九七頁）。しかし、今川支配下の泉谷が軍事上・政治上、最も注目されたのは、今川義忠没後の約一〇年間であったろう。

今川義忠は、駿河守護となった範国より数えて六代目の当主にあたる。はじめ今川氏は遠江・駿河両国の守護を兼務していたが、応永年間（一三九四―一四二七）管領斯波氏が遠江守護となった。それ以後、歴代の今川氏は遠江奪回を試みるようになる。義忠も寛正六年、遠江守護代狩野七郎左衛門を府中（磐田市）に破ったのをはじめ、応仁の乱では東軍に属して上洛した後、西軍の斯波義廉の背後をついてしばしば遠江を侵略した。そして文明八年、義廉に内通して府中に立籠る遠江の国人衆、横地四郎兵衛・勝間田修理亮を滅ぼした帰途、義忠は小笠郡塩買坂（小笠町）において国人一揆に襲われ、討死したのである。[3]

義忠の急死は今川氏に内訌をもたらした。義忠と北河殿と呼ばれる伊勢長氏（北条早雲）の姉（または妹とも）との間に六歳になる龍王丸、後の氏親がいた。龍王丸に対し、義忠の従兄弟にあたる新五郎範満が小鹿（静岡市南部）を本拠に、駿府を抑えて実権を握った。今川氏被官の部将たちも両派に分れて対立した。[4] 北河殿・龍王丸母子は難を避け、山西の志太郡小川（焼津市）の豪族、長谷川正宣の館に入った。正宣は法号を法永（法栄とも）といい、世人から法永長者と呼ばれた人物である。[5]

今川氏の内訌に、伊豆の堀越公方、足利政知が太田道灌らを派遣して調停に当り、北河殿の兄弟、伊勢長氏が両陣営の説得に務めた。しかし龍王丸母子はすぐには駿府に帰ることはできず、法永長者の館から泉谷に移り、一〇年に及ぶ歳月をこの山間の地で過さねばならなかった。「大守此山うちにをくらせたまひ、国の人あつまりきゐて、所せかりして、家五六十間とそ見えし」とは、この事である。元服をした氏親が駿府に帰ったのは、長享元年（一四八七）伊勢長氏や朝比奈泰熙らが範満一党を駿府館に討って後のことであった。

泉谷に入って少し北、道路の右にかなり広い平坦地がある。土地の人は「御殿跡」と呼ぶ。この御殿が、氏親隠棲のものか、斉藤氏や福島氏といった丸子を知行した豪族の館跡かは定かでないが、こうした伝承も泉谷を考える上で見過しにはできない。

今一つ見過しにはできないものは、泉谷入口付近、西側の丘陵部一帯の丸子城跡である。頂上部より真下に国道一号線が走り、東南には安部川、静岡市街南部、さらに駿河湾が眺められる。背後は泉谷の山間全体が視野に入る。現存の主な遺構は、永禄一二年（一五六九）武田信玄の駿河侵攻後、改造拡張されたものというが、[6]京鎌倉街道を抑える丸子城は今川氏にとっても重要な城塞であった。

宗長が「予はやうはたちばかりの程より、こゝに心をしめし」という願いがかなって、この地に自庵柴屋軒をもつのは、永正元年（一五〇四）四月、五七歳のこと。「宇津山記」（三九六頁）に「永正はじめの比、此山家すまゝほしくて、安元《（斎藤）》にかたら」ったところ、「卯月ばかりに、所をみたてゝ、かたのやうに草庵をむすびしなり」とある。その夏の五月、柴屋軒の祝いの連歌が張行された。

いく若葉はやしはしめの園の竹

竹をうへかきこもること、杣かたのはやしはじめのよせもありや。

草庵に植えた園の竹が、これからも幾年も幾年も若葉の夏を迎えるよう、柴屋軒の末永かれと祈る宗長の喜びである。以上、泉谷の軍事上・経済上・政治上の重要性を縷々説明したのであるが、このような場所に宗長が草庵をもつことができたのは、決して斉藤安元の助力だけとは考えられない。その背後には、今川氏親の特別な許しがあったであろう。柴屋軒の位置は「たゞ山がつやうの疎屋のみ」を風流がる一介の老連歌師ではなく、今川領内において　氏親の庇護を受けて特権をもつ宗長の位置を示すものである。

二、柴屋軒完成まで

宗長は文安五年（一四四八）駿河国島田に生まれた。(8) 刀鍛冶義助の次男という。(9) 父の職業により、少年時代より駿河守護今川義忠の近習を勤めた。

寛正六年、義忠が遠江守護代狩野七郎左衛門を破り、泉谷で三河の悪党を捕えた年、宗長は一八歳で出家する。「宇津山記」（四〇四頁）に、

予つたなき下職のものの子ながら、十八にて法師になり、受戒加行潅頂などいふ事までとげ侍し。はたちあまりより国のみだれいできて、六、七年。又遠江国のあらそひ、三ケ年うちつゞき、陣屋のちりにまじはりしかども、

　口ばかりには精進ぐさきあさみやうの物にてぞをくりし。

とある。「はたちあまり」とは、応仁の乱により各地に戦乱が広がり、遠江をめぐって今川、斯波勢が攻防を繰返したころである。

　これより前、宗長の出家した翌年、文正元年秋、関東に下る途中、宗祇が今川氏のもとに立寄った。宗長は遠来の都の連歌師の接待にあたった（「宗長手記」上　四八―四九頁）。これは連歌師宗長誕生の糸口である。次で応仁の乱が勃発し、今川義忠が駿河勢を率いて上洛すると、宗長も従軍したであろう。戦乱の巷とはいえ、青年宗長は王城の地京都の伝統・文化に直接ふれることとなった。

　帰国後、義忠はしばしば遠江に出陣し、宗長も「陣屋のちにまじはりし」日々を送った。この間、二つの事柄に留意したい。一は文明二年（一四七〇）の氏親誕生である。二は文明五年秋の歌僧正広の駿河下向である。宗長は清見関の「磯に誘引して、三保が崎あたりまで舟をこがせて」正広を案内した（「宗長手記」上　四九頁）。主命により宗祇や正広の接待を勤めることは無名時代の宗長の仕事であった。和歌や連歌に多少の心得のあった若い宗長には恰好の仕事である。しかし、これだけでは一地方の連歌師として終っただろう。次に宗長の転機が来る。今川義忠の急死とそれに続く今川家の内訌である。「宗長手記」下（一三六頁）に「喬山《今川氏親》御幼少御時は、御暇申紫野俳徊」とある。宗長が氏親派と小鹿の範満派の抗争を避けるかのように駿河を離れて都に上ったのは二九歳の時であった。

　上洛した宗長は宗祇に師事し、一休のもとに参禅した。その後一〇年、長享元年（一四八七）氏親派の諸将が範満を滅ぼし、氏親は国政を握った。さらに、一〇年、明応五年（一四九六）文献の上で、はじめて宗長の駿河帰国が見られる。「実隆公記」（続群書類従完成会）同年九月二九日条に、宗長法師が来て「扇二本和歌所望、来三日可下向参川国之由相語」とあり、翌一〇月一日に「宗長所望扇歌書遣了」とある。三条西実隆筆の扇を土産に宗長は三河へ下った。その後しばらく在京の記録はなく、翌明応六年正月一日、駿河にて「何人百韻」独吟を巻いた（徴古館本）。即ち宗長は明応五年一〇月三日に京都を発って三河に下り、続いて駿河に帰って越年したのである。

この「何人百韻」の発句「去年立し春もけさしる霞哉」いかにも新しい門出を決意するかのようである。既に宗長は宗祇のもとで一流の連歌師の地位を獲得している。後世、連歌の代表作とされる「水無瀬三吟」（長享二年）、「湯山三吟」（延徳三年）を宗祇・肖柏とともに巻いた。また明応四年成立の「新撰菟玖波集」には、御製（後土御門天皇一〇九句）や三品親皇（後柏原天皇五五句）・大内政弘（七五句）、また宗祇の師匠にあたる心敬（一二三句）・宗砌（一一四句）たちを除けば、宗祇の五九句・兼載の五六句に次で、宗長は三八句入撰しており、肖柏の三一句を越している。都で名声を博して錦を飾った宗長が故郷で迎えた新春である。

同年夏、宗長は京都に戻った（「実隆公記」五月二〇日条）。次に駿河に帰ったのは明応八年（一四九九）夏以降のことと思われる（「実隆公記」三月二四日条）。二年後、文亀元年六月の末、宗長は駿河を発って宗祇のいる越後に赴いた。翌年、美濃に行こうとする老師とともに信濃から関東に出、箱根まで来た。その夜、箱根の旅宿で、「ともし火のきゆるようにして」宗祇が没した。宗長や同伴の宗碩たちは師の亡骸を駿河の桃園（裾野市）の定輪寺の近くに埋葬した後「かくて国府に至りぬ。我が草庵にして、宗碩・水本、あはれこれまで」と嘆き悲しんだ。次で八月十五夜、宗祇の遺句を発句に今川氏親によって連歌会が催された（「宗祇終焉記」金子金治郎『宗祇旅の記私注』昭四五、桜楓社、一一六―一二〇頁）。

この後、宗碩は京都に帰って宗祇の草庵、種玉庵を預かり、宗長は駿河に留まる。「国府に至りぬ。我が草庵にして」

とあるように、宗長は駿府に自庵をもっていた。「宇津山記」（三九六頁）にも、

このくににくだりて後、都みだれいできて、住こし草庵も焼にしかば、のぼりくだりのみして、匠作《氏親》ちかき居をかまへ、春の草木、秋の木草もとめうえ、池ひろく水ゆたかにして、夏冬ふべき八木のめぐみしげく、朝暮のけぶりたえず、活計のあまり、又心としてとまらず。

とある。駿府の氏親の館近きに草庵を構えていたのである。

宗長が都を離れて駿河に居を構えるには、どのような原因・動機が考えられるであろう。一つは、右のように「都みだれいできて、住こす草庵焼にし」ことである。この「都みだれ」が何時、どの事件を指すのかわからないが、同じころ宗祇もまた都をあとにして越後に赴いている（明応九年秋）。このころ宗祇や宗長にとって都におり難いことが起ったのではあるまいか。その後の宗長には、宗祇のいない都にはあまり魅力はなかったであろう。

だが、疑問は残る。自他ともに宗祇の後継者と見なされたであろう宗長が、なぜ宗祇の種玉庵を継ごうとはしなかったのか。宗長が都を離れた第二の原因がある。「宗長手記」上（六七頁）に氏親の嫡男氏輝の元服を祝って「古今集聞書五冊、口伝切紙八枚、氏輝まいらせをき侍り」とある。宗長自身は古今伝授に執心なく、宗祇からはただ一篇の伝授を受けたにすぎない。進上した古今集聞書や口伝切紙も、氏輝が成人した後、これを無用のものと思うなら火に燃してよいとまでいう。これは謙譲や負惜みではあるまい。「宗長手記」上は後の不遇時期の「宗長手記」下とは違って、氏親の信頼をえて隆盛を極めたころのものだけに、飾らない本心が述べられている。古典の権威に執着のない宗長は、あえて種玉庵を継ごうとはしなかったのではあるまいか。

第三として駿河におけるゆたかな生活があげられる。「夏冬ふべき八木《米》のめぐみしげく、朝暮のけぶりたえず、活

計のあまり、又心としてもとまらず」というように、氏親の庇護のもとに恵まれた余裕のあるものであった。

第四に、特に考えておきたいのは氏親政権の性格である。今川氏の守護大名から戦国大名へと変容する時期については色々議論のあるところだが、最近の研究では氏親に戦国大名の条件が備わっているという。(10) 義忠以前の今川氏は、駿河守護といっても、その勢力の及ぶ範囲は大井川以東、富士川以西の駿府を中心とする地域に限られ、東部の富士氏をはじめ強力な国人衆が各地に割拠していた。(11) 義忠や氏親はこうした国人衆を被官化し、家臣団の統一に務めた。前に見た義忠没後の内訌も、今川氏が戦国大名となるための試練といえよう。宗長が駿河に帰った明応年間は、氏親政権が確立して一〇年、領国内は安定し、遠江など隣国に進出しようとする時期であった。氏親政権は初期の戦国大名の範疇に入る。これに較べると、二、三の例を除き、畿内をはじめ他の国々にはまだこのような集権化された戦国大名は出現していない。専順のように戦乱にまきこまれて亡った連歌師がいる。心敬や宗祇は流浪の果に没した。既に戦国の世である。宗長は安定した氏親政権のもとに、しかもわが故郷に定住したのである。

さらに幸なことは、氏親は文芸・学問のよき愛好者であり理解者であった。(12) 氏親は宗長を優遇し、宗長もまた、次節でみるように、種々の方面で氏親に仕えた。それは両者にとって互に有利なことであった。

宗長が都を離れ駿河に居を構えるには、このような原因・動機が複合して働いたと考えられる。ただし、地方に定住した連歌師は宗長だけではない。関東の兼載・摂津池田の肖柏、歌人では和泉堺の正広などがいる。応仁の乱以後、地方に定住した歌人や連歌師が多かったことを忘れてはならない。

かくて永正元年（一五〇四）柴屋軒が完成し、宗長は泉谷と駿府に二つの自庵をもつようになった。翌年には女の子が、その翌々年には男の子が生まれた。経済的にも、家庭的にも安定した時期が続く。宗長は恵まれた生活を次のように綴る（「宇津山記」四〇四頁）。

此国にありてときあらひ衣のかたらひにありありて、子といふもの二人。ひとりはおの子むまれしより安元やしなひにして出家とさだむる。仮名を申あたへ、喝食かたち、承芭十一歳。めのわらは十三。これもあまなどおもひをきてしを、あはれかる人ありて、ことしの暮、いひ名付とやらんいふ事にて、おとこありとぞ。

三、御用にもたちゐらせ候事

駿河に居を構えた宗長は種々の方面で今川氏親に仕えることとなった。その種々の方面についてまとめて考えて見たい。

1. お抱え連歌師として

宗長の第一の仕事、それは当然連歌師として今川家の公私の会をはじめ、有力被官たちの連歌会に参加することであった。連歌は、他の中世の芸能がそうであるように、宗教的な要素をもつ。中でも、千句連歌は法楽や戦勝祈願・追善供養といった目的が多い[13]。

○永正元年一〇月（一五〇四）二五―二七日　出陣千句。氏親が伊勢長氏とともに上杉朝良を援け、上杉顕定を武蔵野に破り、戦勝を伊豆の三島神社に報賽した時のもの。第一発句「たなびくや千里もこゝの春霞　氏親」以下宗長独吟。続群書類従一七輯上に翻刻がある。「宗長手記」上（九―一〇頁）にも見える。
○永正一一年五月一三―一九日　浅間千句。氏親の厄年祈禱のため駿府の浅間神社に奉納したもの。第一の発句「したふとや咲かへる花の遅桜　氏親」以下宗長独吟。写本は静嘉堂連歌集書七一など。
○永正一四年六月、今川軍天龍川徒渉のための祈願千句。作品の存在は不明。「宇津山記」（四〇一頁）に、

同四（永正一四年）、五月のほどより天龍川をへだて、、武衛于時治郎大輔義達参河国さかひ浜松庄引間といふ地に国の牢人以下七、八千楯籠。去年冬より此夏まで矢軍まで也。此河五月雨の洪水にして、六月中旬舟橋をわたし、うちこされるべきのための千句。発句、

　水無月やかち人ならぬせゝもなし

八月十九日につゐに敵城せめおとされ生捕かれこれ千余人とぞきこえし。

とある。後年、この発句について「いまおもへば「みなかち人のわたりかな」と申べかりけり」と回想している（「宗長手記」上　一一頁）。敵軍を目の前に戦勝祈願の千句興行は戦国武将と連歌を考える上で重要な資料である。この合戦により今川氏の遠江支配は確実となり、次は三河侵略が企てられる。

このほか千句連歌としては「那智籠」下（北野神社本）永正一三年の発句に「千句第一人にかはりて　富士のねや年に幾への世々の雪」・「おなし千句に神楽を　神にうたふもと末すゝし梓弓」同じ永正一四年の発句に「千句に有注あやうきを思ふ花とやかせもなし」「又千句人にかはりて　梅はつねに春にてくれぬ四時」「おなし千句に　藤なみや波におもはん花もなし」などあるが、興行の目的や主催者などはわからない。

また大永六年（一五二六）のことではあるが、二月一三日―一五日「小川長谷川元長、千句懇望。さりがたきにより、

十三日始行」された興行がある。長谷川元長は法永長者（長谷川正宣）の嫡男である。

百韻連歌はもっと多くなるが、幾つかのものに留意しておきたい。

○永正七年四月一日　朝比奈弥三郎不例宿願三百韻。静嘉堂連歌集書六五に「朝比奈弥三郎不例宿願三社法楽　一日三百員　浅間新宮奉納」とあり「夏衣袖よりかろき心かな　宗長」以下独吟がある。同じ連歌集書六五所収「浅間惣社奉納　何人　花の木も常盤木も皆若葉哉　宗長」以下独吟も、この百韻の一つかと考えられる。(14)

○永正一三年一〇月一二日、発句「折かさせ老の名残の春の花　法永」以下宗長独吟。神宮文庫の「竹苑抄」（伊地知鉄男校注『堀河院百首・請願文集・竹苑抄』昭四八　汲古書院）所収。永正一三年冬は宗長在駿であるが、発句の季語が合わない。(15) 法永は小川の法永長者か。

○同年冬、掛川城内八幡宮勧進法楽連歌。今川・斯波両軍が天龍川で対峙する時、朝比奈時茂らが八幡宮を勧進した（「宗長手記」一一頁）。

晩年には次のようなものかある。

○大永五年（一五二五）正月二五日　何木《人イ》百韻。発句、「雪の中に梅さく庭のあした哉　龍王麿《（氏輝）》」以下宗長独吟。写本は静嘉堂連歌集書六五など。「宗長手記」上（五二頁）にも見える。

○同年九月二一日　何人百韻。大阪天満宮本（米原『戦国武士と文芸の研究』前掲　八八一―八八七頁に翻刻）。発句は梅（正親町三条実望か）、脇は宗長、ほか連衆に関口氏兼・朝比奈泰以・同時茂・小原親高・由良保悟ら今川氏有力被官が一座し、数少ない現存の、駿河における作品の中で、宗長と在地武士の交渉を示す貴重な資料である。

○同年一一月二五日　氏輝元服祝言連歌（「宗長手記」六七頁）。

○大永六年正月二八日　氏輝亭年頭連歌（「宗長手記」七五頁）。
○大永八年四月一二日　興津盛綱（法名覚阿）追悼連歌。宗長独吟。続群書類従一七輯上に翻刻がある。宗長は興津氏と親しく、たびたび興津亭に赴いては発句を詠む（「宗長手記」上下）。
ほかに歌会について述べねばならないが、今回は割愛する。

2．今川家の記録者として

宗長が今川氏の武勲を記録する合戦記に係わったことは、島津忠夫氏の連歌師の生活に関する論文に指摘されている[16]。それは「今川家譜」の奥書き（続群書類従二一上　一六〇頁）に、この書が恐らく漢文体であったのを「柴屋老人ニ頼ミ、右之御巻物ノ中ノ御伝ノ荒増ヲ仮字ニ略、是ヲ一通令書写」とあり、実際「宗長手記」上の今川氏の武蔵野出陣の記述（九―一〇頁）と「今川家譜」の文章など、「全く描写のはしばしに至るまで一致してゐる」ことによる。ほかにも「宇津山記」では武田氏や斯波氏との合戦（四〇〇―四〇一頁）、「宗長手記」上では朝比奈氏戦忠の次弟（八―一四頁）、同下では京都の細川高国・柳本賢治の合戦（一一七―一一八頁）を記しており、また将軍義教の富士見下向を聞書きした「富士御覧記」（群書類従一八輯）の成立との関係が窺われるなど、宗長が歴史的記録に深い関心をもったことがわかる。まさに「多くのいはゆる群小軍記の作者や文体を考える上に重要であり、また宗長の今川氏における役割の上からも注意すべきこと」（島津論文）である。

3．都の公家たちとの交渉

柴屋軒完成後も宗長はしばしば上洛し、各地を旅行している。主な旅行は次のとおりである。

○永正二年（一五〇五）夏―秋　在京
○永正五年夏―秋　在京
○永正六年秋―冬　関東地方旅行（「東路の津登」）
○永正八年夏―九年夏ごろ　在京
○永正一二年春―一三年秋　甲斐・信濃・越前を経て上洛、帰途伊勢経由（「那智籠」発句詞書）
○永正一五年夏―一七年春　在京、一六年春には越前下向
○大永二年（一五二二）夏―四年夏　在京、三年夏―秋には越前下向（「宗長手記」上）
○大永六年夏―七年春　在京、戦乱を避け近江に逗留（「宗長手記」下）

宗長は上洛・帰国のたびに公家たちと今川氏との連絡を勤めている。「実隆公記」より二、三の例を見よう。

永正二年秋、宗長の帰国を前に、八月九日条「今川独吟歌合点了」、翌一〇日条「早朝今川合点歌等遣宗長法師許」とある。氏親の歌を実隆が合点し、帰国する宗長に託した。

永正五年六月二八日条「宗長法師来、携一緡、勧一盞、雑談、今川五郎有音信之事」とあり、八日後、七月六日条「今川五郎《氏親》弐千疋送給之、宗長取次之、今日到来、不慮之芳志也、欠乏之時分聊蘇息者也」とある。

大永六年四月二七日条「宗長上洛、百疋随身、今川金三両送之、不慮之芳志也」。その前日に「差下人於御牧、又空手上洛、言語道断也」とあって、荘園に遣わした者が空手で帰って来た時、宗長の取次ぐ二千疋や金三両はまさに

不慮之芳志であった。

宗長と実隆の交渉は既に「実隆公記」文明一七年七月一八日条よりみられる。しかし、今川氏にとって、実隆との連絡はなにも宗長だけではない。例えば永正六年一一月五日条に相阿なる人物が今川書状を持って来ている。この時、宗長は関東地方に旅行中であった。実隆はじめ都の公家たちと今川氏の交渉は、正親町三条・中御門両家との姻戚関係により強められた。氏親の姉が正親町実望のもとに嫁ぎ、氏親は中御門宣胤の女子（後に寿桂尼と呼ぶ）を内室に迎えている。この縁により、永正四年には正親町三条公兄（実望息）が、同一二年には実望が、大永七年には中御門宣秀（宣胤息）が今川氏を頼って駿河に下向した。

今川氏の京風文化受容には、こうした都の公家との姻戚関係を無視することはできない[17]。宗長は上洛のたびに今川氏と公家たちとの連絡にあたった。この仕事は宗長のためにも有益であった。中御門宣胤が永正一六年二月一四日、春日社法楽の連歌会の当日、玄清・宗長・宗哲・宗碩ら連歌師の名を列記して「自玄清至宗碩当時連歌師達者也、宗長世以為第一」と書加えるのも、宗長の実力とともに、駿河との深い縁の親しさもあったろう（「宣胤卿記」増補史料大成四五　臨川書店　同日条）。

４．幕府、特に細川高国との交渉

在京中、宗長は幕府の上級武家、とくに管領細川高国やその一族・有力被官たちと交渉をもった。大永二年（一五二二）八月、宗長は宗碩に語って細川高国のために伊勢神宮で「伊勢千句両吟」を巻いたが、それは「宗長手記」上（一五頁）に「此千句の事、今の管領高国、江州より御入洛の刻、御法楽とて立願申せし事なり。紫野大徳寺真珠庵の傍に有し時、御芳恩。且は其謝とも可申にや」という。高国との交渉は宗長の修業時代からのものであった。

永正四年（一五〇七）六月、細川政元の没後、細川澄之・同澄元の家督争奪戦があり、翌年五月に細川高国と大内義興の連合政権が成立した。六月に宗長が上洛、このころ幕府は今川氏親を遠江守護に任命した。即ち大日本史料永正五年七月二二日条に「就遠江国守護職之儀、鳥目万疋到来候訖、目出候也」という御内書案がある。これらは、氏親のために宗長が何か使いに立ったかと想像される資料である。

5. その他

宗長の生涯で氏親のために働いたことが最も顕著で、彼自身も誇らしげに語っているのは、永正一四年春、甲斐の武田氏のもとに講和の使者として発ち、無事役目を果したことである。「宇津山記」（四〇〇―四〇一頁）に、

甲斐国勝山※（と）いふ城にこの国より勢をこめられし。いひあはせらる丶国人心がはりして人のかよひ絶はてつ。正月廿二日匠作（氏親）より久知音の国人につきてまかりくだり、無為の事を申かよはすべきよしあれば、貴命そむきがたくて、則廿三日、こふをたちて、廿八日知人の館にいたりて※（ぬ）、一折の連歌興行

世は春とおもふや霞峯の雪

五十日におよび、敵味方にさまざま老心をつくし、まことにいつはりうちまぜて、三月二日二千余人、一人の恙もなくしりぞき、帰路に身延と云法花堂に一宿。寺の上人所望に、

雪こほり山やあらそふ春の水

春来て雪氷我さきにとうちとけ、ながれ出たる山水のさまにや。下の心はこのたびの一和の心にもや。

とある。「まことにいつはりうちまぜて」任務を果した宗長の心は、雪や氷の解ける春の思いであったろう。右にある「貴命そむきがたくて」とは、氏親と宗長の関係を考える上で重要な言葉である。

いま一つ顕著な事例は、大永四年夏、宗長が京都より下向の時、氏親の病気治療のため医師清宮内卿法印を同道したことである。即ち、鈴鹿を越えて伊勢亀山まで下った宗長のもとに「駿河より使、をし返して二たび、文どもあり。清宮内卿法印申合、同道して罷くだるべきよしあれば、さりがたくて」医師を迎えて帰国した（『宗長手記』上　四六—四七頁）。ここにも駿河からの言付けは「さりがたくて」とある。

宗長は晩年の不遇な時、氏親を偲びながら「心ざしにのみ御こと〳〵しく、廿ケ年ありて罷下罷上、異他御めかけらし。これはたれ〳〵も存知あるべし。又は御用にもたちまゐらせ候事もたび〳〵候し」（『宗長手記』下　一三六頁）と述懐する。氏親主催の晴れの歌会、戦勝祈願の千句連歌、主命をおびた上洛・下向の道中、武田氏との講和、数々の思い出が老の胸中を馳けめぐったことであろう。

結語にかえて

「宇津山記」の書名について、終りの部分に次の一文がある。

此一筆は此山のむかしがたりもよせあれば、都の知人にも、ことつて見せまほしくて、宇津の山ともいひたくこそは侍れ。又老のうへのみいひつゞくれば、老のひがごともやいはぬ。いづれにてもあれかし。

都の知人とは、三条西実隆や中御門宣胤であろうか。または細川高国ら幕府の武将か。宗碩ら連歌師仲間も意識されたかもしれない。その人々に見せるため「宇津の山」ともいいたい。また「老のひがごと」ともいいたいという。後者の書名として、尾田卓次氏は「高野山正智院所蔵の室町末頃の写しかと思はれる。老のひが言と題した一本」の存在を堀部正二氏より示教されたと述べられている。(18)

「宇津山記」成立の永正一四年（一五一七）は宗長七〇歳。しかし後年、大永二年（一五二二）から同七年にかけて二度にわたる京都往復の旅をなしえた人物にとって「老のひがごと」とは、当時の連歌師の句集などによく見える卑下した書名である。宗長の本当の老の僻言は「宗長手記」下と「宗長日記」にある。これに較べ「宇津山記」と「宗長手記」上は、今川氏親庇護下の、宗長の最全盛期の記録である。

特に「宇津山記」の宗長は、氏親の庇護に頼る一方、強い拘束を受けている。旅に明け暮れる連歌師は自由であるというが、宗長はいささか違う。「そむがたき貴命」「さりがたき」言付け。これらは主従関係に近い。ここに宗長が同時代の宗祇や宗碩とは異なる立場がある。「ひがごと」どころか、氏親の信頼を疑わず、今川家に対する功績を誇らしげに記している。

しかし、あまりこの立場を強調するため、宗長が今川氏の被官というように誤解されてはならない。やはり、宗長は都の連歌師であり自由人であった。それ故に諸国を旅行し、永正一四年の春には武田氏との講和にも成功したのである。

駿河に安住し安隠の日々を送るかに見えた宗長は、永正一五年（一五一八）夏から同一七年春にかけて、また大永二年（一五二二）夏から同四年夏まで（「宗長手記」上）、駿河を留守にして上洛した。この時いずれも越前に下向している。それは、亡き一休宗純の紫野大徳寺山門造営費調達のためであった(19)。さらに大永六年、駿河の人々が引き止めるのも振切って、竣工した山門を見るべく上洛した。「宗長手記」下（八八頁）には「むらさき野龍宝山大徳寺山門、去正月廿六日立柱、拝見」と記している。

この「宗長手記」下の旅は、まさに駿河を離れて、一休縁《ゆかり》の地に死場所を求めた最後の上洛であった。上洛後まもなく、大永六年六月二三日の今川氏親病没の報に接した。しかし宗長は帰国しようとはしない。同年秋になって、戦乱の気配が洛中に漂うと、近江に下り、矢島（守山市）の少林寺に逗留する。少林寺もまた一休を開山とする寺である。

少林寺では越年の後、戦乱を避けて駿河に帰国するのは氏親の一回忌も間近いころであった。氏親死後の駿河国は戦国大名領として再び大きく変わろうとしていた。周囲の冷たいあしらいの中で、宗長の不遇な最晩年が始まるのである（晩年の宗長については、別に稿を改めて考えてみたい）。

註

（１）以下、群書類従・続群書類従は続群書類従完成会版による。
（２）関口宏行「今川氏の城下集落」（『駿河の今川氏』昭五〇　今川氏顕彰会）、福田以久生『駿河相模の武家社会』（昭五一　清文堂）ほか。
（３）「宗長手記」上（島津忠夫校注『宗長日記』岩波文庫一―一四頁）、大日本史料　寛正六年七月二六日条・同年一一月二〇日条・応仁二年是歳・文明八年二月是月、長倉智恵雄「今川義忠と正林寺」（『関東戦国史の研究』昭五一　名著出版社）。
（４）小和田哲男「概説・今川氏十代」（『駿河の今川氏』前掲）、若林淳之「堀の内と小鹿氏」（静岡市の史跡とその歴史一一　昭五一・一　静岡商工会議所）。

(5) 大房暁『林叟院五百年史』（昭四六　林叟院）、焼津市坂本の曹洞宗高草山林叟院は法永開基の名刹である。

(6) 長倉智恵雄「今川ゆかりの古城について」（『駿河の今川氏』前提）。

(7)「駿河記」巻七（昭四九　臨川書店復刊　上巻二九三頁）に表八句掲載。「杣かたのはやしはじめのよせ」については沢潟久孝『万葉集注釈』巻一（昭三二　中央公論社　一九九頁）、南信一「宗長・許六・芭蕉」（地方史静岡　一　昭四六・七）。

(8) 本節は大島俊子「宗長年譜」（女子大国文　二四　昭三七・二）木藤才蔵『連歌史論考』下（昭四八　明治書院）より多く参照した。

(9) 松村博司「宗長の家系」（郷土文化　三―五　昭二三・一二）。

(10) 永原慶二『日本の歴史一四　戦国の動乱』（昭五〇　小学館）。

(11) 福田『駿河相模の武家社会』（前掲　一七二頁ほか）。

(12) 米原正義『戦国武士と文芸の研究』第六章（昭五一　桜楓社）。

(13) 島津忠夫「千句連歌の興行とその変遷」（『連歌の研究』昭四八　角川書店）。

(14) 木藤『連歌史論考』下（前掲　九三三頁）。

(15) 岩下紀之「那智籠に関する覚え書」（連歌俳諧研究五一　昭五一・七）。

(16) 島津忠夫「連歌師の生活」（『連歌の研究』前掲）。

(17) 米原『戦国武士と文芸の研究』第六章（前掲）。

(18) 尾田卓次『連歌文芸論』（昭二二　高桐書院　一四四頁）。

(19) 拙稿「宗長と越前朝倉氏」（ておりあ　一七　昭四四・一一）。

【付記】本稿は昭和五一年中世文学会秋季大会における発表の前半に加筆したものである。現地調査においては静岡女子大学の中川芳雄教授により色々な御教示を受け、便宜があたえられた。また郷土丸子を守る会の春田鉄雄氏・静岡市立図書館の黒澤脩氏には貴重な時間を割いて各所を御案内いただいた。深く感謝する次第である（帝塚山学院大学『日本文学研究』八号より転載）。

Ⅷ　連歌師宗長の晩年

鶴﨑裕雄

一、あら〳〵無下の庭数寄候哉

大永七年秋七月、宇蘭盆会も過ぎたころ、宗長は、自庵柴屋軒の庭を畑にして、間引菜を植え、大豆や小豆をまいた（「宗長手記」[1]下　一三二頁）。

宇津山柴屋庭、もとの水石所々ほりおこしなどして、過半畑になして、まびきなの種まかするとて、

まびき菜はさゞれ石まの山畑のかたしやの老の後まきの種

あら〳〵、無下の庭数寄候哉。おなじ畑に庵をむすび、床に蓑、竹のこがさかけ、わらうだをしきて、おもひやれ我山ばたの柴の庵鹿のなく音を老のあかつき

西行上人、「雲かゝる遠山畑の秋さればおもひやるだに」を贈答し侍るなるべし。

続いて、七月二九日の宗祇年忌ののち、

柴屋むかひなる峯の畑に、鹿をふ声をきゝて、独吟、

　　鹿の音やとを山ばたの夕あらし

又、我園に、大豆・あづきをうへ、いほりをむすび、鳴子をかけて、朝夕の自愛に、

　まめ〳〵しくもなれる老かな

畑のなをつみて、人につかわすとて、

　つまでこそ見すべかりつれ朝な〳〵我山ばたの秋の露けさ

とある。

庭園に田畑を設けて田野の風趣を添えることは、一つの造園法であり、室町文化の特色のわびに通ずる。床に蓑や竹の小笠をかけ、わろうだを敷き、庵を農家に仕立てて、間引菜に添えて歌を贈るなど、風流を楽しむ八〇歳の老連歌師の姿が一見される。

しかし、この前後の宗長の立場を見れば、決して風流がってばかりはおれない状況にあることがわかる。引用された「新古今和歌集」雑歌上の「雲かゝるとほ山ばたの秋されば思ひやるだにかなしきものを」という西行の歌も、宇津山の東、丸子泉谷の山間の草庵に隠棲する宗長にとっては、遙か彼方より寂しい日々を慰めてくれる心の友の贈歌と思われたであろう。

庭の耕作が本格的に行われたことは、次の「宗長日記」[2]（一四七・一四九頁）の享禄三年の記事からも窺われる。

六月はじめ、山居の庭に田を掘うへさせ、水を関入て、「墨よしの岸を田に掘うえ《ゑ》し」など、古語を思ひよそへて、

　庭を田に掘うへてだにすむ水の心のなどてならはざるらむ

筆にまかせて。

今月《七月》廿九日、宗祇古人年忌。毎年連歌の吊一折の事も、閑居の秋の庭を題して、発句、

庭ぞ秋掘うへし田のみなる世哉

庭のかたはらに田をうへて、やう〳〵ほのめくにや。

本稿は「宗長手記」下、「宗長日記」を中心に、「あら〳〵無下の庭数寄候哉」と自嘲せざるをえない宗長の晩年について考えてみたい。なお、拙稿「駿河における柴屋軒宗長――「宇津山記」を中心として[3]」を承継しているので、併せてお読みいただければ幸である。

二、連歌師と庭

連歌師の発句に、庭を詠んだものが多い。例えば、宗祇の「老葉」初編本[4]に、

西国にくたりし時、大内京兆、築山にて一座興行のとき、此所のさまをつかふまつるへきよし所望侍りしに

池はうみこすゑは夏のみ山かな

とある。文明一二年、大内政弘に招かれて周防国山口に下った時、政弘自慢の築山殿の「此所のさまをつかふまつるへきよし所望」に応えた発句である。築山殿の庭の池は湖水のように水を湛え、夏の樹木は深山のように茂っていたのである。

宗祇は「筑紫道記」[5]の旅の帰途、長門国大嶺の杉美作入道の山家に立寄る。

山里のあるじ風流にして、もとよりおもしろわたりをやさしく住みなし。庭には梅桜をつくし、色革を集めて、心をやれるさま、都にもかゝる所侍らむやは。霜置きまよふ菊の籬、まして此の頃盛りなれば見所おほきに、散りまがひたる木の葉の色もえむなり……

木がらしを菊にわするゝ山路かな

連歌師たちの庭の発句には、このように旅先の豪族の求めに応じて、その庭をほめそやしたものが多い。「老葉」再編本[6]に、

伊勢国司館にて千句侍しに、納涼の心を

花もかなあらしやとはむ夏の庭

とある。これは伊勢国司北畠氏の庭園である。

三重県一志郡美杉村上多気の北畠神社境内は、北畠氏館旧跡で、戦国時代の庭園が現存する。これが果して宗祇の詠んだ「夏の庭」と同じものかどうかはわからないが、素朴で雄壮な石組はいかにも戦国武将の館の庭にふさわしい。それというのも、福井市の一乗谷朝倉館跡の庭園や、細川高国の作と伝えられ滋賀県高島郡朽木村の興聖寺境内に残る朽木氏庭園遺跡と同時代のもので、この三つの庭はいずれも戦国武将の庭園を代表するものである。

現在発掘中の伊丹城跡（兵庫県伊丹市）からも、建物の礎石に沿って、庭の泉水や遣り水と思われる遺構が出土している。伊丹城跡は戦国初期の伊丹氏と信長時代の荒木村重の城とが重層しているので、これもいつの庭園なのか不明であるが、兼載の「園塵」第一集にある、[7]

伊丹兵庫助家にて

冬草の菊さき出すまかきかな

という発句を思い出す。(8)

庭園の歴史は古く、既に古代の貴族の邸宅や大寺院には築山や泉水のある庭園が作られ、中世に入ると禅宗とともに枯山水の庭が流行した。「宗長手記」下（九三頁）に、京都大徳寺真珠庵の庭が記されている。

真珠庵、梅や作事綺麗。折ふし旅宿。又、竹の縁、ひがし・南ぬれ縁にして、手洗所の水門、石四・五たて、梅に椿・篠・つゝじうへそへ、すな入させて、すゞしげにぞありし。

この庭は南面しているようであるから枯山水ではないかもしれない。いづれにせよ、広範囲の人々と交渉のあった連歌師たちは、種々の庭園を見る機会にめぐまれた。

時に、守護大名や地方の有力国人衆は、増大する農業生産とその流通網を抑え、荘園侵略をおしすすめて勢力の拡大をはかった時代である。都からもたらされる文化、例えば歌会や連歌会は、地方の新興勢力の権威に花をそえるものとなった。庭園もその一つ、権力を誇示するものであった。都から招かれた文人たち、歌人や五山僧の歌集や詩文集にも、地方豪族の庭園や館の眺望を讃える詩歌が残されている。

宗長は、こうした風潮の中、各地を旅行した。招かれた豪族の一盞の折にも、見聞した庭のことが話されたであろう。「庭数寄」というように、宗長自身、庭園には深い関心をもっていたことが、日記や紀行文の中に見える。以下、その例を引用する。

永正六年「東路の津登」(9)の旅行で、上野国新田庄の医光寺を訪ねる。

医光寺とて、高野にも院家有て、上下には駿河の国にてあひ見し人興行。門前めぐり深山のやうに植木しわたして此ごろ新造なり。

　　雲霧も世をへん槙の林かな

医光寺は群馬県太田市由良（旧宝泉村）の正英山威光寺である。現在の本堂や門の位置は宗長の時代と違っているであろうが、門を入った境内の左手や、本堂の裏の雑木林の中に、庭園跡ではないかと思われる窪地やかなりの石がある。このあたり、新田庄の国人領主岩松尚純（隠遁して静喜）は「新撰菟玖波集」に九句も入集するなど、当代関東随一の数寄者である。[10] 兼載の「園塵」第一集に、[11]

　　新田礼部家にて、あやめ

　水に晴軒はにくもるあやめ哉

とあるのも、この新田氏（ただし祖父岩松家純の代）の庭園のあやめである。

大永二年夏、駿河より東海道を上洛する宗長は、掛川城主朝比奈泰能亭に逗留した（「宗長手記」上　七頁）。

　此城にて発句とて、

　　さみだれは雲井のきしの柳かな

又、南に池あり。岸たかく水ひろくて大海に似たり。凡、竜池ともいふべし。同発句、

　　いけのおもやきしはすみの江はるの海

同年冬、奈良興福寺の塔頭で（同二二頁）。

一日ありて慈尊院。十日あまり宿坊。連歌発句、

今朝ちるやあらしの花のゆきの庭

興福寺の一乗院や大乗院は、応仁の乱以後、中央文化の有力な温存地である。現在、奈良ホテルに残る大乗院跡の庭園も造園の名手善阿弥が関与した遺構という[12]。

翌年、宗長は京都より越前一乗谷に下向した（同二九頁）。

昨雨軒とて、庭の石木無比類所にて、

ゆふだちやまかせし水の岩小すげ

面かげはふみわけがたき一葉かな

昨雨軒は朝倉教景（宗滴）の山荘である[18]。教景は当主貞景・孝景父子を助けた朝倉氏の重鎮である。前述のように朝倉館跡からは優れた庭園が発掘されている。

大永四年、駿河在国（同五一頁）

神無月末つかた、興津にて、塩湯の湯治の次でに、此城の庭の山水を発句にと、所望ありしに、

みるたびにめかれぬ庭の木草哉

興津氏は今川氏の有力被官である。居城は興津川の右岸、現在の国鉄新幹線の南の丘陵にあったという。宗長はたびたび興津氏を訪ねるが、大永七年の秋にも興津氏館の庭を詠む（『宗長手記』下　一三四頁）。

興津宗鉄館にて、庭の眺望を、

時雨さへ染あかぬやどの梢かな

おなじ庭の水鳥を、

霜は今朝はらふもをしのうは毛かな

尾張の小守護代坂井村盛の館の庭も立派なものであった。大永六年夏四月、上洛途中の宗長は坂井亭に泊る（同八四頁）。

清須の旅宿は坂井摂津守。庭ひろく、ふるき館の堀せき入て、柳の古木、ふぢ、山ぶきのきし、池のさゞなみ、水鳥どもの羽うちかわす様、絵にもかゝまほしくぞ見えし。連歌興行。

さきさかず木は夏木立花もなし

緑陰花にまさるとやいふべからむ。さきさかずは、花のさかぬ木も、さきし木も、緑陰はおなじ様といふべし。此館は代々守護所、招月庵正徹東国道の記にあり。

その翌年三月、再び坂井氏館に泊まる（同一一三頁）。

廿七日尾州清須。坂井摂津守、旅宿念比にいひつけられ、又、翌日興行。

春いくへ岩かきつばた岸の藤

脇、亭主村盛。

水にかげそふ庭のやまぶき

以上のように、宗長もまた、訪れた寺院や地方豪族の庭園を発句に詠む。だが、次に見るように、自庵の庭作りの記事は、他にあまり例がないであろう。庭について、宗長の関心は深い。まず「宇津山記」[14]の柴屋軒完成の記事から見よう。

卯月ばかりに所をみたてゝ、かたのやうに草庵をむすびしなり。上に喜見庵といふ、此所ひさしき庵なるべし。

其夏の五月に、

いく若葉はやしはしめの園の竹

竹をうへかきこもること、杣かたのはやしはじめのよせもありや。此山のつたかえでうへ茂らせ、自愛し侍か。

おりしも一折に、

蔦かえてみる〳〵しける軒端かな

落葉にて、しげりしをみる作意、艶にもたくみにも侍るかな、時雨にきほひし名残、ぬれてかへりみがちになど、後ぞきこえし。

その後、京都や各地に旅行する宗長は、充分に柴屋軒を顧みる間がなかったかもしれない。「宗長手記」上（七三頁）に、「宇津山の傍、年比閑居をしめをきて、五とせ六とせ京にありて」とある。続いて、柴屋軒の「雪を十首」に、

はるかにて立帰りすむ今朝しもあれふる郷人は庭のしらゆき

たて植し庭の石木に花咲ていづこ荒ともみえぬ雪かな

次に「宗長手記」下の冒頭部分（七九頁）大永六年二月、

宇津の山泉谷、年比しめをき行かよふ柴屋、石をたて、水をまかせ、梅をうへなど、普請のつゐで、かたはらに又杉あり、松あり、竹の中に石をたゝみ、垣にして、松の木三尺ばかり、一方けづりて、

柴屋のこけのしき道つくるなりけふをわが世の吉日にして

柴屋に一両宿して、

とある。このあと、宗長は生涯で最後の上洛の旅に出る。「けふをわが世の吉日にして」と自庵の松の木に書きつけ

たように、再び帰ることがないと決心した上洛であった。京都では再建された大徳寺の山門を見ること、そして一休禅師の縁《ゆかり》の地で身罷ることが目的であった。

ところが、このころ室町幕府の管領細川高国政権に亀裂が生じ、京都には戦乱の気運が立ちこめた。宗長は近江国矢島の一休開山の少林寺に身を寄せたが、ここも物騒になり、翌大永七年には、駿河に帰国せざるをえなくなった。帰国後、駿府で今川氏親一回忌の独吟百韻を巻き、今川氏輝の七夕の歌会に出たのち、柴屋軒に帰り、隠棲の場所をととのえた（「宗長手記」下　一三二頁）。

柴屋一とせ七月十四日朝の野分に、客殿吹こぼたれつときゝし。其比越前にありて、帰下ても久あらしはてつるを、おとゞしの冬、又、もとの三分一ばかりの茅屋を取たてゝ、ことしの七月九日に帰住て、めぐりの垣、こもすだれとりのけて、庭のながれ、浅茅の中に、理石なども門外の川よけに、過半取りだし、のこる石こゝかしこにちらし捨をきしを、又とりならべて水をすまし、心をなぐさめ侍る。

大永三年、柴屋軒は台風の被害を受けた。そのころ京都から越前にいた宗長は、帰国後もしばらくそのまま荒れるにまかせていたが、大永六年、建物を修理し、庭に手を加えた。そして、帰らざる決心で京に上ったものの、前述のように、心ならずも柴屋軒に戻ることとなった。

続いて、本稿のはじめに引用した「宇津山柴屋庭、もとの水石所にほりおこしなどして、過半畑になして」以下の記事が見える。このように、宗長は、訪れた寺院や豪族の庭だけでなく、自庵の庭についても書き留めている。他の連歌師には見られないことである。一つは、「宇津山記」や「宗長手記」上・下、「宗長日記」と、自己の身辺を記した日記を残したことにもよろうが、やはり、「庭数寄」というように、庭園への関心が強かった。それが、以上に見た幾つかの庭の記事となったのである。

この宗長が、庭を畑にして「あら〳〵無下の庭数寄哉」と自嘲した。宗長自身の晩年を象徴する自嘲であり、連歌師たち「中世の文学者」の生活の限界を示すものである。

三、駿河における宗長周辺の変容

宗長は文安五年、駿河国島田の生れ、少青年時代に駿河守護今川義忠に仕え、出陣にも従ったことがある。京都の宗祇のもとで修業時代を過し、明応五年、四九歳のころ、駿河に帰国した。義忠の子氏親は、今や連歌師として都で名をあげた宗長を暖かく迎え優遇した。その後も宗長は、しばしば京都・駿河間を往復し、各地を旅行したが、氏親のためにはあらゆる面でよく仕え、その庇護に応えた。拙稿「駿河における柴屋軒宗長」では、駿河における宗長の仕事を次のようにまとめた。

①お抱え連歌師として――今川家の公私の会をはじめ、有力被官たちの連歌会に参加。特に、法楽千句や戦勝祈願、追善供養などの連歌会。

②今川家の記録者として――「今川家譜」の奥書きなど[15]、今川氏関係の合戦記との係わり。

③都の公家たちとの連絡――今川氏親の姉は正親町実望に嫁ぎ、氏親は中御門宣胤の女子（後に寿桂尼と呼ぶ）を内室に迎えている。宗長が上洛のたびに、今川氏と公家たちとの連絡にあたったことは「実隆公記」などに見える。

④幕府、特に細川高国との連絡——管領細川高国と宗長の交渉は、大永二年八月「伊勢千句」などに見える。宗長が高国・氏親間の連絡にあたったことも想像できる。

⑤その他、特筆すべきこととして、永正一四年春、甲斐の武田氏のもとに講和の使者として発ち、無事役目を果したこと（「宇津山記」前掲　四〇〇頁）、大永四年、氏親の病気治療のため医師清宮内卿法印を京都より同道したこと（「宗長手記」上　四六頁）などである。

何にもまして、中央文化導入者としての駿河における宗長の存在は大きい。宗長の周辺には、伝統的な都の文化の香りが立ちこめていた。氏親の庇護を受け、有力被官たちが集まり、駿河に身を寄せていた公家、正親町三条実望・公兄父子たちが往来した。

大永五年九月晦、七八歳の宗長は、

七旬有余の長命なる事を歎きて、七十八九月尽といふ事を、秋と題して、

今日ごとのなが月をしも先だつる老にいかなるしづのおだまき

と一首詠んだ。これに和して、右の人々から歌が贈られている（「宗長手記」上　六三頁）。

くり返し賤のをだまき長月やいくたびけふに逢んとすらん　浄空

老らくのかくてふやどはなが月やけふいくかへり賤のをだまき　御方《》公兄

千年経む八十はこえんけふの秋くり返し〳〵賤のをだまき　紹僖

さらにへんおひがちとせのなが月のけふのくるゝはおしまざりけり　氏兼

いくとせのなが月のけふをさきだてゝ老せぬやどのしら菊の花　親高

もろともに老をぞちぎるけふごとの長月もなを行末の秋　　保悟

老らくのなをゆくすゑもなが月の今日に暮ても賤のをだまき　　珠易

贈歌の人々を見ると、浄空は前内大臣正親町三条実望、前述のように室は今川氏親の姉。永正五年以来数度、駿河に下向した。御方公兄は実望の嫡男、駿河下向は父実望より早く、永正四年にはじまる。(16)紹僖は今川氏親の道号、「今川仮名目録」ほか、晩年の文書にはこの道号の署名が見られる。

氏兼は関口氏、今川氏の庶流。「真珠院文書」には、関口氏兼の名による、永正一一年五月九日の真珠院門前以の棟別免許の判物が残っている。(17)親高は小原氏、これより前、七月に宗長と歌の贈答がある（「宗長手記」上　四八頁）。保悟は由比美作守、「宗長手記」上の傍中に「大宅氏」とある。珠易は宗祇門弟、永正六年の「東路の津登」の旅行にも宗長に同道、駿河に永住していたか。

贈歌の主は、太守今川氏親とその縁《えにし》の、駿河国中の最上層の人々である。このころが、駿河における宗長にとって、いや全生涯にとって、最も華やかな、栄誉ある時代であった。続いて、

此御短冊、興津彦九郎所望仕侍り。稽古のためとて申をくりし。やさしきあまりに、又書くはへ侍り。

今日に暮ていく秋老のなが月や行すゑもなを賤のをだまき

とある。人々の羨望の目差が宗長に注がれたであろう。

氏親はまた、柴屋軒の庭の美竹に寄せて、

世をかさねよむともつきぬ大和うたに並ふは竹の葉のはやしかな

と歌っている。(18)これは何時の作かわからないが、前引の「宇津山記」中、柴屋軒完成の句「はやしはしめの園の竹」

の竹林であろう。太守の歌は「庭数寄」の宗長の誇りであったろう。

ところが、七八歳の歌の贈答の翌年、大永六年、駿河の人々の止めるのも振切って、宗長は上洛する。前述のように、この上洛の目的は、再建された大徳寺山門拝見と、一休禅師の縁《ゆかり》の地で死ぬことであった。しかし、本意なく、駿河に戻ることとなった。宗長の不遇な晩年が始まるのである。

上洛に先立って、大永六年二月九日、宗長は氏親の母北河殿に見参した。北河殿は今川義忠の室であり、伊勢長氏（北条早雲）の姉（または妹とも）である。義忠死後、家督騒動のため、幼ない氏親を連れて、小川の長谷川正宣（法永長者）の館をはじめ各地に身を寄せたこともあった。宗長は北河殿見参の模様を次のように記す（『宗長手記』上　七五頁）。

九日夜に入、北河殿御見参。三献。色々御心のどかなる御ものがたり、こゝもとの御佗事、御袖をしぼり給へるやうに候て、かなしき迷惑。「此度は子細を申につけて、ともかくもと思召候事にて候。かならず〳〵罷下候へ」とおほせ、「やがて罷下候はんずる」など申て、やう〳〵に罷帰り候。御折紙過分、ことの葉も候はでこそ候つれ。

早くから連れあう人を亡くした老夫人は、つい涙脆くなっていたであろう。過ぎし日々の物語に心をなごませる一方「こゝもとの御佗事」に涙を流す。佗事の一つには氏親の病気がある。これも前述のように、大永四年、京都より下向の宗長は、氏親治療のため、医師清宮内卿法印を駿河に同道している。関口宏行『静岡県中世史年表』[19]によると、大永年間、今川氏の国政は宿老連の連署状によって施行される例が増加するという。

今川氏が守護大名から戦国大名へと変容する時期については色々議論のあるところだが、最近の研究では、氏親政権に戦国大名の条件があると見られている。氏親は積極的に、駿河の国人統制と人民支配を行ない、駿遠両国を実力で掌握した。[20]国人層を抑え、絶対的な権力で国政を行なうのが戦国大名である。

ところが、氏親の晩年である大永年間、殊に大永四年以降、宿老連署による国政施行の実例が増加するのは、戦国大名化への道に逆行する。これは、一つには、戦国大名としての絶対的権力がまだ充分ではなかったとも考えられる。他方、氏親の病状がはかばかしくなく、執政に堪えられなかったのではあるまいか。「大永六丙戌年四月十四日紹僖在印判」の奥付をもつ「今川仮名目録[21]」の成立も、氏親政権末期の、こうした事情を考慮しなければなるまい。

北河殿は、わが子氏親の病気を思佗びる。更に想像を逞しくすれば、氏親の室（寿桂尼）を中心とする新興勢力の台頭にも不満を抱いていたのではあるまいか。北河殿は、暇乞いに見参した宗長にも「かならず〳〵罷下候へ」と訴えるのである。

宗長は、このあと、小川の長谷川元長のもとで兼約の千句連歌を済ませ、上洛の途につく。同じ大永六年六月二三日、今川氏親は五六歳の生涯を駿府館で閉じた。氏親死去の報はすぐ都に伝えられた。「実隆公記」大永六年七月一五日条に[22]、

宗碩・周桂来、勧一盞、
今川去月廿三日逝去云々、

とある。三条西実隆は、今川氏親の死を、宗長と同じ連歌師仲間の宗碩・周桂から聞いたのであろう。

氏親の葬儀は、嫡男氏輝により同年七月二日、氏親開基の増善寺において盛大に行なわれた。増善寺は静岡市北西部、慈悲尾《しいのお》にある。ここに伝わる「増善寺殿法事記録」をはじめ、氏親葬儀に関する諸記録は、当時の上層武士の葬祭を知るうえでも貴重な史料である[23]。

この間「宗長手記」下には、氏親の死について全く記されていない。駿河の人々とは絶縁したかのようである。し

かし、夢には故郷の山や海が現われる。同年一二月四日、暁の夢中、亡き飛鳥井雅親・宗祇とともに、駿河の国境や清見関に遊ぶ（一〇六頁）。

それどころではない。後で宗長自身が述懐するように、氏親他界の飛脚を山城の薪、酬恩庵で受け取って、宗長はひとり密かに氏親を追悼したのである（一三五頁）。即ち、

大永六年六月廿三日、喬山御他界の飛脚、臨川庵より山城薪酬恩庵七月廿九日到着。則承あへず御吊まかり下ぬべきに、宗長已に七十九、命期当年とて、その御暇乞申て、紫野薪の末期覚悟の上は、ふた〳〵とはいかゞいひしにたがふ世中にやと、先御中陰の儀式、薪にして一七日、其内なる粥飯ばかりの茶湯。若又、命期当年にかぎらずば、来春中罷下ぬべき事、御ちの人の御方、泰以・時茂へ文して申候ひし。

とある。宗長なりに、氏親の追悼を行なった。それにしても、実隆が七月一五日に氏親逝去を知っているのに、宗長が知ったのは更に一四日も後のことである。

この後、宗長は近江国矢島少林寺へ移る。同年一二月中旬、宗長のもとへ、朝比奈泰以・時茂より越年の音信と黄金一両が届けられた（一〇八頁）。「駿遠無事。先々大慶」とある。氏親の死について記さずに「駿遠無事」とはいかなることか。しかも、氏親没後の今川領内では既に新しい動きが始まっていた。

この年、長谷川元長の小川館が反氏親派の水野・吉川・多々良諸氏によって焼打ちされ、元長は国外に逃がれるという事件があった[24]。前述のように、元長の父長谷川正宣は、義忠死後の内訌の際、幼少の氏親をかくまい援けた、氏親政権成立の功労者の一人である。法号を法永（法栄とも）といい、世人から法永長者と呼ばれた。現在、焼津市小川に、法永長者の館跡と伝えられる一角がある。焼津港にさほど遠くないこの地は、一面の平野部で、水田耕作に適したで

あろう。焼津港に近いところから、長谷川氏は、農耕と海運を掌握した「長者」と呼ばれるにふさわしい豪族であったと思う。

宗長は、正宣・元長父子と親交があった。神宮文庫の「竹苑抄」[25]の中に、永正一三年一〇月一二日、発句「折かさせ老の名残の春の花　法永」以下は宗長独吟の百韻連歌がある。発句の季語が合わないが、永正一三年冬には宗長は駿河にいた。「法永」は小川の法永長者であろう。大永六年二月、最後の上洛に先だって、宗長が元長亭の千句連歌を行ったことは前に述べた。即ち（「宗長手記」上　七六頁）、

　十一日の早朝に、小川へまかり立ぬ。小川長谷川元長、千句懇望。さりがたきにより、十三日始行。泰以各送りにとて同道。千句三日。

とある。こののち氏親の死後数か月して、元長は国外に追われた。長谷川氏は大和国長谷の出身といい、元長は大和に身を寄せたという。

朝比奈泰以・時茂の音信を受けたのち、宗長は三条西実隆に氏親追善の品経和歌を請うている。「実隆公記」大永六年一二月二三日条に、[26]

　宗長鴈一・山薬・密柑等送之、今川故修理大夫追善品経題事申之間、短冊申付之、則遣右衛門督、可書送之由有返状、

続いて翌二四日条に、

　宗長勧進品経題到来、今日則支配之、

とある。近江在国の宗長に代って、実隆が品経和歌を取纏めた。即ち、翌大永七年二月九日条に、[27]

　宗長勧進品経哥自陽明両所懐□《帋》□《到》来、飛鳥井未到、其外悉調了、

翌一〇日条に、

　宗長所望詠哥大概書写終了、

二日のちの一二日条に、

　今川追善品経懐帋箱等申付之、今朝下遣宗長許了、

とある。陽明両所とは近衛尚通・稙家父子。尚通の日記、陽明文庫蔵「尚通公記」は大永七年を欠くので、この間の事情を押さえることはできない。この時の歌で、実隆のものだけがわかる。「再昌草」大永七年二月五日条に、

　今川修理大夫入道紹僖追善とて、宗長勧進懐紙　心経

　むなしきをこれぞ色とて大空のをのか物なる雲風もなし

とある。

宗長が品経和歌を携えて駿河に帰り着いたのは、夏の初めのころであった。六月二三日は今川氏親の一回忌にあたる。だが「宗長手記」下には、公式の法要の記事はない。ただ一人、まさに独吟を巻くのみである（「宗長手記」下一二九頁）。しかもその清書を頼むに引き受けてくれる者もいない。

　喬山（氏親）一回忌六月廿三日。彼詠草中廿首。五もじを一文字づゝ、句の上にをきて、独吟百韻。

　　風はなをわすれがたみのあふぎかな

　清書、人にあつらへ侍れど、領掌なし。力およばず、老筆任するとて、

　　さらでだに行とゞこほる水茎の八十のあとも手向とぞおもふ

宗長は宗長なりに氏親の死を悼み弔う。前に見た品経和歌もそうである。冷泉為和の歌集「為和卿集」(28)に、

大永七年六月廿三日今川修理大夫入道一回とて宗長勧ける勧持品
立おほふ浮世の雲のさはりなくたれも心の月やすむらん

とある。宗長は、前の品経和歌とは別に、氏親一回忌のため和歌勧進を行なったのであろうか。いづれにせよ宗長は孤独の中にある。

これに対し「宗長手記」下（一三五―七頁）には、長文の述懐と朝比奈泰以宛の書状が載る。即ち、氏親他界の報を、一か月余り後、山城国薪の酬恩庵で知り、帰国はしなかったものの、ひそかに供養を営み、もし命あれば来春中に帰国する旨、朝比奈泰以・時茂に書き送ったこと。その後、三条西実隆に諸家の品経和歌を頼んでいたが、京都の騒動のため延引し、やっと当年二月一六日に入手したこと、この品経和歌をはじめ、実隆筆の古今和歌集など持参して帰国したことなどを記し、国主今川義忠・氏親父子の信頼を得、「異他御めかけられ」「御用にもたちゐまゐらせ候事」を追憶する。しかも「雑言空言傍若無人の事のみ耳にみち」「糺明の事度々申つれど、不レ及ニ是非一」、ついに丸子柴屋軒に引籠る。二年前、七八歳の九月、氏親をはじめとして、歴々の人々の賀して歌を寄せられた栄誉は微塵もない。

四、「宗長日記」の日々

最近、「宗長手記」「宗長日記」に関して、三つの論文が発表された。一つは、重松裕巳「『宗長日記』校注覚書」(29)、他は、岩下紀之「「宗長手記」の著作意図について」(30)と中川芳雄「宗長は昭和期に誤解された――資料読解の問題」(31)である。

重松氏の論文は、岩波文庫の島津忠夫校注『宗長日記』の諸注に「これだけは書き足してほしいと思う四十三項を提示するもの」であるが、冒頭、宗長の性格について「別に稿を予定しているので今は触れない。が、宗長に欠落していたもの、それは権威主義ではなかったか。この一点における宗長像は、より鮮明であるように思われる」と述べられている。

岩下氏の論文は「宗長手記」上・下が、それぞれ独立的な作品であり、異った著作意図のもとに書かれたものであることを明らかにしようとされている。結論として、上巻は「私的に親しい人」へ、なかでも朝比奈泰能へ書き与えられ、下巻は「やゝ公的な相手」を意識して「今川家中の人々への弁明もしくは抗議」を目的に書かれたと想像される。この論拠の一つに、岩下氏は「宗長」「長阿」という二つの自称の使い分けに注目し、用例を分析して「公式の書の場合に宗長と称し、私的な内輪の場合に長阿と称するのではなかろうか」、そして「上巻の地の文は原則として長阿と自称し」「下巻はすべて宗長と自称している」ことを明らかにされている。論拠としての有効性は、今後の宗長についての、また同時代の連歌師や歌人たちの自称例の研究によって確かめられるであろうが、上・下巻における自称の使い方の違いは事実であり、甚だ興味深いことである。

中川氏の論文は、氏親の死を知りながら駿河に帰らず、そのため大永七年になって駿河に帰った宗長が非難され誹謗されたとする、これまでの説を糺そうとされるものである。

「宗長手記」上・下は明らかに異った作品であり、上巻には、総てが順調にはかどる、栄光に輝く日々が描かれ、下巻には、寿命神にも見放されて、すごすごと故郷に舞い戻り、新しく変容する今川政権下での失意の生活が綴られている。「宗長手記」上・下を栄光の書・失意の書と呼ぶことが許されるならば、「宗長日記」は諦観の書といえよう。

「宗長日記」は享禄三年元日より始まる。前の「宗長手記」下は大永七年の歳暮で終るので、二年の隔りがある。その間、宗長の周辺はますます淋しくなる。大永八年（享禄元年）四月七日、興津盛綱が没した。宗長は興津氏と親しく、第二節で見たように、たびたび興津氏館の庭を詠んでいる。盛綱を悼んで、宗長は名号百韻独吟を巻いた。享禄三年になると、春早々、駿河在国の正親町三条公兄の室が病没。いくほどもなく公兄の父正親町三条実望が亡なった。さらに素純法師遠行と続く（「宗長日記」一四六頁）。前節で見たように、正親町三条実望の室は今川氏親の姉である。素純法師は東常縁の息、明応年間より駿河にあって、今川氏の客分[33]のようになり、「続五明題集」の編集など、文芸面で氏親を助けた。

歴代当主と同じく、氏輝も文芸に熱心であった。享禄三年の七夕御会（「宗長日記」一四八頁）、同年九月十三夜御会（一五二頁）に宗長も召されて出席している。しかし「宗長日記」には、このほかに氏輝や今川氏の記事は見られない。今川氏被官の名も、小原兵庫頭（一五五頁）・朝比奈時茂（一五八頁）など数人にすぎない。むしろ奥州の岩城由隆や相模の北条氏綱（一五三頁）、武蔵の三田政定（一六二頁）など、他国の武士との交渉が目につく。

氏親の死に続き、親しかった有力被官の没落や在国公卿の逝去によって、宗長の生活は経済的にも一層逼迫した。富士一見のついでに立ち寄る人を迎えて（「宗長日記」一四八頁）、

何がなと馳走に、葛の粉を煎て、折ふし人もなくて我と火を焼侍るをみて感じ侍る。閑居の躰見をよばれ侍る。本望〳〵。

また、享禄三年の宗祇年忌に（一四九頁）、

けふ山居のもてなしの躰、中がき左右は、みやうが、へぎしゃうがけふのとしみの斎の馳走、一膳の内所せかり

し也。

いずれも、馳走とて何もできない食膳の様子である。氏親という大きな庇護者を失った宗長が、すぐにも経済的困窮に見舞われる。これこそ連歌師たち「中世の文学者」の生活の限界である。連歌師など、文学を専らとする者が、経済的に自立できるのは、大凡、文学作品が商品化されなければなるまい。それはやはり近世を待たねばならない。

病に悩む時（「宗長日記」一五八頁）、

何事も不弁のかぎりなきに、時茂雑紙二束もたせたぶ。

有がたの君が雑紙や山ざとの柿の落葉をひろふ折しも

と宗長は喜ぶ。

宗長が自庵の庭のかたわらに畑を作り、水を堰き入れて田を掘るのは、決して風雅のためばかりではない。自活するための手段である。「庭数寄」であったがために、庭を掘り返して田畑を作らねばならない宗長の晩年は、ことさら哀れである。

享禄三年一二月、宗長は熱海湯治に赴く。翌年には、暫く小田原にあったが、その日数など定かではない。しかし、宗長の最晩年を考える時、この小田原滞在や、特に三田政定をはじめとする関東武士との交渉は、何か特別な意味があるように思われる。

「宗長日記」は同年九月一三日の日付をもって終る。[34] 最後の一首（「宗長日記」一六四頁）、

くまもなき空もみる〳〵かきくらしをば捨山のてる月にして

は、打ち捨てられた老詩人の姿を象徴している。この翌年享禄五年（天文元年）三月六日、宗長は八五歳の生涯を閉じる。

一二年の後、天文一三年の歳暮のころ、宗長に師事し、従って駿河に下向したことのある宗牧が、再び柴屋軒を訪れた。宗長の一三回忌のため京都の近衛稙家邸で行なわれた和漢百韻を持参し、影前にささげた。「東国紀行」のその一節に、[35]

水石かはらず。手づからうへられし梅楊かつめぐみて、けふをまちがほなる庭のけしきなり。

とあり、庭を通って宗長の墓に参った宗牧は、

やり水の石ばしふみかへりて、
うつの山谷ゆく水に残りけりむかしなからの夢のうき橋

と詠む。宗長の丹精こめた庭の、残された一部である。

現在、丸子泉谷の柴屋寺の庭園はあまりにも整備されている。むしろ本堂裏、茶室の手前の一隅の、忘れられたような石組や、草葉に蔽われた滝口に、宗長時代の庭園遺構を見る思いがする。いかがであろうか。

註

（1）・（2）　以下「宗長手記」「宗長日記」の引用は、島津忠夫校注『宗長日記』岩波文庫による。
（3）　拙稿「駿河における柴屋軒宗長――「宇津山記」を中心として」帝塚山学院大学『日本文学研究』八号、一九七二・三（今川氏研究会編『駿河の今川氏』第二集、再録）。
（4）　金子金治郎・伊地知鉄男編『宗祇句集』角川書店、一三五頁。
（5）　金子金治郎『宗祇旅の記私註』桜楓社、九八頁。
（6）　『宗祇句集』前掲、一九四頁。

(7)　続群書類従　一七輯下　七六五頁（以下、群書類従・続群書類従は続群書類従完成会版による）。
(8)　拙稿「城と連歌と」伊丹市役所『地域研究　いたみ』七号　一九七七・三。
(9)　群書類従　一八輯　七七六頁。
(10)　金子金治郎『連歌師兼載伝考』桜楓社、一四四頁。
(11)　続群書類従　一七輯下　七六三頁。
(12)　森蘊『中世庭園文化史』吉川弘文館、九〇頁。
(13)　拙稿「宗長と越前朝倉氏」帝塚山学院高校『ておりあ』一七号、一九六九・一一。
(14)　群書類従　二七輯　三九六頁。
(15)　続群書類従　二一輯上　一六〇頁。島津忠夫「連歌師の生活」『連歌の研究』角川書店。
(16)　米原正義『戦国武士と文芸の研究』桜楓社、九〇二頁。
(17)　静岡県史料　二巻　七三六頁。以下、今川氏被官については、米原『戦国武士と文芸の研究』前掲、大塚勲「戦国大名今川上層家臣名簿」『駿河の今川氏』第二集、参照。
(18)　米原『戦国武士と文芸の研究』前掲、八四五頁。
(19)　関口宏行『静岡県中世史年表』。
(20)　永原慶二『日本の歴史　一四　戦国の動乱』小学館、五二頁。
(21)　勝俣鎮夫ほか『日本思想大系　二一　中世政治社会思想　上』岩波書店、一九九頁。
(22)　『実隆公記』続群書類従完成会　巻六下　一三二頁。
(23)　望月董弘「今川氏と寺院」『駿河の今川氏』第一集。今枝愛真翻刻「増善寺殿法事記録一帙」同第二集。
(24)　大房暁『林叟院五百年史』林叟院。焼津市坂本の曹洞宗高草山林叟院は長谷川正宣開基の名刹である。
(25)　伊地知鉄男校注『堀河院百首・諸願文集・竹苑抄』汲古書院。
(26)　『実隆公記』前掲　巻六下　三〇五頁。

(27)『実隆公記』前掲、巻七、一六―一七頁。
(28)群書類従　一四輯　三一三頁。
(29)重松裕巳「『宗長日記』校注覚書」熊本女子大学『学術紀要』第三〇巻、一九七八。
(30)岩下紀之「「宗長手記」の著作意図について」早稲田大学『国文学研究』第六五集、一九七八・六。
(31)中川芳雄「宗長は昭和期に誤解された――資料読解の問題」常葉学園大学『常葉国文』第五号、一九八〇・六。
(32)「宗長独吟　大永八年四月十二日各号百韻」続群書類従　一七輯上。
(33)井上宗雄『中世歌壇史の研究――室町後期』明治書院、一〇五頁。
(34)『宗長日記』前掲、一六四頁、脚注一六。
(35)群書類従　一八輯　八二七頁。

【付記】帝塚山学院短期大学『研究年報』二六号「あら〳〵無下の庭数寄候哉――連歌師宗長の晩年」を改題、一部訂正の上、転載。

第3部

今川氏親の一族と家臣

I　今川氏親家督相続前後の小鹿氏

遠藤英弥

今川氏には朝比奈・三浦氏等の重臣のほかに各時代に今川惣領家から分出した今川一門が存在する。今川一門としては瀬名・関口・新野・入野・名児耶・木田・蒲原・葛山・堀越・小鹿・各和氏等が確認される。このうち研究が深められているのは葛山氏であり、多様な視角から考察されている。(1) 葛山氏以外については、小和田哲男氏による研究がいくつか挙げられる。(2) 氏の論文は一門研究を解明する上で必要なものではあるが、論稿発表から年月も経過しており、また、若干修正を要する点もあろうかと思う。ここでは、今川氏親家督相続前後の小鹿氏について考察する。

文明七年（一四七五）七月、今川義忠は勝田氏を攻め、翌八年二月に横地氏を攻撃後、遠江国塩貝坂にて戦死した。(3) 義忠死後、義忠息竜王丸（今川氏親）が幼少ということもあり、竜王丸が成人するまでの代理という形で擁立されたのが小鹿範満であった。擁立された要因は小鹿範満の祖母が扇谷上杉氏出身ということもあるが、それだけではないと考えられる。範満は『今川家譜』に「御名代ニ範満ヲ立可被申候由、一門面々譜代ノ家臣共数多望事有之」とあり、範満を名代として望んだ今川一門がいたとされる。多くの一門がいながら、なにゆえ小鹿範満が選ばれたのか。次の史料を検討する。

「此御書七月十八飯尾方ヨリ申来也」
去年以来、上杉治部少輔同心進陣之旨、被聞食之条、誠以神妙候、弥可抽軍功也、
（文正元年）六月三日
吉良三郎殿「殿文字如此」
今川新五郎とのへ(4)

これは八代将軍足利義政の御内書であるが、宛所に注目したい。「今川新五郎」は小鹿範満のことであるが、「小鹿」ではなく「今川」と記されている。同時期に今川一門において「今川」と記されるのは当主以外では小鹿氏と堀越氏(5)だけである。堀越氏は義忠と共に戦死している。この点を踏まえると、範満が擁立された要因は扇谷上杉氏の縁者ということだけではなく、「今川」と認識されていることも一因なのではなかろうか。つまり、今川義忠と堀越貞延の戦死に伴い、「今川」と記される小鹿範満が竜王丸の幼少という事情も手伝って名代（代理）の一人と目されたのではないか。

その後、通説では、長享元年（一四八七）、小鹿範満が殺害され、今川氏親が駿河の館に復帰することとなるが、その後の小鹿氏の位置付けが問題となる。

氏親時代の永正十年（一五一三）に公家の冷泉為広が駿河に滞在し日記を記している。日記の一部分を次に掲げる。(6)

一ナコヤ《那古野》ノ新五郎
一今川一家ニ、一今川民部少輔（又五郎弟ニ慶千世／子ニ又五郎）　四関口刑部少輔（子ニ慶王）
二瀬名《セナ》源五郎　五新野《ニヰノ》　三葛山八郎（早雲子也）

「一今川一家二一民部少輔」という記載があり、人名の横に数字が確認される。この数字については大石泰史氏が家格を示し、氏親に万一の事態がある場合には代替しうる存在であると指摘する。[7]この民部少輔について、大石氏は小鹿氏の一族だとする。年未詳十一月九日付法寿寺宛今川氏真判物写に[8]「小鹿民部少輔」とあり、日記の民部少輔と同一あるいは子だと指摘されている。[9]日記に記載される民部少輔は小鹿氏であり、永正十年時点においても今川一門において以前と同様の家格であったことがわかる。また、為広から民部少輔が「小鹿」ではなく「今川」と認識されていることも判明する。

以上のことから、小鹿範満は扇谷上杉氏の縁者という立場にあるということだけではなく、今川一門における格の高さからも擁立されたのだと考えられる。氏親時代に至っても、範満との系譜関係は定かではないが、小鹿民部少輔が同様の家格を維持していたと考えられる。今川姓という視点からすると、足利義教から今川当主以外の今川姓使用を禁止されたとする説があるが、大石氏が疑義を呈されている。[10]この点については今後の課題としたい。

註

（１）代表的なものとして、黒田基樹「駿河葛山氏と北条氏」（同著『戦国大名領国の支配構造』所収、岩田書院、一九九七年）。

（２）『小和田哲男著作集第二巻　今川氏家臣団の研究』（清文堂、二〇〇一年）収録の堀越・名児耶・蒲原諸氏の論文、長谷川清一「瀬名氏三代の考察――今川氏一門としての功と罪」（小和田哲男編『今川氏とその時代　地域研究と歴史教育』所収、清文堂、二〇〇九年）等。

（３）家永遵嗣「伊勢宗瑞（北条早雲）の出自について」（黒田基樹編『伊勢宗瑞』所収、戎光祥出版、二〇一三年、初出、一九九八年）。

（４）「御内書案・御内書引付」（『戦国遺文　今川氏編』二一五号文書）。

（5）「蜷川親元日記」寛正六年十二月十七日条に「今川六郎」とあり、堀越貞延に比定される。
（6）「為広駿州下向日記」（『冷泉家時雨亭叢書』第六十二巻、二〇〇一年）。
（7）大石泰史「戦国大名今川氏の家臣たち――一門・譜代・外様の実像を探る」（「戦国今川塾」～歴史文化施設建設に向けた「さきがけ博物館事業」～第三回レジュメ、二〇一四年）。
（8）「可睡斎所蔵僧録司文書二」（『戦国遺文　今川氏編』二七九三号文書）。
（9）大塚勲「今川義忠の討死と竜王丸の自立」（同著『今川氏と遠江・駿河の中世』所収、岩田書院、二〇〇八年）。
（10）前掲註（7）。

【付記】本稿発表以降、今川氏一門に焦点を当てたものとして左記のものがある。合わせて参照されたい。
清水敏之「駿河今川氏の「天下一名字」は史実か」（大石泰史編『今川氏研究の最前線』洋泉社、二〇一七年）
清水敏之「遠江堀越氏の基礎的研究」（『静岡県地域史研究』七号、二〇一七年）
谷口雄太「『名和慈冬』は存在したか」（『日本史のまめまめしい知識』一、岩田書院、二〇一六年）
星川礼応「駿遠両国における今川了俊・仲秋とその子孫」（『日本歴史』八二〇号、二〇一六年）

Ⅱ　龍津寺殿仁齢栄保大姉について

宮本　勉

今川の女性と言えば、女大名寿桂尼が只一人かのように知られている。龍津寺殿仁齢栄保大姉（以下栄保と略す）はすべての面で対照的である。彼女は今川氏の系図に登場する程度で殆ど知られていない。

数少ない史料によって、彼女の生涯を年表に表現する。

文明元年（一四六九）一歳　今川義忠を父、北川殿（伊勢長氏＝北条早雲の妹）を母として生れる。

文明三年　三歳、弟彦五郎（後の氏親）が生れる。

文明八年　八歳、父義忠、塩買坂で討死する。

長享元年　一九歳、伯父、伊勢長氏、小鹿範満を倒す。

同　二年　二〇歳、弟、氏親、今川氏の当主となる。（推定）

延徳元年　二一歳、後の内大臣正親町三条実望と結婚。（推定）

明応三年　二六歳、長男、公兄《きみえ》を出産。

永正五年　四〇歳、夫、内大臣三条実望と共に駿河へ下向。

永正十六年　五一歳、伯父、北条早雲（伊勢長氏）没する。
享禄二年　六一歳、母、北川殿没する。
享禄三年　六二歳、夫、実望没する。
享禄四年　六三歳、龍津寺を開基し、鳥道長鯨を開山に請する。
天文五年　六八歳、十月十三日、栄保没し龍津寺に葬る。
天文九年　長男公兄、亡母の為に龍津寺に山屋敷・寺領を寄進。
天文十二年　義元、栄保の菩提のため龍津寺の山屋敷・寺領等を安堵し制札を与える。
永禄三年　氏真、義元と同じく安堵を与える。

彼女が登場する唯一とも言える史料は『今川為和集』である。為和は二回以上、駿河に在国した。中でも享禄四年から天文十八年の在国には、今川の当主氏輝・義元をはじめ家臣たちの師範となっていた。また、駿河に下向していた公家とも交わり、三条家、特に公兄とは親しく同家の歌会にもよく出席していた。三条家の歌会は後に龍津寺の屋敷となった実望の御所・公兄の別墅で行われていたと考えられる。従って栄保も参会していたと推考される。

『為和集』の天文五年の記事は、花倉の乱との関連でよく知られている。（　）内は筆者の注。

同（三）月十七日、氏輝死去、同彦五郎同日遠行、
四月廿七日、於酒井惣左衛門丞亭当座、従今日乱初也、
五月、六月、七月、（上記のみで記事全くなし）
八月十五日夜、今川五郎義元会、（歌六首あり省略）

九月、同月廿三日於報土寺当座、（歌二首あり省略）
十月十八日、三条宰相中将（公兄）母、仁齢栄保大姉追善二十三日遠行、彼辞世、
　五形をハ皆ことく〱返し捨て
　　くもるかたなき有明の月
如此侍レハ彼位牌の前に一紙瓦礫、
　夢にのみあるかとみれハなきかけの
　　心の月や空にすむらん

これによると、花倉の乱によって中絶していた為和の活動も、乱が鎮まると八月には再開し、十月十八日には栄保の追善の法会に参じた。そして、彼女の辞世の歌に、我が歌紙は瓦礫に等しいと思ったのである。当代随一の歌人がこのように述べる程に彼女は高い才能と人格を備え、存在感をもっていたのである。

ここで注意したいのは、彼女の死についてである。当時、六八歳での死は天寿と考えてよいであろう。しかし、前述の花倉の乱と関連させて見ると、何かありそうにも思える。栄保にとって花倉の乱は甥同士の争いであり、双方をよく知る女の立場は深刻であった筈である。特に、敗死した良真の母は福島氏の出という。福島氏の居館は三条家と同じ久住にあり、福島氏は三条家の代官であったと推定されるので、決して無関係ではなかったと思われる。このように考えると、辞世の「五形」は、乱中の愛憎の表現のようにも思われるのである。

龍津寺についても検討すべき問題がある。同寺は、享禄四年に栄保自身が開基し、鳥道を開山に招請した寺で、後に彼女の菩提寺となった事は明らかであるが、初めは実望の菩提寺であった可能性がある（従来、実望の菩提寺は谷稲

葉の慈光院が定説となっているが）。また、開山の鳥道についても問題がある。彼は、小田原在久野の総世寺五世であったのを迎え入れられたのである。当時、栄保は、伯父早雲、弟氏親、母北川殿、夫実望を失い、頼れる身内はなく孤立していたと考えられる。一方で今川家の実権は義妹の寿桂尼が握るようになっていた。こうした事実を見ると、鳥道は北条氏が彼女の庇護を目的として派遣したものと考えられ、それは彼女と北条氏の関係を具体的に表現したものと見られるのである。

彼女の没後、長男の公兄は母の菩提のために龍津寺の山屋敷（山と屋敷ではなく、特殊な支配形態であるが、従来殆ど注意されていない）と寺領を寄進している。この事実は、これらの土地（久住《くすみ》）が三条家の荘園であったことを物語ると考えられる。今日、久住川を隔て龍津寺の対岸に「御所の谷」という所があり、天王社跡と五輪塔一基がある。それについての調査研究は行われていないが、何れも三条実望夫婦に因むと思われる。

仁和寺尊海の『あつまの道の記』の天文二年十一月に、

木がらしの森のあたりくすみといふ所に寺あり、そこにとまりて月の影さむきをみて、

川なみのさえゆくまゝにやまのはの

月にさわらぬ木枯の森（傍点＝筆者）

とある。この寺は龍津寺を意味している（鶴﨑裕雄『戦国の権力と寄合の文芸』では見性寺と誤解されている）。恐らく尊海は栄保に逢っていたであろう。

Ⅲ　今川氏親後室寿桂尼発給の文書について

久保田昌希

はじめに

寿桂尼（生年不詳――永禄十一（一五六八）年三月二十四日没）は、『宣胤卿記』を著わした京都公家中御門宣胤の娘で、駿河・遠江守護今川氏親の後室であり、また氏親をふくめ氏輝・義元・氏真の四代にわたって今川氏の興亡を見つめた女性でもある。

寿桂尼については、戦前における足立鍬太郎氏の『今川氏親と寿桂尼』（昭和六年、谷島屋書店発行）がある。[1] 内容は、寿桂尼を中心に据えた物語的な今川家興亡史といったものである。

ただその場合、逐一寿桂尼の発給文書の紹介および検討をふまえた記述が成立していることに注意したい。その点に単なる物語として読みすごすことのできない面を感ずる訳であるが、それこそ戦前『静岡県史』の編纂主事として、また今日においても、中世東海地方史の基礎史料として名高い『静岡県史料』の編纂にも参画された足立氏の姿勢でもあろう。

以後、寿桂尼およびその発給文書の概要についてふれた研究は、約半世紀を経過しようとする現在に至ってもとくにみあたらない(2)。順次深められつつある今川氏研究のなかで、再び寿桂尼文書の概要を検討することは、決して意味のないことではあるまい。

そこではじめにその概要を示し、その後それらの内容について若干ふれてみたい。その際、寿桂尼および駿・遠におけるこまかい政治的動向は一切記述しなかった。したがって他の研究を参照されたい(3)。

なお拙文は、一九七六年度大学院演習において今川氏関係文書を講読したことが基礎になっていることをあらかじめ付け加えておきたい。

今川氏発給文書対比表

発給者	発給期間	年数	文書数	%
氏　親	長享１～大永６ （1490）（1526）	37	89	10.1
寿桂尼	大永６～永禄７ （1526）（1564）	37	25	2.8
氏　輝	享禄１～天文４ （1528）（1535）	8	37	4.2
義　元	天文５～永禄３ （1536）（1560）	23	360	40.7
氏　真	永禄１～元亀３ （1558）（1572）	14	373	42.2
計	長享１～元亀３ （1490）（1572）	82	884	100

一、寿桂尼文書の概要

戦国大名期の今川氏（氏親・寿桂尼・氏輝・義元・氏真）の発給文書総数は、管見のかぎりで現在八八四点をかぞえる。その内容は上に示した通りであるが(4)、寿桂尼の発給文書は二十五点であり、全体の二・八パーセントを占める。総数より単なる比率としてみれば、決して多いということではないが、当時の社会から考えると、女性の立場でありながら二十五点という発給文書数は、他に例をみないものである。この点からまず、今川家内部における寿桂尼の政治的立場の重要性を指摘しえよう。

　さて、そこでその発給文書についての目録を作製してみると、次のようになる。

　今後発見の可能性もあり、もとより充分なものではないが、足立氏の研究の補足をかねる意味はあろう。

右によれば、発給文書の初見は文書番号①（以下番号のみ記す）大永六（一五二六）年九月二十六日付で遠江国浜名郡の大山寺理養坊宛に出されたものであり、最終は㉕永禄七（一五六四）年十二月吉日付で遠江国小笠郡の高松神主宛のものである（㉔は同年同月十八日付であるが、ここでは一応㉕を最終文書とする）。

　また、目録をみてもわかるように、文書の発給時期についてだいたい三区分することができる。

Ⓐ大永六（一五二六）年――天文三（一五三四）年

Ⓑ天文十六（一五四七）年――永禄二（一五五九）年

Ⓒ永禄六（一五六三）年――永禄七（一五六四）年

Ⓐ

年月日	宛名	差出（署名）	文書名	出典（番号のみは『静岡県史料』輯―頁）
①大永ひのへいぬ・9・26	大山寺理養坊	「帰」	大山寺文書	(五)―五六一
②大永6・12・26	志やうけいし	「帰」	正林寺文書	(四)―三九二
③大永ひのへいぬ6・12・28	あさひな弥次郎	「帰」	沢木文書	(五)―八一六
④享禄1・10・18	大井新右衛門尉	「帰」	七條文書	(三)―三五六
⑤享禄2・3・19	大石寺	「帰」	大石寺文書	(二)―四九〇
⑥享禄2己・12・7	五とうせんえもんとの	「帰」	後藤文書	『沼津市誌』上―四一二

　これらを駿遠三の政治史あるいは各発給文書と関連して考えれば、Ⓐは大永六年、夫である氏親の死後より天文三年までであるが、③大永六年十二月二十八日付「あさ

⑦享禄2・12・11	めうかく寺	「帰」	妙覚寺文書	(一)—七二四
⑧享禄3庚寅・正・29	本門寺	「帰」氏輝(花押なし)	北山本門寺文書	(二)—四一二
⑨享禄3庚寅・3・18	千代菊	「帰」	旧長谷寺文書	(三)—二九三
⑩享禄3かのへとら・6・27	玖延寺	「(御朱印)」	玖延寺文書	(五)—三〇六
⑪享禄4辛卯・3・23	酒井惣さえもん	「帰」	酒井文書	(三)—六三一
⑫享禄4・閏5・1	華厳院	「帰」	華厳院文書	(四)—二五六
⑬天文3甲午・5・25	大田神五郎	「帰」		判物証文写附②
⑭天文16丁未・卯・2	すいくわういん	「帰」	徳願寺文書	(三)—七七
⑮天文18己酉・10・4	真珠院	(義元花押)長勝院	真珠院文書	(二)—七三八
⑯天文18つちのととり・11・23	とくくわんし そうえい長老	(義元花押)「帰」志ゆけい	徳願寺文書	(三)—七八
⑰天文18つちのととり・11・23	とくくわんし そうえい長老	(義元花押)「帰」志ゆけい	徳願寺文書	(三)—七九
⑱天文19庚戌・11・17	圓龍寺	「帰」	圓良寺文書	(三)—七九〇
⑲天文20・5・23	めうかく寺	「帰」	妙覚寺文書	(一)—七二八
⑳永禄2己未・6・18	妙海寺	「帰」	妙海寺文書	(一)—七一九
㉑永禄2・12・23	をかのや 五郎えもん尉	「帰」	岡埜野文書	(三)—七四二
㉒永禄6癸亥・3・28	妙覚寺	「帰」	妙覚寺文書	(一)—七二八
㉓永禄6癸亥・9・11	峯叟院	「帰」	峯叟院文書	(三)—七三五
㉔永禄7甲子・12・18	けいとく院 そうえい東堂	「帰」志ゆけい	徳願寺文書	(三)—八二
㉕永禄7甲子・12・吉	高松神主殿	「帰」	中山文書	(四)—三六〇

（⑭〜㉑：Ⓑ　㉒〜㉕：Ⓒ）

ひな弥次郎」宛文書から④享禄元年十月十八日付大井新右衛門尉宛文書まで約二年間にわたってみられない。それにかわって氏親の死後、今川氏を継承した氏輝の発給文書がみられる。すなわち氏輝の初見文書は大永八年三月二十八日付松井八郎[5]、神主秋鹿左京亮[6]に対するものである。

　その後同年八月二十日に「享禄」と改元されたが、そのまま九月七日（久能寺宛[7]）、同十五日（新長谷寺千代菊宛[8]）、同十七日

（神主中山将監宛）[9]と「大永」の年号を使用している。この間寿桂尼の発給文書はみられない。

氏輝の発給文書はさきの大永八年九月十七日付のものより（享禄三年正月二十九日付の寿桂尼発給文書に署名したものを除くと）享禄五年四月二十一日付三浦鶴千代宛[10]のものまでみられないが、かわって寿桂尼発給の文書がさきの氏輝発給の大永八年九月十七日付の文書以降、「享禄」年号を使用してあらわれる。それが④⑤⑥⑦⑧⑨⑩⑪⑫の文書である。そのうち⑧文書は氏輝の署名があるとされているが、氏輝独自の発給文書ではない。氏輝の発給文書は、寿桂尼発給の⑫文書（享禄四年閏五月一日付華厳院宛）以降享禄五年五月三日付（宛名なし）[11]久能寺領に関するものから天文四年七月十七日付（宛名なし）[12]のものまで再びみられるが、その間寿桂尼発給の文書は一点を除きみられない。

この点に注意するならば、寿桂尼と氏輝の発給文書はほとんど重ならないことに気付くのである。Ⓐの特徴はまさしくこの点にある。これは今川氏を継承した氏輝がわずか十四歳であったところから、その代替りにあたって後見役としての寿桂尼の領国支配の対応策と考える。したがってこの時期の文書の発給は実に今川領国（駿遠）全域におよび、また内容についても様々である。また、さきの寿桂尼・氏輝の文書発給期間の検討から、氏輝は享禄元年十月から享禄五年三月までの間は執務不可能な（病等か）状態であったとも考えられる。Ⓐを寿桂尼・氏輝連合政権期のものとして考えたい。

さて、寿桂尼の発給文書は⑬文書（天文三年五月二十五日付）から⑭文書（天文十六年卯月二日付）までみられない。Ⓑは天文五年、いわゆる「花倉の乱」をへて形成される義元政権の高揚期から安定期にあたる天文十六年からである。すなわちⒷの天文十六年から永禄二年といえば、「仮名目録追加」の制定と前後して、今川権力が松平勢力を吸収しながら、三河一国を領国化し、上洛の前線基地を形成、さらに尾張の織田氏と抗争を展開するといういわば領国支配の最も貫徹された時期と考えてよい。この期の寿桂尼発給文書の特徴としては、Ⓐの場合とくらべると、その発給対象は今川氏との関連のある寺院が多く、また発給地域も現在の静岡市西部、庵原・志太郡、沼津市といった静岡県東部地域に集中する。

しかしながら永禄三年桶狭間の戦以降、松平氏の独立化への動き、同五年松平・織田の三尾同盟によって状況は一変する。さらに永禄七年、松平氏は一向一揆を制圧し、東三河へ進攻、三河における今川勢力を駆逐する。Ⓒはこうした領国三河の崩壊、今川権力の政治的動揺という時期に発給されたものである。もちろん、直接にそのことと関連があるかどうかについては疑問であるが、政治的状況としては、おおむね前述の通りである。この時期の文書の発給対象地はⒷと同じ傾向であり、地域としては沼津市、静岡市西部、小笠郡南部にあたる。

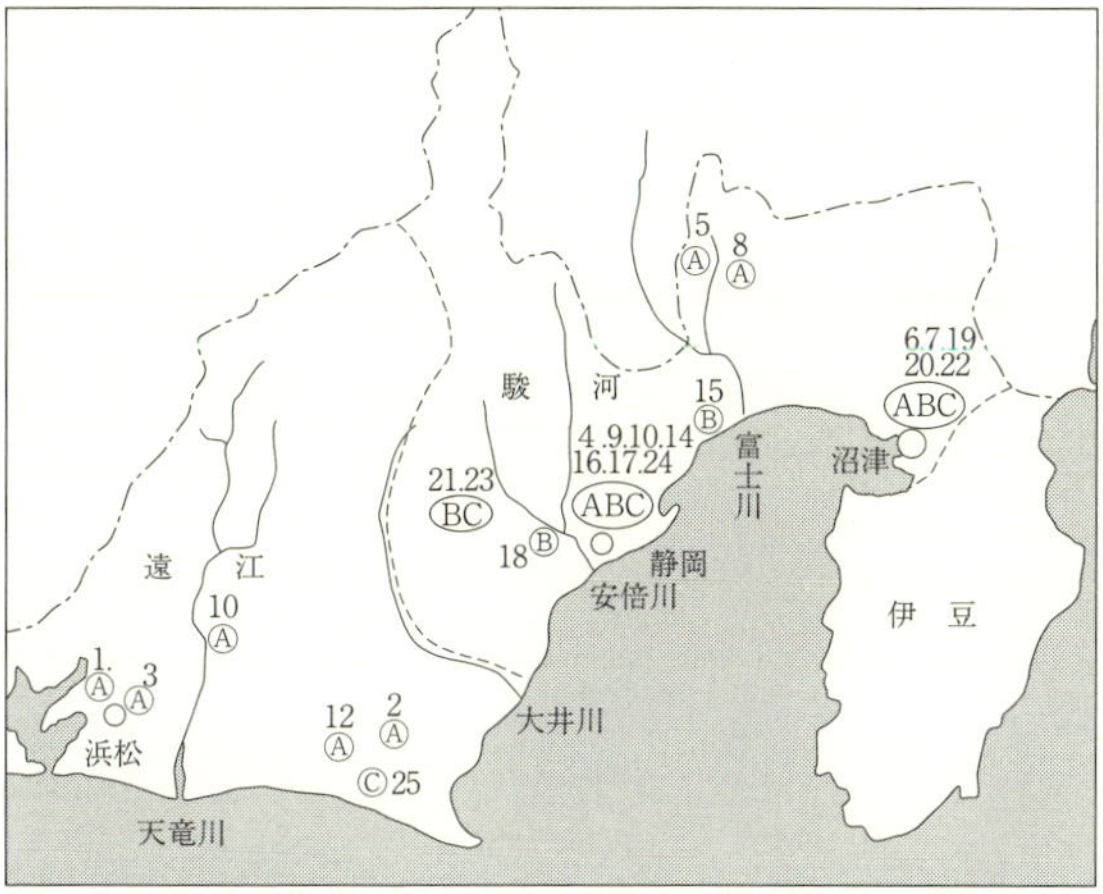

寿桂尼文書発給地域図　ⒶⒷⒸは区分番号、数字は文書番号

　また、寿桂尼の発給文書は⑧⑫⑬文書を別にすれば、すべて女性としてのかなふみ文で記されており、⑮文書を除き「帰」という印文の朱印が、ほとんど文書の書き出しの部分、または年附に捺されている。この印章は、かつて氏輝のものとされていたらしいが、足立氏によると（氏が何を根拠にされたものか不明であるが）、寿桂尼が駿府へ赴く際に、父である中御門宣胤が与えたといい、また印文は「トツグと訓む帰の字[13]」とあ

る。印文にまつわる興味深い話といえる。

以上、寿桂尼の発給文書を時期的に三区分し、それを政治的状況とあわせ考えてみた。氏親死後の戦国大名今川氏のおよそ全時代にわたる、寿桂尼発給文書の特徴とその概要を一応示しえたと考える。次には各発給文書をとりあげ、その内容について、気付いた点を述べてみたい。

二、寿桂尼文書の内容

まず最初に①初見文書を取りあげる。

史料一(14)

□（印文「帰」）

とおたうミの国むらくしのうち大山寺りやう田地参町四段。ならひにやまはやし等之事。

右国ふにうとして。さういなくりやうしやうせしめをはんぬ。新きくはん所として。武運ちやうきう。国家あんせんのきねん。しゆさう勤行等。たいてんあるへからす。そうせん寺殿の御判にまかせて。つきめさういあるへからさるもの也。仍如件。

大永六ひのへいぬ年九月廿六日

大山寺理養坊

これは大永六年九月二十六日付で、遠江国村櫛のうちの大山寺理養坊の田地三町四反ならびに山、林等を国不入として、さらに新祈願所として安堵したものである。氏親の死が同年六月二十三日であるから、約三ケ月後のことであり、はやくも寿桂尼の政治的活動がみられる。また、「そうせん寺殿の御判にまかせて」とあるように、この大山寺理養坊には、永正十六年正月十一日付で氏親の同文言の文書がみられるところから[15]、その踏襲であるが「国不入」の権限を持ちえていたことは、若年の当主氏輝を単に補佐するだけでなく、むしろ実質的な継承者であることを示している。

ついで、同年十二月二十六日（②）、同月二十八日（③）、享禄元年十月十八日（④）の文書が発布されるが、②に「そうせんし殿御ゆいこんにまかせ」、④に「任増善寺殿御印判」とあるように、代替りにあたって、増善寺殿＝氏親の政策を受け継ぐことを示している。こうした文言の差はあれ「任増善寺殿御印判」という文言記載の今川氏発給文書は以後多くみられ枚挙にいとまがない。

最近、勝俣鎮夫氏は、こうした文言記載の安堵状が、次の今川氏当主より発給されることに注目され、将軍家ならびに氏親以前の今川氏当主・地頭など、前代における「公」的権力による安堵の効力が、この安堵の時点でたちきられ、これに代って戦国大名今川氏の安堵が、最高の「公」的保証力を有するものとして確立していくとする重要な指摘をされた[16]。この意味でまさしく、その原型となるべき①文書は、氏親以後の今川氏にとって最も重要なものの一つとして位置付けられよう。

また前後するが④は大井新右衛門尉へあてた「皮多」に関する文書であるが[17]、とくに寿桂尼はその中で皮の調達を「急用之皮之時はひこ八国中を走廻申付可調進」というように皮多頭と考えられる「ひこ八」に「国中を走廻」る権利を与えたものとして注目される。また宛名の大井新右衛門尉は、「殿」が付くところから単なる職人とは考えにくい。

とすれば、今川氏の職人統制組織のなかで皮多関係にあたる者であろうか。

⑤は、駿河国富士大石寺門前の諸役・棟別を喬山（氏親）の判形によって免許したものであるが、氏親の判物は現存しない。「他所にあつけしつきやくと云々」とあるところから考えて、大石寺は判物を失なったのであろう。ところが、長池九郎左衛門尉親能なる者の書状にあきらかであった為同寺へ再び安堵状が交付されたのである。棟別・加籠譜請・材木等の人足・点（天）役等、今川領国における諸役の内容が記載されている点で注意したい。

⑥は、駿河国沢田郷内「にしふん」「五とうせんえもん」のてんはく屋敷が、「きたかはとの」（北川殿＝北条早雲妹（カ）＝氏親母）の時に検地が行なわれたことを示している。また「五とうせんえもん」が百姓職として、百六十貫六百余の大きな年貢納所高をかかえていたことも注意する必要がある。

⑦は、駿河国沼津郷之内妙覚寺への棟別・四分一人足以下の諸役免許の内容をもつ。妙覚寺（日蓮宗）は由緒によれば、正元元年（一二五九）の創立と伝えられている。(18)また㉒に、

一　常万部経如年来。至末代不可有怠転（以下略）

とあり、現在同寺において、八日堂除災祈祷法会が、正月一日から同八日朝にかけておこなわれている。これは今川氏により、常万経祈願所となって以来修行されているという由緒と関連するのであろう。前後するが⑳は同寺買得の畠屋敷を「御屋形判形」によって諸役免許したものである。⑧は駿河国富士郡北山本門寺に対する諸役免許状である。

⑨は大永八（享禄元）年九月十九日付で氏輝によって観舜から千代菊丸へ新長谷寺の譲与が許可されているが、それをうけて享禄三年に屋敷地の範囲を定めている。そのことに関しては氏輝の「御はんきやうあるうえ」にも寿桂尼の承認が必要であったと考えられる。

⑩は磐田郡二俣玖延寺への寺領安堵状である。玖延寺（曹洞宗）は、由緒によれば永正年中二俣城主二俣近江守昌長が建立したと伝えられている。[19]これは二俣近江守昌長、朝比奈下野守時茂の土地寄進を認めたものである。⑪は酒井惣左衛門が駿河国小布ケ谷のうち下谷の買得地に庵を建立し、植木として竹木を植えることを許可している。⑫は華厳院宛の禁制である。氏輝の出すべき文書が、寿桂尼によって出されていることから前述のように氏輝は執務不可能ということも充分考えられる。

⑬は大田神五郎なる者への判物である。同文書は活字となっていない。したがって新しく紹介することも意義のあることと考える。

史料二

（印文「帰」）
富士金山江上荷物
五駄毎月六度甲
州境目雖相留金
山之者共為勘忍
分不可有相違若
甲州へ於通儀有
之者堅所被加成敗
仍如件
天文三甲午

五月廿五日
大田神五郎殿

今川氏発給文書のうち内容的にも興味のあるものであろうが、所載の『判物証文写』附―二の同文書注記によれば、駿河国富士郡大宮北山村、市郎右衛門家に代々伝えられているものとある。

また、寿桂尼発給文書中かなふみ文で書かれていない三点のうちの一点である。同文書中年号に「天文三」とあるのがここで問題にならないわけではない。Ⓐ区分のうちでも若干年代がへだたっていると考えるからである。しかしながら朱印文は「帰」（『判物証文写』所載の他の寿桂尼発給文書写と同じ）と読めるから寿桂尼発給文書と考えてよい。その点、氏輝が印判を使用した文書は一点もないから理解は可能である。とすれば、この時点においても氏輝は執務不可能であり、寿桂尼が代行したと考えられるが、なにぶんにも原文書を確認していないので躊躇せざるをえない。

ここで一応寿桂尼文書は第一段階を終了し、義元の時代にいたり再びみることができる。⑭は「すいくわういん」宛であり、駿河国内谷の内、長慶寺方の山境を確認した。この文書の所蔵先とされる徳願寺には他に、⑯⑰㉔三点の寿桂尼文書がみられるが、この三点には共に「帰」印以外に寿桂尼の署名が、またそのうちの二点には義元の花押がみられる。徳願寺（曹洞宗）は由緒では行基開創を伝え、また開基は北川殿であるとされている。[20] ⑯⑰は同一年月日である。⑰は興味深い史料のため掲載する。

史料三

（義元）
（花押）

たゝしうつたりちやうけいしかたむまのとしよりのそうふん。弐拾俵の事ハ。水のミの弥七郎に。わか身そんしやうの内ハ出し候。のち〱の事ハいんはんのことく一えんにしよむあるへし。かしく。

天文（印文「帰」）十八年つちのととり十一月廿三日　志ゆけい

とくくわんしそうえい長老

この史料は「たゝしうつたり」という文章ではじまり、しかも同一年月日の⑯文書があるところから、⑯文書に継続する文書であろう。この史料から当地が直轄領であり、天文十五年検地がおこなわれ、二十俵が増分として打ち出され、それが「水のミの弥七郎」に出置かれたことがわかるが、「水のミ」とある語が近世のいわゆる「水呑」の語の原型とも考えられる点で興味深い。また、この増分二十俵は弥七郎によって開墾された可能性が強いと考えられる。さらに関連文書㉔を掲載する。

史料四

うつ（印文「帰」）たりの郷のうち長慶寺かた一所の事。過しつちのとのとりの年の印判のことく。本増共ニ余人いろひなく。なかくしよむあるへし。但この寺務のうちより出廿俵の事ハこなた存生の間。蔵入たるへき也。仍如件。

永禄七甲子

十二月十八日　志ゆけい

けいとく院

そうゑい東堂

これによれば同寺領が、天文十八年の印判にもとづいて本増共安堵されたが、二十俵について寿桂尼存命中は「蔵入たるへき也」としている。この二十俵がさきにふれた「水のミの弥七郎」に与えたものであることは疑いない。とすれば、検地→増分（二十俵）→蔵入→弥七郎という過程をたどったことになる。

⑮は真珠院宛に田一町四反を新寄進したものである。この田地はもとは鹿島明神の神田であったが、のちに人給地となってしまったのである。同文書交付により寄進田一町四反のうち「三反之分石米一石八斗之所」を鹿島明神の神領として附置くことになったが、この田の石米は一反につき六斗ということが知られる。また真珠院は、彦五郎（寂庵性阿＝寿桂尼の子、義元とは兄弟）の位牌所であったためか、文書に義元の花押がある。⑱は同じく彦五郎の法要料として田三反を志太郡圓龍寺へ寄進し、⑳は駿河国沼津ノ郷妙海寺に棟別・諸公事諸役を免許したものである。

㉑は今川氏の直轄領であった志太郡笹間村「おかのや五郎ゑもん尉」宛、㉓は同じく笹間村峯叟院宛のものである。とくに㉑は同一地域における天文十六年の年貢定書[21]・年貢割付[22]とともに、今川氏の土地支配に関する重要な史料である。これらの史料については、百姓前の問題および、検地増分、百姓職等をめぐっての北島[23]、有光[24]、下村[25]各氏の研究がある。㉕は最終文書であり遠江国笠原庄高松神社に祭田として一反を新寄進したものである。

とりとめもなく長々と述べてみたが、以上が現在における寿桂尼発給文書の全貌である。

むすびにかえて

足立氏以来の寿桂尼文書研究の再検討を行なうべく作業をこころみた。寿桂尼文書の概要については、若干ではあるがつけ加える点もあったかと思う。ただ、大部分文書の平面的な解釈と紹介に従事し、今川氏当主との文書における内容的なかかわり、あるいは今川氏の権力編成の問題としてどのように関連するのかといった本質的な問題についてはまったくふれることができなかった。

すべて今後の研究にもたらされる。また、文書の形式・形態等についてもここではふれえなかった。あまりにも多くの問題を残してしまい、メモとしての性格の域を出ないが、わたくしにとっての今川氏研究の一過程としたい。

註

(1) 付記として「本書は嘗て青年読本中に編入すべき予定にて起稿し、一度雑誌『静岡県』に載せたものを、今度更に訂正を加へたものである」と記されている。
(2) 概説として若干ふれられたものに黒澤脩氏「今川家執権雪斉長老と寿桂尼」(『駿河の今川氏』所収、一九七五年)。
(3) 最近発刊された福田以久生氏『駿河相模の武家社会』(一九七六年)、中丸和伯氏担当『清水市史』第一巻(一九七六年)などが参考になる。
(4) 現在のわたくしの確認による。もとより充分なものではない。
(5) 『蠹簡集残編』三。
(6) 「秋鹿文書」『静岡県史料』第五輯一九二頁。
(7) 「旧久能寺文書」『同』第二輯八三〇頁。
(8) 「旧長谷寺文書」『同』第三輯二九二頁。
(9) 「中山文書」『同』第四輯三五一頁。
(10) 「三浦文書」東大史料編纂所影写本。
(11) 「旧久能寺文書」『静岡県史料』第二輯八三〇頁。
(12) 「旧東泉院文書」『同』第二輯三四頁。

(13) 足立鍬太郎氏『今川氏親と寿桂尼』一四頁。
(14) 文書掲載にあたって旧字・変体仮名は一応現代のものに改めた。なお寿桂尼文書にかぎっては、その出典を目録に記載してあるので逐一、註項目を設定しない。
(15) 今川氏親寺領安堵判物、「大山寺文書」『静岡県史料』第五輯五六〇頁。
(16) 勝俣鎮夫「遠州浜名神戸大福寺領注進状案について――戦国大名今川氏検地の一事例」(『日本歴史』三二〇号、一九七五年)。
(17) 峯岸賢太郎「幕藩制的賤民身分の成立」上(『歴史評論』三〇七号、一九七五年)。
(18) 『全国寺院名鑑』中部篇二一五頁。
(19) 『同』中部篇二三一頁。
(20) 『同』中部篇二〇九頁。
(21) 天文十六年九月二十五日・上河内村五郎衛門宛瑞光院道音年貢定書「岡埜谷文書」『静岡県史料』第三輯七三七頁。
(22) 天文十六年九月二十五日・道音・岩本信長連署年貢割付「同右」『同右』第三輯七三九頁。なお、その他に天文十六年十二月十二日・上河内五郎衛門宛池谷満重納物覚書「同右」『同右』第三輯七三九頁がある。
(23) 北島正元氏『江戸幕府の権力構造』第一章第三節(一九六四年)。
(24) 有光友學氏「戦国大名今川氏の歴史的性格――とくに『公事検地』と小領主支配について」(『日本史研究』一三八号、一九七四年)。
(25) 下村效氏「有光友學氏今川検地論批判」(『日本史研究』一七〇号、一九七六年)。

【付記】本書への再録にあたり、初出時の「付記」は省略した。その後、『政治と女性』(日本女性史論集2、吉川弘文館、一九九七年)に再録され、「付記」として、筆者が新たに二点の寿桂尼発給文書(享禄三年六月三十日付極楽寺宛・大永七年四月七日付心月庵宛の印判状。ともに『静岡県史』資料編7中世三に収録)を確認したこと、寿桂尼研究の進捗などを紹介している。

Ⅳ

今川彦五郎を追って——今川彦四郎を正す

関口宏行

序

今川彦五郎については、今川氏の諸系図では、一、二を除いてしか認められず、天文五年（一五三六）の今川氏輝の死に絡み今川家の家督相続の際に歴史上に表出してくる謎の多い人物である。従来から今川氏歴代の個人研究はあまりなされていないため、彦五郎（定源寺殿）まで研究が及ばなかったことは、無理からぬことである。

まず、戦国大名今川氏親の子息であることは、確実なのであるが、何番目の息子に位置づけられるのか疑問である。幼名は竹王丸、そして彦五郎か彦四郎か、彦五郎と氏豊とは、同一人物であるのか、事績、没年齢等究明すべき点は、数多い。

この小研究は、当然のことながら、結論を述べるのではなく、「今川彦五郎研究」の現状を知らせると共に、問題提起を兼ねて、ここに発表するものである。現在、決め手になる有力な史料が、発見されていないため、彦五郎の二つの菩提寺を調査して得た資料と従来の史料を比較、検討して整理の上、考察を加えた。

一、呼称の「彦五郎」

今川家当主又は一門中に幼名を五郎（範国・範氏・氏親・氏輝・氏真……）、彦五郎（範忠・義忠……）、弥五郎（範勝）、新五郎（範満）の如く、名前に漢数字を付したものが多い。もっともこの彦五郎の呼称でさえ、彦四郎だとする説もあり、統一されていない現状にある。しかし今回の調査によれば、彦四郎でなく、彦五郎とするのが妥当ではあるまいかと考える。よって以下では彦五郎と記す。

今川彦五郎は、誰の子であったのかだが、今川範国より七代目の氏親の子とすることは、諸史料を検討していくと、ほぼ事実と考えられるのであるが　各系図をみると、彦五郎を系図中に記載していないものが、ほとんどである。これは、十代で早逝したことのほかに、特別な事情があったものであろうが、故意に系図より抹消されたようにも考えられ、政治的な陰謀の匂いをかんじる。参考までに各系図を左記にあげてみたい。

系図中、彦五郎の名を義元の弟として記しているものはなく、『系図纂要』と『新訂・寛政重修諸家譜』に於てのみ、氏豊として認められ、氏親の四番目の息子として位置づけられている点が、共通している。

ところで、氏親の息子として彦五郎と署名した文書もしくは、彦五郎又は氏豊の名が文中に確認された古文書は、現在一通も発見されていないが、真珠院（清水市梅ケ谷）は、寺伝にて「彦四郎」の名を伝えており、円《えん》良《りょう》寺（藤枝築地《ついじ》）では、位牌の裏面に今川九代義元公之嫡子彦四郎とあるが、この文中には、誤記があり、彦四郎を氏親の子とするなら、氏親公之末子彦四郎とすべきだし、嫡子の文字を生かすなら、氏真とすべきであろう。

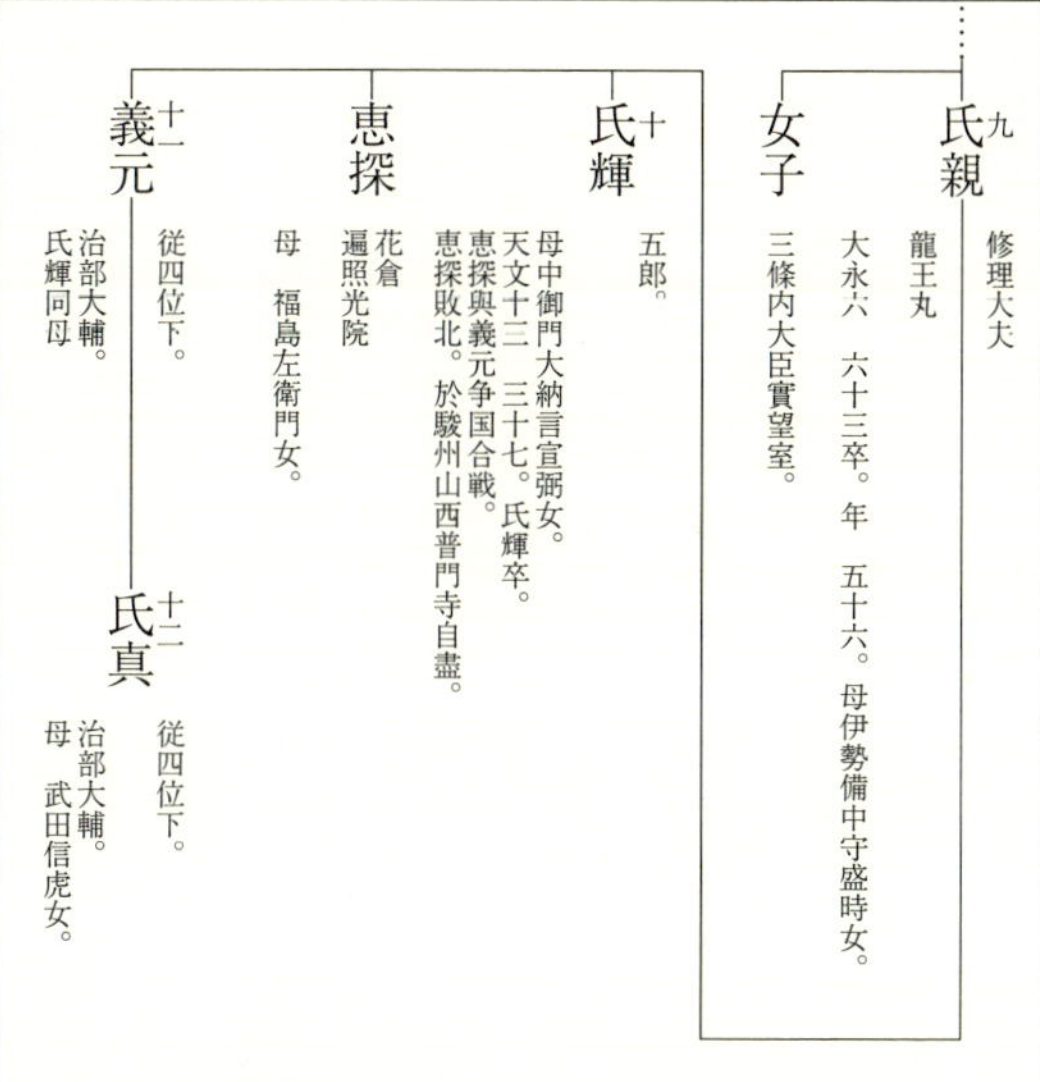

図１　今川系図（註１）

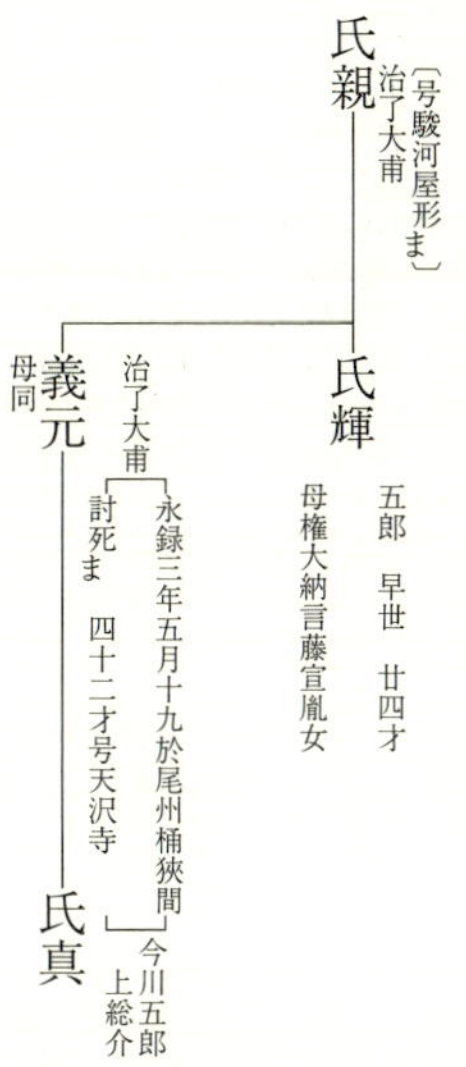

図２　今川系図（註２）

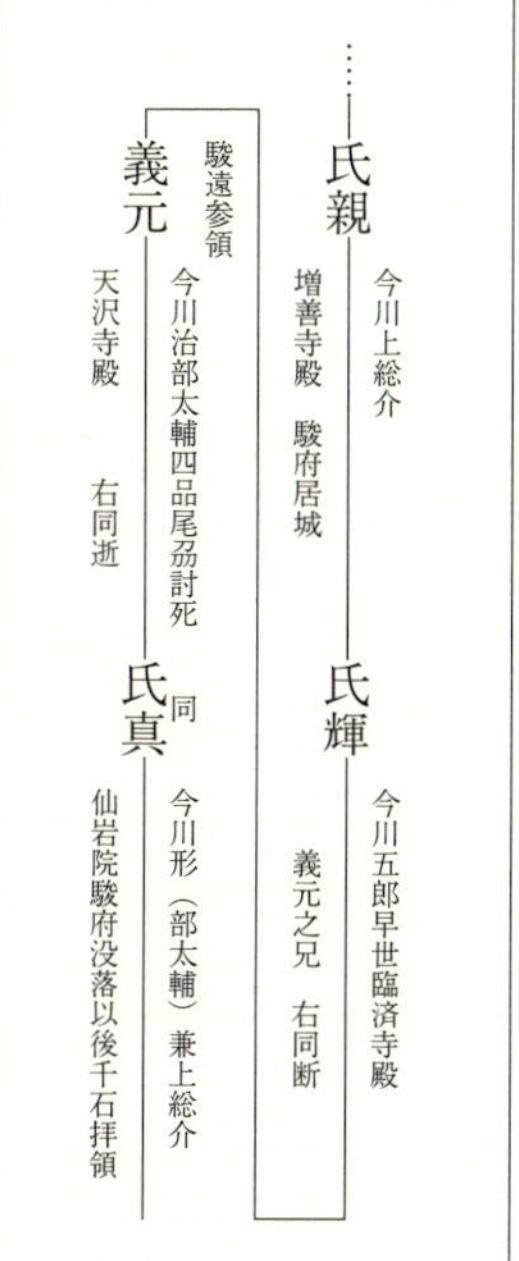

図３　今川家略系図（註３）

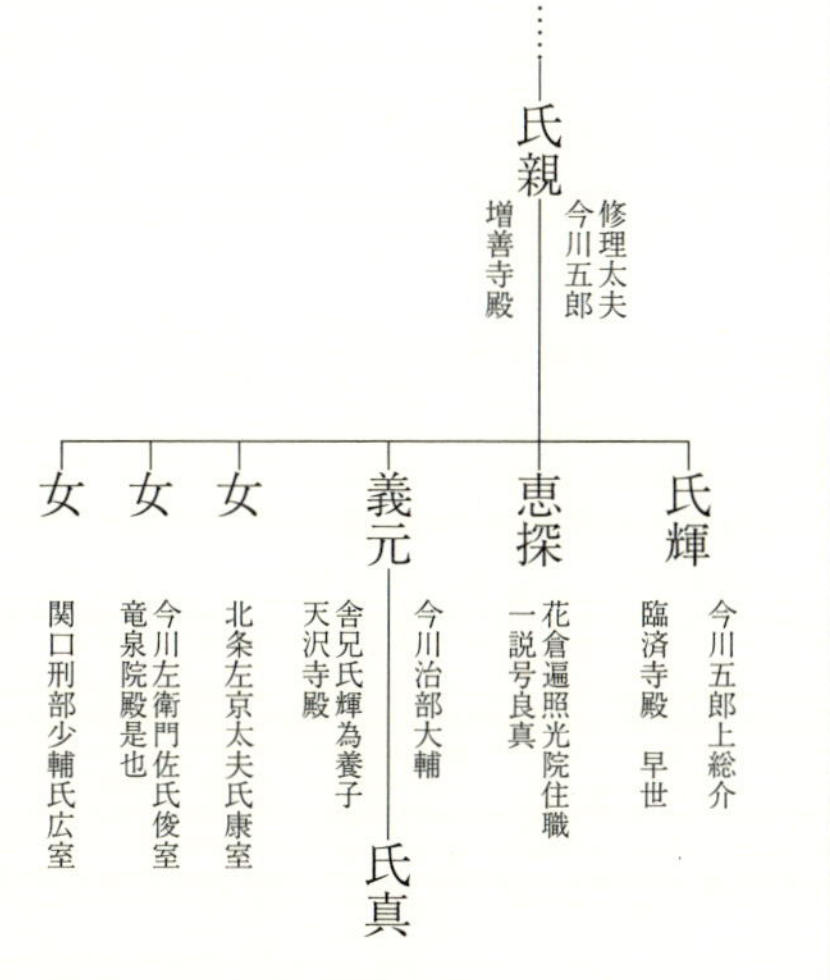

図４　今川氏略系図（註４）

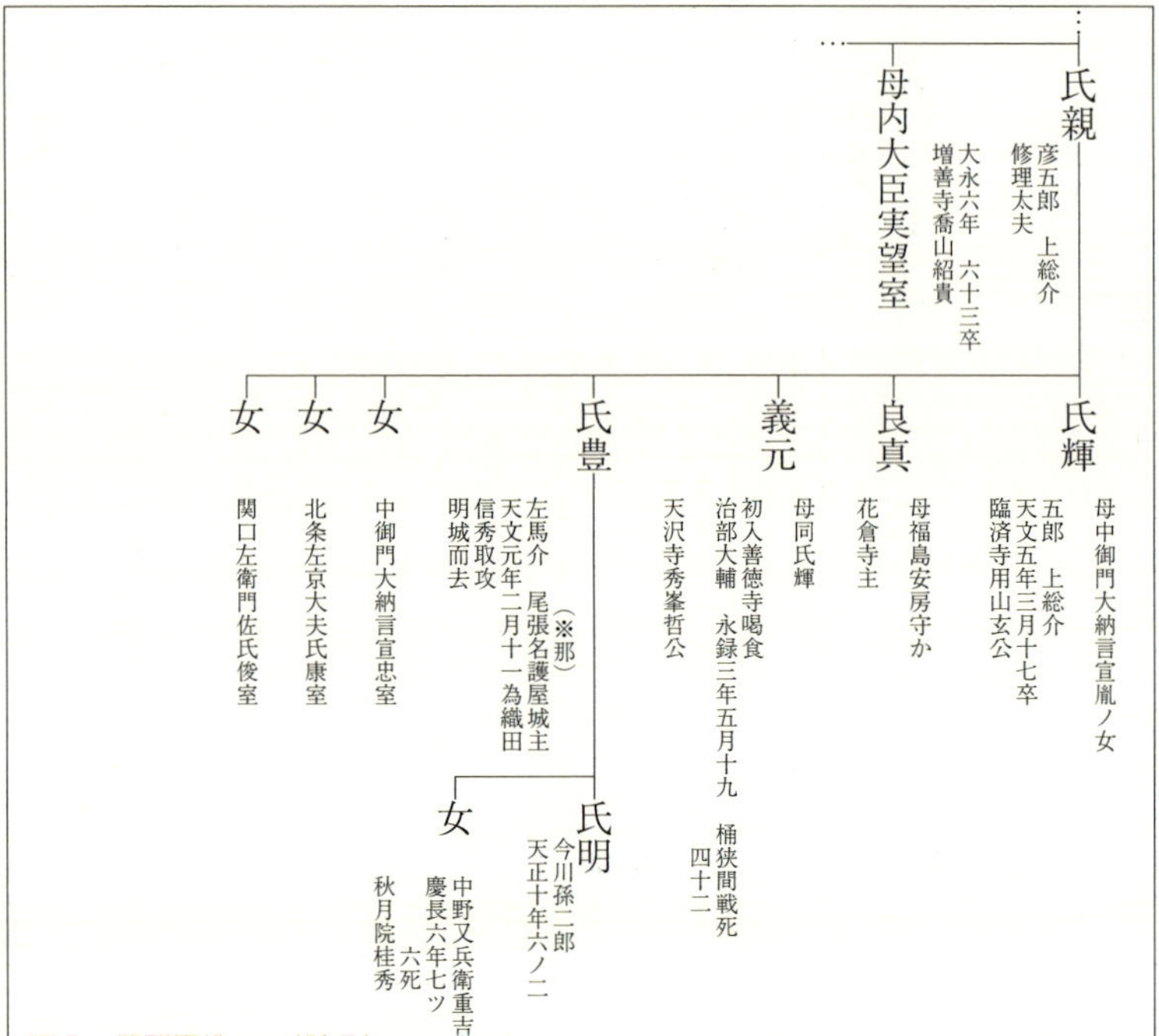

図5　源朝臣姓今川（註5）

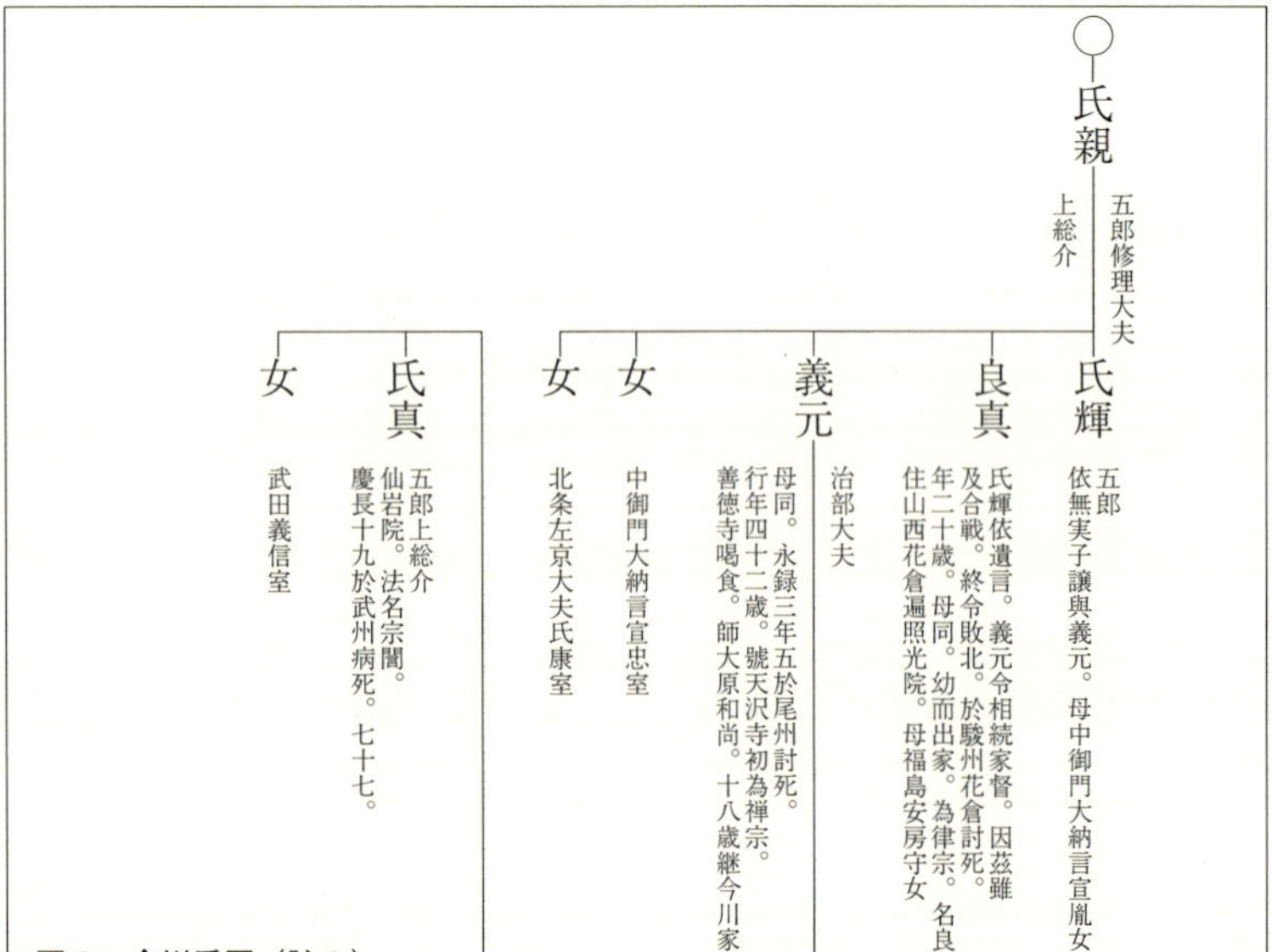

図6　今川系図（註6）

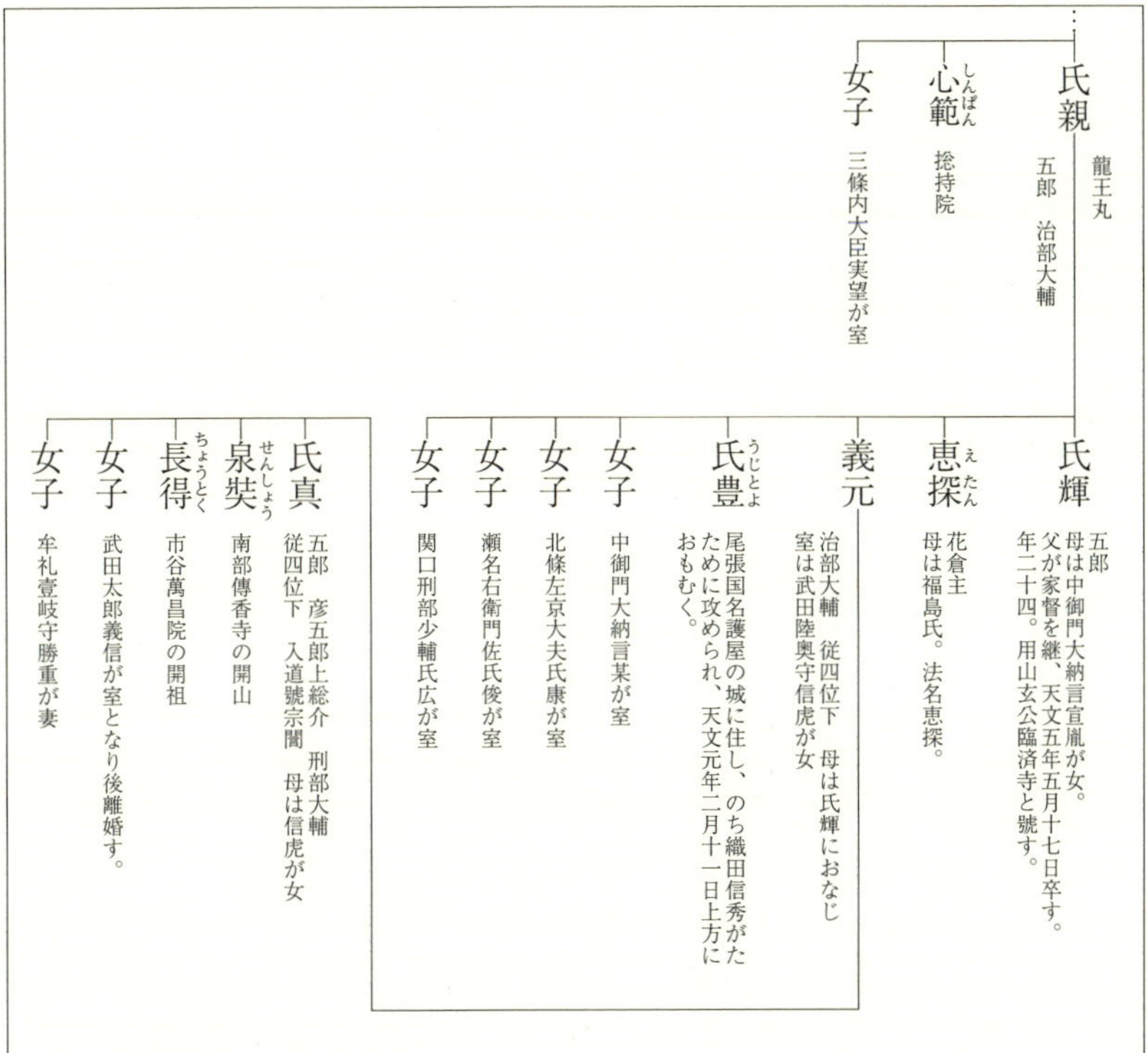

図７　清和源氏義家流今川（註７）

今回の調査では、この寺伝と位牌のみが「彦四郎」の名を伝えており、「彦四郎」の名は、おそらく、円良寺に残る位牌から名付けられてきたものであろうし、これは、後述する『名古屋合戦記』の「……依之今川殿其末子左馬助氏豊ヲ指添テ」末子即ち四番目の息子に位置づけて、彦四郎としたものではないだろうかと推測される。

又『彦五郎』の呼称であるが、『為和卿集』[9]に「氏輝死去。（廿四歳）。同彦五郎同日遠行」とあり、更に『高白斎記』[10]に「十七日今川氏照同彦五郎同時に死ス」とある。この二書は、史料として極めて信憑性の高い一級の史料として考えられているので、この「彦五郎」の名は、当時今川家に於て公用されたものと思われる。だからこそ、隣国甲斐武田家重臣の日記の中に記録されたものであろう。氏親の息子として彦五郎の呼称とその存在はもはや、確実なものと判断する。

二、次男か四男か

次男説

①静岡県史料第二輯の円良寺文書の下段の解説文では、「定源寺殿寂庵性阿大禅定門は、氏輝の弟（系図義元兄氏親の子）にして、天文五年三月十七日逝く。俗名彦四郎」と記し、静岡県史料では、氏輝の次弟であると判断している。これは、足立鍬太郎氏[11]が、静岡県史編纂委員であったことに起因するからであろうし、義元の兄にあたる根拠についてはふれていない。

②小島広次氏著作『今川義元[12]』の中で、次の文章を記載している。

（中略）氏輝は、武田勢との戦いがあった翌天文五年四月[※(三)]十七日、二十四歳の若さで死んだ。子がなかったので、遺言によって、富士郡瀬古（吉原市）の善得寺（善徳寺）の喝食であった同母弟の梅岳承芳を還俗させて継がせることになった。これが義元である。母は、中御門宣胤の娘で落飾して寿桂尼といった。本来ならば、彦五郎（定源寺殿）と名乗る弟が継ぐべきであったが、氏輝の死に先立って天文五年三月一日に死んだので、承芳に順がまわってきた。……（後略）

小島氏は、彦五郎を氏輝の次弟とし、しかも、没年を天文五年三月一日としているが、その根拠を明白にしていない。足立説を支持してのことか、あるいは、足立説に立脚し、新史料を発見して、右記の文章となったものかその間の事情は、不明である。

仮に、彦五郎が氏輝の次弟であり、即ち氏親の二男であと数年間生存していたならば、氏輝の没後は、今川宗家を継承して、戦国大名としての道を歩んだことであろう。とすれば、義元は、善得寺の僧承芳として終生僧侶生活をおくったことになる。従って今川家の家運、存続期間もしくは、日本の中世史も、大きくぬりかえられたことだろう。

四男説

①『名古屋合戦記[13]』に「……依之今川殿其末子左馬助氏豊ヲ指添テ」とある。「今川殿」とは、戦国大名今川氏親を示すものであり、「其末子」の表現より四男と判断するものである。

②『名古屋合戦記』からすると、那古屋城主[14]の今川左馬助氏豊は、尾張守護代織田氏の三奉行の一人である織田信秀（信長の父）のため城を奪取され、京都へ上ったとある。この間の氏豊の年令だが、権大納言山科言継は、その著『言継卿記』の中で、興味ある文章を記録している。天文二年七月二十三日から二十七日まで「在名なこや今川竹王丸十二歳」という者が、信秀の居城である勝幡に滞在して毎日連歌や蹴鞠をやったというのである。今川竹王丸は、尾張での呼名であったろうと推測できるし、天文二年（一五三三）七月に氏豊は、十二歳ということになる。

彦五郎の菩提寺の真珠院と円良寺に残る位牌は、彦五郎の没年月日を「天文五年三月十七日」となって一致するため、没年は、『言継卿記』の記事から逆算していくと、十五才の少年となってくる。すると、今川氏輝の死後、良真と承芳（のちの義元）が継承争いをし、兄良真を自害させて、義元が十八才で今川家の家督相続をしたことからも、彦五郎は、氏親の第四男と誤って推測されてきたのである。

三、生年・没年について

天文二年七月に「在名なごや今川竹王丸十二歳」[16]の記述からすると、生年は逆算して、大永六年頃（一五二二）となる。これは、足立氏[17]の永正十四年説と大きく相違し、四年の差を生じてしまう。しかし、永正十四年（一五一七）の生まれで、天文五年三月の没として計算していくと、没年は十九才となり、これは、まさしく良真・義元の兄となってくる。だが、山科言継の『言継卿記』の史科の価値性も高く信頼のおけるものとされることから、大永六年の生年説を支持したい。しかし現在のところ、生年について傍証する文書が未発見であるため、詳細は今後の研究にまたねばならない。

真珠院文書、円良寺文書にも証明する記述はない。

没年は、次に記す諸資料が、いずれも同一年月日となっているために、この日に没したものと判断できる。

真珠院過去帳
真珠院古記録
真珠院位牌[18]
円良寺位牌
高白斎記
｝天文五年三月十七日

なお、死因や入寂の場所については、一切不明であり、記した文書も認められない。

先頃、増善寺（静岡市慈悲尾）を訪問し、今川氏関係の遺宝を調査する機会に恵まれたが、その折今川家代々の法名と俗名、没年月日を朱書きした厚い板を発見した。これによれば、

天文五年三月十七日

臨済寺殿用山玄公大禅定門

天文五年三月十七日

定源寺殿寂庵性阿弥陀仏

とあり、並記の右の人物は、今川氏輝の法名、左の人物は、今川彦五郎の法名である。ここで注目しなければならないのは、彦五郎の法名よりも没年月日である。この位牌によれば、まさしく没年月日が氏輝・彦五郎の両人とも一致しているのである。

従来、今川氏輝の没年月日については、四月十七日が流布されてきたが、実際の調査では、四説も存在する。以下出典書と年月日を一覧表にしてみると、左記のようになる。但し、天文五年説は、確定しているといってよい。

出典	文章表現	没年月日
足利季世記（後鑑所収）	今川修理大夫氏輝卒。其弟僧還俗襲家。称㆓義元㆒。天文五年丙申。駿河国今川氏輝廿四ニテ早世ス。	天文五年三月十七日
高白斎記	（三月）十七日今川氏照同彦五郎同時ニ死ス。同五月廿四日夜、氏照ノ老母福島越前守宿所へ行、花蔵と同シテ翌廿五日従㆓未明㆒於㆓駿府㆒戦、夜中福島党久能へ引籠ル。六月十四日花蔵生害。	天文五年三月十七日
今川系図	氏輝・修理大夫親子・五郎・母中御門大納言宣胤女、天文五年丙申三月十七日卒。	天文五年三月十七日

今川家由来	五郎氏輝以天文五年丙申三月十七日卒。	天文五年三月十七日
真珠院古記録	天文五年三月十七日 臨済寺殿用山玄公大禅定門 天文五年三月十七日 定源寺殿寂庵性阿弥陀仏今川出先仏	天文五年三月十七日
駿河志料	十代大守五郎氏輝以二天文五年丙申三月十七日一卒矣	天文五年三月十七日
妙法寺記	此年四月十日駿河ノ屋形御兄弟死去被食候。去程ニ其年六月八日花倉殿福嶋一門皆相模氏蠅※(縄)ノ人数カ責コロシ被申候	天文五年四月十日
今川家略記	氏輝卒は、天文五年丙申四月十七日と云（或云四年乙未三月十七日と云） 法名臨済寺殿用山玄公大居士	天文五年四月十七日
為和卿衆	四月十七日氏輝死去。（廿四歳）。同彦五郎同日遠行。	天文五年四月十七日
寛政重修諸家譜（今川）	五郎、母は中御門大納言宣胤が女。父が家督を継 天文五年五月十七日卒す。	天文五年五月十七日

以上のごとく、四月十七日説は、三月十七日説に比較し、一件である。どちらが真偽なのか、今川氏輝の菩提寺である臨済寺を訪ねて、過去帖と位牌を調査させていただいた。まず位牌には、

表書き　臨済寺四品前駿州大守用山玄公大居士　神儀

裏書き　天文丙申年三月十七日今川上総介源朝臣氏輝公

そして『過去帖名簿日操』には十七日、〝臨済寺殿用山玄公大禅定門　天文丙申三月今川氏親嫡子氏輝公〟の記述を確認したのである。以上の調査により従来の四月十七日説は否定されて、三月十七日と訂正されなければならない。天文五年三月十七日が氏輝の没年であること、これが確実であることから、弟の彦五郎の没年月日と一致しているの

である。従って奇しくも、今川家は当主と末弟の二人を同一年月日に失ってしまったことになる。今川家の動揺は隠しきれなかったことであろうし、残された兄弟二人、即ち僧職にある氏輝の弟達の承芳と良真らの家督権争いにからみ、家臣団が二派に分裂していったことは、歴史的事実となって表われている。

四、事　蹟

今川彦五郎の武将としての功績、戦闘歴、人柄などを客観的に把握することのできる史科はない。「氏豊」については、おそらくは『名古屋合戦記』が唯一の材料であろうと思われる。氏豊が、那古屋城主を父の氏親より命じられた経過を『名古屋合戦記』を参考にしながら述べることにする。

永正元年の頃より、関東では、扇ケ谷上杉家と山内上杉家が争乱状態にあり、扇ケ谷家と今川家とは代々の縁続きであったため、今川氏親は伊勢新九郎とともに武蔵に軍を進めたり、三河攻略のために腐心していた。また遠江においては、尾張の守護、斯波氏の執拗な謀略により牢人や土豪達が去就をくりかえして、今川氏の侵攻を阻んでおり、又、永正十一年には、甲斐の武田氏一族の内乱に乗じて、甲斐に出兵したりして今川領国の拡大と安定に専念していたが、戦国大名今川氏親は、隣国の情勢により、遠江、三河の経略に徹底した政策と軍事活動ができなかった。

こうして一進一進ではあったが、永正十四年（一五一七）八月引馬城をようやく落城させ、大永四年（一五二四）

二月浜名湖の西岸に遠江・三河の拠点として宇津山城を築きあげ三河へ侵攻した。三河国[19]の大河内貞綱は氏親と決戦しようとして、斯波義達に助けをもとめた。義達は貞綱が厚く礼物を贈ったので心を動かしたと伝えているが、老臣守護代の織田政信（敏定の子）、その子信安らの反対をしりぞけて、自ら手兵をひきいて出陣した。戦いは、大軍の氏親に敵すべくもなく大敗し、貞綱は死、義達は遠江国の普済寺に逃げ込み剃髪して助命を乞うた。氏親は、義達が同じ足利一族のしかも名門であるのでこれをあわれみ、特に助命して尾張国への送還した。氏親は末子氏豊（義元の弟）をして、義達を本国へ送還した。こうして今川氏の勢力は遠く尾張国までのびるようになった。

今川氏親は、清須を監視する城を築こうと考え、氏豊をしてその地を求めさせ、那古野庄の一角、いわゆる名古屋台地の北辺の丘陵を選定したのであった。老臣庵原安房守というのがここの蝿張りをしたという。これが柳之丸とよばれた那古野城[20]である。氏豊が築城したところは、ちょうど昔の那古野庄の西北角から名古屋台地へ登ったところであり、ここは、もとの那古野庄の本拠にも近く、附近には天王社や安養寺その他が社殿や伽藍をつらねていた。その北端は断崖になっており、断崖の下は、一面浩々たる泥沼であり、断崖の上からは、尾張平野を北及び西へ、ひろびろと展望がきいた。

城郭のもようは詳しくはわからない。大手門が名古屋城の西鉄御門（二之丸西門）外のへんで、あわせて八町四方の地域であったという。城に接して今市場・中市場・下市場の三部があった。今市場はのちの三之丸の中央部で、片端にいたるまでのあたりで、ここには天王社や安養寺をはじめ、若宮・善光寺など寺社がならんでいた。築城の年代は、大永（一五二一―一五二八）の初めと考えられる。

斯波義達の死後、その子義統が家督をついだが、すでに武力も無に等しく、国政は守護代織田氏に帰し、なかんずく、織田家の奉行から身を起こした織田信秀が抬頭し、急速な勢力拡張をはかり、東隣の名古屋地方へ触手をのばした。那古屋城を拠点として名古屋地方を制圧していた今川氏豊は、その後、斯波義統の妹をめとり、両家平穏の状態であったところに、信秀の侵攻作戦が展開されたものだろう。信秀の作戦は、正攻法でなく、いわば奇計を用いることになった。それは、当時の世に大流行していた連歌であった。氏豊も信秀もこれが好きとあって、たかいに文箱を使者にもたせてやりとりしている中に、招かれて信秀は那古野域の客となった。

戦国争乱のおりであるから、いかなる策略があるか知れないのであるが、信秀は豪胆にも少数の従者をつれこんだだけでのりこんだ。城の一郭に一室を与えられて起居するうち、風通しをよくするとて壁を切り開いて窓をつくり、しきりに外をうかがう気配である。氏豊の家臣はこれを怪しむが、氏豊自身はいっこう気にもとめずにいると、たまたま信秀が病気とふれだした。信秀の家来がいろいろ往来するうち、準備がととのったのか、ある日、城外今市場に火事がおこり、天王社・安養寺も焼け、人々ののしりさわぐ中に、信秀と部下とは突如たちあがって氏豊の居館めがけて突入した。不意をうたれて、氏豊の士卒は狼狽降参し、氏豊自身も降伏してわずかに命助かり、駿河国にも帰れず、京都にのぼって隠遁したというのである。

以上が『名古屋合戦記』による、信秀の那古野城攻略の概要だが、この内容は、策謀家としての信秀を賞揚し、反対に今川氏豊がいかにも暗愚の武将のように作られて、作者の作為が感じられる。いずれにしても氏豊の油断で、今川氏は、尾張における前線基地を失ったことになる。

さて、今川氏親がなにゆえ末子の左馬助氏豊を特に選んで那古野城主としたかだが、今川家の慣習によって嫡男以外の兄二人が、それぞれ出家して、善徳寺、遍照光寺に修業しているのに、どのような理由から、兄二人をさしおいて城主として赴任したかが問題となる。この事情については、関東史料もないので明白ではない。想像するに、まず、那古屋城主にする前の氏豊はやはり僧侶であったのか、僧侶であったものを還俗させたものか、幼年中に後見役がついて武将としての道に励んでいたか、そしてこのことは、父の氏親が末子の氏豊に武将としての素質を見出し、その将来にのぞみを托していたのかもしれないし、単なる人質的な意味を持っていたとも考えられる。

今川氏親の家臣団の中には、外交手腕と戦略に長じた有能な一門や国人衆が、すでに存在していたわけであろうから、彼らの中より選抜して尾張の押さえに赴任させることも可能だったはずである。今川氏親擁立のバックボーンとなった瀬名・関口・新野・長谷川・朝比奈の諸氏は、それぞれの知行地と被官を持ち、有力な家臣団として構成されていたと考えられる　氏豊が今川家当主の子息であり、年少の身であることから、有力な重臣達が、被官（駿河衆又は遠江衆）を従えて氏豊の守りのために尾張へ向かったものであろう。従って、氏豊の那古屋城主[21]は、かなりの政略的な含みがあったことだろうと想像される。

五、菩提寺について

鳳凰山真珠院　現静岡市清水区梅ケ谷〔曹洞宗〕

真珠院の前身であった国光寺は、今川上総介範国の創建になると伝えられ、今川家の保護下にあって照金比丘を住僧として迎え、大いに繁栄したようである。

本堂に安置されている高さ五十センチほどの位牌には、開基として『国光寺殿悟庵心省大居士』と並列して『定源寺殿寂庵性阿大居士』の名前が書かれている。まず法名の『国光寺』だが、これは、今川氏初代の国氏の法名であり、範国が祖父国氏の祖霊をまつるために名付けたものであり、国氏自身の菩提寺というわけではなく、今川範国の香花所であったろうと考えられる。当初は、国氏の供養塔や開山堂も建立されていたであろうと思われるが現在はない。今でも本堂付近から後方の山麓一帯を字国光寺と称しているが、創建時の寺院の規模・堂宇の配置等は、すべて不明である。

今川範国の死後、他の宗派の勃興もあり、寺も廃退していったが、享徳年間（一四五二—一四五五）今川義忠は、安倍郡羽鳥村（現、静岡市）にある曹洞宗の洞慶院の三代目和尚の弟子の常俊和尚を迎え、長禄三年（一四五九）三月二日、鳳凰山真珠院と改称し、ここに初めて、曹洞宗に改め、初代住僧には、賢窓常俊大和尚が任じられたという。

今川氏隆盛の基盤をつくった今川氏親には、幼名彦五郎と名乗る氏輝の弟があったが、彦五郎は、天文五年（一五三六）三月十七日に早死したので、母の寿桂尼は、我が子彦五郎の菩提を弔うため適当な寺院がないものかと領国内を探したところ真珠院が衰微しており、しかも駿府に近いことから、これを修復整備して再興し、死後の法名を「定源寺殿寂庵性阿」をおくり、彦五郎の菩提寺と定めたのである。従って「定源寺殿」を開基としているが、これは中興開基の意味であろう。駿河志科では、

開基　定光寺殿悟庵心省大禅定門
至徳元年甲子五月十九日卒

定源寺殿寂庵性阿弥陀仏
天文五年丙午三月十七日没

としている。

現在の真珠院には、彦五郎の墓石、墓誌、古文書、肖像画などの遺物はなく、ただ位牌に「定源寺殿寂庵性阿大居士」、古記録に「天文五年三月十七日、定源寺殿寂庵性阿弥陀仏、今川出先仏」の名をとどめているにすぎない。今川彦四郎の名は、寺伝であるか、『駿河志科』の真珠院の項の中では、「寂庵性阿は義元同腹の弟、俗称今川彦四郎早世にて……」の記述を認めることができる。

真珠院は、明治九年に大火災にあい殿堂、古文書等数多くを焼失したため、現在は今川家古文書を四通残すにすぎない。今川家の隆盛時には七堂伽藍があり、今川家庇護の寺院として、伝統と格式をほこってきたものである。駿河の為政者が今川氏から武田氏へ、そして徳川氏に交替していく天正十二年（一五八四）になって家康により朱印を付され、寺田の寄進をうけ、其の後慶長七年（一六〇二）、家康は、朱印地十五石を改めて寺領として付した。明治維新で朱印地は上地となった。

【古文書】（四通）

①今川氏親　禁制文（永正四年九月八日　一通、三二×四六・五センチ）

（花押《今川氏親》）

於当院　甲乙人濫妨狼
籍　禽獣殺生山林竹木

截取等之事　堅以制止焉若
有違犯族者則可處厳
刑旨如件
永正四年九月八日
真珠院

②氏兼棟別免許状（永正十一年五月七日　一通）
棟別之事當
寺門前以下始
終御免之旨被
仰付候　恐々謹言
永正十一
五月九日　氏兼(22)（花押）
真珠院
看坊禅師

※真珠院の門前以下棟別の免除をしたものであるが、この文書の発給者たる氏兼なる人物であるが、今川範国の三男で、蒲原弾正少弼氏兼と称した人物ではない。蒲原氏兼は明徳元年（一三九〇）に没しているので、この文書の発給年代の永正十一年（一五一四）から、明徳元年（一三九〇）まで百二十四年のへだたりがあるため、真珠院に

対して棟別の免許をした氏兼は、蒲原氏兼とは、同名の別人物ということになる。

文書中には、ただ氏兼とあるだけで、姓名がないので、今川家の誰に相当するかは断定できないが、戦国大名今川氏親の在世時でもあり、文書を発給できる地位を身分からすれば今川家の一門であることはまちがいないであろう。現在考えられることは、『宗長手記』の「……内府浄空御方紹氏兼親高保悟殊易……」にある氏兼即関口氏兼であろうと推定される。

③今川氏輝禁制（天文三年八月十四日　一通、三三・一×四五センチ）

於當院　甲乙人等濫妨狼籍
禽獣殺生並棟別門前以下
始終免許山林竹木截取等之事
右任増善寺殿判形之旨堅以制止
之若有違犯之族者　則可処
罪科之旨仍如処
天文甲午年八月十四日　氏輝（花押）
真珠院

④寿桂尼（今川氏親後室）寺領寄進朱印状（天文十八年十月四日　一通）
（花押）（義元）

するかの国梅かや村之内　田地壹町四段新寄進之事

右是者　かしまの明神の神田たりといへとも数代
人給に落来る地也然ニ當院寂庵性阿いはいを
立をく処ニ大破ニをよふ之間且者修理のため
かつは香田のためニこれを寄附せしむ但此内
参段之分石米壹石八斗之所をハ　かの神領ニ付置
然者即當社を鎮守ニ崇敬せられ修造まつり等
下知を加らるへし　縦郷中地検ありといふとも
かの地にをひてハこれをのそき永寄附せしむ所也
仍如件

天文十八配十月四日　　長勝院（寿桂院）

朱印文
「歸」

【解説】寿桂尼が亡き我が子の供養のため田地を寄進したものである。彦四郎の死後十五年を経過しているので、この寄進が初めてのものでなく、おそらく何回後かの寄進と思われる。長勝院とは、彦四郎の生母龍雲寺殿の生前の院號である。

次に文意を記しておく。この土地は[23]、以前から神社の神田でありましたが、数代にわたって村人達が利用してきました。しかし真珠院は、寂庵性阿の位牌を安置しておくため、長い年月の間には、荒れたりあるいは、その修理もしなければなりません。そして、また後々までもその位牌を供養してもらうためにこの田地を寄進いたします。しかし、この内から三反分の米一石八斗は神神として鹿島神社に奉納し、村の鎮守としてたてまつりその行事をやりなさい。また今後、この土地に於て検地が行われても、この分は特別に除き、永く寄附します。

天岳山円良寺　藤枝市築地四〇〔曹洞宗〕

今川家関係の位牌は三基が、安置されている。表と裏の文字を左記にあげると、

①表……定源寺殿寂庵性阿弥陀仏
　裏……天文五申三月十七日
　　今川九代義元公之嫡子彦四郎

今川の始祖国氏から数えて九代目は氏親であり、氏家を入れても十代目となる。範国からは七代目である。嫡子は、家督を相続する嗣子を示すから、「今川九代氏親公之子息彦※(五)四郎」とすべきである。

②表……仙厳院殿機峯宗峻大居士
　裏……慶長十九寅十二日廿八日
　　今川十代上総介氏親事

表書きの法名は、今川家十代目として現在、東京都杉並区今川町の観泉寺にその墓のある今川氏真のことである。
法名は、
　仙岩宗誾大居士

仙岩院豊山泰永大居士（真珠院古記録）

仙厳院殿前駿州大守機峯宗峻大居士（臨済寺蔵　過去法名薄日操）

ともされている。裏書きの「今川十代上総介氏親事」の記述は「今川十一代上総介氏真」と訂正すべきである。

③表……龍雲寺殿峯林桂公大姉

裏……永録十一辰三月二十四日

　　今川九代義元公之御前氏親之母

「龍雲寺略縁起」では、龍雲寺殿峰林寿桂大禅定尼としている。「今川九代義元公之御前氏親之母」とあるが、義元と氏親とを入れかえて、「今川九代氏親公之御前義元之母」が正しい。

【古文書】（三通）

①寿桂尼（今川氏親後室）寺領寄附朱印状（折紙、三一・五×四六センチ）

うるし畠内円龍寺田事

合参段者

右定源院殿茶湯の

ため寄附せしむ香花

等永怠転あるへらか

さるもの也　仍如件

天文十九庚戌

十一月十七日

円龍寺

②今川氏真寺領安堵判物（三六・五×五三センチ）

築地郷漆畠之内円隆寺領之事
右為定源寺殿菩提龍雲寺殿御
寄進之印判並検地割付為明鏡
之間　本増共永所令領掌不可
有相違者以此旨為増善寺末寺
酒掃勤行等不可有怠慢者也
仍如件

永禄十一戊辰三月十日　上総介（今川氏真）（花押）

円隆寺

寿桂尼の没する十四日（三月二十四日）前に発給された文書であり、氏真にとっては、叔父の彦五郎の菩提のため寺領を安堵した内容である。

③今川家朱印状（三六・七センチ×五一センチ）

朱印文

「如律令」
定
一　於寺中殺生禁断之事
一　竹林見截令停止之事
一　門前新在家弐間棟別
四分一押立點役課役永免除之事
但於他郷役任来輩不可引越也
右条々若於違背之族者依書付
重而可加下知者也　仍如件
　永録十一年戊五月十五日
　　漆畠之内
　　　円隆寺

結　び

本稿は、かって静岡古城研究会の機関紙二号に発表したものを、修正・補足したものである。それは、史料の再調査による新解釈や誤りの発見・新史料の発掘などで、改訂の必要に迫られたからである。再調査により、いくつかへの疑問も新たに生じたし、ほぼ解釈の確定したこともある。

まず、「彦四郎」と「彦五郎」とは同一人物であることが判明した。第二は、今川彦五郎の没年月日を調査したところ今川氏輝の没年月日と一致し、これを裏付ける史料が存在したこと。第三に、今川氏豊なる人物は、『名古屋合戦記』にのみ現れてくると考えられるが、『言継卿記』の今川竹王丸の記事と年代的な差異を生じる部分があることから、別人物でないかとの一抹の懐疑をいだかせる……。

まだまだ研究不足で、今川彦五郎の全研究には及ばない。今川氏の個人研究のうち、当主以外は、更に史料も限定されてくるだけに調査も極めて困難をともないがちである。

註

(1) 今川記（続群書類従巻第六百三所収）。
(2) 尊卑分脈（国史大系第六十巻上所収）。
(3) 今川家略系図（光鏡院蔵）。
(4) 今川氏略系図（竜泉院蔵）。
(5) 源朝臣姓今川（系図纂要所内）。
(6) 今川系図（続群書類従第五輯上　系図部所内）。
(7) 寛政重修諸家譜巻第九十四所収。
(8) 左馬介・左馬助・氏豊として義元の弟と位置づけている。
(9) 冷泉為和は和歌の師範御子左家で入道権大納言民部卿為広の男である。天文八年（一五三九）駿河に下り、同九年（一五四〇）

十月上洛。駿河にあること前後九年（静岡の人びとより）。

(10)『高白斎記』別称『甲陽日記』一巻。この書はもと、武田信玄の近臣高白斎駒井政武の日記である。

(11) 足立鍬太郎氏は著作『今川氏親と寿桂尼』の中で次の系図を掲載している（本書第1部I所収のため略す：編集部註）。

(12)『今川義元』一二七頁。

……氏親[10]
- 氏輝[11]
- 彦五郎（定源寺殿）
- 良真
- 義元[12] ── 氏真[13]

(13)『名古屋合戦記』は江戸時代の編纂で軍記物であるため、すべてを信用することはできないが、氏豊に関する資料としてよく引用される。

(14)「那古屋」の文字は、すでに、永享年中の文書に表われてくる（後鑑巻之百四十九　永享三年七月　所収）。

一　八　事	高田下総入道殿
一　柏井　市辺　井戸田	等持院出官
一　味　鏡	玉泉院雑掌
一　豊場鳴海	三宝院雑掌
一　犬　山	林光院雑掌
一　豊　場	中院殿雑掌
一　那古屋	今川左京亮殿代
一　則　武	畠山右馬頭殿代

一　松　葉　　　土岐美濃守殿
一　熱　田　　　千秋刑部少輔殿
一　八　事　　　三上美濃入道殿
一　堀江郷　　　大草三郎左衛門殿
一　狩　津　　　加治左京亮殿

(15) 小島広次著『今川義元』一九〇頁。
(16)『言継卿記』。
(17) 足立鍬太郎著『今川氏親と寿桂尼』一五頁。「……是より先永正十年今川家では長子氏輝が生まれ、同十四年に、彦五郎、十六年に義元が生まれた。皆中御門氏の腹である」。
(18) 真珠院位牌には、「定源寺殿寂庵性阿大居士」とある。
(19)『名古屋城史』三二―三四頁。
(20) 昭和五十一年十一月、名古屋城の一角にあった二之丸庭園の復元工事中、排水口や雨水マス跡が発見され、名古屋城の前身の柳之城（那古野城）の遺構ではないかと論義をよんでいる。
(21) 彦五郎（定源寺殿）の生年を大永六年としていくと、『名古屋合戦記』にある氏豊の那古野城主の赴任の年代が同じ大永であっても、氏豊の幼年期頃となってしまうため、疑問を生じてくる。
(22) 静岡県史料第二輯（七三七頁）では、関口氏兼としている。
(23) 高部のあゆみ。

【付記】今川彦五郎について取材・調査した当時の状況と、平成三十一年現在では、関連史料分析・新解釈等で、矛盾点・疑問点が生じてくるが、今回、当時の執筆事情を考慮し、修正は部分的としたことを記す。

V

戦国時代の小川と長谷川氏

前田利久

一、戦国時代の小川とその周辺

1. 小川湊

古代駿河で、最も海寄りを走る街道にあって西端の駅、すなわち駿河の玄関口として知られた「小川《こがわ》駅」は、中世に入ると海上交通の発達に伴って軍事面でも物資輸送面においても、湊としての機能が重要視されるようになった。応永二十年（一四一三）と推定される遠江守護代甲斐祐徳書状（「南禅寺文書」『静岡県史』資料編6中世二）には、「南禅寺領初倉庄百姓等、小河津へ越米之処」とあり、初倉荘（島田市）の年貢米が「小河津」とよばれた小川湊から京都南禅寺へ送られていたことが分かる。

またこれより先、応永六年には摂津能秀と富永資良との領地の境をめぐる相論があった（「美吉文書」『静岡県史』資料編6中世二）が、幕府は「湊口」を摂津氏の所領である益頭荘内にあると裁決した。敗れた富永氏の所領は「小沼《おぬま》郷」とよばれていたが、明徳五年（一三九四）に作られた永豊寺の雲版（『静岡県史料』第一輯）には「駿州小沼県、永豊寺常住」

とあることから現在の小川地域にあった地名だと分かる。なお小沼という地名は戦国時代の末期まで存在したようで、今川義元、氏真の時代には、浅間神社の流鏑馬神事に際して毎年この地から「的銭《まとせん》」が徴収されていた（「村岡大夫文書」『静岡県史料』第三輯）。

次に戦国時代に記された日記や記録のなかから当時の小川とその周辺の様子を考察してみたい。歌僧正広が、文明五年（一四七三）八月、富士見のために駿河へ下向した際に記した紀行文『正広日記』（『群書類従』第十八輯）には、藤枝の長楽寺に滞在した時の様子を次のように述べている。

さて十九日に駿河国藤枝といふ所は彼の領地にて、長楽寺といふ寺に各々仮そめに住み侍る。さても今日まで空曇らはしくて、富士を見はべらぬと人に語り侍れば、小川といふ所は残りなく見ゆるとて、廿六日人々伴ひて赴き侍るに、折ふし浜風荒々しく、雲など立ち騒ぎて、富十も見えず、むなしく帰り侍るに、（中略）長月一日の此、なをざりにて心を述べ侍るに、そのあたりに鬼岩といふ山よりこそ富士は見ゆる所なれとて、人の誘はれしほどに、嬉しくて老の坂苦しけれども、上りて見れば、東に高草山といふ山の上より雲など殊に晴れて定かに見えはべれば、年月の望みも晴るる心地して、

藤枝の長楽寺を仮の住まいとして滞在していた正広だが、夏のこととて雲が多く、念願の富士を見ることができずにいた。小川に行けば富士が残らず見えると勧められ、二十六日周囲の者を引き連れて小川に赴いたが、雲に遮られて見ることができなかった。結局後日、藤枝の鬼岩寺山から高草山越しになんとか望むことができたのであるが、わずか上部しか見えない富士ではあっても、正広の感動は大きく、次のような歌を残した。

富士ハなほ　うへにそミゆる　藤枝や　高草山の峰の白雲

さて、実際には天候に恵まれずに期待は裏切られてしまったが、当時小川の地は、富士が大変良く眺望できる地として知られていたようである。はたしてこの場合の小川とはどのあたりを示しているのだろうか。正広が小川を訪ねて十二年ののち、すなわち文明十七年（一四八五）、京都の禅僧万里集九が、江戸の太田道灌に招かれて下向した際に、小川に立ち寄った時の様子が漢詩文集『梅花無尽蔵』（『続群書類従』第十二輯下）に次のように記されている（注の部分は私に通釈を試みる）。

船上見富士

同日（九月十九日）、船路二十里。遠江の懸塚より一日のうちに遂に駿河の小河に達す。小河の浜は袖浦と曰い、名所なり、

雲霧遮腰雪裏峯　始知富士為吾容
未開一覧亭《停》前睫　二十里間船上逢

呈槃脚上方始対談

二十日、黎明に袖浦を出で、午の時葉梨庄の日遣山槃脚寺に入る。前夕に船子が津を迷ひ、艤岸して刻を移す。小河は大船多し。しかるに道路は甚だ汚穢し、投脚すべき地なし。

袖浦月遅磯畔鹿　二三舟子各迷津
今朝蓐食入槃脚　体面毫光老主人

集九は遠州懸塚湊より船で駿河入りをしたわけだが、小川湊に到着した際、船上から見た富士に感動して漢詩を詠んだ。そしてこの小川の浜を〝袖浦〟とよばれる名所としている。遠江の懸塚付近の海を往古〝袖子ケ浦〟とよんだ

ようだが、小川の海にも類似した名称があったことが分かる。文字どおり、外へ突き出た砂嘴状の地形であったと思われるが、名所としているところから、おそらくは富士が一望できる景勝の地であったと思われ、正広はこの場所を訪ねようとしたのではないだろうか。

集九の見た小川の湊は大きな船が多く、湊は活気に満ちていたようだが、反面、美しい景色の袖浦とは対照的に付近の道路の汚さに驚嘆して、足を踏み入れることを避けている。いったい道路はどのように汚かったのだろうか。交易港である小川湊は漁港でもあったことから、あるいは漁港特有の生活の色や臭い、すなわち漁具、天火に晒した干物や生魚の臭い等を総合的に汚いものとして感じ取ったのかもしれない。

2. 明応の大津波

小川湊は、その後十三年経過した明応七年（一四九八）の大地震と大津波の害を被ることとなった。この時には名勝地として栄えた浜名の橋本宿も甚大な被害を受けた。これがのちに〝今切口《いまぎれぐち》〟を生み、浜名湖を汽水湖に変える要因となったのである。小川の地における被害も大きかったようで、『駿河記』等の地誌類では、津波による溺死者の数をおよそ二万六〇〇〇人としており、津波は一色の成道寺門前や、三ケ名あたりにまで及んだという。また会下島にあった林叟院の跡地は海中に沈んでしまったという。跡地というのは、この前年、旅の僧（林叟）の勧めによって寺を坂本に移した跡のことであり、そのため林叟院は津波から免れることができたということである。

これとは逆に、津波の直撃をうけて惨状をきわめたのが小川にあった日蓮宗寺院の上行寺であった。今日の示迹山上行寺は、天正十一年（一五八三）に田尻に中興され、その後鰯ケ島から現在の焼津四丁目へと移転を重ねたものだが、その前身は法華山上行寺と称して、明応元年に小川の住人池田彦左衛門尉宗家（法名を蓮宗）が開基となって開いた寺であった。宗家の建立なる当時の上行寺には本堂、大坊客殿、庫裏、逆修堂、中門、鎮守堂等の建物が並んでいた。この頃本寺であった清水村松の海長寺第九世、日海上人が記した『日海記』（『日蓮宗宗学全書』第二十三巻）に災害の様子が記されている（仮名づかいに誤りが見られるが、原文を尊重しそのまま引く）。

小河の末寺《上行寺》え作善あり。日円ならびに衆中を請ふと云々。去る八月二十四日、当寺《海長寺》を出で給ふなり。同二十五日辰の刻に大地震、希代不思議、前代未聞なり。非々大浪また競ひ来る。河辺の堂舎、仏閣、人宅、草木、牛馬、六畜等ことごとく水没し、死におわんぬ。彼の時において、小川の末寺御堂坊等、ことごとく大浪に取られ、ただ河原のごとく成りおわんぬ。しからば、日円聖人と同宿（の者）以下、ことごとく波に没しおわんぬ。必ず大浪は大地動の時にこれ有ると云々。（中略）僧衆、小河において波浪に没し、魂魄覚悟を知らず。

本寺である海長寺から仏事供養のために訪れていた日円上人をはじめとする僧侶たちは、堂宇とともに津波にのまれてしまったのだった。「河辺の」とあるように、津波は黒石川を逆流して西進し、沿岸に大きな被害をもたらしたことも窺い知ることができる。

『駿河記』等によれば、鎌倉光明寺の観誉上人は、京都から帰国途中にこの惨状を知り、黒石川のほとりに溺死者の屍を集め、骨堂を建てて供養したという。これが教念寺の起こりである。また海蔵寺は、その寺号を明応九年に海中より出現した地蔵像に由来するというが、この地蔵も津波によって海中に流されたものと考えることができよう。

湊の繁栄にともない、小川付近には比較的多くの寺院が開かれたものと思われるが、自然災害を受けやすい立地条件にあるためか寺院に関する史料はきわめて少なく、戦国時代の古文書を今に伝える寺院はない。ただ今川義元が駿府の臨済寺を領国内の臨済宗寺院の頂点において、宗門統制を行った際に作られた文書（「臨済寺文書」『静岡県史料』第三輯）のなかに、小川の末寺として永豊寺、資福寺、香籍寺の名前が見られる。香籍寺（香積寺とも書く）は、すでに江戸末期には廃寺となっており、詳細は明らかでない。永豊寺、資福寺は今川時代に今川氏から判物を受けていたようだが規模は小さかった。永豊寺は寺領一〇貫文ほどで、住職はおらず、臨済寺から派遣された僧侶が管理していたようである。また資福寺については、小川の資福寺の他に興津清見寺の塔頭の項にもその名が見られ、「前々雖在小河湊、為当寺《（清見寺）》塔頭移之畢」という説明がある。これによると、当時資福寺というのは、小川の地に南陽和尚がわずか六・七貫文ほどの寺領を有して住した臨済寺末寺としての資福寺と、以前にこの寺から分かれて清見寺の塔頭として移った資福寺の二か寺があったことが分かる。

やがて、永豊寺と資福寺は臨済宗から曹洞宗へと改宗を行い、資福寺は永豊寺の末寺となるが、改宗の時期、契機は明らかでない。ただ永豊寺は天正十七年（一五八九）に没した哉翁宗咄和尚が、天正元年に開いたとされていることから（『駿河志料』『静岡県志太郡誌』）、武田氏の時代に改宗が行われたものと思われる。

明応七年の大地震と大津波によって、所によっては隆起や沈降が生じて湊の様相は大きく変わったものと思われる。小川城を中心に考えた場合、今川氏の時代に途中で廃していることから（『焼津市埋蔵文化財発掘調査概報』Ⅵ）軍事的な利点を損ねたことが考えられるが、湊としてはその後も今川領内の重要な交易港であった。

永禄三年（一五六〇）に清水湊の商人にあてた今川義元、氏真の判物（「寺尾文書」『静岡県史料』第二輯）には、「清水湊、沼津、内浦、吉原、小河、石津、湊、懸塚」と、今川氏全盛期の重要港のひとつに数えられ、しかもこの中に「石津」が初めて登場する。あるいは明応の地震が木屋川河口付近にも変動を与え、石津湊という良港を成立させる要因となったことも考えられる。

3．水軍伊丹氏

石津湊といえば『駿河志料』によると、田尻の項に「伊丹播磨守屋敷跡」が記されている。これについては長倉智恵雄氏によって田尻の砂原に「伊丹屋敷」という地名が伝わることが確認されている（「今川水軍考序説」『駿河の今川氏』第二集、一九七七）。

伊丹播磨守とは『寛政重修諸家譜』によって、伊丹康勝のことであることが分かる。同書によれば彼の父康直は、永禄元年に今川義元に同朋衆として仕え、氏真の代に海賊奉行となっている。さらに今川家滅亡後は武田信玄に仕えて船大将となって活躍し、武田家滅亡後は徳川家康に仕えて、清水で御船奉行を務めている。つまり康直は、今川、武田、徳川と駿河を治めた戦国大名三家に水軍の将として仕えたわけである。特に康直が武田信玄に召し抱えられた動機は、信玄の駿河侵攻に際して、今川方の将として花沢城の曲輪を一つ任されて、これをよく守ったことによる（『甲陽軍鑑』）。

これらのことから武田時代の伊丹氏の本拠地が、田尻に近い小川湊にあった可能性があるという指摘もある（小和田哲男「武田水軍と駿河の海賊城」『戦国大名武田氏』一九九一）。しかし、田尻との距離的なことを考えれば石津湊の方が近い。また武田氏に仕えた伊丹康直が、田尻に居を構えた形跡はない。『寛政重修諸家譜』で康勝は「天正三年駿河国清水に生る」とあることから、父康直は武田氏の時代に清水に屋敷を持っていたことが分かる。さらに康直はそのあとも家康に仕えて「清水の御船奉行」を務めている（『寛政重修諸家譜』）。『駿河志料』の「伊丹播磨守屋敷跡」

という伝承が正しければ、田尻に屋敷を構えたのは康勝である。同書はさらに田尻の八幡宮の項で「社は慶長年中伊丹氏造営せしとぞ」と記しており、康勝が田尻に居住したのは慶長年間、すなわち関ケ原の戦い（一六〇三）以後ということになる。この点『寛政重修諸家譜』には記述はないが、「（慶長）十九年大坂の役にしたがひたてまつり、諸軍の兵粮を運漕し、元和元年の御陣にもまたこの事をつとめ」とある。大坂の陣に際する「兵粮の運漕」とあるように、康勝もまた水軍の将であったことが分かる。

なお、武田氏の水軍には、信玄が伊勢国から知行三〇〇〇貫文で招いた小浜氏がいるが、その知行地のなかに「小河之内新田九貫三〇〇文」があり（「小浜文書」柴辻俊六『戦国大名領の研究』所収）、今川氏の時代に小川周辺で新田開発がおこなわれていたことが分かる。

二、小川の長谷川一族

1. 小川の住人

小川の地に関する住人が史料上最初に登場するのは、長禄二年（一四五八）閏正月のこと。「駿河国小川おぬま住人」として「兵衛三郎」「太郎兵衛」「六郎次郎」「八郎五郎」の四名が、熊野那智山の御師城南坊の檀那として願文を上げている。次いで同年卯月、同じく城南坊の檀那として「駿河州小河烏帽子屋慶道、又子孫并左衛門、後ニ鈴木と申、入道してきとのわき円清と申」という記述がある（「米良文書」『熊野那智大社文書』第一）。ここに見る「烏帽子屋慶道」

とは、屋号を名乗っていることから小川湊で交易をする商人かと思われる。この烏帽子屋の子孫がのちに鈴木と名乗ったとあるが、享禄二年（一五二九）に再鋳された弘徳院の雲版（『静岡県史料』第一輯）のなかには「馬場村住人鈴木兵左衛門」という人物が見られ、その子孫の一人かと思われる。

また、先に引用した『日海記』のなかから小川に居住していた「池田彦右衛門尉宗家」を見いだすことができる。同書によれば、宗家は法名を「蓮宗」といい、上行寺の檀那であった。彼の父は「池田彦右衛門尉国弘（法名を妙宗）」といって、清水村松の海長寺の大檀那であった。となると小川の池田氏は、もともと土着の者ではなく、おそらくは有度山西側の池田の地を発祥とすると思われる。ともあれ小川にしろ、村松にしろ池田氏は土豪クラスであったと思われるが、国守である今川氏との関係は明らかではなく、今川家臣としての実態は不明である。

2．小川の長谷川氏

さて今川氏と小川といえば、〝小川の法永長者〟で有名な長谷川氏がいる。文明八年（一四七六）今川家六代義忠が遠州の塩買坂で横地・勝間田氏に襲われて討死をした。残された嫡子龍王丸が幼少であるため、同族の小鹿新五郎範満と家督をめぐる内訌へと発展した。この時駿府の館を脱出した龍王丸と母北川殿をかくまったのが山西（高草山より西の駿河で、志太・益津両郡を指す）の小川に住む法永長者であった。この法永の保護と伊勢新九郎（北条早雲）の功績により龍王丸は、家督に就き七代氏親となった。

この長谷川氏については、今川氏の家臣として、また山西地方の有力者として重要な存在にあると思われながらも史料的に乏しいため、具体的な実態はほとんど分かっていない。そんな制約のなかでも、近年小川城の発掘成果を契機とする焼津市の報告（『焼津市埋蔵文化財調査概報』Ⅵ、一九八四）や、磯部武男氏（「『青池の大蛇』伝説をめぐって――伝説と寺社縁起からみた郷土の古代・中世史〔その二〕」『藤枝市郷土博物館年報・紀要No.1』一九九〇）、小和田哲男氏（「戦国期土豪と城館」『戦国期東国社会論』一九九〇）などの論考が見られる。

一口に小川の長谷川氏と言っても、今川氏の家臣として明らかな今川氏親の代から氏真の代までを考えても、その間一〇〇年近くあり、当然その間に庶家が生まれ、それぞれ別々の知行地を与えられていくつかに別れたことであろう。まして今川氏滅亡後は、他の家臣と同様に武田、徳川など別々に主を選んだものと思われる。この間の長谷川氏について地誌・系譜類を除いた史料の中から人物を求めてみると表のようになる。このように限られた史料に散見する人物をすべて小川の嫡家の者と解釈することはできない。まして諸系譜に登場する人物と強引に符号させるべきではない。したがって本稿では個々に関して可能な限りの検討は行うが、問題点の指摘にとどめて、系譜の復元的作業は今後良質な新史料の発見を待ちたい。

史料上最初に登場するのは、法永長者である。ところが著名なわりにはきわめて史料が乏しく、人物像がはっきりしない。地誌・系譜類を除いた文献で、彼の名が見られるのは次の四点である。

①「山西の有徳人と聞えし小川法栄」（『今川記』四）
②「駿州山西の小川の法永と云長者か家に隠れ給ふ」（『今川記』）
③「小川法栄子息」（『宗長手記』）
④「長谷川次郎左衛門と申有徳仁、是は粉川ほうゑいが子也」（『甲陽軍鑑』）

①と②はともに『今川記』と称するが、①は『富麓記』ともよばれ（なお以後混乱を避けて『富麓記』と表記する）、

表　史料に見る長谷川氏

	名　前	年　号	西　暦	出　典
①	小川法栄	文明 8	1476	『今川記』四（『富麓記』）
②	小川の法永	同上	同上	『今川記』
③	小川法栄			『宗長手記』
④	粉川ほうゑい			『甲陽軍鑑』
⑤	長谷川之一族	文明 19	1487	『米良文書』（『熊野那智大社文書』第一）
⑥	長谷川名字	永正 18	1521	『米良文書』（同上）
⑦	長谷川元長	大永 6	1526	『宗長手記』
⑧	長谷川長重	享禄 2 以前	1529 以前	「弘徳院雲版」（『静岡県史料』第一輯）
⑨	長谷川伊賀守	（天文 11 ？）	（1542 ？）	「弘徳院雲版」（『静岡県史料』第三輯）
⑩	長谷川源左衛門尉	弘治 3	1557	「桜井寺文書」（『新編岡崎市史』史料古代中世 6）
⑪	長源　以長	永禄元	1558	『御家譜編年叢林』（『岡崎市史研究』12 号）
⑫	長谷河石見守	永禄 6	1563	「桜井寺文書」（⑩に同じ）
⑬	長谷川次郎左衛門尉能長	永禄 7	1564	『建穂寺編年』（『駿河の今川氏』第 6 集）
⑭	長谷川次郎左衛門	永禄 11	1568	『甲陽軍鑑』『武徳編年集成』
⑮	長谷川次郎左衛門尉	永禄 12	1569	「慶應義塾大学所蔵文書」（『駿河・伊豆の城』）
⑯	長谷川宗兵衛尉吉弘	永禄 12	1569	「松平乗承家蔵古文書」（『岡崎市史』史料古代中世 6）
⑰	長谷川惣兵衛尉	天正 2	1574	「野村文書」（『静岡県史料』第二輯）
⑱	長谷川惣兵衛尉吉弘	天正 6	1578	「佐野文書」（『北区史研究』第一号）
⑲	長谷河七左衛門尉	天正 17 ～ 18	1589 ～ 1590	「智満寺本堂棟札」
⑳	長谷河藤五	同上	同上	同上

今川氏の時代に遠州棚草（小笠町）にも土豪の長谷川氏がいたが、別系統なので省いた。

今川家臣で蒲原住人の斎藤道斎が七十余歳の時に記したものである。年代は明らかでないが、氏親の代までを詳しく記述しているので、氏親の時代に書かれたものと思われる。

②は永禄十二年（一五六九）に焼亡したものを天正四年（一五七六）に宗陰の子が記憶にもとづいて記したものとされている。従来語られている〝法永長者〟とは、この記述がもとになっていると思われる。しかし、今川家の家臣を「長者」と表現するのはどうであろうか。駿府から峠を越えた山西の地に住む長者とは、〝山の向こうに住む長者〟という一種の長者伝説

のような印象を受ける。また「長者か家」という表現からは長者屋敷というイメージを受け、実際長くそのように認識されてきた。しかし、近年行われた小川城跡の発掘や地籍図の分析によって、ここが複郭式の本格的な城であったことが明らかになり、これにより長谷川氏が国人クラスの在地領主であったことが分かった。したがって当書をもって法永長者を語るには問題があるのではないだろうか（以後①の記述にしたがって「法栄」の字を用いる）。

③の「小川法栄子息」の箇所もよく引用されるが、これは『宗長手記』のなかの「長谷川元長」の傍注であり、明らかに後世に書き加えられたものなので史料的価値は問われなければならない。さらに④に見る法栄と「長谷川次郎左衛門」とではその親子関係に年代的な矛盾がある。またここでは「小川」を「粉川」と表記している。音は同じなので単なる当て字と考えることもできるが、粉川長楽斎という長者伝説が残る藤枝の長楽寺では、四代目の孫の法栄斎が正中年間（一三二四〜二六）に寺を再興したと寺伝で伝えている。また『駿河志料』ではこの人物を同名異人としながらも「法栄長者」としている。このように時代的に両者には大きな隔たりがあるものの、二つの長者伝説は古くから混同されていた節があり、もとからその記述内容に年代的な矛盾を有している『甲陽軍鑑』の「粉川ほうゑい」という記述もその一例ではないだろうか。

ところが長楽寺の粉川長者と小川の長谷川氏との関係について、近年磯部氏によって興味深い提唱がなされた（前掲論文）。氏は「長谷川氏の別称である小川がオガワではなく、地名の小川に起源するもので、現在でも地名としての呼称がコガワであることを考えると、粉川と小川とは全く別系統の家系とは断定できない面をもっている」と指摘し、「粉川氏とは、鎌倉時代初期に藤枝へ進出した小川の長谷川或いはそれに先行する小河駅家の経営者の系譜にかかわる人物ともみられる」と述べている。

つまり、鎌倉初期に小川に土着した長谷川氏が地名に因んだ小川（河）氏を名乗り、やがて一族のなかに藤枝に進出して宿駅の経営に乗り出した粉川氏が現れたのではないかとする説である。これを実証する史料に恵まれないため氏もひかえめな表現をしているが、筆者もこれに対し賛否を論じるだけの用意はない。ただ法栄の出自については筆者も注意したい。それは法栄に関して「小川法栄」という記述はあっても〝長谷川法栄〟という記述はない点からも察せられる。

さらに、①の『富麓記』には法栄父子の功績に対して「法栄子供今川殿近習に成り、長谷川等是也」という記述があることに注目したい。法栄が長谷川氏を名乗っていたなら、近習に取り立てられた子供のことをわざわざ「長谷川等是也」などという表現をするであろうか。

次に「法栄子供」について考えたい。先に③の『宗長手記』で触れた箇所に「小川長谷川元長」の名を見ることができる。この人物について『群書類従』所収の『宗長手記』では「元長」を「充長」としている。これは「元」の字の書体が「充」と似ているため生じた誤りであろう。また何種類かの『宗長手記』には、先述したような「小川法栄子息」という傍注が施されているため、これまで法栄の子供とされてきた。しかし龍王丸を保護した文明八年（一四七六）、『富麗記』には龍王丸が駿府へ帰館した際、「法栄父子も御供申、駿府の御館へ入り奉る」とあるように、子息は既に出家の身である父法栄と同道している。したがってこれより五十年も経過した大永六年（一五二六）の長谷川元長が同一人物とは考えにくい。しかし居住地を小川としていることから嫡家の人物であることは間違いないであろう。

大永六年二月十一日連歌師宗長は京に向かう途中、小川の元長のもとを訪ねた。その際、元長から千句の連歌を懇望されて辞退もできずに十三日から三日間の興行を行い、駿府から見送りのために同道した朝比奈泰以とともに十日間滞在した。またこの時宗長は西行法師の著書『東路の記』を元長から借用した。このように当時華やかな文化を誇った今川家中にあって、長谷川氏もまたそれを支える文化人であった。なお⑨に見る「長谷川伊賀守」を元長とする説がある。この今川義元判物は年号を欠いているうえ、現存するのは写しである。比較的良く写し取られている花押を見る限りでは、天文十一〜十二の間に見られる型であり、『静岡県史料』ではこれを「天文十一年（一五四二）カ」としている。年代的なことから見れば『宗長手記』に見る元長とは比較的近いものであるが、確かな史料による裏付けは現段階ではできない。

実在した年代が未詳な人物は⑧の「長谷川長重」もそうである。野秋の弘徳院に伝わった雲版には次のような銘文があった。

　雖寄進之及　駿州益津郡
　今大破　　小河住人長谷川長重
　同国馬場村住人鈴木平左衛門為菩提
　再鋳之
　　于時享禄己丑　六月吉日　蘭秀叟代

この雲版は長谷川長重がかつて寄進したものが大破したために享禄二年（一五二九）に鋳直されたもので、長重が寄進したのはかなり遡るものと思われる。そこで静岡瀬名に土着した長谷川氏の子孫中川家が伝える『長谷川・中川家記録写』（『静岡市史』原始古代中世）を参考にしてみたい。なおこれは文章の形で記されているが、参照の便を考えて筆者が系図仕立てに改める。

中川家にはこれとは他に『由緒書写』（『静岡市史』原始古代中世）がある。前者では前身を地名と同様の小川氏とし、出身を常陸国小川郷の小川政平と関連させているが、後者では大和国の長谷川出身とするなど、両者の記述は大きく相矛盾し、それが相互の信用を損ねあうこととなっている。

このように長谷川氏に関するさまざまな系譜は、一族の姓と出身地との関係を説明するのに苦労している。仮に駿河の小川を名乗った小川氏なる一族が実在したとしても、それがあとで大和に因んだ長谷川氏に改姓するのは順序と

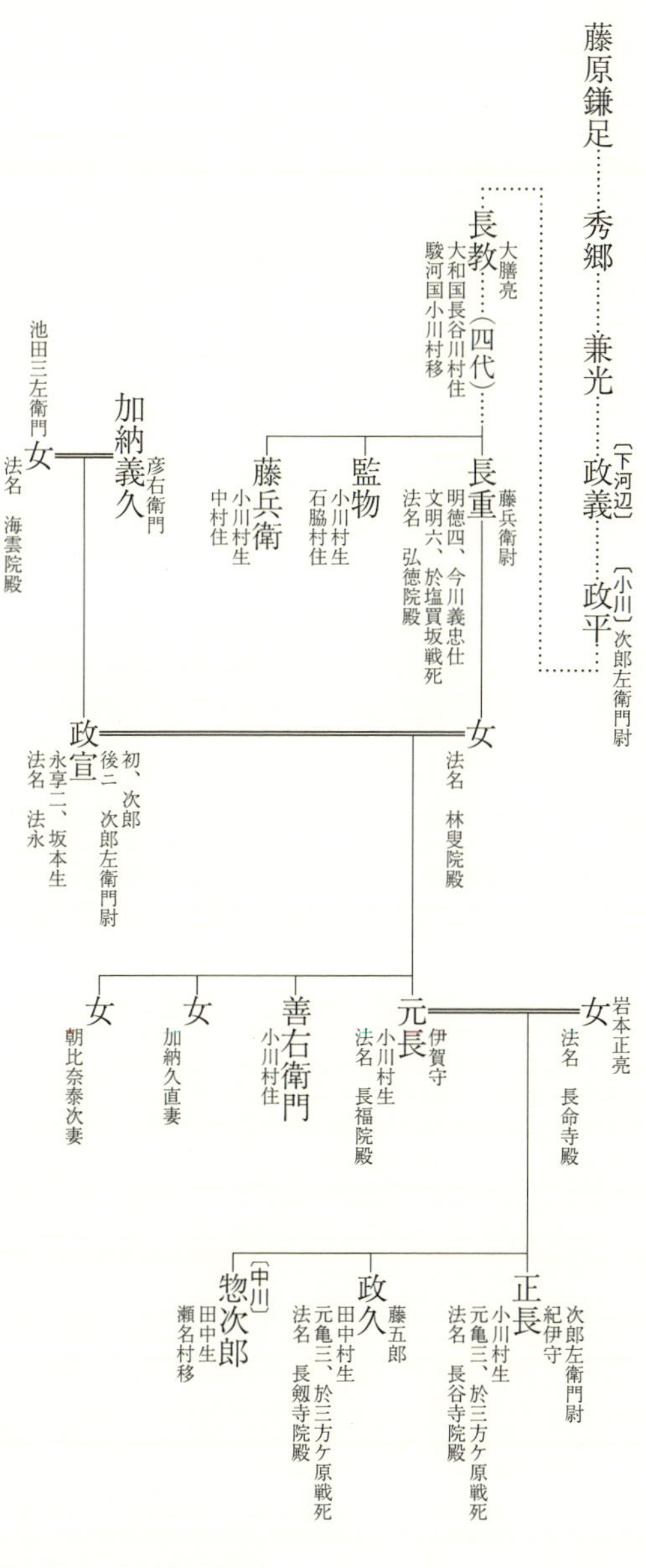

『長谷川・中川家記録写』

して逆であり、不自然である。それでも『長谷川・中川家記録写』には他の系譜類には見られない記述があって興味深い。それは法栄（永）が加納義久と池田三左衛門の娘との間に生まれたとしている点を最大の特徴としている。加納氏は坂本の土豪であり、池田氏は先述した小川の土豪と思われる。法栄の家系を地元に実在した土豪と結び付けている点は他の系譜類には見られないことである。ここでは法栄は長谷川長重の娘（『駿河記』によれば林叟院の位牌には「長谷川寺殿松室貞椿大姉」とある）と結婚したとある。つまり法栄（政宣）は長谷川家に入婿したことになり、また長重は法栄の義父ということになる。これが事実であれば先に指摘した法栄が長谷川氏を称してはいなかった可能性と関連させることができる。ともあれこれらを実証する史料の出現を待たねばなるまい。

時代が逆行してしまったので、再び今川義元の時代に戻るとする。⑩と⑪の人物は明らかに同一人物で、⑫は⑩の関連文書で同一人物であることが本文に明記してある。これにより彼が長谷川以長と名乗り、源左衛門尉から石見守という受領名に改めたことが分かる。そしてこれらの文書内容から三河国に在って、朝比奈摂津守や吉田城代の伊東元実とともに牛久保城で訴訟ごとを裁断したり（⑩・⑫）、朝比奈親孝や由比光綱とともに主人義元に代わって感状を発したりする（⑪）など、今川氏の全盛期にあって新領国三河支配のための要職に就いていたことが分かる。

ここで改めて小川における長谷川氏の在地とのかかわりと領主化したその背景について考えてみたい。まず地理的な面から見るならば小川の地は古代以来の最も南を走る重要な街道の宿駅であり、また太平洋沿岸にあって航行する船の中継基地でもあった。陸海路の要地であったことは観応の擾乱に際し、観応二年（正平六・一三五一）伊達景宗等の軍勢が小川より打ち出でて小坂山を越えて駿府へ攻め入ったこと（「駿河伊達文書」『静岡県史』資料編６中世二）により分かる。また湊には大きな船が出入りしたり、交易をする商人がいたことはすでに述べたとおりである。長谷川氏はまさしくこれらの地理的利点を摂取できる場所に居を構えて成長した国人と思われる。

次に史料は前後するが、⑤の史料では文明十九年（一四八七）に「駿河国之長谷川一族」が熊野那智大社の御師である橋爪安祥坊の檀那であったことが分かる。さらに⑥の永正十八年（一五二一）の史料には同じく檀那として「駿河長谷川名字」と表現されているが意味は同じである。これら以前にも小川の地に熊野詣でをする人達がいたことは前述した。彼らが長谷川氏と関係があるのか否かは不明だが、共に熊野までの交通手段が船であったことは容易に察することができる。この熊野信仰は、中世に熊野の海賊や山伏によって全国的に広められた。伊豆では、那智勝浦から移住した海賊の鈴木氏が伊豆水軍として活躍した。

また、有力土豪の熊野参詣としては遠藤・渡辺氏の例があるが、渡辺氏は西伊豆の水軍であった（永岡治『伊豆水軍物語』一九八二）。当地方にも鈴木氏の存在が確認できる。これを熊野と関連付ける根拠はないが、少なくとも鎌倉の末期から海路を使った熊野詣でが行われていたのである。長谷川氏も熱心な信仰者の一人で、当地に残る熊野権現社は元は城内に在ったといわれる（『駿河記』）。またこの神社で毎年七月一日に行われていた〝茶祭り〟は「先づ茶の御作法を拝殿で行い、長谷川家一門の方々を初め、役人は高烏帽子にて威儀を整え、修験者や村中の人々も参列して厳かに取行い、村方の囃子で『老松、東北、高砂』と三番を謡い後は御酒宴となり各々御杯を頂戴する。その御作法の結構なる筆舌に尽くし難」きものであったという（『静岡県史話と伝説・焼津篇』一九五六）。

こうした積極的な熊野信仰や小川湊の性格を考えたとき、長谷川氏と水軍とがまったく無縁であったとは考えられない。つまり長谷川氏は小川の地にあって、当初は商業的営みによって成長し、のちに今川家の海賊衆のひとりとして当地を治めた国人領主だったと思われる。また長谷川氏が拠点を田中に移したのは前章でのべたように、明応七年

（一四九八）の地震とそれに伴う大津波の影響によるものと思われる。被害の規模については前述のとおりだが、『駿河記』によればこの時の津波は三ケ名にまで及んだという。ゆえに当然長谷川氏の居城である小川城付近にも少なからず被害が及んだものと考えられる。そしてこの地震や大津波が黒石川の流路をはじめ、河口や沿岸の地形を大きく変え、小川城の軍事的利点を奪ってしまったのではないだろうか。

一方の田中城は海からは遠のいてしまうが東海道に近く、城からは六間川の水運を使えば駿河湾に通じることができる。近世の田中城の本丸は中世の単郭式館の形態をそのまま伝えており、東西二十六間、南北平均三十一間の面積は小川城の本丸と比べてはるかに小さい。しかし、戦国期の田中城は六間川の周囲に屋敷や集落が形成されていたということを考えると、むしろ水運がきわめて重要な役割をなしていたと考えられる。

今川家の水軍自体その実態がよく分かってはいないので、まして長谷川氏がその水軍に加わっていたとする確かな根拠はないが、長谷川長久の息子宗安は武田家の海賊衆、として持船城で戦死した向井正重の養子になっており、娘は正重の子向井正綱に嫁いでいる（『寛政重修諸家譜』）。このように海賊衆と縁戚関係にあったことは長谷川氏もまた海賊衆のひとりであったからではないだろうか。

3．田中城主長谷川氏

長谷川以長という人が今川家臣として三河国に在ったことは先にのべたが、同じころ駿河には長谷川能長という人物がいた。かつて観音信仰で栄えた安倍郡の真言の古刹、建穂寺が所蔵した大般若経の奥書には「永禄七年甲子二月於権現真読、鬼厳寺尭尊大檀那長谷川次郎左衛門尉能長」とある。「鬼巌寺」は藤枝の真言寺院、楞厳山鬼岩寺のことであるが、能長はこの寺の大檀那であったことが分かる。

これより四年後の永禄十一年（一五六八）、武田信玄は駿河に侵攻した。この時、田中城（厳密には当時「徳一色城」と称したが、便宜上「田中城」に統一する）を守っていたのが長谷川氏である。小川城が発掘の結果、十六世紀の第四半期には廃絶したとみられること（『焼津市埋蔵文化財発掘調査概報Ⅵ』）などを考えると、長谷川氏は城将として配置されていたのではなく、この時すでに拠点を小川から藤枝の田中に移していたことが考えられる。この時の城主は⑭に見るように『甲陽軍鑑』や『武徳編年集成』では「長谷川次郎左衛門」とあり、後者ではさらに「一族廿一人、其兵三百」と付け加えている。通説ではこの「次郎左衛門」を正長のこととし、田中開城後徳川家康に仕官したことになっている。『長谷川・中川家記録写』でも正長を「次郎左衛門尉、紀伊守、小川村生。元亀三、於三方ケ原戦死」とある。

しかし、永禄七年の段階で「次郎左衛門尉能長」がいたのなら、正長は別人ということになる。しかも⑮の史料（武田信玄判物）によると、「次郎左衛門尉」は田中が攻められる前年、すでに信玄から知行地を安堵されている。つまり次郎左衛門尉能長は、信玄が駿河に侵攻した際にいち早く城を出て武田方に仕官したことが分かる。それでは城に立て籠ったのは誰であろうか。

『寛政重修諸家譜』の正長の記述を見ると「藤九郎、紀伊守、駿河国小川に住し、のち田中に移り住す。今川義元につかへ、没落ののち東照宮（家康）につかへたてまつる。元亀三年十二月二十二日三方原合戦のとき、奮戦して討死す。年三十七。法名存法。駿河国小川村信光（香）院に葬る」とあって、たしかに正長は田中に在って、のちに家康に仕官している。しかし、ここでは「次郎左衛門」ではなく「藤九郎」としている。これらのことから、最終的に田中を守ったのは、藤九郎正長と解釈すべきだろう。しかも「次郎左衛門」というのは『長谷川・中川家記録写』では法栄が名乗っているので、能長が嫡流、すなわち田中城主で、正長はその一族の一人だったということが考えられる。

これらを整理すると、永禄十一年十二月、信玄が駿河に侵攻して駿府を落とした際、田中城主であった長谷川能長は、他の今川家臣の多くがそうしたように、城を出て武田に降った。しかし、一族の正長はそのまま城に籠って、花沢城の大原氏とともに武田に抵抗した。やがて永禄十三年（元亀元・一五七〇）正月、花沢城が激戦のすえ開城するのであったが、その際正長は遠州に逃れて徳川家康に仕えた。つまり、長谷川氏は信玄の駿河侵攻によって、武田方と、徳川方とに別れてしまったのである。しかし、その後能長は田中を任せられた形跡はなく、武田家臣としての動向も明らかでないことから、あるいは早いうちに戦死か没落して、家系を残せなかったのかもしれない。

一方、徳川家臣となった正長はその後、三方ケ原で戦死するのであるが、こちらは後述のごとく子孫が代々徳川家に仕えた。正長の墓は現在小川の長谷山信香院にあり、山号が示しているように長谷川氏ゆかりの寺である。この寺の開基を正長とする説があるが、開山は通山芳釋和尚（永禄九年没『駿河記』）で、大永五年（一五二五『静岡県志太郡誌』）のこととされているので彼の没年齢から考えても明らかに時代がくい違う。また正長戦死後十年間駿河は武田氏の領国であったため、当地へ葬られたのは少なくとも武田氏が滅亡した天正十年（一五八二）以降となろう。

なお、武田氏との抗争に関しては、永禄十二年に今川氏真が上杉輝虎（謙信）にあてた書状（「別本歴代古案」『神奈川県史』史料編３古代・中世３下）のなかに「隔小川対陣候」という記述があることから、小川城を拠点とした攻防があったとする説がある（『焼津市埋蔵文化財発掘調査概報Ⅵ』）が、この記述は同年正月から四月まで続けられた武田・後北条氏間の興津川を隔てた対陣に関するもので、したがって、「小川」は地名ではなく興津川を意味する。はるか遠い越後国に送る書状には、あえて川の名前など記す必要もないため「小川」と表現したまでのことであろう。

4．その後の長谷川氏

今川家の滅亡によって長谷川一族は分かれ、能長は駿河の武田方へ、正長は遠江の徳川方へと敵対する関係となったが、そのほかの長谷川氏を名乗る者としてどのような人がいただろうか。

武田・徳川の抗争のなか、途中で主家を変える者もいた。⑰の「長谷川惣兵衛尉」がそうである。

　定

以忠節在所退出、神妙被思召候、仍勝間田上庄之内門原のへ安堀名職事、如瀬尾善右衛門時、田畠悉相抱、百姓役厳重可相勤、然而船壱艘之分、除公用、諸役令御免許之由被仰出者也、仍如件、

天正二年甲戌

六月十七日（竜朱印）〇　土屋右衛門尉奉之

長谷川惣兵衛尉

この人物は⑱の史料によって実名を「吉弘」名乗ったことが分かる。子孫は近世に野村と姓を改めて江尻宿の年寄を務めている。さて、ここでは「在所退出」とあるように、在所を退いて武田氏に帰属したため、その代償として名識を与えられ、長谷川氏が所有する船一艘分の船役をも免除されている。天正二年（一五七四）六月十七日といえば高天神城が落ちた当日なので、吉弘は形勢を見て落城を前に、いち早く徳川方から武田方へ降ったものと思われる。これより四年後の⑱の史料で武田の家臣と連署して検地の割り付けをおこなうなど、要職に就いたことが分かる。

そのほか『寛政重修諸家譜』によると長谷川安重なる人物も武田家に仕えたとある。

天正十年、武田家が滅亡すると駿河は徳川氏の領国となった。島田の智満寺では天正十七年から翌年にかけて本堂の再建が行われた。この時の棟札のなかに「長谷河七左衛門尉」と「大津、長谷河藤五」の名前を見ることができる（⑲・⑳）。

やがて江戸に幕府が開かれると、駿河には地元の事情に精通した役人が登用された。長谷川長久の息子長盛は、幕府から知行地五〇石と稟米《くらまい》二〇〇俵を与えられて島田の代官職に就いた（『寛政重修諸家譜』）。智満寺の棟札の「大津、長谷川藤五」はこの両家と何らかの関係があるものと思われる。

一方、三方ケ原で戦死した長谷川正長の系統は関東で幕府の禄を食むが、なかでも次男の宣次から七代後に、小説や時代劇で馴染みの深い〝鬼の平蔵〟こと長谷川平蔵宣以《のぶため》がいた。さらに三男の正吉から七代後に正満がいる（『寛政重修諸家譜』）が彼が先祖の地焼津を訪ね、林叟院に法栄の、信香院に正長の墓を建てたその人である。

以上、小川の長谷川一族について検討を行ってきた。長谷川氏は山西地方を代表する国人領主でありながら、出自や今川家中における位置と動向など依然不明な点が多い。特に法栄はさることながら、その子息は「近習」にまで取り立てられたとしながらも、そのわりに文書のなかに登場する人物は他の家臣に比べて著しく乏しく、大きな謎といえる。中川家の『由緒書写』には、その理由につながるものとして大永六年（一五二六）の今川氏親没後に生じた水野、吉川氏等による謀叛を取り上げている。その時長谷川元長とその兄弟は小川城を落とされて、大和国の長谷寺へ逃れて一時期浪人したというのである。しかし謀叛についてはその存在すら裏付けるものがないため、この没落説には説得力がない。このように小川の長谷川一族に関しては解明されなければならない問題が多く残されている。

【初出一覧】

黒田基樹「総論　今川氏親の新研究」（新稿）

第1部　今川氏親の生涯

Ⅰ　足立鍬太郎『今川氏親と寿桂尼』（谷島屋書店、一九三一年）
Ⅱ　家永遵嗣「塩貝坂合戦の背景」（『戦国史研究』三五号、一九九八年）
Ⅲ　家永遵嗣「今川氏親の名乗りと足利政知」（『戦国史研究』五九号、二〇一〇年）
Ⅳ　見崎鬨雄「今川氏の甲斐侵攻」（今川氏研究会編『駿河の今川氏』第七集、一九八三年）
Ⅴ　吉田政博「駿甲関係にみる時衆と福島氏」（『戦国史研究』三五号、一九九八年）
Ⅵ　森田香司「今川氏親と文亀・永正の争乱」（静岡県地域史研究会編『戦国期静岡の研究』清文堂出版、二〇〇一年）
Ⅶ　久保田昌希「戦国大名今川氏の三河侵攻」（今川氏研究会編『駿河の今川氏』第三集、一九七八年）
Ⅷ　糟谷幸裕「三河舟方山合戦の時期について」（『戦国史研究』三七号、一九九九年）
Ⅸ　大塚　勲「今川氏親年譜史料」（大塚勲『今川氏研究余録』私家版、二〇〇八年）

第2部　今川氏親の領国支配

Ⅰ　大石泰史「戦国大名今川氏の発給文書の研究――氏親・寿桂尼・氏輝を中心に」（戦国大名今川氏を学ぶ会編『今川氏研究』創刊号、一九九五年）
Ⅱ　長塚　孝「戦国大名今川氏の西遠江進攻と直轄領支配――大福寺文書を素材として」（『駒沢大学史学論集』一九号、一九八九年）

Ⅲ　黒澤　脩「今川氏親と曹洞禅――石雲院崇芝性岱と五派を中心として」（東国戦国史研究会編『関東中心戦国史論集』名著出版、一九八〇年）
Ⅳ　黒澤　脩「今川家執権雪斉長老と寿桂尼」（今川氏研究会編『駿河の今川氏』第一集、一九七五年）
Ⅴ　今枝愛眞「戦国大名今川氏と禅宗諸派」（『静岡県史研究』一四号、静岡県立中央図書館歴史文化情報センター、一九九七年）
Ⅵ　松平乗道「今川仮名目録」（今川氏研究会編『駿河の今川氏』第一集、一九七五年）
Ⅶ　鶴崎裕雄「駿河における柴屋軒宗長――「宇津山記」を中心として」（今川氏研究会編『駿河の今川氏』第二集、一九七七年）
Ⅷ　鶴崎裕雄「連歌師宗長の晩年」（今川氏研究会編『駿河の今川氏』第五集、一九八〇年）

第3部　今川氏親の一族と家臣

Ⅰ　遠藤英弥「今川氏親家督相続前後の小鹿氏」（『戦国遺文今川氏編』月報5、東京堂出版、二〇一五年）
Ⅱ　宮本　勉「龍津寺殿仁齢栄保大姉について」（『戦国史研究』三五号、一九九八年）
Ⅲ　久保田昌希「今川氏親後室寿桂尼発給の文書について」（『駒沢史学』二四号、一九七七年）
Ⅳ　関口宏行「今川彦五郎を追って――今川彦四郎を正す」（今川氏研究会編『駿河の今川氏』第二集、一九七七年）
Ⅴ　前田利久「戦国時代の小川と長谷川氏」（焼津市南部地区民俗誌『ヤシャンボー』一九九三年）

【執筆者一覧】

総　論

黒田基樹　　別掲

第1部

足立鍬太郎　一八六七年生。故人。

家永遵嗣　一九五七年生。現在、学習院大学文学部教授。

見崎闋雄　一九三五年生。元焼津市文化財保護審議会委員。

吉田政博　一九六三年生。現在、板橋区教育委員会生涯学習課文化財係係長。

森田香司　一九五八年生。現在、静岡県地域史研究会事務局長。

久保田昌希　一九四九年生。現在、駒澤大学文学部教授。

糟谷幸裕　一九七五年生。現在、一般財団法人歴史科学協議会事務書記。

大塚　勲　一九四五年生。歴史研究家。

第2部

大石泰史　一九六五年生。現在、大石プランニング主宰。

長塚　孝　一九五九年生。現在、馬の博物館学芸部長。
黒澤　脩　一九四六年生。元静岡市教育委員会事務局参与。
今枝愛眞　一九二三年生。故人。東京大学名誉教授。
松平乗道　（左記参照）
鶴崎裕雄　一九三五年生。帝塚山学院大学名誉教授。

第3部

遠藤英弥　一九七六年生。現在、戦国史研究会会員。
宮本　勉　（左記参照）
関口宏行　一九四三年生。現在、藤枝市文化財保護審議会副委員長。
前田利久　一九五八年生。現在、清水国際高等学校教頭。

＊松平乗道氏・宮本勉氏と連絡を取ることができず、連絡先をご存じの方は編集部にご一報いただければ幸いです。

【編著者紹介】

黒田基樹（くろだ・もとき）

1965年生まれ。早稲田大学教育学部卒。

駒沢大学大学院博士後期課程満期退学。

博士（日本史学、駒沢大学）。

現在、駿河台大学教授。

著書に、『長尾景仲』『増補改訂 戦国大名と外様国衆』『近世初期大名の身分秩序と文書』『真田信繁』『小早川秀秋』『戦国北条家一族事典』『図説 戦国北条氏と合戦』（いずれも戎光祥出版）、『百姓から見た戦国大名』（ちくま新書）、『小田原合戦と北条氏』（吉川弘文館）、『羽柴家崩壊』『北条氏康の妻 瑞渓院』（いずれも平凡社）、『北条氏政』（ミネルヴァ書房）ほか多数。

編著に、『山内上杉氏』『上野岩松氏』『北条氏綱』『真田信之』『関東上杉氏一族』『北条氏康』『北条氏政』（いずれも戎光祥出版）ほか多数。

シリーズ装丁：辻　聡

シリーズ・中世関東武士の研究　第二六巻
今川氏親《いまがわうじちか》
二〇一九年四月一日　初版初刷発行
編著者　黒田基樹
発行者　伊藤光祥
発行所　戎光祥出版株式会社
東京都千代田区麹町一―七
相互半蔵門ビル八階
電話　〇三―五二七五―三三六一（代）
FAX　〇三―五二七五―三三六五
編集協力　株式会社イズシエ・コーポレーション
印刷・製本　モリモト印刷株式会社

ISBN978-4-86403-318-3